都市内分権の
動態と展望

民主的正統性の視点から

石平春彦
新潟県・上越市議会議員
［法政大学大学院比較行政文化研究所 特任研究員］

公人の友社

目　次

はじめに …………………………………………………………………… 6

第1章　都市内分権に関する先行研究の概括 ……………………… 9

　　第1節　先行研究の概括 …………………………………………… 9
　　第2節　近隣政府論とその類型 …………………………………… 19

第2章　都市内分権（合併関連三法）の立法過程 ………………… 25

　　第1節　立法事実 …………………………………………………… 25
　　第2節　第27次地方制度調査会の審議 …………………………… 28
　　第3節　国会の審議 ………………………………………………… 43
　　第4節　若干の考察 ………………………………………………… 49
　　第5節　制度の概要 ………………………………………………… 50

第3章　制度導入の全国的動向と現状 ……………………………… 57

　　第1節　全国の設置自治体の実態調査 …………………………… 57
　　第2節　地域自治組織の設置・改廃動向 ………………………… 63
　　第3節　地域自治組織の現状 ……………………………………… 76
　　第4節　協議機関の構成員の選出方法と活動状況 ……………… 89

第4章　上越市における都市内分権の立法過程　101

　第1節　制度展開の概要　101
　第2節　制度設計の議論過程1（制度の創設）　102
　第3節　制度設計の議論過程2（特例制度から一般制度へ）　112
　第4節　制度設計の議論過程3（合併前上越市への拡大）　124
　第5節　『都市内分権調査研究報告書』の概要　126
　第6節　法的整備の動向　128
　第7節　上越市方式の制度の概要　130

第5章　上越市における地域自治区制度の実際　133

　第1節　地域協議会委員の選任投票　133
　第2節　地域協議会の委員構成と開催状況　137
　第3節　地域協議会の自主的審議　142
　第4節　地域協議会の権能とそれを保障する要素　149
　第5節　新たな事業展開　151
　第6節　地域自治の進化に向けた今後の課題　154

第6章　上越市の取組に対する評価と民主的正統性の意義 ……　173

　第1節　制度導入後の研究の動態と情報媒体の検索結果 ………　173
　第2節　上越市方式に対する外部の評価 …………………………　181
　第3節　民主的正統性の意義 ………………………………………　189

第7章　都市内分権の民主的正統性確保に向けた課題 …………　195

　第1節　第29次地方制度調査会の議論と答申 ……………………　195
　第2節　都市内分権のさらなる推進と国の法制度改革 …………　219

おわりに …………………………………………………………………　231

参考文献 …………………………………………………………………　234
資料 ………………………………………………………………………　261
あとがき …………………………………………………………………　333

　＊本文中の年の表記は、基本的に西暦と元号を併記する形をとったが、
　　その際元号はローマ字の頭文字を使用した（昭和＝S、平成＝H）。

目次　5

はじめに

　日本の基礎自治体における本格的な都市内分権は、21世紀初頭の市町村合併を契機とした地域自治区制度などの導入により具体化・一般化し、全国的に波及することとなった。この制度は、広域化する基礎自治体において、地域レベルの自治を維持・充実し、あるいは新たにその仕組みを創出することにより、住民自治の拡充や地域力の向上に寄与し、ひいては地方分権・地域主権時代に求められる基礎自治体の自主自律性の基盤ともなることが期待されている。

　本書では、広域化する基礎自治体における地域自治区等の制度について、そこに置かれた地域協議会等の住民代表機関の「民主的正統性の確保」に注目しつつ、その立法過程と制度運用の実際について明らかにするとともに、全国の制度導入自治体の比較や事例観察を通じて、その意義や有用性の如何を調査・分析、考察する。

　すなわち、住民代表機関の民主的正統性の確保が、住民自治、地域自治の理念にかなうだけでなく、実際の効果においてもその組織の活動・機能を強化することになっているのではないか、ということを明らかにしようとするものである。そして、そのことが、ひいては住民自治の拡充や地域力の醸成、及び地域自治の持続的発展に繋がることになるであろう。

　まず、都市内分権制度に関する先行研究を概括した上で、制度の立法過程について、その背景を明らかにしながら、本書のテーマに直接関わる住民代表機関の構成員の公選に関する議論の経過を概括し、その後に制度の概要や制度導入の全国的動向を整理する。次に、全国の地域自治組織導入自治体に関する実態調査のデータを基に、民主的正統性に関わる「協議機関の構成員の選出における住民参加の程度」と協議機関の活動・機能発揮に関わる「協議機関の自主的審議の意見数」の関係を分析することにより、前者が後者に影響を与えていることを明らかにしたい。

　次に、民主的正統性の観点からは国内では最高レベルと言える、地域協議会

委員の選出に準公選制（公募公選制）を唯一採用している上越市を事例として、参加観察の方法で制度の立法過程とその実際、総じて政策過程を詳述し、民主的正統性の確保に向けた市民の動態とその後の地域協議会の取組を明らかにする。

次に、制度導入自治体の中で上越市がどのような位置にあり、あるいは対外的にどのように評価されているかを、制度導入後の研究（文献）の動態やいくつかの情報媒体等を観察することにより明らかにする。

そして、以上の諸点を踏まえて民主的正統性の意義について総括的に考察する。

最後に、制度導入後の運用状況を踏まえて、その検証と改善方を検討した第29次地方制度調査会の議論過程を概括しながら、都市内分権制度の進展にとって、今、何が必要なのかという視点から、民主的正統性の確保とその普及にむけた国、自治体双方における今後の課題を考察する。

以上が本書の展開フローであるが、ここで、展開方法についても付言する。

およそあらゆる政策と同様に、都市内分権においても、その政策過程[1]は、立案、決定、実施、評価、改善の道筋をたどり、その過程が循環していく必要があると考える。それが持続的に発展するための定法であろう。筆者は、この視点に加えて、多様な主体の多様な実践による連関（相互作用）とその循環が政策・制度を持続的に発展させる推進力であるとも考えている。具体的には、①研究者・研究機関、②審議機関、③中央政府、④国会、⑤地方団体（自治体政府、自治体議会の全国組織）、⑥自治体政府、⑦自治体議会、⑧地域自治組織、⑨住民自治組織、⑩ＮＰＯ、⑪市民等による、研究、制度設計、制度運用、（制度改革のための）運動、の連関・循環関係である。そして、その全ての過程に第三者的に関わる情報収集・調査・分析・提供としての⑫報道機関が存在する。

このような視点から、本研究においてもそれらが過程的かつ総合的に把握で

---

1) 政策過程（プロセス）は、より正確に言えば8段階に分けることができる。すなわち、①問題の発見、②公共的問題の選択、③問題解決手法の追究、④組織内合意形成、⑤地域社会の合意形成、⑥執行、⑦政策評価、⑧フィードバック、である（武藤博己編著［2000］『政策形成・政策法務・政策評価』東京法令出版）。本書との関係では、先行研究（①②③）、立案（③）、決定（④⑤）、実施（⑥）、評価（⑦）、改革（⑧）となる。本書では、「国―地方」をめぐる「制度設計―制度運用」を多層的、多角的に論じていることと、プロセスとしては大きな枠組みで言えば「政策評価」の段階までにしか至っていないこと、また論文そのものの展開フローなどを総合的に勘案して簡略化している。

きるような手法を取ることが肝要であると考え、そのようなスタイルを取ることに努力した。それが展開フローで示した先行研究（①）から立法過程（②⑤⇒③④）、制度運用の全国動向（⑥⑦⑧）、具体事例の参加観察（地域自治を担う現場の実践：⑥⑦⑧⑨⑩⑪）、具体事例に対する制度導入後の研究や評価（①⑫）、制度の検証・改善動向（②）の流れとそこにおける主な主体の抽出である（括弧内は主な主体であり、本書の主な調査・観察対象）。

　また、筆者は、地方自治、地域自治の現場での長い経験に基づいて、「理論と実践の発展的統合」の視点こそ「政策創造」に最も重要なことではないかという思いから、これまでも「参加観察」の方法を積極的に位置付けてきた。この点で西尾勝は、「体験観察」という言い方で示唆に富む提起をしている。すなわち、「行政学のフロンティアの開拓」の視点から、この方法の重要性を次のように述べている。

　「この種の体験観察に基づく研究書にはそれなりに独自の学問上の価値があるのではないかとも自負している。このことは、研究と提言、学問と実践とが切り離しがたく結びついている行政学の領域においては、特に妥当する真理ではないか。」（西尾［2007］、5頁）と。そして、「日本の行政学会でこそ類例に乏しいけれども、本家本元のアメリカの行政学会では決して珍しいものではない。」「この種の体験観察に基づく研究書の相次ぐ刊行によってアメリカ行政学の潮流が大きく変化した」（同）と指摘して、日本における行政学のフロンティア開拓を促しているのである。

　筆者は、とても「行政学のフロンティア開拓」などという大それた意図を持ち合わせているわけではないが、長らく地方分権推進委員会や地方制度調査会の中心的役割を果たし、本書のテーマに関しても、また日本の行政学にとっても第一人者であるこの研究者の言に、平素の思いを後押しされたような感慨を込めて、大きな共感を覚えるものである。

　その思いが少しなりとも、本書に活力を与え、また一定の評価が得られるような結果となるように、最大限の努力を傾注しながら本論に進みたい。

第1章　都市内分権に関する先行研究の概括

第1節　先行研究の概括

(1)　「都市内分権」と「民主的正統性」の定義

　まず、本書で使用する「都市内分権」と「民主的正統性」について、先行研究を参考にしながら簡潔に定義しておきたい。「都市内分権」は、キーワード的には、「自治体内分権」とか「地域内分権」、さらには「地域自治」、「近隣自治」、「小さい自治」、「狭域自治」、「近隣政府」、「地域共同管理」などとも同義で使われることが多い。

　名和田是彦は、「都市内分権」について「近隣政府」と同様な使い方で、「ここでは」と断わりながら、「基礎的自治体である市町村の区域をさらに分割し、そこに何らかの行政の支所をおくと同時に、それに付帯するようにして当該区域の住民を代表する住民参加組織を設置するような仕組み」(名和田 [2002]、17頁) としている。

　筆者も、ほぼこのようなイメージで捉えているが、本書の中では、「民主的正統性」に光を当てていることから、地域住民の参加の視点、言いかえれば間島正秀のいう「住民の"自己決定"原理」(間島 [2002]、30頁)、「住民による自己統治」(同、32頁)、「住民が自らの政府をつくるという営為」(同、41頁) という視座を重視する意味から、以下のように整理した。

　「基礎自治体である市区町村の区域を分割し、その分割した区域に住所を有する全ての住民を基本的構成員として成立し、そこに当該区域住民の総意に基づく代表機関と区の行政事務所を設置して、区の意思を基礎自治体に反映させる

とともに区の課題を自己決定・自己管理・自己運営する法制度[2]を伴う仕組み」。

かなり狭義の定義といえるかもしれないが、「住民の自己決定（統治）」や「民主的正統性」の意味を含むとすれば、具体の内容は別にしても、一般的に言われる地方公共団体の構成要素である「地域的・空間的要素、人的要素、法制度的要素」は必須の条件であり、基本的な骨格としてはこうあるべきではないかというのが、筆者の考えである。

「民主的正統性」については、一般論的には「住民の総意の手続きと意思によって信託及び認知された権能の状態」と言えるのではないかと考えるが、ここではその状態を簡潔明瞭に説明している日本都市センターの定義のとおり、「議事機関または執行機関の構成員または長が住民の直接選挙によって選ばれること」（日本都市センター［2005］、3頁）としておく。

このことに関連して、名和田は、「都市内分権の担う民主的正統性の問題」（名和田［2002］、18頁）と題して論を展開している。地方自治制度や都市内分権の仕組みは「一般の住民参加と違って、つぎのような特色ないし前提条件を持つ」。「すなわち、ここにおいて政治社会全体が尊重すべき、または政治社会全体の決定内容となるべき、地域社会の意向が存在しなければならない」として、「地域社会の意向とは一体誰のどんな意向だろうか？」と問いを投げかけ、「結局、正統に確定された地理的範囲内の住民全員によって構成される集団において、その構成員が多数決によって表明した意思が、最も厳密な意味での「地元の意向」だということになるほかない。」（同、19頁）と結論づけている。

そして、「今日の民主主義社会において政治社会の意思を形成するためには、全員が投票権を平等に与えられるという条件のもとに行われた集合的投票に源泉をもつ特殊な正統性をもつ必要がある。」として国会の正統性、自治体の首長や議会の正統性、及び都市内分権におけるドイツ、イギリス、日本の事例をあげながら、これらを「「領域代表性」とよぶことにしたい」（同、20頁）としている。

本書で言う民主的正統性とは、まさにこういうことを言うものである。ただ

2）ここで言う「法制度」とは、国の法令に限ったことでもなく、また自治体の例規に限ったことでもない。名和田［2000a］がいうような「領域社団」の「コミュニティ・ルール」も含まれる意味である。

10　第1章　都市内分権に関する先行研究の概括

し、名和田が、例示している日本の都市内分権の中で、「住民の投票による直接的な正統化ではなく、自治体の首長や議会という直接的な正統性をもつ機関がオーソライズするという、間接的な正統化が行われている。」(同、20頁)としていることについては、注意深く押さえておく必要があろう。すなわち、当時の現状の説明としてはその通りであるが、「間接的な正統化」が「領域代表性」の1つとして正当化（一般的に認知）されてしまうと、民主的正統性と限りなく離れていく実態をも都市内分権のあるべき姿(と言わないまでも一般的な姿)と固定化されてしまうおそれなしとしない。もちろん、どのような仕組みを活用するのかも含めてその区域の住民の総意が決めることであるから、よしあしは一概に言えないが、「もっとも厳密な意味での「地元の意向」」を政治社会に反映させる仕組みを尊重する立場に立つならば、やはりあるべき姿を不断に打ち出しながら、少なくともその選択肢を含んだ多様な仕組みの法制度化を実現していかなければ、都市内分権の持続的発展は望めないのではなかろうか。

そういう問題意識を最初に披歴して論を進める。

(2) 先行研究（文献）の動態

都市内分権に関する研究としては、筆者の調べでは本書の末尾に示した参考文献がある[3]が、研究動態を理解しやすいように、「都市内分権関連文献〈年表〉」

---

3) 筆者は、これらの文献を本書の参考文献という視点だけでなく、都市内分権の政策過程における社会動向の一環としてとらえる視点から、NDL-OPAC国立国会図書館蔵書検索・申込システム、及びCiNii国立情報学研究所論文情報ナビゲータ、法政大学OPACなどを活用して調査し、巻末に掲げた文献についてはほぼ全てを入手した上で必要な整理を行った。その一環として、巻末には、参考文献としての体裁だけでなく、「都市内分権関連文献〈年表〉」としても掲載している。検索キーワードは、①都市内分権、②地域内分権、③自治体内分権、④コミュニティ and 自治、⑤コミュニティ政策、⑥地域自治、⑦近隣自治、⑧小さな自治、⑨狭域自治、⑩近隣政府、⑪地域自治組織、⑫地域自治区、⑬合併特例区、⑭地域協議会 and 自治、⑮合併特例区協議会、とした。そして、ヒットした延べ約3,000点のうち、論題から一見して無関係と思われるものや重複を除外して約500点を抽出。その後に国立国会図書館、及び法政大学図書館などで原本にあたり関連文献の当否を判断した。さらに、それらの文献に掲載された参考文献をも必要に応じて「文献一覧」に補充するとともに、今後の研究のために、許される範囲で写を入手するか直接購入し、筆者の文献データベースとした。

として月単位で時系列に整理した。なおその年表を巻末資料として掲載している。このうち、都市内分権制度としての地域自治組織が実際に導入された2005（H17）年1月1日より前、すなわち2004（H16）年12月までの発行を便宜的に制度の先行研究（文献）と位置付けることとした[4]。

　そして、これを概略化し、年代別・年次別に文献の研究類型別の発行点数として示したものが、表1、図1である。これには、参考までに制度導入後の文献についても加えている。また、文献の中で対象となった国、都市、地域の事例件数についてもまとめ、表2、図2に示した。

　先に「都市内分権」の定義を行ったが、そもそも「都市内分権」の概念がどの範囲まで及ぶのかということを確定することはなかなか難しく、たとえば、その重要な要素をあらわす「コミュニティ」というキーワードに注目すると、和文学術誌検索で19,000件近くもヒットするという状況にある。したがって、この年表と図表が、都市内分権の関連文献として全てを網羅していると言いきることはできないが、おおむねその動態の傾向を知り得る程度には網羅されているのではないかと考えている。

　文献を大別すると、主に諸外国の事例紹介を中心にしたものと、コミュニティ政策、及び都市内分権、近隣自治、住民自治組織などのあり方やその可能性を理論的に展開したものがある。ここでは、大雑把に「事例」、「制度解説」、「理論」に分けてみた。要するに、国外や国内の国、都市、地域の事例を主に扱っている研究・報告などを「事例」、地制調答申や法律を解説したもの、及び制度導入後の実態調査報告などを「制度解説」とし、残りを全て「理論」とした極めて「大胆」な区分である。

　これを見ると、1970年代の3点から始まり、徐々に数を増して、制度導入前夜には1年間で57点とピークを迎えた。事例、理論とも同じ傾向にあるが、制

4）厳密にいえば、2004（H16）年末以前の発行であったとしても、制定された法制度の解説などは先行研究とは言えないであろうし、逆に2005（H17）年に入ってからの発行でも、学会等の発表がそれ以前に行われていれば先行研究と言えるだろう。ここでは厳密な公表日にまで立ち入れないし、またそれほど意味のあることでもないので、便宜的に発行日と制度導入日の関係で分けることとした。

表1　都市内分権関連文献の年代別・年次別発行点数

	国外事例文献	国内事例文献	事例文献小計	理論文献	制度解説文献	文献合計	文献累計
1970年代	1	0	1	2	0	3	3
1980年代	0	0	0	1	0	1	4
1990年代前期	6	1	7	2	0	9	13
1990年代後期	3	1	4	10	1	15	28
1970年代※	0.1	0	0.1	0.2	0	0.3	
1980年代※	0	0	0	0.1	0	0.1	
1990年代前期※	1.2	0.2	1.4	0.4	0	1.8	
1990年代後期※	0.6	0.2	0.8	2	0.2	3	
2000年	4	0	4	3	0	7	35
2001年	0	0	0	4	0	4	39
2002年	8	4	12	15	0	27	66
2003年	3	7	9*	19	2	30	96
2004年	10	10	20	25	12	57	153
制度導入前文献小計	35	23	57*	81	15	153	
2005年	2	11	12*	14	3	29	182
2006年	4	26	29*	12	3	44	226
2007年	5	18	23	15	0	38	264
2008年	3	19	21*	16	0	37	301
2009年	6	11	17	21	4	42	343
2010年[4月末現在]	1	10	11	11	0	22	365
2010年※※	3	30	33	33	0	66	
制度導入後文献小計	21	95	113*	89	10	212	
文献総計	56	118	170*	170	25	365	

[注1]　※欄は、1年間あたりの平均値。※※欄は4月現在を1年間に換算。視覚的に傾向がわかるようにするため。事例小計、事例総計は、いずれも※欄と※※欄を除いた実件数。

[注2]　＊印の事例文献の小計が国外事例文献と国内事例文献の合計と合わないのは国外と国内の両方を扱っている文献があるため。

図1　都市内分権関連文献の年代別・年次別発行点数

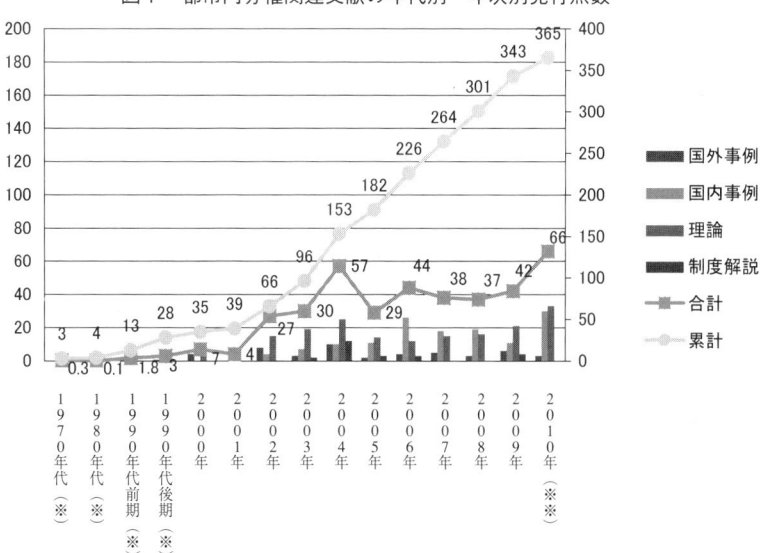

（※1年間あたりの平均値。※※4月現在を1年間換算。「累計」のみ右軸）

13

表2　都市内分権関連文献で扱われた年代別・年次別事例件数

	国外事例	国内事例	事例計	国外事例累計	国内事例累計	事例計累計
1970年代	1	0	1	1	0	1
1980年代	0	0	0	1	0	1
1990年代前期	6	1	7	7	1	8
1990年代後期	9	1	10	16	2	18
1970年代※	0.1	0	0.1			
1980年代※	0	0	0			
1990年代前期※	1.2	0.2	1.4			
1990年代後期※	1.8	0.2	2			
2000年	13	0	13	29	2	31
2001年	0	0	0	29	2	31
2002年	8	7	15	37	9	46
2003年	9	7	16	46	16	62
2004年	19	10	29	65	26	91
制度導入前事例小計	65	26	91			
2005年	5	11	16	70	37	107
2006年	4	33	37	74	70	144
2007年	5	22	27	79	92	171
2008年	7	26	33	86	118	204
2009年	6	12	18	92	130	222
2010年［4月末現在］	1	10	11	93	140	233
2010年※※	3	30	33			
制度導入後事例小計	28	114	142			
事例総計	93	140	233			

［注1］　事例は文献内で扱っている件数（国、都市、地域）。
［注2］　※欄は1年間あたりの平均値。※※欄は4月までを1年間に換算した値。視覚的に傾向がわかるようにするため。事例小計、事例総計は、いずれも※欄と※※欄を除いた実件数。

図2　都市内分権関連文献で扱われた年代別・年次別事例件数

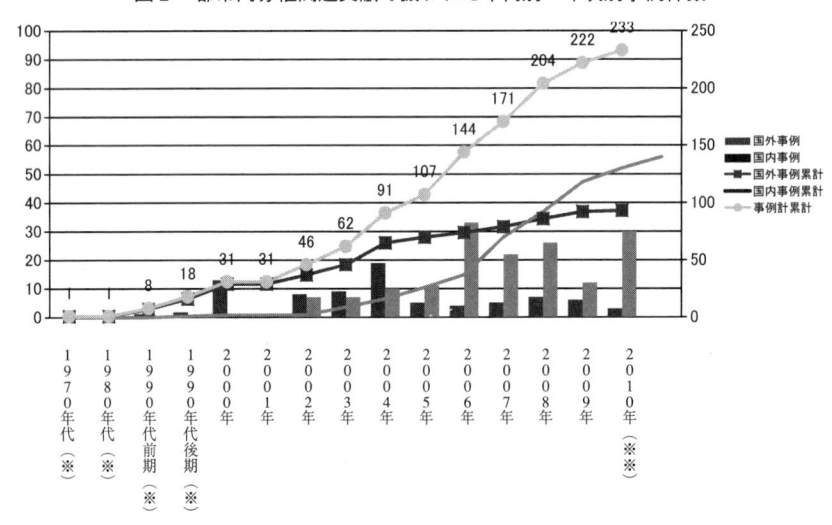

（※1年間あたりの平均値。※※4月現在を1年間換算）
（棒グラフは左軸、折れ線グラフは右軸）

14　第1章　都市内分権に関する先行研究の概括

度導入前後の4年間で、制度解説が20点出ている。

　事例を扱った文献については、1970年代から2002（H14）年にかけては国外事例が圧倒的に多く、国外の22点に対し、国内ではわずかに6点である。これは都市内分権制度が、国外では進んでいたために、歴史的、制度的に蓄積が豊富で、研究に値する状況にあったことの証左と思われる。しかし、2003（H15）年には逆転して、国外3点に対し国内7点となり、2004（H16）年は同数だったものの、以後国内が2倍から10倍程度の差となっている。

　2004（H16）年までの先行研究文献を合計すると、国外事例が35点、国内事例が23点、事例小計が57点（小計が合わないのは両方扱っている文献があるため）、理論文献が81点、制度解説が15点、総計で153点となった。ちなみに、制度導入後は、5年4カ月で212点であり、1970年代からの総計で365点となった。

　また、表2、図2の事例件数では、制度導入前は、やはり国外事例が多く、年別にみても、いずれの年も国外事例が多かった。トータルでは、国外事例が65件、国内事例が26件、合計91件となった。ちなみに、制度導入後は、断然国内事例が多くなり、国外事例の2倍から10倍で推移した。トータルでは、国外事例が28件、国内事例が114件、合計142件となった。1970年代からの総計では、国外事例が93件、国内事例が140件、合計が233件であった。

（3）　コミュニティ政策と研究

　以上、文献の研究類型別の発行点数または事例件数の変遷として見てきたが、これらの研究は、自治の現場の取組に裏打ちされて、あるいは寄り添うようにして進められてきたと言ってもよいだろう。それは、ほとんどが事例研究としてあらわれているところからもうかがえる。

　まず、都市内分権そのものの文脈からは前史ともいえる取組が広範に行われてきた。要するにコミュニティ政策である。これも、「昭和の大合併」の負の影響から生まれてきたものであるが、1969（S44）年に発表された国民生活審議会コミュニティ問題小委員会報告「コミュニティ―生活の場における人間性の回復」に始まり、1970年代から1990年代にかけて様々なコミュニティ政策（コミュ

ニティ行政やコミュニティ活動）が進められた。具体的には、上記報告や「コミュニティ対策要綱」などの指針の策定、「モデルコミュニティ地区」「コミュニティ推進地区」などのモデル地区の指定、そして、コミュニティセンターや公園などの施設の建設や各種事業として展開された。

　この時代の早い段階で、これらの取組とは連動していないものの、西尾勝は、すでに「市民参加」や「住民参加」とは異なる「コミュニティ参加」（住区を単位とした自治参加）を、アメリカの都市の現状を分析する中で位置付けている（西尾［1975］、293頁～303頁）。

　菊池美代志が、コミュニティ政策推進の過程の中で、「行政サイドの地域振興型コミュニティ観に対して、住民サイドの「地域共同管理論」型コミュニティ観が登場したことも特筆されてよい」（菊池［2002］、18頁）と評価しているが、「地域共同管理論」は、中田実が、「地域共同管理の社会学」（中田［1993］）として著している。これより先、蓮見音彦、奥田道大らは、「住民生活と地域組織」をテーマに住民運動に注目し、「参加的・自治的共同管理の新組織」などをあげながら、「地域自治の課題と展望」を論じている（蓮見・奥田編著［1980］）。

　コミュニティ政策の推進による地域住民の内発的な取組や行政の支援により、コミュニティが質量ともに成長していったが、取組によって成長するところと衰退するところとの格差も生まれた。コミュニティ行政への様々な批判も寄せられ行政サイドのブームは過ぎていった。1990年代に入って、「地域振興型の政策から、効率やコストという市場の論理を前提にまちづくりと協働を志向するという「地域経営型」発想を包含した政策」（菊池［2002］、20頁）へと変化し、コミュニティの役割が改めて注目され、期待が高まっていった。

　一方では地方分権改革が国家プロジェクトとして推進され、その中で「地域コミュニティにおける活動～の活性化と自治能力の向上、さらには、これらの活動との連携強化に努める」とか、合併の文脈ではあるが、「合併市町村の執行機関に対する旧市町村の代表の参加など、旧市町村単位を基礎とする組織又は仕組みの導入等～の活性化方策を検討する」（地方分権推進委員会［1997］）などという方針が打ち出された。

　そのようなコミュニティ政策、あるいは分権改革（地方行政体制整備）の変

遷・進展の中で、コミュニティを住民自治の基層単位として再構築すべく地域への自治体行政権の分権と住民の地域行政への参画の制度を位置付けようとする構想が「都市内分権」としてドッキングしていった。このことを江藤俊昭は、「地方分権論における都市内分権化」(江藤[1996]、53頁)としてその意義と可能性を論じているし、間島は、「コミュニティと自治体内分権のドッキング」と言い、「コミュニティを単位とする住民と行政との連携・協働の仕組みを制度的に創設すること」(間島[1997]、369頁)すなわち「近隣政府」の必要性を説いている。

また、別の文脈ではあるが、名和田は、「一社会の決定権限がコミュニティ・レベルにまで分散してきている傾向が存在するのではないかという理論的着想」(名和田[1998]、はしがきi頁)をもとに、主にドイツの事例を紹介しながら「コミュニティが制度的枠組によって支援されて決定権限を付与されるという、法とコミュニティとの比較的適合的な関係」(同、はしがきv頁)を論じている。

(4) 日本都市センターの調査研究

都市内分権に関する日本の研究分野における動態を、文献の発行状況や事例件数を概観することによって見てきた。また、コミュニティ政策をめぐる取組と研究の素描を行った。そして、その中でいくつか紹介したように、日本における都市内分権や近隣政府の制度設計に軸足を置いた研究が、1990年代後半以降、見られるようになった。

その代表的なものが、(財)日本都市センター[5](以下「日本都市センター」という。)の2000(H12)年度から2003(H15)年度までの一連の調査研究である。この調査研究の成果は、同時進行していた第27次地方制度調査会(以下「27次地制

---

5) 日本都市センターは、「都市自治体の行財政運営に資するため、地方自治や都市経営・都市政策について調査研究を行う」ことを主な目的に全国の都市自治体により設立されており、法人役員の多くが全国の名だたる市長である。したがって、都市自治体の現下の要請に応じて先見的に必要な調査研究を行っていることが認められ、都市内分権についても例外ではなかった。実際に、4年間に5本の調査研究報告書にまとめられ、随時、第27次地制調の審議過程における全国市長会の意見に参考資料として反映された。出版された報告書は、日本都市センター[2001][2002b][2003b][2004b]。なお[2004a]は成果品としてまとめられたが、非売品。

調」あるいは単に「地制調」ともいう。）における全国市長会の意見を補強する資料として随時提出され、その論議に一定の影響を与えたものであり、政策過程と連動し具体的に影響力を持った研究として注目すべき取組でもあった。

そこでこの成果品である報告書（日本都市センター［2004b］）について概観することにより、先行研究の問題意識と研究成果を確認する。日本都市センターの問題意識は次のとおりであった。

「第一次地方分権改革により強化された自治体の自治権をベースとしつつ、市民社会の更なる成熟という視点から、あらためて住民自治とコミュニティの重要性が再認識されてきている。全国の自治体においては、自治権拡充の成果を生かし、自主的に行政システム改革を進めていくことはもちろんのこと、これと並行して、地域住民による自己決定原理を踏まえつつ、住民自治の拡充に向けた取り組みとシステムの設計に向けての努力を、地域の住民とともに、図っていく必要がある。」（はしがきⅰ頁）

このような問題意識の下に、前期2カ年は、「市民自治研究委員会」（委員長の寄本勝美・早稲田大学教授ほか委員18人）のもとで、「分権型社会における市民と都市自治体との新しい関係構築のあり方に関する調査研究」を行い、その成果を踏まえ、後期2カ年は「近隣自治研究会」（寄本勝美委員長ほか委員4人）のもとで「近隣政府のあり方に関する調査研究」を行った。

ちなみに、この2つの研究会には、前者に都市センター研究室の間島正秀室長（当時）が、前者の途中から後者の終わりまで東京都立大学の名和田是彦教授（当時）が委員として参加しているが、先の展開で引用したように、両氏は、早くからコミュニティや都市内分権、自治体内分権に関する論考を発表していて、ここでその研究成果が発揮されたものと思われる。

この2つの委員会の研究成果は、それぞれ、［2001］『近隣自治とコミュニティ～自治体のコミュニティ政策と「自治的コミュニティ」の展望～』（「市民と都市自治体との新しい関係構築のあり方に関する調査研究」中間報告、2001/3）、［2002b］『自治的コミュニティの構築と近隣政府の選択—市民と都市自治体との新しい関係構築のあり方に関する調査研究最終報告』（2002/3）、［2003b］『近隣政府の制度設計—法律改正・条例制定に係る主な検討項目』（「近隣政府のあり方に関する調査

研究」中間報告、2003/3)、[2004b]『近隣自治のしくみと近隣政府—多様で主体的なコミュニティの形成をめざして—』(「近隣政府のあり方に関する調査研究」最終報告、2004/3) としてまとめられた。

そして、最終報告では、「近隣政府について、主に制度面からの分析を行い、それらに基づき、日本に近隣政府を導入するための具体的な制度設計の検討を行うことを目的としている。」として、具体的に調査項目を3点挙げた。すなわち、①近隣政府の実現可能性の検討、②中間報告で提案したモデル条例の要綱試案の再検討、③（国において「地域自治組織」の法制化の検討が進められている現状を踏まえ、）多様で主体的なコミュニティの形成のあり方の提示、というものであった。

第2節　近隣政府論とその類型

本節では、上記『近隣自治のしくみと近隣政府—多様で主体的なコミュニティの形成をめざして—』の「第1章　コミュニティと近隣政府論」(3頁～32頁) の中でまとめられた「近隣政府論」と「第3章　近隣政府の制度設計」(87頁～112頁) でまとめられた「近隣政府の類型」について概説する。

(1)　近隣政府論

「近隣政府」は、英語の"neighborhood government"（ネイバーフッド・ガバメント）を日本語に直訳したものである。

「アメリカの"neighborhood government"は、提唱者であるミルトン・コッラーによれば、地域住民の発意により設立された私法人のコミュニティ・コーポレーションが、コミュニティサービス活動の実施に始まり、市から行政サービスを受託するとともに、委託された行政サービスを統括する市の機関に参加するようになり、私法人から自治団体となって都市自治の基礎単位となり、やがて当該コミュニティ・コーポレーションの区域と市議会議員の選挙区とを一致させることにより、行政単位のみならず、政治単位となるというものであ

る。」6) なお、これを紹介した西尾勝自身は、neighborhood government に、「住区の自治」(西尾[1975]、275頁)という訳語を当てている。

「近隣政府」とは、「近隣性」、「包括性」及び「住民代表性(民主的正統性)」という要件を満たすものとして「法律または条例により創設されたもの(組織または機関)」を総称的に指す。

ここでいう「近隣性」とは、市区町村の区域よりも小さい、住民に身近な地域において活動することであり、具体的には、「コミュニティの形成を促すために適切な区域」としてとらえ、小学校区または中学校区程度の区域を念頭に置いている。

「包括性」とは、ある一定の地域空間を重なり合うことなく排他的に独占している場合に導き出される。そして、住民に身近なレベルにおいて(つまり「近隣性」)、地域の様々な課題の解決を目指す(現実に地域のあらゆる課題に対応しなくてもよいが)ための組織であることである。

また、「住民代表性(民主的正統性)」とは、近隣政府の意思決定機関の下す決定が、当該区域の住民の総意か、総意とまではいかなくても住民の大多数の意思を反映したものであるということが、何らかの形で認められることである。この住民代表性には様々なレベルがある。厳密な意味では、「住民総会または住民の直接選挙による住民代表機関(議会)を有し、そこにおいて組織としての意思決定を行うこと」が求められる。

一方、一定程度の住民代表性にとどまるものは、市区町村の議会による選出という「間接的な連鎖」によるものである。このほかに、それが付与されたとみなされるものとして、公職選挙法ではなく、近代選挙の原則(普通、平等、直接、秘密、自由)に従って住民投票を行い、長がその結果を尊重して任命する、いわゆる「準公選制」を取る場合、及び、市区町村の条例によって、当該地域

---

6) 報告書[2004b]を概説する手法をとっているので、この部分は、日本都市センターで西尾[1975]の論文の趣旨をまとめたものをそのまま転載している。なお西尾[1975]のこの部分は276頁にあり、その前段(275頁~276頁)で、コッラー構想の基本原則について、「住区の自治(neighborhood government)の確立は地域の発意を介してはじめて可能になる。既成の統治体の任務は、こうした地域コミュニティから誕生してくる種々の形態の自治団体に法的資格を付与し、これらに特定の権能を移譲していくことであるとする点にある。」と指摘している。

において包括的な活動をし、当該地域住民の相当数が会員となるような組織があらわれ、一定の要件（住民に開かれた存在、予算及び決算の調製、事業内容の報告、十分な情報公開など）を満たすときに、長が認定（認証）する仕組みとする場合である。

　最後の要件は「法律または条例による制度の創設」である。法律または条例に根拠を持つというだけでなく、その根拠となる規定が、近隣政府の設立を目的としたものであることが求められる。その場合、住民代表性をどこまで厳密に解釈するかにより、大きく2つに分けることができる。厳密な住民代表性を持たせるためには、新しい法律の制定または改正が必要となる。そうでない場合は、既存の法律を活用して市区町村の条例により創設するか、または、市区町村の条例のみにより創設することとなる。

　以上のことをまとめると、広義の近隣政府は、「住民代表性（民主的正統性）」をより緩やかに解して、長の認定（認証）・任命等により一定の住民代表性を付与されたものも含むものである。これに対し、狭義の近隣政府は、「住民代表性（民主的正統性）」をより厳密に考え、選挙により住民の代表を選出するなどの形を整え、厳密な意味での住民代表性を付与されたものである。

　これを図示すると、図3のようになる。

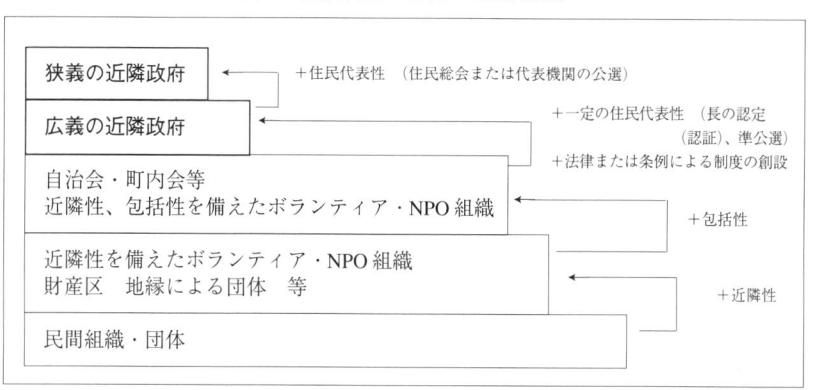

図3　近隣自治の仕組みと近隣政府

狭義の近隣政府	←+住民代表性（住民総会または代表機関の公選）
広義の近隣政府	←+一定の住民代表性（長の認定（認証）、準公選） +法律または条例による制度の創設
自治会・町内会等 近隣性、包括性を備えたボランティア・NPO組織	←+包括性
近隣性を備えたボランティア・NPO組織 財産区　地縁による団体　等	←+近隣性
民間組織・団体	

出典：日本都市センター[2004b]

(2) 近隣政府の類型

住民代表性をどこまで厳密に解釈するかにより、広義と狭義の2つに分かれるという以上のような概念規定を踏まえ、次に近隣政府の類型について見てみると、いずれの場合にも、設置方法により2つにわかれる。すなわち、市区町村の機関として設置する型（機関型）と、市区町村とはある程度独立した組織とする型（団体型）である。また、この団体型には、法人格を持つ場合と持たない場合がある。これを図示すると、図4のようになる。

図4　近隣政府の類型

	機関型	団体型
条例のみ 【または】 現行法 ＋ 条例	広義の近隣政府 ○近隣審議会型（①型）	○認定型（③型）
地制調答申を 受けた新法 ＋ 条例	★地域自治区 （「行政区タイプ」）	★合併特例区 （「特別地方公共団体タイプ」）
更なる新法 ＋ 条例	狭義の近隣政府 ○近隣委員会型（②型）　○選挙型（④型） ＊「準自治体型」と「自治体型」がある	

出典：日本都市センター［2004b］

まず機関型であるが、広義の近隣政府の場合は、地区の総合的な課題について審議し、市区町村の長に対して意見を述べる諮問機関を設置するというものである（近隣審議会型（①型））。この場合、その構成員は住民の選挙で選ばれるわけではなく、長が任命することとなり、厳密な意味での住民代表性はない。また、長は、この諮問機関の意見を尊重しなければならないが、それに拘束さ

れるものではない。権限としては、「勧告権」と「答申権」は持つが、「審議決定権」と「同意権」は持たない。

　これに対し、機関型の狭義の近隣政府の場合は、法人格を持たない市区町村の機関として、住民の直接選挙で選出したメンバーからなる「委員会」を置き、その議決が市区町村に対して一定の拘束力を有するものとするものである（近隣委員会型（②型））。これを制度化するためには法律の制定または改廃が必要である。権限としては、「勧告権」と「答申権」のほかに、「審議決定権」と「同意権」も持つ。

　次に、団体型であるが、まず、広義の近隣政府の場合は、地域の様々な課題に対応する「包括性」と、法律または条例による「制度的根拠」を有し、当該地域住民の大多数が実態として任意に構成員となっている組織（法人格の有無は問わない）に対し、厳密な意味での住民代表性ではないものの、市区町村の長が条例に基づき認定（認証）することによって一定の代表性を認めるというものである（認定型（③））。権限としては、「勧告権」は持つが、他の「答申権」「審議決定権」「同意権」は持たない。この対象は、先に述べた一定の要件を満たした場合で、公益法人、ＮＰＯ法人、中間法人、地縁による団体（町内会・自治会）が想定される。

　これに対し、団体型の狭義の近隣政府の場合は、自治体と同じく、当該地域に住所を有する者は自動的にその構成員となるような法人格を持つ団体を制度化するというものである（選挙型（④））。選挙によって選出した代表からなる意思決定機関または住民総会を有し、その決定は厳密な意味での住民代表性を有する。この方法を制度化するためには、地方自治法の改正を行い、地方自治法上の「特別地方公共団体」とすることが必要である。

　「選挙型（④）」は、さらに「準自治体型」と「自治体型」とに分かれる。準自治体型は、市から委託される事務を中心に、もっぱらサービス提供に係る事務を担うものであり、自治体型は、規制行政や条例制定、課税権なども担うものである。権限については、いずれも「勧告権」「同意権」「審議決定権」を持つ。「答申権」については、特に言及がないが、独立性が高いので、そもそも「諮問⇔答申」関係はありえないということか。

なお、27次地制調の構想した「地域自治組織」に関しては、地域自治区（行政区タイプ）はここでいう機関型、合併特例区（特別地方公共団体タイプ）はここでいう団体型であり、いずれもおおむね広義の近隣政府に位置するものとしている。
　以上が大要、日本都市センターが構想した近隣政府の制度設計である。

第 2 章　都市内分権（合併関連三法）の立法過程

第 1 節　立法事実

　全国の市町村は、平成の大合併によって、1999（H11）年 3 月 31 日には 3,232 であったものが、2010（H22）年 3 月 31 日には 1,727 と半数近くに減少することになった[7]。このことは基礎自治体が広域化するとともに、政府機構も統廃合されたことを意味するが、これに伴い一定の自治体で、その内部に地域自治区や合併特例区という都市内分権制度を導入する動きが広がった。

　これは、直接的には、次節以降で展開する 27 次地制調における都市内分権の制度設計と、これを受けた国会における合併関連三法[8]の制定を経て、3 種類のメニューで制度が施行されたことによるものである。

　したがって、この都市内分権制度導入の立法事実も、基本的には国における考え方が色濃く存在するわけだが、一方ではそれを活用する基礎自治体の自治の現場における思いや取組の中から生まれてきた事実も見逃すわけにはいかない。それらを総合的に勘案し整理して、以下簡潔に掲げる。

　すなわち、その背景や必要性としては、主に次の 4 点があげられよう。①住民自治・地域自治の拡充、②行政と住民（住民と行政）の協働、③基礎自治体の行財政体制の確立、④合併関係市町村の不安解消と地域意思の反映、である。

7）総務省ホームページ「合併相談コーナー」のデータによる。なお、総務省の当該データを掲載していたこのホームページは、2010（H22）年 4 月 1 日から「広域行政・市町村合併」のページに移動した。URL は次の通り。http://www.soumu.go.jp/kouiki/kouiki.html

8）以下の 3 つの法律。「地方自治法の一部を改正する法律」（いわゆる「改正地方自治法」）、「市町村の合併の特例に関する法律」（いわゆる「改正合併特例法」あるいは時間の経過とともに「合併旧法」）、「市町村の合併の特例等に関する法律」（いわゆる「合併新法」あるいは時間の経過とともに「現行合併特例法」）。

①住民自治・地域自治の拡充

　第1は、住民自治・地域自治の拡充の必要性である。この課題は、なにも合併に限ったことではない。昭和の大合併後のコミュニティ政策、コミュニティ活動の進展や、さまざまな住民・市民運動、ボランティア活動、ＮＰＯ活動などの蓄積の中で、住民に身近な地域のことは地域で考え、責任を持って地域で決定し行動していこうという住民の参加意識、主権者意識が醸成されてきた。また、当然、平成の大合併に際しても、自らの地域（市町村）の自治能力を維持していきたいという住民の根強い思いもあった。地方分権改革や自治体による情報公開、市民参加などの「開かれた行政」の長年の政策展開（これも当然住民・市民運動などが契機になっているのだが）などによる全体的な市民参加意識の向上も影響を与えていよう。

②行政と住民（住民と行政）の協働

　第2は、行政と住民、あるいは住民と行政の協働の必要性である。一方では基礎自治体をとりまく厳しい財政環境が顕在化するとともに、他方では市民ニーズや価値観の多様化、あるいは心の豊かさを求める市民意識の変化、少子高齢化などへのきめ細かな対応の必要性などが高まってきたこと、またそこにさまざまなＮＰＯ団体などの台頭と関わりが生まれるとともに、地縁組織などにおける地域の支え合いの必要性が意識されるようになるなど、住民に身近なところの公共的な事務事業を、新しい公共の枠組みで捉えなおし、行政と住民（住民と行政）が協働して、住民の意向と主体的な関わりの中で取り組む方が、より効果的で充実したサービスとなり、またコミュニティの醸成にもつながることが明らかとなってきたことである。

③基礎自治体の行財政体制の整備（基礎自治体の自主自律性の確立）

　第3は、基礎自治体の行財政体制の整備の必要性である。とりわけ、2000（H12）年の「地方分権一括法」施行後の地方分権の進展に対応して、行財政基盤の充実強化など基礎自治体の自主自律性を高める必要性が高まったことであ

る。これは、合併の文脈で語られることが多い。要は「分権の受け皿」論である。しかし、この点は、国と地方の役割分担を明確にするとともに、国から地域を通じた「補完性・近接性の原理」[9]の考え方に基づく団体自治の確立という意味で、基礎自治体の行財政体制を強化するためにも避けて通れない重要な課題であった。換言すれば、国際化に対応するための国の分権化（地方分権）が必要なように、国内の分権化社会に対応するための自治体の分権化（都市内分権）も必要ということである。

④合併関係市町村住民の不安解消と地域意思の反映

第4は、合併関係市町村、とりわけ編入される市町村住民の不安解消と地域意思の反映の必要性である。一般的にはこれが一番意識されていたことであるが、市町村合併によって自治体（首長と議会）が消滅することとなる当該住民の不安を解消するとともに、地域の意思を市政に反映させるための仕組みづくりが必要となったということである。

このような、主に4つの背景と必要性の下で、27次地制調と国会の審議が行われ、2004（H16）年5月19日に、地域自治区、合併特例区を組み込んだいわゆる「合併関連三法」が成立した。

以下、本書の主旨に沿って、住民自治と都市内分権の要である基礎自治体の内部組織としての地域自治組織、特にその構成員の選出方法に関する議論を中心に、その審議の経過を議事録及び配付資料から概括する。

9）国連の世界地方自治憲章草案などで謳われているもので、「補完性及び近接性の原理（原則）」は一般的に「補完性の原理（原則）」と言われている。これは、事務事業を政府間で分担するに際しては、まず基礎自治体である市町村を優先し、ついで広域自治体である都道府県が担い、国は広域自治体でも担うにふさわしくない事務事業のみを担うとする考え方である。この憲章草案の前にも、ヨーロッパ地方自治憲章で採用されている。また、そもそもの由来は、国と自治体の政府間関係だけではなく、人間の尊厳を個人の自立に求めた上で、個人から家族、コミュニティ、自治体、そして国に至る社会単位相互の関係性についてあらわしたものであり、いわゆる自助、共助、公助の考え方とも通ずるものである。

第2節　第27次地方制度調査会の審議

(1)　審議の流れ

　2001 (H13) 年11月19日に発足した27次地制調は、専門小委員会と総会の審議を経て、途中、「中間報告」[10] をまとめながら、最終的に、2003 (H15) 年11月13日、「答申」[11] を小泉首相に行った。

　当該事項に関する審議の流れとしては、地方六団体との3回の意見交換や全国5カ所での現地調査・意見交換をはさみながら、18人の学識経験者で構成される専門小委員会で16回、学識経験者に国会議員6人と地方六団体の代表者6人を加えた総会で3回の熱心な議論が交わされた[12]。最初に審議事項が決定され、それに基づいて専門小委員会で学識経験者の委員による意見交換が行われた。早い段階で議論のたたき台として、委員長の求めにより起草された西尾勝委員の私案が提示された。その後、節々で論点整理が行われ、「中間報告」や「答申」に向けての「素案」及び「案」が事務局において作成され、さらに議論が重ねられた。

　審議の過程で、地方六団体からは、全国町村会による「住民自治の充実・強化の観点からの地域自治組織の制度化」や全国市長会による「都市の多様性と自発性に重きを置いた選択可能性のある制度設計」等の意見・提言[13] が繰り返し出された。

　大筋このような経過をたどるのだが、さかのぼって同年6月5日には注目すべき「中間報告」が公表された。すなわち、地域自治組織 (後の法律では地域自治区、合併特例区) の機関 (同じく地域協議会、合併特例区協議会) の構成

---

10)「今後の地方自治制度のあり方についての中間報告」
11)「今後の地方自治制度のあり方に関する答申」
12) この回数は、地域自治組織に関する審議に限っている。全体では、総会7回、専門小委員会34回、専門部会4回である。

員は「公選又は住民総会による選出を可能とすることも検討する」というものであり、導入への積極的な意欲が感じられるものであった。

しかし、最終的な答申では、このことが抜け落ちてしまった。この辺のいきさつも含め、以下、具体的に見ていく。

(2) 審議事項と論点整理

専門部会の審議と、それを踏まえた専門小委員会の審議を経て、2002（H14）年7月の第3回総会で決定された「審議事項」では、5つの大項目の最初に「基礎的自治体のあり方」が据えられ、その小項目として「基礎的自治体一般論」、「小規模市町村」、「小規模市町村の区域における事務処理」、「基礎的自治体内の地域組織等」が掲げられた。

そして、併せて提示された「審議事項に係る論点整理について」では、「基礎的自治体内の地域組織等」について、「合併が進んで基礎的自治体の規模がある程度大きくなったとき、基礎的自治体の区域内において、ネイバーフッドガバメントやコミュニティ等の狭域の自治組織を制度化するか。この場合、ごく限定的な権能の地域団体とするか、それともかなり多様な権能を備えた団体とするか。」という整理が為されていた。

---

13) この意見・提言は大要、以下のようなものである。2002（H14）年9月24日の第7回専門小委員会での発言及び提出された全国市長会の参考資料「日本都市センター編『自治的コミュニティの構築と近隣政府の選択』（抜粋）」。2003（H15）年2月28日の第18回専門小委員会での発言及び提出された全国町村会の説明資料「市町村合併と基礎的自治体のあり方等について」、全国町村議会議長会の説明資料「地方制度調査会への提案」、全国市長会会長の発言骨子「基礎的自治体、大都市、都道府県のあり方について」。同年4月15日提出の全国市長会の意見書「地方自治の将来像についての提言」、全国町村会の意見書「『基礎的自治体のあり方に関する意見』の提出について」、全国町村議会議長会の意見書「『基礎的自治体のあり方に関する意見』の提出について」。同年10月3日の第31回専門小委員会での発言及び提出された全国市長会の参考資料「日本都市センター編『近隣政府の制度設計―法律改正・条例制定に係る主な検討項目―「近隣政府のあり方に関する調査研究」報告書の要旨』」。同年10月29日提出の全国町村議会議長会の意見書「『今後の地方自治制度のあり方について』の最終答申に関する意見の提出について」、同年10月30日提出の全国町村会の意見書「『今後の地方自治制度のあり方についての最終答申』に対する要請事項の提出について」など。

(3) 地方六団体の意見──「近隣自治」「狭域の自治組織」の提案

　この部分に関する第3回総会及びその後の第7回専門小委員会における意見は、主に地方六団体の代表から出されたが、そのうち全国市長会の代表は、日本都市センターの研究報告[14]でなされた新しい近隣自治の仕組みを紹介しながら、次のように述べた。
　「地方公共団体の組織の形態や住民自治の仕組みについての制度規制を緩和することの可能性や、妥当性についても検討が必要。また、都市の多様性と自発性に重きを置いた選択可能性のある制度設計など様々な角度からの検討がなされるべきである。」
　また、全国町村議会議長会の代表は、「合併後の基礎的自治体内の狭域の自治組織を積極的に制度化した方がよい。仮に、合併を選択したとしても、住民にとっては行政との距離が遠くなることは望ましいことではない。住民の立場に立ってぜひ多様な権能を付与すべきと考える。」と述べた。

(4) 答申に至る議論の骨格を示した西尾私案

　審議の中で最初の重要な画期は、西尾試案[15]の提示である。
　第8回専門小委員会では、地方六団体の意見を踏まえた議論が、さらに第9回専門小委員会では基礎的自治体のあり方について、議論が集中的に行われた。そして、同年11月の第10回専門小委員会ではそれらの意見を踏まえた今後の議論のたたき台として、いわゆる西尾私案が提示され、さらに議論が続けられた。
　西尾私案は、「地方分権時代の基礎的自治体に求められるもの」として、まず「充実した自治体経営基盤」をあげ、「地方分権改革を新しい段階に進め、国と地方の税財源の見直しを行うとともに、『自己決定・自己責任』という地方分権

---

14) 日本都市センター［2002b］
15) 2002（H14）年11月1日の第10回専門小委員会に提出された「今後の基礎的自治体のあり方について（私案）」。西尾勝（第27次地制調副会長、専門小委員会委員）。

の理念を現実のものとして実行できる基礎的自治体が求められている。」と述べた。同時に住民自治の強化の観点から「基礎的自治体における自治組織」をあげ、「内部団体としての性格を持つ自治組織を基礎的自治体の判断で必要に応じて設置することができるような途を開くことを検討する必要がある。」と述べた。

　この西尾私案は、さらに踏み込み、「分権の担い手にふさわしい規模の基礎的自治体に再編されなかった地域」、いわゆる小規模市町村(「小規模な団体」、「一定の人口規模未満の団体」)を「解消することを目標とすべきではないか」と提案し、これを実現する方法として「さらなる合併の強力な推進」などいくつかの選択肢を掲げた。そのため、その後、全国町村会や全国町村議会議長会から、「人口規模の少ない町村を切り捨てるという横暴きわまりなき論旨」[16]、「自治を破壊する以外の何ものでもなく、絶対に認めるわけにはいかない。」[17]などと猛反発を受けることとなった。

　ここでは、本書の論旨からはずれるこの点については深入りできないが、いずれにしても、西尾私案が示した自治体経営基盤の充実と住民自治の強化の両面からの具体的な提示は、地方分権時代の基礎自治体に求められる原則的な内容というべきものであり、答申に至るまでの議論の骨格をなしていたと言える。

(5)　自治組織についての突っ込んだ議論――選挙、自由な選択、一般制度等

　審議における第2の画期は、自治組織の制度設計に関する委員の先進的、積極的な意見である。

　2003 (H15) 年1月には広島県及び新潟県において現地調査・意見交換会も行われたが、これを前後した第13回、及び第14回専門小委員会では、引き続き西尾私案をたたき台として「基礎的自治体」及び「基礎的自治体内の自治組織」についての突っ込んだ議論が交わされた。

---

16)　2002 (H14) 年11月12日の地制調に提出された全国町村会の意見書。「今後の基礎的自治体のあり方について(地方制度調査会専門小委員会における「西尾私案」)に対する意見」。
17)　2002 (H14) 年11月21日の地制調に提出された全国町村議会議長会の意見書。「「今後の基礎的自治体のあり方について(私案)」に対する意見」。

その中で、委員から「選挙によって選ばれたような住民組織、あるいは自治組織であるべきなのではないか」という意見や、「住民が選択をして自分たちで必要に応じて判断をするような仕組みにしたらどうか」、「合併市町村についてはできるだけ早く制度化すべき」等の意見が出された。また、「合併市町村だけでなく、一般的な制度として認めるべきではないか」という意見が大半を占めた。
　そして、西尾委員からは、かなり具体的に踏み込んだ意見が出された。「そこで選ばれる新しい代表機関というのは、いわば公職選挙法に準拠して選挙が行われ、きちんとした選挙管理が行われる。そして、そこに就任する代表者は委員であれ、議員であれ、長であれ、公務員なんだと思う。ほとんどの場合、非常勤だろうが公務員としての規律をきちんと受ける。その代わり実費弁償を受ける権利もあるかもしれないが、ともかくそういう位置づけがなされた自治組織というのが従来の自治組織と違うところだと思う。」、「そうすると、公職選挙法のどこまでを準用するのかなどということは、国の法律で書かざるを得ない。あるいは準拠しなくてもいいならいいということを書かざるを得ないと思う。」

(6) 地方六団体との意見交換—— 一般制度として地域自治組織を早期に

　2003（H15）年2月の第18回専門小委員会では、改めて地方六団体との意見交換が行われた。ここでは、全国町村会より、「住民自治の充実・強化を図る観点から地域自治組織の制度化を検討」すること、「具体的な内容は、設置の是非を含め市町村の条例で定めるようにすべき」[18]との提案がなされた。また、全国町村議会議長会からは、「住民が合併の判断を的確に行うに当たっては、必要な判断材料が予め提供されていることが不可欠」として、その1つに「基礎的自治体内の内部団体への自治権付与の存在」を挙げ、「一般制度として」「地域自治組織を早期に制度化していただきたい」[19]と提案された。

---

18) 2003（H15）年2月28日の第18回専門小委員会会議録。及び同専門小委員会に提出された全国町村会の説明資料「市町村合併と基礎的自治体のあり方等について」。
19) 2003（H15）年2月28日の第18回専門小委員会会議録。及び同専門小委員会に提出された全国町村議会議長会の説明資料「地方制度調査会への提案」。

全国市長会からは、「現在、政令指定都市にのみ設置が認められている行政区について、一定規模以上の都市においても設置できることとすること」、「また、自治体内の近隣自治組織については、何らかの形で制度を創設する」こと、「たとえば住民自治組織の意見を、基礎的自治体の運営に反映させる協議会型、基礎的自治体の事務のうち、住民に身近な一定の事務を担うこととする都市内分権型、さらに、それらが融合した自治区、特別区のような近隣政府型など、さまざまな類型が考えられるが、制度としては、多様な類型を設けつつ、それらの中から自治体の判断で、条例により近隣自治組織を設置できるような制度とする方向で検討する必要がある。」[20] との提案が為された。

　さらに全国市議会議長会からは、「都市内分権と住民自治組織に関しては、合併市町村に限ったことではなく、おのおのの都市に共通する課題として積極的に検討すべきであり、これらを制度化するとしたら、各地域の実情はさまざまなことから、あくまでも地方自治体の自主的な選択にゆだねることが基本」との意見が出された。

(7)　「地域自治組織の論点」——構成員は直接公選

　審議における第3の画期は、これまでの議論を受けて事務局が作成し提出した論点整理の資料である。

　同年3月の第19回専門小委員会は、これまでの議論を踏まえ、地域自治組織の論点整理が行われた。ここで地制調事務局が作成した資料「地域自治組織の論点」が提出されたが、この中で、最初の地制調の論点整理における「狭域の自治組織」や西尾私案での「内部団体」、「基礎的自治体における自治組織」という表現に代わり「地域自治組織」という名称が初めて使われた。これは全国町村会の表現に沿ったものであるが、以降定着した。そして、「目的」（地域共同体的な事務を処理する）、「合併との関係」（まず合併時に導入、将来的に一般

---

[20] 2003（H15）年2月28日の第18回専門小委員会会議録。及び同専門小委員会に提出された全国市長会会長の発言骨子「基礎的自治体、大都市、都道府県のあり方について」。

制度)、「法的性格」(行政区的か特別地方公共団体か)、「機関」(5つのタイプを例示)など8項目が掲げられた。

　ここでは、目的の「地域共同体的な事務」の内容に関わる具体的で掘り下げた論議があり、また、「まず、合併前の旧市町村単位に導入する途を開く」、「将来的には一般制度を必要な地域に任意に設置」という点に関しては「最初から一般的な制度で作った方がいい」との意見が大半をしめた。

　なお、事務局作成資料中の「機関」の5つのタイプでは、その構成員の選出方法について、5番目の「基礎的自治体の長により選任された長のみが機関となる」というタイプ以外は、全て「直接公選」という文言が使われていることに注目しておきたい。

(8) 「中間報告案」——行政区的タイプと特別地方公共団体タイプ

　同年4月の第22回、及び第24回専門小委員会では、それぞれ「中間報告案のたたき台」、及び「中間報告案」[21]にそって総括的な論点整理と細部の調整が行われた。地域自治組織のタイプについては、「中間報告案のたたき台」の作成の段階で、明確に行政区的タイプと特別地方公共団体タイプの2つに分類・限定された。

　なお、この間の4月15日には全国市長会、全国町村会、全国町村議会議長会などから意見書が提出された[22]。地域自治組織の部分については、おおむねこれまでの意見を改めて主張するものとなっている。

　このなかで、全国市長会の意見書は、「地域自治組織の組織形態」を4つの類型にまとめ、「制度としては多様な類型を設けつつ、それらの中から自治体の判

---

21) 資料の「『中間報告』案のたたき台」及び「中間報告(案)」は専門小委員会の論議を踏まえ事務局でまとめたもので、委員会終了後回収された。なお、委員の中で、専門小委員会外での検討に必要との理由で回収には異論があった。
22) 全国市長会の意見書「地方自治の将来像についての提言」。全国町村会の意見書「『基礎的自治体のあり方に関する意見』の提出について」。全国町村議会議長会の意見書「『基礎的自治体のあり方に関する意見』の提出について」。

断で条例により、必要な地域に任意に設置できるような制度とする」こと、また、「合併市町村の場合に限らず一般的な制度として創設すること」、「地域住民のイニシアチブを尊重した制度設計とすること」などを求めた。

　この4つの類型を概括すると、①現行制度の地域審議会と同様の諮問機関型（委員は自治体の長の任命）、②答申、建議に加え地域の一定の事務について議決権を持つ議決機関型（委員は住民の選挙）、③地域の一定の議決権に加え特定の事務を自主的に行う近隣委員会型（委員は公選、委員長は任命又は準公選）、④地域の事務について議決権と執行機能を持つ特別地方公共団体型（議員は公選、長は任命又は準公選）となっている。注目すべきは、現行制度と同様の①以外、すなわち創設する新制度としては、委員（議員）の選出方法は、全て「公選又は選挙」となっていることである。

　専門小委員会での委員の議論としては、「『地方分権時代の基礎的自治体』の展開の最初に住民自治の観点を据えるべき」とか、「設置に関して旧市町村の意向が尊重されるような公的な配慮が必要」、「組織形態、事務権限の範囲、財政措置など基礎自治体自身の選択、判断を尊重すべきであり、条例によって制度をつくるという形にすべき」、「旧町村名を残すことができるようにすべき」等の意見が出、いずれもそのような方向で中間報告（案）を修文することとなった。

　そして、4月30日の第5回総会において「中間報告（案）」が了承され、5月6日小泉首相に提出された。このような議論の経過を踏まえて作成された「中間報告」では、地域自治組織の機関としての地域審議会の委員（行政区的タイプ）及び議決機関の構成員（特別地方公共団体タイプ）は「公選又は住民総会による選出を可能とすることも検討する」となっていた。

　これが、第4の画期である。

（9）「中間報告案」の「公選検討」を野中代議士、強く牽制

　しかし、すでにこの第5回総会では、自民党や政府の要職を務めた衆議院議員の野中広務委員が、次のような意見を述べて「中間報告案」の内容を強く牽制していた。「大きく合併した後の旧村単位に自治組織を認め、それを審議す

のに、また公選まで認めるというなら、何のために合併したかわからない」。「こういうやり方をするべきでない」と。

既定の日程の中で、この場での「中間報告（案）」は了承され「中間報告」として首相に提出されたものの、実際は、この発言を契機に、その後の審議の流れが大きく変わることとなる。

これが、第5の画期である。

（10）　地域自治組織のあり方（法人格・公選制）で活発な議論

第6の画期は、第30回専門小委員会での事務局の報告から始まる。

7月には、大阪府と宮城県において現地調査・意見交換会が行われ、8月には第27回専門小委員会で、地方自治に関する憲法論・基本法論についての意見交換が行われた。これらを踏まえ、別論議の28回、29回を挟んで、9月の第30回専門小委員会では、改めて「基礎的自治体（地域自治組織）のあり方について」の議論が行われた。

この中で事務局から、第5回総会及び7月の意見交換会での意見がまとめて報告された。前述した野中委員の意見や、「住民自治の強化にならず、合併後の融和を阻害することは必至ではないか」とする町議会議長の意見などが紹介されたが、加えて次のような補足説明がされた。

「様々な市長との意見交換、大臣との意見交換等の場で比較的大きな市の市長から、地域自治組織が法人格まで求められると非常に困惑をするとか、小さなところでそういう法人格のある自治組織を設けると、かなり大きな都市の地域自治組織も法人格が要るということになりはしないかとか、非常に先行きを心配しているというふうな議論もあった。そういった意味で、評価する意見も強い一方、特別地方公共団体タイプ、それから公選制による議会のようなものを置くこと、この点について、かなり懸念も示されているという状況である。」

これに対し、委員からは、「市長あたりが必ずしも賛成ではないという意見の紹介があったが、私は市町村長の立場に立てば、そうなってしまうだろうと思う。自分の市の中で機嫌よく一体的に市政をやっているのに、何か違うような

ことを言うような組織ができたら余り好ましくはないので、そういう立場の人たちに聴くとそうだろうと思う。」「そうでない立場の人たちの意見も、特にNPOとか、ボランティア団体で実際活動している方の意見にも耳を傾けるべきではないかと思う。」

　また、他の委員から「地域自治組織は、従来の町内会、自治会とは違う。」「新たなコミュニティの核となる地域の自治をつくっていける、旧市町村のアイデンティティを守れるような新しい組織づくりを提示すべきだというふうに思う。新しい仕組みとしての地域自治組織は従来の町内会も入っていいし、NPOも入っていいし、基礎自治体ができたときの一番核になるものとして位置づける話をもう少しきちんとやらないと、このまま合併の話をして数字だけ示しても、せっかくアイディアとして出てきた地域自治組織についての考え方というのは、あまり普及しないまま上からの合併で決まっていくのはいかがなものかなと思う。」

　このように、幾人もの委員から反論が挙がったが、実はこの報告が次への伏線だった。

（11）　地方六団体、地域自治組織に自治権の付与を改めて要望

　10月には3回の専門小委員会が開かれた。まず、第31回専門小委員会は、改めて地方六団体との意見交換が行われ、その中で、全国町村議会議長会の代表が次のように述べた。

　「自由民主党のプロジェクトチーム[23]では、地域自治組織に公選制の議決機関を導入することに慎重意見が出ているようだが、私はやむなく合併せざるを得ない町村の立場に立つとき、旧町村に自治権を付与することは当然認められてしかるべきだと考えている。その際、自治権が付与された地域自治組織は憲法上の地方公共団体ではないので、大胆な自治を行えるよう法律上の縛りはできるだけ避け、その内容については条例に委ねるべきである。この地域自治組織

23）自民党地方制度調査会・地方制度に関する検討プロジェクトチーム。

の議決機関の意味は、素人の住民ができるだけ多くの自治に参画できるようにする点であると考える。この点は基礎的自治体である市町村の議員とは一線を画すものと考える。したがって、例えば、サラリーマンを含むより幅広い住民の参画を可能とするため、公務員の立候補制限は弾力化すべきである。当然ながら、サラリーマン議員が出席しやすいよう、議会は夜間や休日に開会されることが前提とされるべきである。また、イギリスのパリシュにならって、議員でない住民も審議に参加できるような道も開いていただきたい。」

　また、全国市長会の代表は、「参考資料」[24]を提出し、これまでの考え方を改めて繰り返したが、次の１点は論調を変えた。すなわち「特別地方公共団体タイプは法人格を有することから独立性が高いこともあって懸念を示す市長もいるので、慎重な検討が必要」と。この特別地方公共団体タイプとは、上記「参考資料」の中では、「法人型の近隣政府の制度設計案」として示したものと同種のものと思われるが、その「組織」のところには、「住民の直接選挙による代表機関または住民総会を置く」と書かれてあった。要するに、提出した資料のこの部分に対し「慎重な検討が必要」と自らブレーキをかけたということであろう。

(12)　「地域自治組織制度の基本的考え方」
　　　　　　　――公選法による選挙を導入しない

　第32回専門小委員会では、総括的な論点整理が行われ、事務局の作成した資料「地域自治組織制度の基本的考え方」（以下、「考え方」という。）が提出された。ここで地域自治組織及びその２つのタイプ（①行政区的、②特別地方公共団体（法人格））に関して変化した主な点は、次の通り。

　まず、「２つのタイプを一般制度として検討するが、当面合併後の市町村に導入する」（「中間報告」）から、「一般制度として導入するが②は慎重な検討が必

---

[24]　日本都市センター「近隣政府の制度設計―法律改正・条例制定に係る主な検討項目―「近隣政府のあり方に関する調査研究」報告書の要旨」2003/3

要。合併のケースに限り期限付きで②を導入するか検討」(「考え方」)となった。また、「合併に係る特例」を新たに設け、「一般制度としての地域自治組織の特例」と「法人格を有する地域自治組織の検討」を据えた。

そしてついに、「公選又は住民総会による選出を可能とすることも検討する」(「中間報告」)となっていた構成員の選出方法について、「公選法による選挙を導入することについても慎重論が多いことから、これを導入しないこととすべきではないか」(「考え方」)と180度転換した。

機関について、「中間報告」では「長と諮問機関（附属機関）としての地域審議会」(①タイプ)あるいは「執行機関と議決機関」(②タイプ)となっていたものが、両タイプとも「評議会及び地域自治組織の長」(「考え方」)となった。そして①タイプでは、いずれも「基礎的自治体の長が選任」(「考え方」)することとし、②タイプでは「基礎的自治体の長が選任する長を置き」、「評議会の構成員の選出方法は、地域の自主性を尊重する観点から規約で定めることとする（公選法によらない選挙、公募等を想定）」(「考え方」)となった。

また「評議会」「の構成員は原則として名誉職としてはどうか」という1項が加わった。これに対し、主旨は良いが「評議会」「名誉職」という表現はふさわしくない、と複数の委員から意見が出て検討することになった。

また、同じく複数の委員から、一般制度として「法人格を有する地域自治組織という可能性も残しておいていただきたい」という意見が出たが、逆にそれは「長期的には望ましいことだが、広く開いてしまうと合併の際にそれが使われて、融合一体化が阻害されるというおそれがなくもない。」という意見も出た。

(13) 答申（素案）に対する委員の異論反論

第33回専門小委員会では、引き続き総括論点整理という形で事務局の作成した答申（素案）[25]について、多くの委員から鋭い意見が出され、最終段階の緊張した議論となった。「名誉職」は「無報酬」に修正され、そのままだった「評

---

25) 専門小委員会終了後、回収された。

議会」の表現については、「住民自ら自治を担うということにぴったりしない名前」という点で、改めて修正の意見が出された。

また、法人格の地域自治組織を、合併の場合に限って期限を定めて導入することについて、改めて複数の委員から反対の意見が出された。「分権というのは、多様性を認めるということ」、「独立性が強くなるとなぜいけないのか。地域分権した社会では、一体性よりもそれぞれの地域が自立して、それぞれのよさを競う合う時代になっていくということを市町村自らが言っている。」、「一体性を国側から言うよりも、個性に応じて地域自治をつくっていくことを保障することが必要ではないか」等々。

また、委員から「地域自治組織の長は自治体の長が選任するということを法律で決めなければいけないのか」、「公選もあっていいのではないか」、「基礎的自治体の条例で定め、判断を任せてもいいのではないか」。他の委員からも「評議会の構成員も基礎自治体の長が選任するとなっている。選任しないやり方があってもいいのではないか。基礎自治体との一体化という観点は解るが、ここのところで、地方自治、住民自治の流れが少し薄められたという感じがする。」等々、多くの委員から、強い異論反論が出された。

(14) 委員の意見に対する事務局の釈明

これに対し事務局からは、逐一釈明がなされた。「旧市町村単位に独立王国みたいな形で残ることについての懸念、心配が現に行政をやっている首長には極めて強いというのが１つ、もう１つは、中間報告以降、現実的に市町村サイドから、どうしてもこの制度をというふうな意見が極めて少なかったということもあり、また一方では、国会の先生を初め一体性を阻害するといういろんな指摘もあったので、この特別地方公共団体は難しいかなとも考えているのだが、入れるとしても時限的という形で最終的に整理するのがぎりぎりのところである。」、「当面は限定的にという形でまとめさせていただいて、あとは法制化等の段階で細かい制度の仕組み等については考えたい。」

「選任を法律上書くのはどうか、選択に任せればいいのではないかという指摘

もあったが、この点が一番いろいろ、特に政治家の皆さんから強く指摘されたところでもあるが、公選の首長のもとに公選の準首長がいると、なかなか行政の一体性は確保できないという強い懸念があって、したがって、この区長については、基礎的団体の首長の選任という形にさせていただいた。」

審議に責任のある委員の意見に対して、外部の威を借りて押し通す事務局の強い姿勢には異様さを覚えるが、いずれにしても委員長の采配で議論はすれ違いのまま収束した。

なお、専門小委員会に先立って全国町村会、全国町村議会議長会から、改めて意見書[26]が提出された。

最終回となる11月の第34回専門小委員会では、答申案[27]についての最終調整が行われた。繰り返し指摘された地域自治組織の機関である「評議会」の名称は「地域協議会」に修正された。また、委員より、これまで使用されてきた「基礎的自治体」及び「広域の自治体」という表現を「基礎自治体」及び「広域自治体」というように言い切ることができないか、などの意見が出て、その方向で修文された。

以上のような審議を経て、11月13日の第7回総会において答申案が承認されたのである。

(15) 答申の内容

最終答申では、「地方分権時代の基礎自治体」のあり方について、次のように述べている。

「地方分権改革が目指すべき分権型社会においては、地域において自己決定と自己責任の原則が実現されるという観点から、団体自治ばかりではなく、住民自治が重視されなければならない。」「基礎自治体は、その自主性を高めるため

---

26) 全国町村会の意見書「『今後の地方自治制度のあり方についての最終答申』に対する要請事項の提出について」2003（H15）年10月30日。全国町村議会議長会の意見書「『今後の地方自治制度のあり方について』の最終答申に関する意見の提出について」2003（H15）年10月29日。
27) 専門小委員会終了後回収された。なお、回収には再び異論が出された。

一般的に規模が大きくなることから、後述する地域自治組織を設置することができる途を開くなどさまざまな方策を検討して住民自治の充実を図る必要がある。」

そして、「基礎自治体における住民自治充実や行政や住民との協働推進のための新しい仕組み」について、大要次のように提言した。

「住民自治の強化を図るとともに、行政と住民が相互に連携し、ともに担い手となって地域の潜在力を発揮する仕組みをつくっていくため、基礎自治体内の一定の区域を単位とする地域自治組織を基礎自治体の判断によって設置できることとすべき。

地域自治組織のタイプとしては、一般制度として行政区的なタイプ（法人格を有しない。）を導入すべきであるが、市町村合併に際し、合併前の旧市町村のまとまりにも特に配慮すべき事情がある場合には、合併後の一定期間、合併前の旧市町村単位に特別地方公共団体とするタイプ（法人格を有する。）を設置できることとすることが適当。

地域自治組織には、地域協議会（仮称）、地域自治組織の長及び事務所を置く。地域自治組織の長は、基礎自治体の長が選任。地域協議会の構成員は、原則として無報酬。

地域自治組織（一般制度）は、住民に身近なところで住民に身近な基礎自治体の事務を処理する機能、住民の意向を反映させる機能、さらに行政と住民等が協働して担う地域づくりの場としての機能を有する。

基礎自治体の長が地域協議会の構成員を選任するに当たっては、地域を基盤とする多様な団体から推薦を受けた者や公募による住民の中から選ぶこととするなど、地域の意見が適切に反映される構成となるよう配慮する必要」
などである。

(16) 審議会の限界性

以上のように、この答申は、都市内分権の枠組みとしては、新たな制度導入の方向性を示し得たが、「中間答申」で検討するとされた制度の核心とも言える

地域自治組織の住民代表機関の民主的正統性を担保するための構成員の「公選又は住民総会による選出」は、多くの専門委員の積極的な意見や事務局案への異論反論にもかかわらず、一部の国会議員の牽制とそれらに迎合した政府部内の采配により、結局、採用されるに至らなかったものである。

筆者は政府におかれた審議会の底流を知りえる立場にないし、本書のテーマでもないのでこれ以上の言及は控えるが、数々の審議会委員の経験を持つ大森彌の次の言は、逆の意味で27次地制調の内部事情を正しく言い得ているかもしれない。

「従来、専門小委員会の委員長は、第26次は首藤堯、第27次と28次は松本英昭と、旧自治省事務次官経験者が就任してきたが、29次は「異変」が起こり、林宜嗣・関西学院大学教授が就いている。事務局は、総務省自治行政局（局長、審議官、市町村課長、行政課長など）であり、関連資料の提出と説明に当たり、答申原案を作成している。

総会で議長役を務めた片山善博副会長は「地方制度調査会は随分変わった。委員が自由闊達（かったつ）に議論し、多様な意見が併存したことは大きな成果だ」と評価した。事務次官経験者が専門小委員会の委員長になっていたときの事務局の「威力」は影を潜めたのかもしれない。」（大森［2009］、14頁）。

第3節　国会の審議

27次地制調の答申を踏まえて、合併関連三法案が、2004（H16）年3月9日に国会に提出された。その後、衆参両院の総務委員会でそれぞれ審議され、最終的に同年5月19日、参議院で可決し成立。5月26日、法律第57号から第59号として公布された。ここでは、衆参院の総務委員会での審議の内容を議事録から概括する。

合併関連三法の内容は、住民自治の強化を推進する観点から「市町村内の一定の区域を単位とする法人格を有しない「地域自治区」を市町村の条例により設置することができる」（改正地方自治法）こと、「合併に際して、合併関係市町村の協議により、法人格を有する「合併特例区」を一定期間（5年以下）設置

できるほか、「地域自治区」の設置の特例を設ける」(改正合併特例法)こと、「新たに5年間の時限立法で「合併特例区」の一定期間(5年以下)の設置や「地域自治区」の設置の特例を設ける」(新合併特例法)ことなどである。

総務委員会の審議でも、協議会の構成員の選出に関する議論が多くを占め、「なぜ公選の方式を取り入れなかったのか」という疑問や意見が出された。

以下、具体的に見ていく。

(1) 衆議院総務委員会の審議

衆議院総務委員会は、4月13日から27日の間の4日間、審議が行われた。このなかで区の長や協議会の構成員が公選(あるいは選挙)によらないことが、議論の焦点のひとつとなった。

①「住民協議組織としては必ずしも十分なものではない」

例えば、27次地制調で「公選」にクレームをつけた野中議員と同じ自民党に属する委員からも、次のような意見が出された。「今後さらに改善を加えていく必要がある」と前置きしながら、「諸外国の地域地区の協議会組織のメンバーは、ほとんどすべて選挙で選ばれているようだが、今回の地域協議会メンバーが市町村長の選任ということであれば、地域における住民協議組織としては必ずしも十分なものではない。結局それは、市町村の諮問機関のようなものであると理解してよいか。」と質問。このことは、自民党においても野中議員のような考え方ばかりではなかったことを示していて興味深い。

これに対し、政府参考人が「メンバーが公選によるものではないということもあるわけだが、これはさまざまな工夫で、公募によるとか、あるいはNPOの方を選ぶとか、市町村長に工夫をしていただくわけだが、このメンバーが、単なる諮問に応ずるのみではなくて、さまざまな形で意見を具申できるということにもなっているので、従来の諮問機関とはかなり性格は違ったものになるということを期待している。」と答えた。

② 「公選も可能だったのではないか」

　また複数の委員からも「例えば地域自治区の長を公選も可能とするように、地方自治体は条例で決められるようにすることが可能だったのではないか。何で公選は絶対だめというふうにしてしまったのか。」「いつの間にか上からの指名であり、そして、協議会のところまで委員を首長が選任するという。これなんか、最初の考え方から骨抜きになっているなという気がしてならない。」という発言が出た。

　これに対し、麻生大臣が「選挙で選ぶという案は、町村長にこのアイディアを持ち出した。ところが、それは屋上屋だとか、その協議会の議員の方がまた偉くなったりと、話が込み入るからとにかく勘弁してくれという話が圧倒的に多かったというのが、今の案が出てきた背景だ、正直なところを言うと。」と答えた。

　これに対し委員は、「それでも、あえて自分の市町村はそういうふうにするという議会が出てきた場合に、そういった余地も残しておいたらよかったんじゃないか。大臣が言われるような、住民自治とか住民の意思に則った制度にするためであるのならば、その方が論理的な帰結としては正しいんじゃないか。」と反論した。

③ 「それはもう全く自由自在」

　また注目すべき点として、政府参考人が「地域自治区を、例えばネイバーフッドガバメントと言うとか、コミュニティ何とかと呼ぶとか、それはもう全く自由自在であって、そんなことを法律で決めているわけでも何でもない。しかも、一応市町村の区域の中全域に地域自治区をつくるという想定はしているが、熟度の高いところから地域自治区をつくっていくことも、市町村が考えれば結構であるということもあるわけで、かなり自由にしている。」と述べた。

(2)　参議院総務委員会の審議

続いて参議院総務委員会が5月11日と18日に開かれた。
　参議院でも公選（選挙）に関する議論が多かったほか、委員の報酬について

の質疑も為された。以下、主な議論を議事録から抜粋する。

①合併特例区協議会──「準公選制は可能」
　委員　「合併特例区協議会の構成員の選任は、公職選挙法は適用されないと思うが、選挙によって行うことは可能か。」
　政府参考人　「何らかの形で住民の意見を聞く、その住民の投票の仕方、いろいろ工夫はあると思うが、そういった結果を尊重してその新市の長が構成員を選任すると、これを仮に準公選制と言うとすれば、そういったことも可能だと思っている。」
　委員　「議会の同意を得てもいいとか、準公選でもいいとか、そういうことをきちっと通達というか要項で出さないといけないと思うが。」
　政府参考人　「できるだけ合併協議の中で決めるとか、規約にゆだねることにしているので、その中で具体的な選任方法についても決めていただければいいということ。」

②「委員は原則無報酬」
　委員　「第27次の地制調の答申では無報酬だとされていたわけだが、法律の文案は「報酬を支給しないこととすることができる。」となっている。だから、前提は報酬を支払うということになっている。」
　政府参考人　「法律の書き方として、既存の規定の書きぶりがあるものだから、あのように書いているわけだが、気持ちとすれば、事柄としてこれはやはりボランティアでやっていただくというのが筋だと思うので、原則として報酬は支給すべきではないと思っている。」

③「地域自治区は段階的に一部地域に設置可能」
　委員　「地域自治区は、合併特例区と同様に市町村の一部の地域だけに設置することも可能なのかどうか。」
　政府参考人　「直ちに、市の中を全部区域を分けて一斉にスタートさせるということまで求める必要はないのではないか。やはり、それぞれの同じ市の中で

も事情があるので、あえて言えば、住民の活動が活発な地域から始めてみるということも自治体の判断だろうと思っている。しかし、やはり趣旨からいえば、未来永劫、あるところの区域は地域自治区があるけれども、あるところはないというのは、これはいかがなものかと。あるべき姿は、全域に及ぼすというものだろうというふうに思っている。」

④「協議会と長、意見が違った場合は？」——「長の政治的責任で」
　委員　「地域協議会で多数で決まった意見と自治体の首長の指示が食い違った場合、地域自治区の事務所の長は地域協議会の決議に従うのか、それとも自治体の首長の指示に従うことになるのか。」
　政府参考人　「事務所長というものは首長の判断に従って実務的処理を行うということは明らかだが、地域協議会の判断と長の判断が違うということもあり得るわけだが、これはひとえに長の政治的な責任で問題の解決に当たるという事柄だと思う。」

⑤「対抗手段があるのか？」——「ない」
　委員　「地域住民の意見が地域協議会で出され、そこで決まったが、それを無視して首長や地域自治区の事務所の長が進めていったという場合に、住民たちはどのような対抗手段があるのか。」
　政府参考人　「そういうものはない。」

⑥「地域住民の意見の反映よりも協働の担い手」
　政府参考人　「その地域の住民の方々のあらゆる意見を反映した形になるかどうかというよりも、むしろ特定のその地域における住民と協働するような仕事について、住民の意見も聞きつつ、場合によっては住民に相当程度いろんなことをやっていただく、そういった方たちが構成メンバーになっておやりになる。」
　委員　「首長の支持者ばかりでできているので余りこの地域協議会と首長の意見は食い違うはずがないと、むしろ首長の意を体してこの地域協議会は地域住民を説得する側に回るのであって、意見が食い違ったりはしないんだと。」

⑦地域協議会──「公選制でなく首長の任命」が最大の問題

委員「決して地域住民のあらゆる意見を正確に反映したものじゃないんだというふうに聞こえてくる。そこがむしろ最大の問題だと。要するに、構成員自体が公選制ではなく首長の任命となっているということが最大の問題ではないか。」

政府参考人「地域自治区というのは市町村の内部組織という位置付けであり、市長や市議会議員は公選なので、そことの兼ね合いが難しいために、今回、公選という道は取らないということにした。」

(3) 総務委員会の附帯決議

なお、いずれの委員会でも附帯決議を行い次の点を政府に求めた。これに対し麻生大臣は、趣旨を十分尊重する、と答えた。

①**衆議院総務委員会の附帯決議**（①〜④は略）
　⑤地域自治区に置かれる地域協議会の構成員の選任に当たっては、公平性、手続の透明性及び住民の実質的参画に十分配慮するよう周知すること。
　⑥地域自治区に置かれる地域協議会は、住民の主体的な参加を期待するものであることにかんがみ、その構成員は、原則として無報酬とするよう周知すること。

②**参議院総務委員会の附帯決議**（①〜⑤は略）
　⑥地域自治区に置かれる地域協議会の構成員の選任に当たっては、公平性、透明性及び住民の実質的参画の確保に十分配慮するよう周知すること。
　⑦地域協議会は、住民の主体的な参加を期待するものであることにかんがみ、その構成員については、原則として無報酬とするよう周知すること。

要するに、法案の不十分性を認め、特に構成員の選任に当たっては、制度運用の中で「公平性、透明性、及び住民の実質的参画の確保に十分に配慮するよう」求めたものである。自民党・政府方針の中で、「公選を含む多様な選択」は

日の目を見なかったけれども、「最大限の配慮」を求める決議で釘をさしたことは、国会の良心を示しており、今後の制度改正への含みを持たせたものとも言えよう。

第4節　若干の考察

　以上、地制調と国会の審議過程を見てきたが、地域自治組織の機関について、公選等による選出及びその選択肢を排除することの合理的理由はどこにも見あたらなかった。

　地制調での総務省（事務局）や国会での政府（大臣や政府参考人）の説明は、いずれも「比較的大きな市の市長」の懸念や「国会の先生方」の強い指摘を理由としていた。「懸念」や「強い指摘」の事実を認めるとしても、一方では、当の全国市長会が、公選を含む多様な類型を示しながら制度化を提言していたことや、「国会の先生方」からは、委員会の審議の中で、むしろ公選を求める意見が多く出されていたという事実も見ておかなければならない。

　そもそも住民代表機関を民主的に選ぶことと、その機関の権能を基礎自治体の内部団体としての限定的なものにとどめることとは矛盾するものではないと思われる。選挙を行えば現在の議会と同じものになる、という固定観念は、古い制度に縛られた二者択一の単純思考と言わざるを得ない。そうではない第3の道があっても良いはずであり、新しい定義や枠組みが必要であるとしても、そのような制度設計は可能なはずである。

　地制調の中で主導的役割を果たした西尾勝委員（副会長）も、公選による住民代表機関を前提にして、一般制度としての法人格を伴う内部団体の制度化を唱えたが、答申で採用されるに至らなかった。新設された「地域自治区」「合併特例区」制度の不十分性について、西尾［2005］は、後に次のように指摘している。

　「総務省が当初に構想していたものとは相当に姿形の異なるものになってしまった。そしてその結果として、多くの合併市町村にとっても、活用しにくいものになってしまった。」と。そして、さらに、「代表機関構成員を公選職にす

ることができなくなってしまった」ことなど4つの問題点を挙げ「筆者自身が夢見ていた制度構想とは、残念ながら大きくかけ離れたものになってしまっている。」（西尾［2005］、277頁〜278頁）と口惜しさを滲ませている。

また、その後の著書では、さらに明確に自らの思いを披歴しながら、その問題性を明らかにしている。すなわち、

「答申後の総務省と内閣法制局との法令協議や総務省と自民党政調会総務部会との政府与党間折衝で数々の修正が加えられ」たこと、「地域住民または市区町村がそれを望む場合には、「合併特例区」や「地域自治区」に正規の議会を設置し、その議員を公職選挙法に基づく直接公選にしてもよいことにしたいと考えていたが、この点についても自民党国会議員に反対意見が多く」、「さらに、法制化の段階では、この協議会の構成員を直接公選にする道も封じられた」ことなどをあげ、「まことに遺憾なことであった」と結んでいるのである（西尾［2007］、138頁）。

政府が、公選等を槍玉にあげる特定の意見に押されて、多様な選択の余地まで否定し、発展的な制度設計に求められる柔軟な思考を失ってしまったことは、都市内分権の最初の制度設計段階において将来に禍根を残す結果となった。

第5節　制度の概要

次に制度の概要を見る。表3に地域自治組織の3類型（以下、地域自治組織の3つの制度を「類型」ともいう。）の詳細な制度比較を示した。また、巻末資料として「地域自治組織の設置に関する法律（合併関連三法・抄）」を掲載した。

合併関連三法で規定された都市内分権制度は、「地域自治区」と「合併特例区」であり、地域自治区には、地方自治法に基づく一般制度と合併特例法に基づく特例制度がある（以下、一般制度の地域自治区を「一般自治区」、特例制度の地域自治区を「特例自治区」ともいう）。以下それぞれについて説明する。（このほかに旧合

28）「領域性」とは、概ね、区域を画し、そこに住所を有する全ての住民を構成員とし、その構成員の代表機関が存在すること、を指す。

併特例法の1999（H11）年改正で創設された「地域審議会」という、長の附属機関のみを市町村の協議で定める期間に設置する制度があるが、これは「領域性」[28]を持つ前者とは性格を異にするので、本書では対象としていない。）

なお、地方自治法では、「地域自治区」を「第7章　執行機関」の第4節に位置付け、その中に「地域協議会」を規定している。第3節第7款の「附属機関」のところではない。これは「地域自治区」を位置付けた上で、その中に「地域協議会」を置くという形式（制度設計）からは当然のことと言えるかもしれないが、「附属機関のうちでも」「単なる諮問機関とは異なる」[29]と解説されているように、むしろ微妙な立ち位置とバランスをとっている結果のようにも見える。

筆者は、「単なる諮問機関ではない」という理解をさらに進めて、領域性、総合性、住民参加性、権限、機能発揮などの観点から、「単なる（一般的な）附属機関ではない」、「むしろ住民の代表機関である」という位置（意義）付けが必要であると考える。後に見るような積極的な取組の中で、実質的権能を拡大している自治体では、そのような意識が特に重要となっているし、今後の都市内分権、地域自治の進展にとっても欠かせない観点であると思われる。したがって、そのような意義を持つとともに、将来に向けての可能性も込めて、筆者はこの地域協議会、及び合併特例区協議会を総称して「住民代表機関」と呼んでいる[30]。（なお、区長（執行機関）との関係で区別する場合や単に総称するときは「住民代表協議機関」、あるいは「協議機関」と言うことがある。）

そこで、具体の内容に入るが、まず地域自治区は、法人格を持たない。そのうちの地方自治法に基づく一般制度は、期限はなく、市町村の全域に置かなければならないが、段階的な設置も可能とされている[31]。また、その中に地域協議会と事務所を置く。地域自治区の名称は、議会の議決を経て、町字名で使用することも可能となるが、あまり一般的ではない。

これに対し、合併特例法に基づく特例制度では、設置期間は合併関係市町村

29）杉本・吉川・岡本［2004b］（20頁）。
30）石平［2006a］（151頁ほか）。
31）この部分は、法律に明文化されているわけではないが、立法過程の議論を踏まえて、制度設計の側で解説している。杉本・吉川・岡本［2004b］（17頁）。

表3 地域自治組織3類型の制度比較

	地域自治区（一般制度）	地域自治区（特例制度）	合併特例区
根拠法	地方自治法	（旧／現行）合併特例法／地方自治法	（旧／現行）合併特例法
目的	市町村長の権限に属する事務を分掌し、地域住民の意見を反映させつつ処理するため（第202条の4）	市町村長の権限に属する事務を分掌し、地域住民の意見を反映させつつ処理するため（地方自治法第202条の4）	市町村の合併後の一定期間、合併市町村の区域であった地域の住民の意見を反映しつつ、その地域を単位として一定の事務を処理することにより、事務の効果的な処理や当該地域の住民の生活の利便性が向上し、もって合併市町村の一体性の円滑な確立に資するため（旧法第5条の8／現行法第26条）
設置手続き	市町村の条例で定める。	合併関係市町村の協議で定める。及び合併関係市町村議会の議決。（合併後に変更する場合は、合併市町村の条例で定める。）	合併関係市町村の協議による規約で定める。及び合併関係市町村議会の議決、都道府県知事（複数の都道府県にまたがる場合は、総務大臣）の認可。
性格	一般制度	市町村合併による特例制度	市町村合併による特例制度
類型	法人格なし（行政区タイプ）	法人格なし（行政区タイプ）	法人格あり（特別地方公共団体）
区域	条例で区域を分けて定める区域ごと（市町村の全域。ただし設置の環境が整った地域から段階的に設置することも可。）	合併市町村の全部または一部の区域に、1または2以上の合併関係市町村の区域であった区域ごと。	合併市町村の全部または一部の区域に、1または2以上の合併関係市町村の区域であった区域ごと。
設置期間	なし。	一部の区域に設ける場合は、合併関係市町村の協議で定める期間（全域の場合は不要）	合併関係市町村の協議により規約で定める（5年以内）
組織	地域協議会と事務所	地域協議会と事務所（事務所の長もしくは区長）	合併特例区の長と合併特例区協議会
区または区の長 役割・機能・権限	市町村長の権限に属する事務を分掌し、その地域の住民の意見を反映させ、地域住民との連携の強化に配慮しながら、事務を処理するとともに、地域協議会に係る事務を行う。	合併市町村の長その他の機関及び合併市町村の区域内の公共的団体等との緊密な連携を図りつつ担任する事務を処理する。地域の責任者として、事務所の職員を指揮監督し、事務全般を統括する。	（区の権限）合併関係市町村において処理されていた事務のうち、規約で定めるものを処理する。財産の所有、管理、処分を行うほか、自ら契約を締結できる。（区の長の権限）区を代表し、その事務を総理し、区の職員を指揮監督する。区の規則を制定することができる。
区または区の長 区及び事務所の長	事務所の長は職員を充てる。	事務所の長は職員を充てる。ただし特に必要がある場合は、事務所の長に代えて区長を置くことができる。区長の職は特別職	合併特例区の長を置く。長の職は特別職。
区または区の長 選任方法		合併市町村の長が選任。	合併市町村の長が選任。
区または区の長 ①任期②兼職	①なし、②市町村の長、副市町村長、地方議員、国会議員との兼職禁止。	①2年以内で合併関係市町村の協議で定める期間。	①2年以内で規約で定める期間。②市町村の常勤の職員との兼職禁止。例外として合併市町村の副市町村長、及び合併市町村の支所・出張所の長との兼職は可能。

協議機関	構成員の選任方法	市町村の長が選任。	合併市町村の長が選任。	①合併市町村の長が選任。ただし、選任の方法については規約で定める。（選任に当たっての住民投票や議会同意などが想定される。）
	構成員の①任期②兼職	①4年以内で条例で定める期間。②国会議員との兼職のみ禁止。	①4年以内で合併関係市町村の協議で定める期間。②国会議員との兼職のみ禁止。	①2年以内で規約で定める期間。②地方自治法第92条の2（議員の兼業の禁止）に準ずる。
	構成員の報酬	無報酬とすることができる（第27次地方制度調査会答申、及び国会の附帯決議に基づき、原則として無報酬。）		
	役割・性格	住民に基盤を置く機関として住民及び地域に根ざした諸団体等の主体的な参加を求めつつ多様な意見の調整を行い、協働活動の要となるもの。一般的な条例に根拠を置く審議会等と異なり、地方自治法に根拠を置くとともに、意見具申権が付与されるなど、単なる諮問機関ではない。		区の長の事務処理についての同意権や意見具申権を有していることから、単なる諮問機関ではなく、区の意思決定に参画する機関として区の長の権限執行をけん制するとともに議会に準ずる機関となる。
	権限	①区の事務所が所掌する事務に関する事項、②市町村が処理する区の区域に係る事項、③区域内に住所を有する者との連携の強化に関する事項のうち、市町村の長その他の機関により諮問されたもの、又は必要と認めるものについて審議し、意見を述べること。	①区の事務所が所掌する事務に関する事項、②合併市町村が処理する区の区域に係る事項、③区域内に住所を有する者との連携の強化に関する事項のうち、合併市町村の長その他の機関により諮問されたもの、又は必要と認めるものについて審議し、意見を述べること。	この法律の規定する権限事項を処理するほか、区が処理する事務で区の区域に係るものに関し、合併市町村の長その他の機関により諮問された事項または必要と認める事項について審議し、意見を述べること。
	協議機関に対する市町村の長の義務	条例で定める市町村の施策に関する重要事項で区の区域に係るものを決定・変更しようとする場合は、あらかじめ地域協議会の意見を聞かなければならない。地域協議会の意見を勘案し、必要があるときは適切な措置を講じなければならない。	条例で定める市町村の施策に関する重要事項で区の区域に係るものを決定・変更しようとする場合は、あらかじめ地域協議会の意見を聞かなければならない。地域協議会の意見を勘案し、必要があるときは適切な措置を講じなければならない。	規約で定める市町村の施策に関する重要事項で区の区域に係るものを決定・変更しようとする場合は、あらかじめ合併特例区協議会の意見を聞かなければならない。合併特例区協議会の意見を勘案し、必要があるときは適切な措置を講じなければならない。
住居表示		規定なし	地域自治区の名称を冠する。（設置期間終了後、引き続き一般制度に移行する場合、区の名称を冠する。）	合併特例区の名称を冠する。（設置期間終了後、引き続き一般制度の地域自治区に移行する場合、区の名称を冠する。）
その他				【合併特例区の長の義務】①毎会計年度予算を作成すること（財源は合併市町村の移転財源）。②決算を調製し、監査委員の審査に付すこと。③決算を監査委員の意見を付して合併特例区協議会の認定に付すこと。

<作成：石平春彦>

の協議で定める期間であり、合併市町村の区域の一部のみに置くことができる[32]。ただし、全域に置く場合は、期限を定める必要はない。また、地域協議会と事務所を置くことは一般制度と同じだが、それに加えて特別職の区長を置くこともできる。地域自治区の名称は住居表示に冠する。なお、引き続きその区域に一般自治区を設ける（一般自治区に移行する）場合は、冠したままとなる。

地域協議会の権限は、2類型とも同じで、①地域自治区の事務所が所掌する事務に関する事項や②市町村が処理する地域自治区の区域に係る事務に関する事項、さらに③市町村の事務処理に当たっての地域自治区の区域内に住所を有する者との連携の強化に関する事項について、市町村長等から諮問された事項を審議し答申すること（諮問審議権）、及び自主的に審議して意見を述べること（意見具申権）である（地方自治法第202条の7第1項）。

そして、市町村長には、「条例で定める市町村の施策に関する重要事項であって地域自治区の区域に係るものを決定し、又は変更しようとする場合においては、あらかじめ地域協議会の意見を聴かなければならない。」（同条第2項）、「前2項の意見を勘案し、必要があると認めるときは、適切な措置を講じなければならない。」（同条第3項）というように、2つの点を義務付けている。

このように、地域協議会の権限は、市町村長への義務化を含めて、一般的な長の附属機関と比較して、はるかに大きな影響力を持ちうるものとなっているのである。実際に、委員の準公選制を採用するなどの住民代表性の強さによっては、実質的な「同意」、「区としての意思決定」などの機能が働いている事例が見られる。

次に合併特例法（新旧）に基づく特例制度としての合併特例区は、法人格（特別地方公共団体）があり、規約で定めることで、合併関係市町村で処理されていた事務（財産の所有・管理・処分、契約の締結、区の長の義務である予算の作成など）を行う権限がある。設置期間は5年以内で合併関係市町村の協議により規約で定める期間であり、合併市町村の区域の一部のみに置くことができ

---

[32]「合併関係市町村」と「合併市町村」は、法律で使い分けられている用語で、前者は合併に至る前の合併を構成する市町村、後者は合併後の新たな市町村のことである。

る。また、その中に特別職の区長（と事務所）、及び合併特例区協議会を置く。合併特例区の名称は住居表示に冠する。なお、特例自治区と同様、引き続きその区域に一般自治区を設ける（一般自治区に移行する）場合は、冠したままとなる。

　合併特例区協議会の権限については、地域協議会と概ね同様の内容となっているが、特に１項を置いて、「合併特例区の長と合併特例区協議会との協議により、合併特例区に関する事項につき合併特例区協議会の同意を要するものを定めることができる」（旧法第５条の20第４項、及び現行法第38条第４項）として、より一層権限を強化している。この点については、「要すれば、重要事項の同意権を有することにより、法人の意思決定に参画をする機関であり、合併特例区の長の権限執行に対するチェック機関ということができる。」と解説されている[33]。

　ここで、３類型全体を通じて、区長及び地域協議会、合併特例区協議会の構成員の選任について改めて触れておくと、全て市町村長の権限となる。ただし、合併特例区の場合は、選任の方法について規約で定めることとされており、具体的には「選任に当たっての参考とするための住民投票を行う」ことや「合併市町村の議会の同意を要することとする」ことが想定されると解説されている[34]。実際に、宮崎市の旧佐土原町が最初の区長選任に当たって住民投票（準公選）を行っている。それ以外の合併特例区や他の設置自治体では行なわれていないし、合併特例区協議会の構成員についても行われていない。

　なお、次章からの展開でも見るように、法制度的に想定されていない特例自治区でも、地域協議会の構成員を住民投票（準公選）で選出した自治体が見られる。

　いずれにしても、選任に当たっては、「構成員の構成が〜区域内に住所を有する者の多様な意見が適切に反映されるように配慮しなければならない」（地方自治法第202条の５第３項）と、合併市町村長に義務づけているので、それを実質的に担保する様々な配慮措置が求められる。

33）杉本・吉川・岡本［2004b］（56頁）。
34）前掲注33）（54頁）。

最後に、構成員の報酬について述べる。法律では、「報酬を支給しないこととすることができる」（同法同条第5項、旧合併特例法第5条の18第6項、現行合併特例法第36条第6項）とされている。これを文面通り読むと消極に解するようにも見えるが、実際に意図したこと（運用）はそうではなく、立法過程で見たように、「原則は無報酬」とすることなのである。すなわち、27次地制調答申や衆参両院の総務委員会の附帯決議にあるように、「住民の主体的な参加を期待するものであることから（ことにかんがみ）、その構成員は、原則として無報酬とする（よう周知すること）」（（　）内は附帯決議の表現）というものである。しかし、一方では地方自治法第203条の2第1項（制度創設当時は法第203条第1項）には、審議会等の委員等には報酬を支払わなくてはならないと規定されているので、協議機関の構成員についてだけ一律に無報酬にすることには無理があるということから、このような表現になったものである。いずれにしても、原則無報酬という趣旨については、十分認識されなければならない事柄である。

第3章　制度導入の全国的動向と現状

第1節　全国の設置自治体の実態調査

(1)　本調査の設計の意図とその背景

　本節では、全国の基礎自治体における地域自治組織の動向と現状を見ながら、住民代表協議機関の構成員の選出方法と活動・機能についての比較考察を行う。それに先立ち筆者は、本年4月から6月にかけて全国の地域自治組織を設置する自治体の実態調査（以下「本調査」ともいう。）を実施した。ここで、まずその概要を記す。また、巻末資料として調査の一部である「地域自治区（一般制度）に関する実態調査・調査票」を掲載した。

　筆者は、これまでに、いくつかの自治体を具体的に調査してきたが、本テーマに沿った研究と考察のためには、全国的な動向と実態をより正確に把握する必要があると感じていた。特に、筆者の問題意識である、「民主的正統性の確保」の観点からは、住民代表機関の構成員選出における住民参加の程度と、協議機関（の構成員）の自主的な取組の実態を、できる限り広範な事例として、ともに明らかにする必要があった。しかし、これまでの全国的な調査を見ると、実施件数も、総務省自治大学校第一部課程第105期政策課題研究第一班［2006］、地方自治研究機構［2006］、そして総務省の2回の調査（2006（H18）年と2007（H19）年）など僅かであり、その時期や公開されている内容も限られていたため、参考とするには不十分であった。

　このような折、本調査の設計・準備段階において、本書でたびたび引用しているが、29次地制調に提出された資料の元データを、長期間の交渉の末に総務

省から入手することができた。この元データは、A4判にして約1800枚にわたる大部のもので、2007 (H19) 年10月1日現在の地域自治組織設置自治体、全57団体を対象にした実態調査の調査票と回答の集計表にまとめられている。筆者の担当者への聞き取りによれば、調査期間は、2007 (H19) 年10月18日から11月9日、調査先の把握は47都道府県に照会して特定し、回収率は100％であった。その後の調査は行っていないし、これまでにこのデータの情報開示は行っていない。また、この実態調査に関する分析・考察等の論文はないが、「平成の合併」の評価・検証・分析を行った[35]ときに調査結果を活用している、とのことであった。

(2) 総務省調査の概要

この総務省調査の調査票の設問は、地域自治組織の3類型に分かれているが、概ね次に示す一般自治区の調査票の設問（大項目）の通りである。（以下、本節においては、特に断らない限り一般自治区の内容で述べる。）。①地域自治区に係る基本的事項、②地域自治区の権限、③地域協議会における審議事項、④地域協議会の構成、⑤地域協議会の開催状況、⑥事務局機能について、⑦効果・課題等、⑧その他。そして、この8項目の中に25の小項目が設定されている。

他類型の違いを言えば、特例自治区の場合、上記に加え「地域自治区の区長」の設問が追加されていること、合併特例区の場合、「地域自治区」を「合併特例区」に、「地域協議会」を「合併特例区協議会」に置き換えることと、「合併特例区の設置期間」及び「合併特例区の区長」の設問が追加されていることである。

この調査票の設問内容を具体的に考察したところ、地域自治組織の実態を総合的、網羅的に調査しているものの、筆者の問題意識からは、以下の点について不十分だと感じた。第1に、協議機関の審議事項の内訳が法律の条項の区分で聞いているため、長等（行政側）からの働きかけによるものか、それとも委

---

35) 総務省自治行政局合併推進課［2010］『「平成の合併」について』総務省。

員の発意によるものか、すなわち地域協議会としての自主的審議によるものか否かがわからず、審議内容の実態を正確に把握することが難しいこと、第2に、構成員の選任方法（長の選任に至る前の手続きや住民の関わり）が「公募」以外には構成員の属性しか分からず、また「住民による投票を実施したか否か」と「選定に当たっての考え方」しか聞いていないため、手続きにおける推薦や指名の区分、及び実際の住民の関わりの有無やその内容について、総じて自治体の選任における多様性やその中身の判断ができないこと、第3に、地域自治区の特色ある取組について聞いているが、記載例[36]にあるように、どちらかというと住民自治組織の組織実態に目が向いていて、地域自治区の自主自律性の度合いを理解する上での財政的措置及びそれに対する地域自治区と地域協議会の主体的関わりの有無（程度）の点は見えにくいのではないか、ということである。

(3) 総務省の追加（補完）調査としての本調査

そこで、筆者は、この総務省調査の追加（補完）調査的な位置付けで、本調査を行うこととして、調査の設計を行ったものである。各自治体においては既に総務省の調査に回答しているため、一民間人（大学院生）が行う本調査の依頼にも応答しやすいのではないかという調査者側の期待もあったが、何よりも両調査によって、より多角的な視点で実態が把握できること、総務省調査（回答も含む）で不明確さが残っていた部分をより明確にできる可能性があること、総務省調査後の動向と現状が一連のものとして把握できること、そして、上記のような筆者の問題意識からの実態が総務省調査と関連付けることによって、かなりの程度で正確に把握できるのではないかと考えたことによる。

---

[36]「地域自治区（一般制度）実態調査　調査票」の設問8－1の記載例「〇〇市では、住民の知恵を生かした特色ある地域づくりを進めるという観点から、①地域自治区と②住民が自らつくる「まちづくり委員会」が、緊密に連携。この「まちづくり委員会」は、各種団体（例：町内会、自治会、防犯・防災組織）の代表者等から構成され、専門分野（例：地域振興、生活安全）ごとに小委員会を設置し議論を行うとともに活動実施。また「まちづくり委員会」は、〇〇市に対して地域協議会委員を推薦。」

地域自治組織に関する実態調査の概要

○調査者：石平春彦

１．調査の設計
(1) 調査票の種類：３種類
  ①地域自治区（一般制度）に関する実態調査
  ②地域自治区（特例制度）に関する実態調査
  ③合併特例区に関する実態調査
(2) 調査項目
  ①人口及び面積（２時点）
  ② 2007（H19）年・総務省調査後の制度の変更・見直しの有無とその内容
  ③地域協議会等の意見数等（総務省調査基準日・2007（H19）年 10 月 1 日と 2010 年 4 月 1 日におけるそれぞれの累計）
  ④地域協議会等の委員の選出方法
  ⑤地域自治区等に対する区の裁量を重視した支援事業等の有無とその内容
  ⑥総務省調査への回答（集計表）の訂正等（必要に応じて）
(3) 調査対象：2007（H19）年 10 月 1 日現在で地域自治組織（地域自治区、合併特例区）を設置していた全ての自治体（57 団体）
(4) 調査期間：2010 年 4 月 15 日〜 5 月 10 日（一部団体の意向により延長して 6 月 11 日）
(5) 調査方法：調査票を郵送し、郵送（一部電子メール）にて回収
２．回収状況
(1) 回収数：57 団体
(2) 回収率：100％
３．その他
  ①調査票（回答）の一部に無記入、不明確、総務省調査との不整合などが見られた団体については、調査の精度を高めるために、郵送、電話、ファックス、電子メールにて再質問し、再回答を求めた。再回答を求めた団体は 41。そのうち 31 団体は文書での再回答にて調査終了。3 団体は再回答があったものの、データの一部について総務省調査との兼ね合いで依然として疑義があり、うち 1 団体は提供資料と公開資料により筆者において検証、2 団体は提供資料の範囲では検証できないため、今後の調査に委ねることとした。残る 7 団体は、再回答待ち（7 月 10 日現在）。

以上のようなことから、「地域自治組織に関する実態調査の概要」の1の「(2)調査項目」に示したように、「②2007 (H19) 年・総務省調査後の制度の変更・見直しの有無とその内容」、「③地域協議会等の意見数等（総務省調査基準日・2007 (H19) 年10月1日と2010 (H22) 年4月1日におけるそれぞれの累計）」、「④地域協議会等の委員の選出方法」、「⑤地域自治区等に対する区の裁量を重視した支援事業等の有無とその内容」を主な設問項目としたものである。

　地域協議会等の委員の選出方法については、小項目で長の選任前の選出方法を具体的に選択肢に掲げ、同時にその構成比も聞いた。すなわち、①公募公選制（準公選制、区住民の投票）、②各種団体からの推薦、③市町村長（庁内）による有識者等の指名、④公募、⑤その他、である。また小項目ではその他に、「特色ある推薦方法」と「特色ある選考方法」について、その採用の有無や具体の内容を記述式で聞いた。

　また、地域自治区等に対する支援事業等については、「地域自治区における自治の推進や活性化を目的に、地域自治区の裁量を重視した地域活動の支援事業（交付金等）等を行っている特色ある事例」の有無とその内容を記述式で聞いた。

(4) 本調査の要部分―自主的審議の意見数の設問

　そして、前後するが、一番要の部分である「地域協議会の意見数等」について、ここで説明する（**表3**及び巻末資料の「地域自治組織の設置に関する法律（合併関連三法・抄）」を参照）。

　前章第5節の「制度の概要」でも示したように、一般自治区は地方自治法、特例自治区と合併特例区は（旧・現行）合併特例法と地方自治法の両方に基づいている。そして、地域協議会、合併特例区協議会の権限に関しては、地方自治法では、第202条の7（地域協議会の権限）で3項を掲げて規定しているし、合併特例法では旧法が第5条の5（地域自治区の設置手続き等の特例）と第50条の20（合併特例区協議会の権限）で、現行法では第23条（地域自治区の設置手続き等の特例）と第38条（合併特例区協議会の権限）でそれぞれ4項を掲げて規定している。なお、3法とも条文番号が異なるが、この部分の規定内容につ

いてはおおむね同様のものである。

　そこで、地域協議会の場合に代表させて次に述べるが、地域協議会の権限を、3法とも条文の中で2つにわけていて、第1項が、地域協議会等ができること、すなわち「地域協議会は（次の号で掲げる3つの事項のうち、市町村長等により）諮問されたもの又は必要と認めるものについて、審議し、（市町村長等に）意見を述べることができる」とするものである。第2項が市町村長等に義務を課すもの、すなわち「市町村長は、条例で定める市町村の施策に関する重要事項であって地域自治区の区域に係るものを決定し、又は変更しようとする場合において、あらかじめ、地域協議会の意見を聞かなければならない」とするものである。後の項については、ここでの論点ではないので省略する。

　なお、条文では「意見」という言葉しか使用されていないが、通常の行政用語では、長等から審議会等の意見を聴くために発せられるものが「諮問」であり、それに対する審議会等の応答が「答申」である。本書では、内容の違いを明らかにするために、以下、この用語に従って、「諮問」に応答する行為を「答申」として、自主的な「意見」と使い分ける。実際に総務省調査でも、設問に「答申」という言葉が使われている。

　このことを念頭に、この規定を注意深く見ると、3つのことを言っていることが分かる。すなわち、第1項に規定している、①長等の「諮問」に対する「意見」（＝答申）、同じく第1項に規定している、②「必要と認めるもの」についての「意見」、さらに第2項に規定している、③長が意見を聞かなければならない事項の「諮問」に対する「意見」（＝答申）、である。

　要するに、第1項には地域協議会の審議にとって重要な2つの事柄、行政側から投げかけられる「諮問」に対する「意見」（＝答申）と、地域の課題や市政の問題について地域協議会（委員）が自らの発意で審議して提出する「意見」が混在しているのである。しかも、それは、筆者の問題意識では、どうしても区分して実態を把握しなければならないような重大な違いである。

　しかし、総務省調査では、この重大な違いの内容を一緒にして、単純に法律の条項で分けて設問していた。地域自治を担う側の問題意識ではなく制度を設計した国の側の意識が表出したものと言えるかもしれない。

総務省 調　査	「設問 3-3-2」 第202条の7第2項（①） 諮問⇒答申（①）	「設問 3-4-2」 第202条の7第1項（②）	
		諮問⇒答申（②）-1	自主的審議⇒意見（②）-2
	⇩		
本調査	「設問 3-1, 3-2 の表中＊1」 諮問⇒答申（①＋②）-1	「同左表中＊2」自主的 審議⇒意見（②）-2	

図5　「地域自治区（一般制度）に関する実態調査」の例での比較

　そこで本調査では、図5のように、総務省調査をベースとしながらも、第1項の内容を分解して、そこから「自主的審議の意見数」を抽出し、残った第1項の「諮問⇒答申」部分を、第2項の「諮問⇒答申」と合体して一括「諮問⇒答申」とし、結果として2つに分類することとしたものである。併せて、設置から総務省調査の時点までの累計値の設問に加え、本年4月1日時点までの累計値を新たに求めることとした。

　大要、以上のような形で調査項目を設計し、全57団体に郵送して調査を依頼した。結果的に予定を大幅に超過し最終の回答までにほぼ2カ月間を要したが、全ての団体から協力を得ることができた。

　現在、回答の一部に対する再質問で、再回答に至らないところも数団体あるが、この間、過去の取組に対する極めて煩わしい確認作業の上で回答をいただいたことや、筆者の細かい再質問にも快く応じていただいた全国の当該自治体の責任者（中には市長名の公印付きの書状が添えられていたものもあった）及び担当者、そして調査準備段階で丁寧な対応をいただいた総務省の担当者に、この場を借りて感謝の意を表したい。

第2節　地域自治組織の設置・改廃動向

　以上のような調査結果に立って、本節では、まずその地域自治組織の設置と改廃動向の状況を概括する。

(1) 地域自治組織の数の変遷

　最初に直近の制度導入（設置）状況を簡単に示せば、2010（H22）年4月1日現在、一般自治区が18団体154区、特例自治区が34団体75区、合併特例区が6団体15区で、合計55団体244区である。自治体数の合計が合わないのは、2制度（類型）を採用しいているところが3団体あるからである。

　それでは次に少し詳しく見ていく。まず、全国の地域自治組織導入自治体、及び地域自治組織の年度毎の数の変遷を、表6～表8の総括表、及び図6～図8の総括図に示した（表4、表5は欠番）。また、地域自治組織の設置及び改廃の動態を表9－1～表9－3として3種類作成した。すなわち「国内の都市内分権制度（地域自治組織）の動態表」のそれぞれ「施行日順」「都道府県別・合併日順」「類型別・施行日順」である。この3つの表を見比べることによって地理的、類型的、及び時系列的に、つぶさに動態が把握でき、総合的な理解が可能となると考えたからである。このうち、本文中には表9－1「施行日順」を示し、後の2表は巻末資料として掲載した。

　以上の図表は、総務省がホームページ[37]上で公表している2007（H19）年10月1日現在の調査データを基にしながら、その後の筆者の調査を加えて2010（H22）年4月1日現在でまとめたものである。

　まず年度毎の数の変遷を表6、表7及び図6、図7-1、図7-2で見てみると、2004（H16）年度は、市町村合併（新自治体）が、制度を法制化した合併関連三法施行後の2004（H16）年11月10日以降147件あり、そのうち制度を導入した合併（新自治体）は7件、約5％であった。この割合の低さは、制度創設直後であったことから、先行する合併協議との時間差が影響していると思われるが、その後は一気に増えて、2005（H17）年度は、325件に対し50件の約15％、2006（H18）年度は、12件に対し3件の25％となった。2007（H19）年度は、6件に対し0件0％、2008（H20）年度は12件に対し1件の約8％、2009

37）「広域行政・市町村合併」。URL: http://www.soumu.go.jp/kouiki/kouiki.html

表6　地域自治組織を導入した基礎自治体の数の変遷（総括表）

	合併自治体（件）数	導入自治体（件）数	割合（％）	自治体総数	導入自治体総数	割合（％）
2004年度（11/10以降）	147	7	4.76	2,521	7	0.28
2005年度	325	50	15.38	1,821	57	3.13
2006年度	12	3	25.00	1,804	57	3.16
2007年度	6	0	0.00	1,793	55	3.07
2008年度	12	1	8.33	1,777	56	3.15
2009年度	30	8	26.67	1,727	55	3.18
2010年度	0	0	0.00	1,727	55	3.18
合　計	532	69	12.97	―	―	―

[注1] 2004年度は法制度施行の2004年11月10日以降。2010年度は4月1日現在。
[注2] 導入自治体数は合併に伴う新規導入のみ。その後の類型移行や追加等は含まない。
[注3] 総数は、当該年度末現在。東京都の特別区は含まない。

図6　地域自治組織を導入した基礎自治体の数の変遷（総括図）

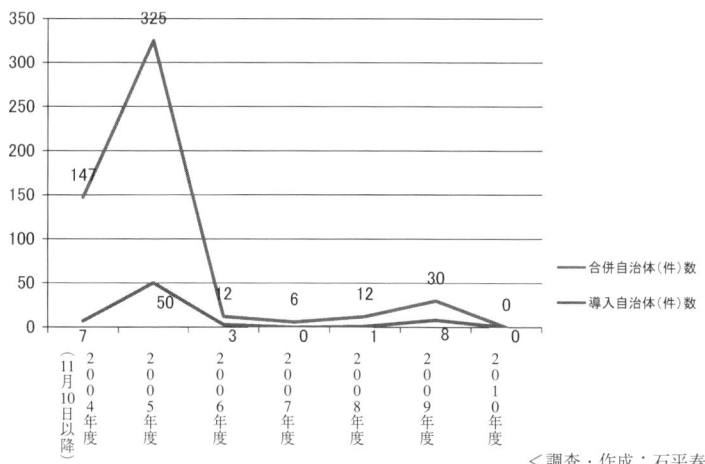

<調査・作成：石平春彦>

（H21）年度は30件に対し8件の約27％と推移し、中だるみはあるものの、概して制度の導入割合が上昇する傾向を示した。なお、合計では532件の合併に対し69件の制度導入で約13％であった。

次に、それぞれの年度末の自治体総数に対する制度導入自治体総数の割合で見てみると、2004（H16）年度末は全2,521団体のうち制度導入が7団体で0.3％であったが、2005（H17）年度末は1,821団体中57団体で3.1％、2006（H18）年度末は1,804団体中57団体で3.2％、というように3％台で推移し、直近の2009（H21）年度末も1,727団体中55団体で3.2％となっている。

表7　合併件数及び自治体総数に対する制度導入自治体の割合

法施行から2009年度末まで	合併件数	割合(%)
制度導入	69	12.97
制度未導入	463	87.03
合計	532	100

2009年度末現在	自治体数	割合(%)
制度導入	55	3.18
制度未導入	1,672	96.82
自治体合計	1,727	100

[注1]　地域自治組織に係る合併関連三法施行は2004年11月10日。
[注2]　導入自治体数は合併に伴う新規導入のみ。その後の類型移行や追加等は含まない。
[注3]　ここでは、東京都の特別区は含まない。

図7-1　合併件数に対する割合　　　図7-2　自治体総数に対する割合

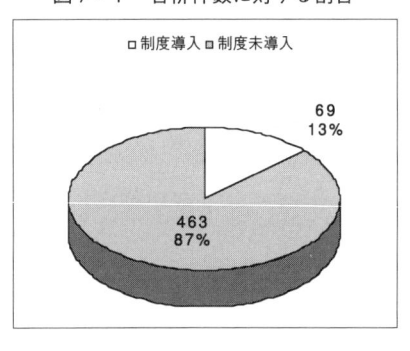

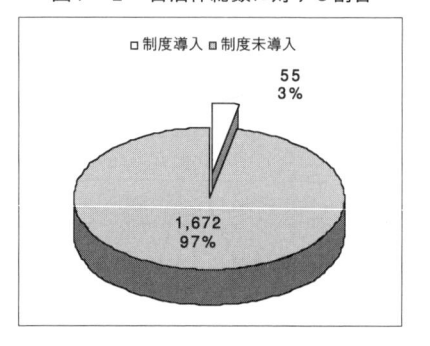

<調査・作成：石平春彦>

　このように、合併を契機として制度導入が一定程度進んだとはいうものの、全自治体に占める割合は、圧倒的に少ない。しかしそれは、逆に言えば、合併というようなインパクトのある大事業を契機にしてしか、現実には都市内分権という住民自治の拡充にむけた新たな制度導入が困難であったことを示しており、したがって、数は少ないものの、住民自治の拡充や地域自治の創生にとって先駆的役割を果たしていること、また、これが編入された合併関係市町村のみではなく、編入した側の中心地である旧市町にも制度を導入（拡大）する契機となっている実態があることからすれば、この点についてだけでも、合併も1つの大きな意義があったと言えよう。

　次に、表8と図8に示した地域自治組織の数の変遷を見てみる。ここでは制度導入自治体の枠組みにとらわれず、地域自治組織（区）の数を3つの類型に分けて、その設置、廃止（それぞれ類型移行に伴うものも含む）の推移を年度

表8 基礎自治体の地域自治組織の数の変遷（総括表）

	地域自治区（一般）		地域自治区（特例）		合併特例区		差引合計	累計	設置合計	廃止合計
	設置	廃止	設置	廃止	設置	廃止				
2004年度	22	0	16	0	2	0	40	40	40	0
2005年度	63	0	85	0	12	0	160	200	160	0
2006年度	13	-1	3	0	2	0	17	217	18	-1
2007年度	28	-5	0	-19	0	0	4	221	28	-24
2008年度	13	0	0	0	1	0	14	235	14	0
2009年度	19	-1	7	-17	3	-5	6	241	29	-23
2010年度（4月1日）	3	0	0	0	0	0	3	244	3	0
合　計	161	-7	111	-36	20	-5	244	—	292	-48

［注1］同一自治体内の類型移行（たとえば特例制度の地域自治区から一般制度の地域自治区への移行）についても、廃止と設置という形でそれぞれカウントしている。

図8　基礎自治体の地域自治組織の数の変遷（総括図）

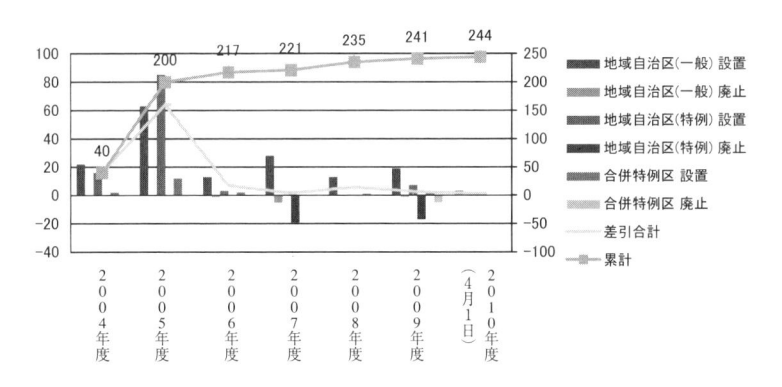

<調査・作成：石平春彦>

ごとに示した。2004（H16）年度は、制度導入間もなく、かつ4カ月程度の短期間であったが、一般自治区22、特例自治区16、合併特例区2の合計40区が設置されている。そして、合併がピークを迎えた2005（H17）年度にはそれぞれ63区、85区、12区、合計160区と3類型のいずれもが圧倒的に多く設置されている。その後は合計で20～30区程度の設置で推移した。なお、2007（H19）年度と2009（H21）年度には、類型移行に伴うものもあるが、合計20区以上が廃止されている。

　ところで、3類型の導入自治体数としては、一般自治区、特例自治区、合併

特例区がおおむね3対6対1の割合で推移しているが、上記のように区数に注目すると、全期間の合計で161対111対20となっており、特に一般自治区と特例自治区の区数が逆転している。これは、特例自治区が合併関係市町村の一部の区域に設置することができることに対し一般自治区は全市域に設置することとされているために一団体あたりの区数が比較的多くなるという制度の違いによることと、一般自治区を採用した場合に、旧市を1区とせずに細分化している場合が多いことによるものである。

(2) 地域自治組織の動態

以上、数での変遷を理解したうえで、表9－1で具体の動態を見てみる。表の基本的な掲載項目は、左から自治体が位置する「都道府県」、合併後の「市町村名」(一般的概念として「市町村」としたが実際に該当する「村」はない)、合併で新市が生まれているための配慮として合併後の「市町村名ふりがな」、「合併日」、新設か編入かの「合併形態」、「合併した構成市町村数」、「地域自治組織の設置日及び満期終了・廃止日[38]」(満期終了及び廃止は一見して分かるように網掛けで示している)、「地域自治組織の設置区域（合併関係市町村）と区数」、そして最後に「地域自治組織の類型」別にそれぞれの区数を掲げた。

なお、設置数は白丸に黒字、満了・廃止数（別制度に移行の場合も含む）は黒丸に白抜きとして示した。このことにより、どの地方の何という自治体が、どのような規模の合併をして、どのような類型の地域自治組織を設置（あるいはその後改廃）したか、さらにその段階での設置自治体数と地域自治組織（区）の数は全部でいくつになるのか、というようなことが、単純な加除計算によって時系列でつぶさに明らかになるものである。

さて、実際の動態のいくつかをみると、地域自治組織、すなわち前章でみた

[38) 満期終了と廃止は、制度的に違いはなく「制度廃止」あるいは「組織解散」である。しかし、合併構成市町村の当初の協議や規約で取り決めた設置期間を満了して廃止した場合と、何らかの理由により途中で廃止を決定したものは、その背景や原因が違うので、理解しやすいようにあえて区別した。

表9−1　国内の都市内分権制度（地域自治組織）の動態表（施行日順）

施行日順番号	都道府県	市町村名	市町村名ふりがな	合併日	合併形態	構成市町村数	地域自治組織の設置日（網掛けは満期終了／廃止日）	地域自治組織の設置区域（旧市町村）と区数	地域自治区（一般）	地域自治区（特例）	合併特例区
1	新潟県	上越市	じょうえつし	2005/1/1	編入	1市6町7村	2005/1/1	13町村13区	⑬		
2	岐阜県	恵那市	えなし	2004/10/25	新設	1市4町1村	2005/1/25	6市町6区	⑥		
3	群馬県	沼田市	ぬまたし	2005/2/13	編入	1市2村	2005/2/13	2村2区		②	
4	秋田県	由利本荘市	ゆりほんじょうし	2005/3/22	新設	1市7町	2005/3/22	8市町8区	⑧		
5	秋田県	大仙市	だいせんし	2005/3/22	新設	1市6町1村	2005/3/22	8市町8区	⑧		
6	岡山県	岡山市	おかやまし	2005/3/22	編入	1市2町	2005/3/22	2町2区			②
7	青森県	八戸市	はちのへし	2005/3/31	編入	1市1村	2005/3/31	1村1区	①		
8	青森県	青森市	あおもりし	2005/4/1	新設	1市1町	2005/4/1	1町1区	①		
9	長野県	松本市	まつもとし	2005/4/1	編入	1市4村	2005/4/1	3村3区（他に1村1地域審議会）	③		
10	兵庫県	香美町	かみちょう	2005/4/1	新設	3町	2005/4/1	3町3区	③		
11	島根県	出雲市	いずもし	2005/3/22	新設	2市4町	2005/4/1	6市町6区	⑥		
12	新潟県	柏崎市	かしわざきし	2005/5/1	編入	1市2町	2005/5/1	2町2区		②	
13	静岡県	浜松市	はままつし	2005/7/1	編入	3市8町1村	2005/7/1	12市町村12区	⑫		
14	北海道	せたな町	せたなちょう	2005/9/1	新設	3町	2005/9/1	3町3区			③
15	岩手県	宮古市	みやこし	2005/6/6	新設	1市2村	2005/6/6	3市町村3区	③		
16	岩手県	一関市	いちのせきし	2005/9/20	新設	1市4町2村	2005/9/20	6市町村6区		⑥	
17	北海道	石狩市	いしかりし	2005/10/1	編入	1市2村	2005/10/1	1市2区			
18	秋田県	横手市	よこてし	2005/10/1	新設	1市5町2村	2005/10/1	1市1区	①		
19	秋田県	横手市	よこてし	2005/10/1	新設	1市5町2村	2005/10/1	7市町7区		⑦	
20	石川県	加賀市	かがし	2005/10/1	新設	1市1町	2005/10/1	1町1区		①	
21	長野県	飯田市	いいだし	2005/10/1	編入	1市2村	2005/10/1	1市1区	①		
22	愛知県	豊田市	とよたし	2005/4/1	編入	1市4町2村	2005/10/1	6町村6区		⑥	
23	島根県	吉賀町	よしかちょう	2005/10/1	新設	1市1町	2005/10/1	1村1区	①		
24	長崎県	平戸市	ひらどし	2005/10/1	新設	1市2町1村	2005/10/1	3町村3区		③	
25	熊本県	玉名市	たまなし	2005/10/3	新設	1市3町	2005/10/3	4市町4区	④		
26	三重県	紀北町	きほくちょう	2005/10/11	新設	2町	2005/10/11	2町2区		②	
27	山梨県	甲州市	こうしゅうし	2005/11/1	新設	1市1町1村	2005/11/1	3市町村3区		③	
28	兵庫県	多可町	たかちょう	2005/11/1	新設	3町	2005/11/1	3町3区	③		
29	福島県	白河市	しらかわし	2005/11/7	新設	1市3村	2005/11/7	3町3区	③		
30	岩手県	花巻市	はなまきし	2006/1/1	新設	1市3町	2006/1/1	3市町3区		③	
31	福島県	南相馬市	みなみそうまし	2006/1/1	新設	1市2町	2006/1/1	3市町3区	③		
32	岐阜県	岐阜市	ぎふし	2006/1/1	編入	1市1町	2006/1/1	1町1区		①	
33	奈良県	宇陀市	うだし	2006/1/1	新設	3町1村	2006/1/1	4町村4区	④		
34	宮崎県	宮崎市	みやざきし	2006/1/1	編入	1市3町	2006/1/1	1市15区	⑮		
35	宮崎県	宮崎市	みやざきし	2006/1/1	編入	1市3町	2006/1/1	3町3区			③
36	宮崎県	都城市	みやこのじょうし	2006/1/1	新設	1市4町	2006/1/1	4市町4区	④		
37	宮崎県	美郷町	みさとちょう	2006/1/1	新設	3村	2006/1/1	3村3区	③		
38	鹿児島県	鹿屋市	かのやし	2006/1/1	新設	1市3町	2006/1/1	3町3区	③		
39	福島県	喜多方市	きたかたし	2006/1/4	新設	1市2町2村	2006/1/4	4町村4区			④
40	岩手県	盛岡市	もりおかし	2006/1/10	編入	1市1村	2006/1/10	1村1区	①		
41	岩手県	奥州市	おうしゅうし	2006/2/20	新設	2市2町1村	2006/2/20	5市町村5区		⑤	
42	宮崎県	延岡市	のべおかし	2006/2/20	編入	1市2町	2006/2/20	2町2区	②		
43	宮崎県	日向市	ひゅうがし	2006/2/25	編入	1市1町	2006/2/25	1町1区	①		
44	北海道	伊達市	だてし	2006/3/1	編入	1市1町	2006/3/1	1村1区	①		
45	北海道	枝幸町	えさしちょう	2006/3/20	新設	2町	2006/3/20				
46	福島県	南会津町	みなみあいづまち	2006/3/20	新設	1町3村	2006/3/20	4町村4区	④		
47	神奈川県	相模原市	さがみはらし	2006/3/20	編入	1市2町	2006/3/20	2町2区		②	
48	福井県	坂井市	さかいし	2006/3/20	新設	4町	2006/3/20	4町4区	④		
49	宮崎県	小林市	こばやしし	2006/3/20	新設	1市1村	2006/3/20	1村1区	①		
50	鹿児島県	奄美市	あまみし	2006/3/20	新設	1市1町1村	2006/3/20	3市町3区	③		
51	秋田県	能代市	のしろし	2006/3/21	編入	1市1町	2006/3/21	1町1区	①		
52	北海道	名寄市	なよろし	2006/3/27	新設	1市1町	2006/3/27	1町1区			①
53	北海道	むかわ町	むかわちょう	2006/3/27	新設	2町	2006/3/27	2町2区	②		
54	千葉県	香取市	かとりし	2006/3/27	新設	1市3町	2006/3/27	4市町4区	④		
55	岐阜県	大垣市	おおがきし	2006/3/27	編入	1市2町	2006/3/27	2町2区		②	
56	北海道	士別市	しべつし	2005/9/1	編入	1市1町	2006/3/31	1町1区			①
57	北海道	新ひだか町	しんひだかちょう	2006/3/31	新設	2町	2006/3/31	2町2区	②		
58	宮城県	気仙沼市	けせんぬまし	2006/3/31	新設	1市1町	2006/3/31	1町1区	①		
59	長野県	伊那市	いなし	2006/3/31	新設	1市1町1村	2006/3/31	2町村2区	②		
60	愛知県	豊田市	とよたし	2005/4/1	編入	1市4町2村	2006/4/1	旧市6区	⑥		

69

施行日順番号	都道府県	市町村名	市町村名ふりがな	合併日	合併形態	構成市町村数	地域自治組織の設置日（網掛けは満期終了／廃止日）	地域自治組織の設置区域（旧市町村）と区数	地域自治組織の類型（数字は区数）地域自治区（一般）	地域自治区（特例）	合併特例区
61	長野県	伊那市	いなし	2006/3/31	新設	1市1町1村	2006/10/1	旧市7区	⑦		
62	岡山県	岡山市	おかやまし	2007/1/22	編入	1市2町	2007/1/22	2町2区			②
63	神奈川県	相模原市	さがみはらし	2007/3/11	編入	1市2町	2007/3/11	2町2区		②	
64	宮崎県	延岡市	のべおかし	2007/3/31	編入	1市1町	2007/3/31	1町1区		①	
65	岐阜県	恵那市	えなし	2004/10/25	新設	1市4町1村	2007/3/31	旧市の細分化に伴い終了	❶		
66	岐阜県	恵那市	えなし	2004/10/25	新設	1市4町1村	2007/4/1	旧市を8区に細分化	⑧		
67	長野県	飯田市	いいだし	2005/10/1	編入	1市2村	2007/4/1	旧区18区	⑱		
68	静岡県	浜松市	はままつし	2005/7/1	編入	3市8町1村	2007/4/1	旧1市2区、廃止	❷		
69	静岡県	浜松市	はままつし	2005/7/1	編入	3市8町1村	2007/4/1	旧浜松市の一部地区2区	②		
70	岩手県	一関市	いちのせきし	2005/9/20	新設	1市4町2村	2008/3/31	旧6市町村6区、満期終了			❻
71	山梨県	甲州市	こうしゅうし	2005/11/1	新設	1市1町1村	2008/3/31	旧3市町村3区、廃止			❸
72	新潟県	上越市	じょうえつし	2005/1/1	編入	1市6町7村	2008/3/31	旧13市町村13区、一般制度移行に伴い終了			⓭
73	新潟県	上越市	じょうえつし	2005/1/1	編入	1市6町7村	2008/4/1	旧13市町村13区、特例制度から移行	⓭		
74	熊本県	熊本市	くまもとし	2008/10/6	編入	1市1町	2008/10/6	1町1区			①
75	宮城県	気仙沼市	けせんぬまし	2009/9/1	編入	1市1町	2009/9/1	1町1区		①	
76	新潟県	上越市	じょうえつし	2005/1/1	編入	1市6町7村	2009/10/1	旧15区追加	⓯		
77	宮崎県	美郷町	みさとちょう	2006/1/1	新設	3村	2009/12/31	3村3区、一般制度移行に伴い廃止			❸
78	鹿児島県	鹿屋市	かのやし	2006/1/1	新設	1市3町	2009/12/31	旧3町3区、満期終了			❸
79	岩手県	宮古市	みやこし	2010/1/1	編入	1市1町	2010/1/1	1町1区	①		
80	宮崎県	美郷町	みさとちょう	2006/1/1	新設	3村	2010/1/1	3村3区、特例制度から移行	③		
81	滋賀県	近江八幡市	おうみはちまんし	2010/3/21	新設	1市1町	2010/3/21	1町1区		①	
82	岡山県	岡山市	おかやまし	2005/3/22	編入	1市2町	2010/3/21	2町2区、満期終了			❷
83	熊本県	熊本市	くまもとし	2010/3/23	編入	1市2町	2010/3/23	2町2区			②
84	宮崎県	宮崎市	みやざきし	2010/3/23	編入	1市1町	2010/3/23	1町1区			①
85	宮崎県	小林市	こばやしし	2010/3/23	編入	1市1町	2010/3/23	1町1区		①	
86	栃木県	栃木市	とちぎし	2010/3/29	新設	1市3町	2010/3/29	3町3区		③	
87	北海道	せたな町	せたなちょう	2005/9/1	新設	3町	2010/3/31	3町3区、満期終了（一般制度へ移行）			❸
88	秋田県	横手市	よこてし	2005/10/1	新設	1市5町2村	2010/3/31	旧1市1区、満期終了	❶		
89	秋田県	横手市	よこてし	2005/10/1	新設	1市5町2村	2010/3/31	旧7町7区、満期終了			❼
90	神奈川県	相模原市	さがみはらし	2006/3/20・2007/3/11	編入	1市4町	2010/3/31	4町4区、政令市移行に伴い廃止		❹	
91	長野県	松本市	まつもとし	2010/3/31	編入	1市1町	2010/3/31	1町1区		①	
92	北海道	せたな町	せたなちょう	2005/9/1	新設	3町	2010/4/1	旧3町3区、合併特例から移行	③		
小計									154	75	15
合計	26	55								244	

[注1] 網掛けは満期終了あるいは廃止のところ。
[注2] 2007年10月1日現在の総務省調査のデータ、及びその後については筆者の独自調査による。

< 2010年4月1日現在。調査・作成：石平春彦 >

70 第3章 制度導入の全国的動向と現状

ように一般自治区、特例自治区、合併特例区という3つの類型を持った制度が施行された2004（H16）年11月10日以降となるが、実際の導入は、2005（H17）年1月1日から始まった。同日の14市町村の合併により市に編入されることとなった13の旧町村に特例自治区を設置した新潟県上越市がそれである。

その後、上越市よりも早い段階、2004（H16）年10月25日に6市町村で新設合併した岐阜県恵那市が、翌2005（H17）年1月25日に一般自治区を合併関係市町村ごとに6区設置した。続く2月13日には、群馬県沼田市で、編入された2村の区域でそれぞれ特例自治区を、さらに3月22日には、秋田県由利本荘市で合併構成8市町ごとに、同じく同県大仙市が合併関係8市町村ごとに、それぞれ一般自治区を全市域に設置した。また同日、岡山市では編入された2村の区域ごとに合併特例区を設置した。

このように、市町村合併とともに全国で都市内分権制度の導入が進むとともに、途中からは、編入町村との時間差で旧市への導入も行ったり（伊那市、飯田市、豊田市）、旧市の1区を8区に細分化したり（恵那市）、政令市への移行に伴い、旧2市の2区を廃止するとともに、そのうちの1市の一部の区域に新たに2区設置したり（浜松市）、特例制度の満期前に一般制度に移行したり（上越市）、というように制度変更の動きもいくつかみられた。直近では、2005（H17）年9月1日に合併した全国14番目の制度導入自治体であるせたな町が、合併関係3町の区域にそれぞれ設置した合併特例区の満期終了を受けて、2010（H22）年4月1日、一般自治区へ移行した。同じく満期終了で特例自治区から一般自治区へ移行したものに美郷町があるが、ここは条例附則で4年後の廃止を規定している。

また、廃止について見ると、期限なしの一般自治区を導入したものの、早々と2年5カ月で廃止を選択した甲州市、満期で特例自治区を終了した一関市と鹿屋市、満期で一般自治区と特例自治区を終了した横手市、政令市の移行に伴い満期前に特例自治区を廃止した相模原市の5例がある。

このように見てくると、地域自治組織の設置には、一部で合併期日と若干のずれがあるものの、おおむね合併と同時に3制度（類型）のいずれか1つを合併市町村の全域または旧市等を除いた一部地域に設置したか、あるいはわずか

ではあるが1市2制度として、同時または時間差で市の全域に設置している。

さらに、合併自治体の中心地である旧市町を含めた全域設置に注目してみると、一般自治区のみの導入では13団体のうちの12団体、特例自治区のみの導入では37団体のうちの10団体、合併特例区のみの導入では6団体のうちの1団体、そして2制度の導入では4団体のうちの4団体、合計60団体のうちの27団体、45％が全域に導入していることが分かる。

これらのことが示していることは、一方で、3類型を提示して多様な導入手法が活用できることを想定し期待した制度設計の側のねらいが一定程度奏効していることを示しているとともに、他方では合併自治体として、その半数近くの団体において、合併協議等を通して編入市町村の不安感の解消や合併市町村全体の住民自治の拡充という多角的な視点からのさまざまな議論が織りなした結果として、目前の当面する課題解決だけでなく、中長期的な今後の新市建設の行方を展望する内容も含んで結実していったものと見ることができるであろう。

(3) 今後の見通し

ところで、最後のせたな町の例にあるように、合併後の一定期間を設置期間としている自治体は多い。すでに前章第5節の制度の類型比較で見たように、一般自治区には期間の規定はないものの、特例自治区は合併関係市町村の協議で定める期間とされていて（ただし全域に設置する場合は不要）、実際には「新市建設計画」期間の10年間が最も多い。また合併特例区は5年以内の規約で定める期間とされているが、実際にはほとんどが上限の5年間（せたな町のみ4年7カ月）である。具体的に見ると、一般自治区では期限のないところが14団体、10年間が2団体、5年間が1団体であり、特例自治区では期限のないところが4団体、10年間が24団体、5年間が11団体、3年間が1団体である。

したがって、早いところでは、すでに合併後3年間で満期を迎えて終了しており、現在、5年間で満期を迎えるところが徐々に増えてきている状況である。

表10に地域自治組織を設置している（現在廃止したものも含む）自治体61団体（64件）の現状と今後の見通しを示した。当初設置時期、設置区域、当初の

期限、その後の改廃等、今後の見通しを記載した。また、これを簡略化しそれぞれの団体数を一覧にした表を**表11**として示した。これまでの改廃動向については、すでに簡単に示したが、ここでは、今後の見通しについて見てみる。

まず、一般自治区で「期限なし」のところであっても、浜松市では、2011年度末で廃止し、政令市の行政区と区協議会に一本化することとなっている。また、2014年度末に満期となる宮古市と2015年度末に満期となる玉名市では、その後のことについて特に考えていない。

特例自治区では、設置期限のないところが4団体あるが、その中で香美町は一般自治区へ移行予定である。また、設置期限のあるところ36団体のうち、満期終了または廃止した自治体が4団体、一般制度に移行した自治体が2団体である。ここまでは既に決定していることだが、今後の見通しとして、満期終了後に一般制度に移行することを決めている自治体が4団体、満期終了後について検討中または検討予定の自治体が8団体、満期終了以外に特に考えていないとする自治体が16団体であった。

合併特例区の7団体では、すでに一般自治区に移行したところが1団体、一般自治区へ移行することを決定しているところが1団体、移行に向けて協議中が1団体、その他の4団体は満期終了以外特に考えていない。しかし、最後の4団体のうち熊本市は2012年4月に政令市へ移行予定で取組を進めているため、合併特例区については予定通り満期まで存続させることが決まっているが、今後は満期終了後に政令市の行政区との兼ね合いでどのように整合を取るかが改めて検討されるものと思われる。

このように見てくると、遅くとも2015年度末で満期を迎える団体が多い中で、現段階では、満期終了以外に特に考えていないとする団体が22団体も存在することとなり、全国の地域自治組織設置自治体は、今後5年間で少なくとも6割に減少することとなる、という都市内分権の進展の面からは厳しい実態が明らかとなった。

この点は、たとえば、「満期終了以外考えていない」とする理由の1つとして「一般型の地域自治区は市全域に設置する必要があり」「特例区に代わる組織とはなりえず」(喜多方市)としているように、法制度の現状そのものが、都市内分権の進展を阻害する(芽を摘む)おそれもあることを示している。

表10 地域自治組織設置自治体の現状と今後の見通し

		当初設置時期	区域	当初期限	その後の改廃等／（）内：今後の見通し
地域自治区（一般制度）	むかわ町	合併と同時	全域	なし	
	花巻市		旧市以外	なし	
	由利本荘市		全域	なし	
	大仙市		全域	なし	
	横手市①		旧市*	2010/3/31	満期終了
	南会津町		全域	なし	
	香取市		全域	なし	
	甲州市		全域	なし	廃止（地域協議会正副会長の連絡調整会議においてアンケートを行った結果を踏まえ検討した結果）
	浜松市		全域	なし	政令市移行に伴い旧2市2区廃止、旧1市の一部区域に2区設置／（2011年度末で廃止し政令市の行政区と区協議会に一本化）
	玉名市		全域	2016/3/31	（満期終了以外に特に考えていない）
	宮崎市①		旧市*	なし	
	宮古市	後日	全域	2015/3/31	編入町に拡大／（満期終了以外特に考えていない）
	飯田市①		旧市*	なし	
	伊那市①		旧市*	なし	
	恵那市		全域	なし	旧市1区を8区に細分化
	豊田市		旧市以外	なし	旧市に拡大
	出雲市		全域	なし	
地域自治区（特例制度）	石狩市	合併と同時	旧市以外	2015/9/30	（満期終了以外に特に考えていない）
	伊達市		旧市以外	2016/2/29	（満期終了以外に特に考えていない）
	枝幸町		一部	2016/3/19	（満期終了後については今後検討）
	新ひだか町		一部	2016/3/30	（満期終了以外に特に考えていない）
	青森市		旧市以外	2015/3/31	（満期終了以外に特に考えていない）
	八戸市		旧市以外	2015/3/31	（満期終了以外に特に考えていない）
	一関市		旧市以外	2008/3/31	満期終了
	盛岡市		旧市以外	2016/3/31	（満期終了以外に特に考えていない）
	奥州市		全域	2016/3/31	（満期終了以外に特に考えていない）
	気仙沼市		旧市以外	2016/3/31	編入町に拡大／（話し合いなし）
	横手市②		旧市以外*	2010/3/31	満期終了
	能代市		旧市以外	2016/3/31	（未定）
	白河市		旧市以外	2016/3/31	（満期終了以外に特に考えていない）
	南相馬市		全域	なし	区長制度廃止
	栃木市		旧市以外	2015/3/31	【設置直後のため未調査】
	沼田市		旧市以外	2015/3/31	（一般制度へ移行予定）
	相模原市		旧市以外	2011/3/31	政令市移行に伴い満期前に廃止
	上越市		旧市以外	2009/12/31	満期前に一般制度へ移行。旧市に拡大
	柏崎市		旧市以外	2015/3/31	（満期終了以外に特に考えていない）
	加賀市		旧市以外	2015/9/30	（満期終了以外に特に考えていない）
	坂井市		全域	2016/3/31	（満期終了以外に特に考えていない）
	松本市		旧市以外	2015/3/31	編入町に拡大／（期限内に地域自治組織のあり方について検討）
	飯田市②		旧市以外*	2011/3/31	（一般制度へ移行）
	伊那市②		旧市以外*	2016/3/31	（満期終了後については残期間の中で検討）
	岐阜市		旧市以外	2016/3/31	（一般制度へ移行予定）
	大垣市		旧市以外	2011/3/31	（今後の地域自治組織のあり方について検討中）
	紀北町		全域	なし	（期限を定めていない）
	近江八幡市		旧市以外	2020/3/31	【設置直後のため未調査】
	香美町		全域	なし	（一般制度へ移行予定）
	多可町		全域	なし	（期限を定めていない）
	宇陀市		全域	2011/3/31	（満期終了後について検討中）
	吉賀町		一部	2015/9/30	（満期終了以外に特に考えていない）

74 第3章 制度導入の全国的動向と現状

		当初設置時期	区域	当初期限	その後の改廃等／（）内：今後の見通し
地域自治区（特例制度）	平戸市	合併と同時	旧市以外	2015/3/31	（満期終了後については今後協議予定）
	都城市		旧市以外	2011/12/31	（満期終了後について今年度検討予定）
	美郷町		全域	2009/12/31	一般制度へ移行／（条例附則で4年後廃止を規定）
	延岡市		旧市以外	2016/3/31	編入町に拡大／（一般制度に移行予定）
	日向市		旧市以外	2012/2/24	（満期終了後の新しいコミュニティ組織について検討中）
	小林市		旧市以外	2016/3/19	編入町に拡大／（満期終了以外に特に考えていない）
	鹿屋市		旧市以外	2009/12/31	満期終了／（地域コミュニティ協議会の設置などに取組む予定）
	奄美市		全域	2016/3/31	（満期終了以外に特に考えていない）
合併特例区	せたな町	合併と同時	全域	2010/3/31	一般制度の地域自治区へ移行
	名寄市		旧市以外	2011/3/26	（地域自治区以外の制度に移行の予定で協議中）
	喜多方市		旧市以外	2011/1/3	（満期終了以外に考えていない）
	岡山市		旧市以外	2010/3/21	編入町に拡大。一部、満期終了／（満期終了以外に考えていない）
	熊本市		旧市以外	2013/10/5	編入町に拡大／（満期終了以外に考えていない。2012年4月に政令市移行予定）
	宮崎市②		旧市以外*	2010/3/31	編入町に拡大／（一般制度の地域自治区に移行予定）
	士別市	後日	旧市以外	2011/3/30	（満期終了以外に考えていない）

［注1］データの一部は2007年10月1日現在の総務省調査を基にしている。「その後の改廃等／（今後の見通し）」欄は2010年4月1日現在の筆者の実態調査に基づいている。

［注2］「区域」欄の＊印は別類型を合わせると全域設置のところ。また、「一部」とは複数町または複数町村の新設合併で中心地域を示す「旧市」が無い団体で一部区域に設置している場合。

表11　地域自治組織設置自治体の現状と今後の見通し（簡略表）

		設置期限	自治体数	期限なし変更なし	廃止済	中途で廃止予定	一般自治区へ移行済	一般自治区へ移行予定	満期終了後のあり方について検討中・検討予定	満期終了以外に特に考えていない
一般自治区		なし	14	12 むかわ町、花巻市、由利本荘市、大仙市、南会津市、香取市、宮崎市、飯田市、伊那市、恵那市、豊田市、出雲市	1 甲州市	1 浜松市	－	－	－	－
		あり	3	－	1 横手市	0	0	0	－	2 玉名市、宮古市
特例自治区		なし	4	3 南相馬市、紀北町、多可町	0	0	0	1 香美町	－	－
		あり	36	－	4 一関市、横手市、相模原市、鹿屋市	0	2 上越市、美郷町*	4 飯田市、沼田市、岐阜市、延岡市	8 枝幸町、松本市、伊那市、大垣市、宇陀市、平戸市、都城市、日向市	16 石狩市、伊達市、新ひだか市、青森市、八戸市、盛岡市、奥州市、気仙沼市、能代市、白河市、柏崎市、加賀市、坂井市、吉賀町、小林市、奄美市
合併特例区		あり	7	－	0	0	1 せたな町	1 宮崎市	1 名寄市	4 士別市、喜多方市、岡山市、熊本市
合計			64	15	6	1	1	6	9	22

［注1］2010年4月2日現在の筆者の実態調査による。
［注2］＊印は条例附則で廃止期日が決まっているもの。
［注3］「特例自治区の設置期限あり」に属する栃木市と近江八幡市は設置間もない（基準日前日の設置）ため未調査。
［注4］類型ごとに自治体をカウントしているため、実際の自治体数とは一致しない。

<調査・作成：石平春彦>

第3節　地域自治組織の現状

本節では、全国の地域自治組織の現状として、設置自治体の基礎情報、区の裁量を重視した支援事業、住民代表協議機関の構成員の構成について見てみる。

表12は、2007（H19）年10月1日現在で地域自治組織を設置している全自治体について、2010（H22）年4月1日現在の人口、面積、都市制度類型、そして地域自治区等の裁量を重視した支援事業の有無とその内容を一覧にしたものである。

（1）　設置自治体の基礎情報等

まず、設置自治体について、すでに廃止した自治体も含め、その位置や規模、都市制度類型などの基礎情報を明らかにする。

設置自治体を地方区分で団体数を示すと、北から北海道が8団体、東北が16団体、関東が4団体、北陸甲信越が8団体、東海が6団体、近畿が4団体、中国が3団体、九州・沖縄が11団体となっており、四国はない。また、都道府県別に多い順で示せば、北海道8団体、宮崎県6団体、岩手県5団体、秋田県と福島県がそれぞれ4団体、などとなっており、比較的、日本列島の北部と南部に多く位置していることになる。

ちなみに、**表13**に制度導入直後の2004（H16）年12月1日から2010（H22）年4月1日までの地方別の合併数の推移と地方別、都道府県別の合併件数に対する設置自治体件数の割合を示した。この中で、設置自治体の件数割合で見ると、北海道が36.4％、東北が27.3％、関東が6.3％、北陸甲信越が13.2％、東海が10.3％、近畿が8.5％、中国が8.2％、四国が0％、九州・沖縄が14.3％と、やはり北海道、東北が圧倒的に高く、九州・沖縄がそれに続いている。都道府県レベルに注目すると、30％以上が、北海道、東北の岩手県、福島県、関東の神奈川県、東海の岐阜県、近畿の奈良県、九州・沖縄の宮崎県、である。特に、比較的合併数が多いところをみると宮崎県が10件の合併件数に対し90％と高く九州全体を押し上げており、その次に岩手県が12の合併件数に対し50％となっ

表12　2007/10/1現在の地域自治組織設置自治体の基礎情報及び地域自治区等支援事業

都道府県	市町村名	人口(人) 2010/4/1現在	面積(km²) 2010/4/1現在	都市制度類型等(2010/4/1現在)	名称	開始年度	期限(年度等)	概要
北海道	士別市	22,367	1,119.29		なし			(合併特例区の関係事業があると思われる)
北海道	せたな町	9,903	638.67		なし			(合併特例区の関係事業があると思われる)
北海道	石狩市	61,109	721.86		地域自治区振興事業	2005	2014	「地域づくり基金」1億円を積み立て、①地域協働推進事業、②経過措置事業、③地域づくり支援事業を内容として、地域協議会の意見を踏まえた上で決定・充当する。ほか。
北海道	伊達市	36,927	444.28		なし			
北海道	枝幸町	9,192	1,115.67		なし			
北海道	名寄市	30,608	535.23		なし			(合併特例区の関係事業があると思われる)
北海道	むかわ町	9,763	712.91		特色ある地域づくり事業	2007	なし	①一般事業；地域自治区住民からの公募により実施する事業、②地域自治区として重点的に実施する事業。地域協議会の協議を経た上で実施。地域協議会で事業の審査、成果の検討を行う。ほか。
北海道	新ひだか町	25,669	1,147.74		なし			
青森県	青森市	304,321	824.54	中核市、県庁所在地	なし			
青森県	八戸市	242,774	305.19	特例市	なし			
岩手県	宮古市	60,548	1,259.89		地域創造基金事業	2007	無記入	各自治区で1億円を積み立て、次の事業に充てている。①住民の連帯強化に資すると認められる事業、②地域の振興に資すると認められる事業。実施事業は、地域協議会において選考する。ほか。
岩手県	一関市	120,463	1,133.10		地域おこし事業	2006	2010	合併を契機として、特色ある地域づくりを推進する先導的な取り組み活動を支援する。ほか。
岩手県	花巻市	103,251	908.32		なし			
岩手県	盛岡市	297,267	886.47	中核市、県庁所在地	なし			
岩手県	奥州市	126,814	993.35		地域づくり推進事業	2006	2009／2010～後継事業検討中。	地域の創意工夫による自主的な活動で、地域コミュニティの活性化に資すると認められる事業に対し、補助金を交付する。自治区長権限で交付決定しており、審査方法についても、各区で独自の審査方式を採用している。ほか。
宮城県	気仙沼市	74,926	333.37		なし			
秋田県	由利本荘市	86,720	1,209.08		地域づくり推進事業	2010	無記入	地域協議会委員により、提案された事業の予算の配分を行う。事業の決定についても、委員が行う。
秋田県	大仙市	91,308	866.67		地域振興事業費（地域枠予算）	2006	なし	地域協議会との協働により、地域内の団体による地域づくり活動に対し、補助金を交付。申請書審査の過程で地域協議会の意見を聴く。ほか。
秋田県	横手市	101,340	693.04		元気の出る地域づくり事業	2007	2009	地域自治区の裁量により事業化が可能な予算として、全8地域に約1億円を措置。各地域協議会において提案された事業や意見を元に原案を作成し、市長に提案することにより事業化される制度。ほか。
秋田県	能代市	60,578	426.74		なし			

都道府県	市町村名	人口(人) 2010/4/1現在	面積(km²) 2010/4/1現在	都市制度類型等(2010/4/1現在)	名称	開始年度	期限(年度等)	概要
福島県	白河市	64,748	305.30		地域づくり活性化支援事業補助金	2008	無記入	各協議会において審査会を開催し、事業を決定する。
福島県	南相馬市	71,559	398.50		自治振興基金充当事業	2006	なし	各自治区の独自性で特色ある事業への基金充当。
福島県	喜多方市	53,682	554.67		合併特例区に対する各種補助金	2006/1/4	2011/1/3	「平成20年度合併特例区事業報告書」の通り。
福島県	南会津町	18,728	886.52		なし			
群馬県	沼田市	53,358	443.37		なし			
千葉県	香取市	85,069	262.31		なし			
神奈川県	相模原市	712,604	328.84	政令市	地域創生まちづくり協働事業交付金	2007	無記入	地域自治区の魅力を創出するため、地域自治区の住民やNPO、企業などが主体となって取り組む地域創生まちづくり協働事業に対し、交付金を交付する。
新潟県	上越市	206,836	973.54	特例市	地域活動支援事業	2010	無記入	地域の課題解決や活力向上を図るため、総額2億円の地域活動資金を28の地域自治区に配分し、地域住民の自発的・主体的な取組を推進。ほか。
新潟県	柏崎市	91,441	442.70		高柳町自治区自治活動推進補助金	2005	2010	高柳町地域の事業で、同地域の町内会の自治活動に補助金を交付し、同地域の自治活動の推進を図るもの。ほか。
石川県	加賀市	73,848	306.00		なし			
福井県	坂井市	94,699	209.91		なし			
山梨県	甲州市	35,594	264.01		なし			
長野県	松本市	242,817	978.77	特例市	なし			
長野県	飯田市	105,372	658.76		パワーアップ地域交付金	2007	なし	各区のまちづくり委員会に一括して交付金を交付。まちづくり委員会は地区の実情に応じて、地区の裁量で事業に予算配分する。ほか。
長野県	伊那市	72,428	667.81		なし			
岐阜県	恵那市	55,277	504.19		地域づくり補助金	2006	2015（予定）	市総合計画に基づく地域計画を各区地域協議会が策定し、その整合の下で地域協議会により承認された実行組織の地域づくり事業に補助金を交付する。ほか。
岐阜県	岐阜市	419,847	202.89	中核市、県庁所在地	柳津地域伝統文化継承事業	2007	無記入	地域の無形伝統文化の継承活動を行っている団体に柳津地域事業基金より活動費を助成。ほか。
岐阜県	大垣市	164,680	206.52		なし			
静岡県	浜松市	820,971	1,558.04	政令市	コミュニティ担当職員の設置	2010	無記入	各区において、住民自治の充実や市民協働の推進を図り、住みよい地域づくりを進めるため、各区（区役所）及び地域自治区（地域自治センター）に地域のサポーターとして「コミュニティ担当」職員を置く。ほか。
愛知県	豊田市	422,960	918.47	中核市	わくわく事業	2005	なし	地域の組織や市民活動団体などが、住みやすい地域づくりに向け、人、文化、自然などの地域資源を活用し主体的に取り組む事業に対し、補助金を交付する。地域会議が公開の下で内容を審査し、その結果を踏まえ支所長が最終決定する。ほか。
三重県	紀北町	19,194	257.01		なし			
兵庫県	香美町	21,147	368.08		なし			
兵庫県	多可町	23,825	185.15		なし			
奈良県	宇陀市	35,815	247.62		なし			

都道府県	市町村名	2010/4/1 現在 人口（人）	2010/4/1 現在 面積（km²）	都市制度類型等（2010/4/1現在）	地域自治区等の裁量を重視した支援事業 名称	開始年度	期限（年度等）	概　要
島根県	出雲市	147,384	543.48		①地域イベント交付金／②地域協議会活動費	①②2008	①②なし	①地域協議会及び地域活動の活性化を目的として、地域の自主性を尊重するなど各地域自治区における予算配分を行っている。各支所において、地域協議会の意見を聞き、各区内のイベントに係る予算配分を決定する。／②各地域協議会に自主財源を措置しその活動を支援する。ほか。
島根県	吉賀町	6,997	336.29	なし				
岡山県	岡山市	699,160	789.91	政令市、県庁所在地	合併特例区交付金	設置開始日（2005/3/22及び2007/1/22）	合併特例区終了日（2010/3/21及び2012/1/21）	合併特例区の運営及び事業に充当するための交付金
長崎県	平戸市	36,584	235.60		①地域コミュニティ活動推進事業補助金／②まちづくり活性化事業交付金	①2008／②2009	①②未定	①市税の1％を旧市町村単位に地域配分し、補助金の審査を各地域協議会で実施している。／②旧町村で実施されていたイベント補助金を集約し、一括で交付金として旧町村単位に交付。事業の採択や各交付金の配分を各協議会で決めている。
熊本県	玉名市	70,484	152.55	なし				
宮崎県	宮崎市	400,901	644.61	中核市、県庁所在地	①合併特例区交付金（合併特例区のみ）／②地域コミュニティ活動交付金	①2005／②2009	①2010/12/31／②4年経過後再検討	①合併特例区規約に基づいて合併特例区が行う事務事業／②地域コミュニティ税（個人市民税均等割の超過課税方式：年額500円）を創設し同交付金に充てる。各地域自治区の地域協議会の下に「地域まちづくり推進委員会」を設置。同委員会は、交付金の交付を受け、地域団体等と連携し地域課題の解決に取り組む。ほか。（2010/2に同税廃止を掲げた新市長が就任。制度廃止に向け調整中）
宮崎県	都城市	168,554	653.8 (3/1)	なし				
宮崎県	美郷町	6,707	448.72	なし				
宮崎県	延岡市	129,914	868.00		元気のいい三北地域づくり支援事業	2010	2012	自治区の自然、歴史、産業など、特色ある地域資源を活用し、地域の活性化を図り、地域内の交流を深めることで、元気な地域づくりに繋がる事業に補助金を交付する。補助決定は支所権限。ほか。（3区でそれぞれ回答）
宮崎県	日向市	62,800	336.29		地域自治区振興基金	2006	2012/2/24	地域自治区の振興のため、7千万円の基金を造成し、地域自治区の設置期間である6年間で事業を行うもの。基金については地域自治区の所管とし、使途については地域協議会に諮問する。ほか。
宮崎県	小林市	47,641	563.09	なし				
鹿児島県	鹿屋市	104,174	448.33	なし				
鹿児島県	奄美市	46,213	306.52	なし				

[注1] 2010年4月1日現在、この他に栃木市と近江八幡市が2010年3月に特例制度の地域自治区を、熊本市が2008年10月と2010年3月にそれぞれ合併特例区を設置している。また、網掛けの自治体は制度が廃止されている。

＜2010年4月1日現在。調査・作成：石平春彦＞

表13 合併数の推移（地方別）と合併件数に対する設置自治体件数の割合

地方	2004/12/1現在の市町村数	2010/4/1現在の市町村数	減少率(%)	合併件数	設置自治体件数（自治体数）	設置自治体件数の割合(%)	都道府県	合併件数	設置自治体件数（自治体数）	設置自治体件数の割合(%)
北海道	208	179	13.9	22	8	36.4	北海道	22	8	36.4
東北	393	228	42.0	66	18（16）	27.3	青森県	16	2	12.5
							岩手県	12	6（5）	50.0
							宮城県	9	2（1）	22.2
							秋田県	14	4	28.6
							山形県	3	0	0.0
							福島県	12	4	33.3
関東	438	296	32.4	79	5（4）	6.3	茨城県	21	0	0.0
							栃木県	12	1	8.3
							群馬県	17	1	5.9
							埼玉県	16	0	0.0
							千葉県	11	1	9.1
							東京都	0	0	0.0
							神奈川県	2	2（1）	100.0
北陸甲信越	347	185	46.7	68	9（8）	13.2	新潟県	18	2	11.1
							富山県	4	0	0.0
							石川県	8	1	12.5
							福井県	9	1	11.1
							山梨県	10	1	10.0
							長野県	19	4（3）	21.1
東海	287	163	43.2	58	6	10.3	岐阜県	9	3	33.3
							静岡県	19	1	5.3
							愛知県	17	1	5.9
							三重県	13	1	7.7
近畿	302	198	34.4	47	4	8.5	滋賀県	10	1	10.0
							京都府	6	0	0.0
							大阪府	1	0	0.0
							兵庫県	16	2	12.5
							奈良県	3	1	33.3
							和歌山県	11	0	0.0
中国	244	109	55.3	49	4（3）	8.2	鳥取県	6	0	0.0
							島根県	8	2	25.0
							岡山県	15	2（1）	13.3
							広島県	11	0	0.0
							山口県	9	0	0.0
四国	183	95	48.1	38	0	0.0	徳島県	9	0	0.0
							香川県	9	0	0.0
							愛媛県	10	0	0.0
							高知県	10	0	0.0
九州沖縄	530	274	56.0	105	15（11）	14.3	福岡県	19	0	0.0
							佐賀県	12	0	0.0
							長崎県	12	1	8.3
							熊本県	16	3（2）	18.8
							大分県	12	0	0.0
							宮崎県	10	9（6）	90.0
							鹿児島県	20	2	10.0
							沖縄県	4	0	0.0
	2932	1727	41.1	532	69（60）	13.0		532	69（60）	13.0

［注1］「設置自治体件数（自治体数）」欄の括弧内は、自治体数。件数と自治対数が同数のところは自治体数を省略。件数と自治体数が違うのは、同一自治体内で複数回合併しているためで、その状況は上から、宮古市、気仙沼市、相模原市、松本市、岡山市、熊本市、宮崎市、延岡市、小林市の9市で、各2回（件）である。　　　　　　　　　　　　　　　　　＜調査・作成：石平春彦＞

て東北を押し上げている。東北の場合は、比較的全体に高い割合を示している。なぜこのような差が生じるのか、歴史的伝統的な政治文化的風土によるものか、あるいは政治的リーダーシップによるものか、合併関係市町村の共同体的紐帯の強さや典型的な過疎地域を多く抱えているための危機感の表れなどの合併の地方的特殊事情によるものか、などの疑問が生じるが、本調査では、そこまで調査・分析できなかった。今後の課題としたい。

　表12に戻り、人口は、宮崎県美郷町の6,700人から静岡県浜松市の82万人まで、面積は熊本県玉名市の153平方キロメートルから浜松市の1,558平方キロメートルまで千差万別である。都市制度で見ると、政令市が3団体、中核市が5団体、特例市が3団体、その他の一般市が37団体、町が9団体となっている。設置自治体の中の割合では、10万人以下の自治体が36団体、63％と中小都市が圧倒的に多くなっているが、都市規模ごとの設置割合でみれば、政令市では15.8％、中核市では12.5％、特例市では7.3％、一般市では5.2％、町では1.3％であり、規模の大きい都市ほど設置率が高くなっている。しかし、前節でみたように、3つの政令市のうちの1つはすでに廃止され、残る2つも2011年度中に廃止されるため、新たな展開が無い限り政令市における地域自治組織は消滅する運命にある。

（2）　自治体による区の裁量を重視した支援事業

　次に同じく表12で、地域自治区等の裁量を重視した支援事業の有無とその具体的な内容について見てみる。この点は、当該自治体が、設置した地域自治組織に対し、財政的にどのような扱いをしているか、ということを見ることによって、当該組織の自主自律性の度合いがある程度理解できるものと考え、調査したものである。

　この中で、合併特例区を設置している自治体については、具体的な事業名の回答がないところが3団体あったが、これは合併特例区の事業全般を自治体の移転財源により自主的自律的に運営しているところから、あえて一部を取り上げる性質のものではないと判断したものと思われる。実際、合併特例区設置自

治体である喜多方市は、「合併特例区に対する各種補助金」として、55項目にわたる「事業報告書」を添付し回答しているし、岡山市や宮崎市も「合併特例区交付金」として、「合併特例区の運営及び事業」を挙げている。したがって、上記3団体についても、筆者の判断で、「合併特例区の関係事業」としてカウントした。

そこで、全体を概括すると、57団体のうち、約半数の28団体が何らかの予算措置を行っていることが分かる。開始時期は、制度が導入された2005（H17）年度から最近では2010（H22）年度までさまざまであるが、概して制度導入後一定の期間を経ての事業展開であることからすると、制度運用の過程で、地域自治活動に対する自治体の対応策の改善の必要性について認識され、検討が行われるに至ったということが窺える。

名称については、「地域自治区振興事業」（石狩市）、「地域活動支援事業」（上越市）、パワーアップ地域交付金（飯田市）、地域自治区振興基金（日向市）などというものであり、事業の内容は「地域の振興に資すると認められる事業」（宮古市）、「地域の創意工夫による自主的な活動で、地域コミュニティの活性化に資すると認められる事業」（奥州市）、「自治区の特色ある地域資源を活用し、元気な地域づくりにつながる事業」（延岡市）などが対象である。

また、積極的な地域コミュニティ活動の展開のために、コミュニティ担当職員を設置する（浜松市）とか、地域コミュニティ税を創設して地域コミュニティ活動交付金にあてる（宮崎市）というユニークな取組を行っている事例もある。ただし、後者については、本年2月に同税廃止を掲げた新市長が就任したため、制度廃止に向け調整中とのことであった。

どの程度、区の裁量を重視しているかが端的にあらわれる採択方針の策定や採択決定の手法及び実施主体について見てみると、おおむね、次のようなものである。すなわち、たとえば恵那市では、あらかじめ市の総合計画に基づく地域計画を各区の地域協議会が策定し、その整合をとりながら地域協議会により承認された実行組織の地域づくり事業に補助金を交付する。豊田市では地域協議会（名称は「地域会議」）が公開の下で内容を審査し、その結果を踏まえて支所長が最終決定する。また、上越市では、区別にあらかじめ地域協議会の議論

に基づく「採択方針」を策定するとともに、「公益性、必要性、実現性、参加性、発展性」に関する「共通審査基準」を設け、個人や団体から提案された①当該団体等が主体的に取り組む事業（助成事業）と②市が行う事業（市執行事業）について地域協議会の会議で審査を行い、採択の可否を決定する。

　このように、おおむね地域協議会が採択方針の策定や事業採択の審査を行うか、少なくともあらかじめ地域協議会に諮問するなどして意見を聞いた上で区（支所）の権限において決定している。地域協議会の関わり方に濃淡があるものの、事業を導入している所では、おおむね地域自治区、合併特例区のくくりの中で、地域協議会、合併特例区協議会が中心となって運営していることが窺え、地域自治の進展にとっては、その１つの重要な契機となっていると思われる。

(3) 住民代表協議機関の構成員の属性構成

　次に、住民代表協議機関の構成員の属性構成について見てみる。

　全国の導入自治体の構成員の属性構成比を表14に示した。この表は、2007（H19）年10月１日現在の総務省調査の集計データを筆者が整理し作表したものである。29次地制調に提出された資料には、一般自治区17団体の一覧表が載っている[39]が、特例自治区や合併特例区を含む全体を網羅したデータは、現在までに公表されていない。したがって、これが初公表となる。

　構成員の定数は自治体ごとの協議機関平均でせたな町の９人から豊田市の37人まで大きな幅があるが、類型ごとの平均では、一般自治区が21人、特例自治区が15人、合併特例区が12人となっている。構成員の定数に法律の規定や一律の取り決めがあるわけではないが、一般的に、合併関係市町村の議会の定数を参考にしながら、当該区域の人口規模を勘案して総合的に判断し決定されてい

---

39) 第10回専門小委員会への事務局提出資料。「資料８　地域自治区制度について」の添付資料「(参考資料) 地域自治区制度について」の14頁。ただし、この表のうち右側の２つの欄「うち元・前市町村議会議員数（％）」と「うち元・前・現町内会長・自治会長数（％）」の数値が入れ違っている。これは、筆者が元データの集計表を整理している過程で発見し、総務省に問い合わせた結果、誤りが確認された。

ることから、全国的におおむね人口規模に応じた一定の傾向がみられる。一般自治区は、比較的人口の多い旧市を含めた全域に設置され、反対に合併特例区はほとんどが人口の少ない編入された旧町村にのみ設置されていること、その中間に位置する特例自治区は、多くが旧市以外に設置されており、全域に設置されている場合も、旧町村で構成する新設自治体がほとんどであるため、設置区域単位の人口はさほど多くない。このようなことから、類型ごとの定数平均が上記のような違いを見せたことはうなずける。

　次に、構成員の立場や属性についての構成比を見てみると、①公共的団体等を代表する者、②学識経験を有する者、③地域の行政運営に関し優れた識見を有する者、④公募、⑤その他、という区分がされており、加えてそれらのうちに議員や合併協議会委員であった者、及び町内会長・自治会長であったものが現役を含めてどの程度占めているかが分かるようになっている。このうち、公共的団体とは、総務省調査の例示では、自治会・町内会、婦人会、職業組織（含む商工会、農業・漁業団体）、防災組織（含む消防組織）、防犯組織、ＰＴＡ、青少年育成団体（含む子ども会）、社会福祉協議会などである。

　ところで、総務省調査では特に断っていないので正確にはわからないが、立場や属性で見ると、③の公募は「一般市民」ということであり、選出（募集）方法で見れば、①から③、及び⑤は当該所属団体等の推薦か長の指名によるものと思われる。

　そこで、類型の平均を見ると、一般自治区では、①の公共的団体を代表する者が全体の６割以上を占め、あとの②学識経験を有する者、③地域の行政運営に関し優れた識見を有する者、④公募、がそれぞれ約１割を占めている。特例自治区では、①が50％で、次に④の公募が24％、③が13％と続いている。合併特例区では、①が46％、次に③で33％。②⑤と続いて、最後に④の公募がわずかに２％である。３類型全体の平均としては、①が57％、次に④の15％、以下、③の12％、②の11％、⑤の６％であった。

　類型ごとに選出（募集）方法の「公募」に注目してみると、一般自治区では、公募枠のあるところが17団体中14団体（約８割）と多いが、自治体ごとの公募の割合がさほど高くないため、全体としては10％にとどまっている。特例自治

区では、協議機関が設置されていない奄美市を除く（以下同じ）37団体中27団体（73％）で公募枠があり、自治体ごとの割合も比較的高いことや上越市が9割以上の圧倒的高さを示していることから、全体として24％となっている。合併特例区は、せたな町以外は公募枠が無いので、極めて低い数値となっている。

　総務省調査の時点では、公募枠のない自治体が全体で18団体（うち1団体は未設置）あったが、本調査の段階では、表14の［注2］に示したように、そのうちの6団体が新たに公募枠を設けている。これは、構成員の改選期にあたって、公募の必要性がさらに認識されるようになってきたことのあらわれと思われる。それでは、これらの構成員の中で、議員や町内会長・自治会長の職にあった（ある）者や合併協議会委員であった者がどの程度を占めているのかを見てみる。なお、これらの役職は、それぞれ重複している場合があると思われる。

　まず元・前市町村議員を見ると一般自治区では宮崎市の0％から香取市の18％までであり、平均は5％。特例自治区では、伊達市など9団体の0％から飯田市の40％までであり、平均は、13％。合併特例区は、せたな町と宮崎市の0％から岡山市の66％であり、平均は21％である。

　また元・前・現町内会長・自治会長は、一般自治区では横手市など4団体の0％から伊那市の40％であり、平均では18％。特例自治区では、伊達市など4団体の0％から新ひだか町の80％であり、平均は22％。合併特例区では、士別市など2団体の0％から名寄市の40％であり、平均は11％である。

　さらに、合併協議会委員であった者は、一般自治区では、飯田市など2団体の0％から宮古市の23％までであり、平均は4％。特例自治区では、気仙沼市など2団体の0％から青森市など2団体の50％まであり、平均は15％。合併特例区では、せたな町の0％から士別市の50％までであり、平均は21％である。

　3類型全体の平均を見ると、元・前議員が9％、元・前・現町内会長が19％、合併協議会委員が8％である。このようにみてくると、ごく一部の自治体で、50％程度、あるいは町内会長・自治会長では80％という驚異的な占有率を持つところもあるが、全体の平均では、さほど高くはない実態が明らかになった。

　なお、①の「公共的団体等を代表する者」と③の「地域の行政運営に関し優れた識見を有する者」は一般論としても重複することが考えられるが、さらに

表14 住民代表協議機関の構成員の属性構成比

	都道府県名	合併後の市町村名	区数(協議会数)	構成員数(協議会平均)(人)	①公共的団体等を代表する者(%)	②学識経験を有する者(%)	③地域の行政運営に関し優れた識見を有する者(%)	④公募(%)	⑤その他(%)	計(人)(100%)	うち元・前市町村議会議員(%)	うち元・前町内会長・自治会長(%)	うち合併協議会委員であった者(%)
地域自治区（一般制度）	北海道	むかわ町	2	15	40.0	33.3	0.0	26.7	0.0	30	10.0	13.3	6.7
	岩手県	宮古市	3	10	66.7	20.0	0.0	13.3	0.0	30	3.3	13.3	23.3
	岩手県	花巻市	3	14	58.1	25.6	0.0	16.3	0.0	43	7.0	25.6	9.3
	秋田県	由利本荘市	8	32	35.7	32.1	0.0	0.0	32.1	252	7.5	36.1	7.9
	秋田県	大仙市	8	18	60.0	25.7	0.0	14.3	0.0	140	3.6	10.7	4.3
	秋田県	横手市	1	15	40.0	0.0	20.0	40.0	0.0	15	13.3	0.0	6.7
	福島県	南会津町	4	13	23.1	15.4	5.8	0.0	55.8	52	1.9	0.0	11.5
	千葉県	香取市	4	10	60.0	0.0	20.0	20.0	0.0	40	17.5	27.5	12.5
	山梨県	甲州市	3	16	4.1	26.5	42.9	26.5	0.0	49	16.3	28.6	2.0
	長野県	飯田市	18	19	82.6	0.0	0.0	17.4	0.0	333			
	長野県	伊那市	7	22	84.0	7.1	0.0	6.4	2.6	156	1.9	40.4	0.0
	岐阜県	恵那市	13	22	85.5	13.8	0.0	0.7	0.0	282	1.1	0.0	1.4
	静岡県	浜松市	12	15	58.1	14.0	11.2	12.3	4.5	179	16.2	26.3	2.8
	愛知県	豊田市	12	37	75.7	0.7	3.3	14.7	5.6	448	6.9	29.7	1.8
	島根県	出雲市	6	23	89.7	5.9	4.4	0.0	0.0	136	5.9	31.6	10.3
	熊本県	玉名市	4	15	66.1	10.2	0.0	11.9	11.9	59	10.2	10.2	10.2
	宮崎県	宮崎市	15	19	10.0	1.4	78.2	10.4	0.0	289	0.0	5.2	0.3
	平均		(小計17)	(小計123)	21	61.4	10.3	11.9	10.3	6.1	(小計2,533)	5.1	18.0	3.6
地域自治区（特例制度）	北海道	伊達市	1	15	26.7	26.7	0.0	46.7	0.0	15	0.0	0.0	26.7
	北海道	石狩市	2	15	66.7	13.3	0.0	20.0	0.0	30	16.7	20.0	16.7
	北海道	枝幸町	1	20	70.0	0.0	15.5	15.0	0.0	20	10.0	35.0	15.0
	北海道	新ひだか町	1	15	73.3	0.0	13.3	13.3	0.0	15	0.0	80.0	13.3
	青森県	青森市	1	20	15.0	40.0	0.0	0.0	45.0	20	0.0	5.0	50.0
	青森県	八戸市	1	20	30.0	0.0	45.0	25.0	0.0	20	0.0	40.0	5.0
	岩手県	盛岡市	1	15	46.7	40.0	0.0	13.3	0.0	15	13.3	13.3	26.7
	岩手県	一関市	6	15	64.4	0.0	23.3	12.2	0.0	90	2.2	6.7	13.3
	岩手県	奥州市	5	20	65.0	20.0	0.0	15.0	0.0	100	15.0	27.0	6.0
	宮城県	気仙沼市	1	20	85.0	0.0	5.0	10.0	0.0	20	5.0	60.0	0.0
	秋田県	能代市	1	15	20.0	0.0	20.0	20.0	40.0	15	20.0	40.0	13.3
	秋田県	横手市	7	15	37.1	12.4	20.0	30.5	0.0	105	8.6	10.5	9.5
	福島県	白河市	3	15	100.0	0.0	0.0	0.0	0.0	45	6.7	57.8	33.3
	福島県	南相馬市	3	15	55.6	0.0	24.4	20.0	0.0	45	8.9	20.0	26.7
	群馬県	沼田市	2	15	56.7	43.3	0.0	0.0	0.0	30	20.0	60.0	3.3
	神奈川県	相模原市	4	24	61.1	7.4	17.9	13.7	0.0	95	18.9	24.2	22.1
	新潟県	柏崎市	2	20	80.0	0.0	0.0	0.0	0.0	40	20.0	12.5	10.0
	新潟県	上越市	13	15	0.0	0.0	0.0	92.7	7.3	192	39.6	15.1	8.9
	石川県	加賀市	1	10	0.0	0.0	90.0	0.0	0.0	10	20.0	50.0	0.0
	福井県	坂井市	4	10	35.0	0.0	5.0	20.0	40.0	40	7.5	12.5	10.0
	長野県	松本市	3	15	62.2	2.2	13.4	22.2	0.0	45	4.4	22.2	6.7
	長野県	飯田市	2	10	40.0	0.0	0.0	5.0	45.0	20	40.0	70.0	0.0
	長野県	伊那市	2	15	80.0	0.0	0.0	13.3	6.7	30	10.0	40.0	3.3

	都道府県名	合併後の市町村名	区 数（協議会数）	構成員数（協議会平均）（人）	① 公共的団体等を代表する者（％）	② 学識経験を有する者（％）	③ 地域の行政運営に関し優れた識見を有する者（％）	④ 公募（％）	⑤ その他（％）	計（人）（100％）	うち元・前市町村議会議員（％）	うち元・前町内会長・自治会長（％）	うち合併協議会委員であった者（％）
地域自治区（特例制度）	岐阜県	岐阜市	1	20	25.0	15.0	40.0	20.0	0.0	20	35.0	5.0	50.0
	岐阜県	大垣市	2	15	70.0	6.7	3.3	20.0	0.0	30	0.0	0.0	10.0
	三重県	紀北町	2	15	80.0	20.0	0.0	0.0	0.0	30	6.7	13.3	16.7
	兵庫県	多可町	3	15	46.7	37.8	0.0	15.5	0.0	45	0.0	0.0	13.3
	兵庫県	香美町	3	15	54.5	29.5	0.0	15.9	0.0	44	6.8	18.2	13.6
	奈良県	宇陀市	4	13	48.0	26.0	18.0	0.0	8.0	50	6.0	12.0	16.0
	島根県	吉賀町	1	10	40.0	0.0	60.0	0.0	0.0	10	0.0	40.0	20.0
	長崎県	平戸市	3	15	53.3	31.1	0.0	15.6	0.0	45	13.3	15.6	33.3
	宮崎県	都城市	4	15	74.6	13.6	0.0	11.9	0.0	59	8.5	22.0	3.4
	宮崎県	延岡市	3	15	43.2	56.8	0.0	0.0	0.0	44	4.5	11.4	22.7
	宮崎県	小林市	1	10	40.0	40.0	0.0	20.0	0.0	10	0.0	0.0	20.0
	宮崎県	日向市	1	20	70.0	0.0	20.0	10.0	0.0	20	10.0	35.0	20.0
	宮崎県	美郷町	3	15	62.2	37.8	0.0	0.0	0.0	45	0.0	26.7	8.9
	鹿児島県	鹿屋市	3	15	60.0	10.0	0.0	30.0	0.0	90	13.3	56.7	26.7
	鹿児島県	奄美市	3		0.0	0.0	0.0	0.0	0.0				
	平均		(小計38)	(小計104)	15	50.2	13.3	8.6	24.0	3.9	(小計1,539)	13.4	22.0	14.5
合併特例区	北海道	士別市	1	12	66.7	0.0	0.0	0.0	33.3	12	8.3	0.0	50.0
	北海道	名寄市	1	15	26.7	40.0	33.3	0.0	0.0	15	6.7	40.0	33.3
	北海道	せたな町	3	9	53.6	0.0	32.1	14.3	0.0	28	0.0	10.7	0.0
	福島県	喜多方市	4	10	52.6	0.0	47.4	0.0	0.0	38	2.6	0.0	36.8
	岡山県	岡山市	4	14	32.1	5.4	57.1	0.0	5.4	56	66.1	12.5	21.4
	宮崎県	宮崎市	3	15	55.6	0.0	0.0	0.0	44.4	45	13.3	13.3	8.9
	平均		(小計6)	(小計16)	12	46.4	4.6	33.0	2.1	13.9	(小計194)	20.6	11.3	21.1
全体平均			(総計61)	(総計243)	18	56.7	11.1	11.7	14.9	5.6	(総計4,266)	8.8	19.2	8.3

［注1］この表は、2007年10月1日現在の総務省による実態調査の集計データに基づいて筆者が作成した。このデータの一部（一般制度の地域自治区の部分の右端欄を除いたもの）はすでに第29次地方制度調査会での資料としてホームページ上で公表されているが、全体のものは公表されていない。

［注2］奄美市は総務省調査時点では、地域協議会が未設置だったため全て0％となっているので、構成員数（協議会平均）の計算には同市の区数を含めていない。なお、筆者の調査時点（2010年4月15日）では設置されていて、各種団体の代表者（合併協議書による）が70％、市長の指名による有識者等が30％であった。また、公募が0％となっている自治体のうち、筆者の調査時点では、下記の自治体が公募を採用していた。由利本荘市、南会津市、青森市、白河市、喜多方市、岡山市。

<作成：石平春彦>

⑤の「その他」の概念も含め自治体によってまちまちであることが、集計表を整理していて分かった。すなわち、これらのいずれかが突出して割合の高い場合で、一方、議員経験者や町内会長・自治会長の割合が高い場合は、おおむね町内会長群が、あるいはいくつかは議員経験者群がそのいずれかの分類に一括充てられている傾向があることである。要するに、たとえば町内会長群で言えば、①に充てている自治体もあれば、③に充てている自治体もあれば、⑤に充てている自治体もあるということである。したがって、この調査の区分（選択肢）でも、ある程度の輪郭はわかるとしても、立場や属性の実態をより正確に把握するには、もう一工夫することが必要と思われる。

(4) 構成員の報酬

　ここで構成員の報酬に触れておく。第2章第5節で述べたように、構成員の報酬は、「住民の主体的な参加を期待するもの」であることから原則として無報酬とされている。それでは、全国的な実態はどうであろうか。結論から言えば、約半々の割合である。57団体のうち、報酬のある自治体が29団体、報酬の無い自治体が28団体と、わずか1団体ではあるが、報酬のある団体の方が多い。地制調答申や国会の附帯決議など、制度設計の側で想定し期待し、かつ国から自治体へ周知を求めた方向とは程遠い状況にあると言える。

　報酬の額は、多いところでは月額100,000円、あるいは30,000円というところがある。また、日額では多いところで9,600円から、少ないところでは1回1,000円まで多彩である。年額、会長18,000円、委員16,200円というところもあれば、2時間、あるいは4時間で分けて額を2段階にしているところもある。原則は無報酬だが、町から諮問し答申を求める場合は報酬（日額、会長7,500円、委員7,000円）を支給するとしたところもあれば、日額6,400円だが、5年後に廃止するとしたところもある。それぞれの制度導入に至る事情や地域性によって、多種多様な対応がなされている。

　ちなみに、無報酬と報酬ありの2つの集団で、ある活動量（後に出てくる「自主的審議の意見数」）について平均を算出してみたら、前者の0.33に対し後者は

0.20であった。この数値だけを見れば、無報酬の集団の方が、報酬を支給されている集団より活動が活発であるということが言える。

第4節　協議機関の構成員の選出方法と活動状況

（1）　構成員の選出方法

　次に構成員の選出方法を見る。これも第2章第5節の制度の概要で明らかにしたように、3類型のいずれも、長の選任によるものと法定されている。したがって、最終的には長の選任となるが、そこに至る過程でどのような工夫がなされているかを具体的に明らかにすることを意図している。そのことによって、住民の参加がどの程度行われているかが理解できるであろう。また協議機関の会議開催回数や答申・意見書数などの活動状況も見ることにしたい。そして、最後にそれらがどのような関係にあるのか、あるいは無いのかを考察したい。

　なお、ここで「選出」という言葉を使っているのは、「選任」という言葉が法的に長の権限を表すものであるため、それと区別する意味で選任に至る住民の活動過程をこのように言うこととした。

　本調査の集計結果によれば、2007（H19）年10月1日現在で地域自治組織を設置している全57団体のうち、いわば最大の住民参加といえる公募公選制（準公選制）という区住民の選挙（選任投票）を行っている自治体が上越市の1団体、次に、ある一定の参加ではあるが、住民の参加する推薦会を設置して委員を推薦している自治体が、恵那市、浜松市、岡山市、宮崎市の4団体であった（表15―1、表15―2、図15―1、図15―2参照。図9～図14は欠番）。

　上越市の場合は、次章で展開するので、ここでの具体的な説明は省略するが、法的根拠についてだけ述べておくと、最高規範としての「自治基本条例」の第31条に「都市内分権の推進」を謳い、続く第32条で「地域自治区」を規定し、その第3項で「市民による投票を主体とした選任手続きを採用する。」と明記している。また同条第4項で、地域自治区の設置に関し必要な事項と地域協議会

表 15-1　委員選出における住民参加の仕組の有無

	なし	推薦組織による推薦	住民の選任投票	合計
自治体数	52	4	1	57
割合（%）	91.23	7.02	1.75	100

図 15-1　委員選出における住民参加の仕組

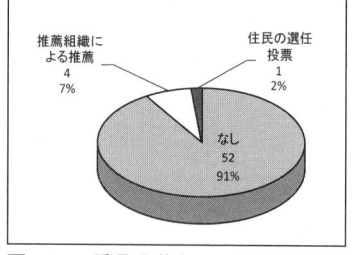

表 15-2　委員の公募の有無

	なし	一部公募	全員公募	合計
自治体数	9	47	1	57
割合（%）	15.79	82.46	1.75	100

図 15-2　委員公募

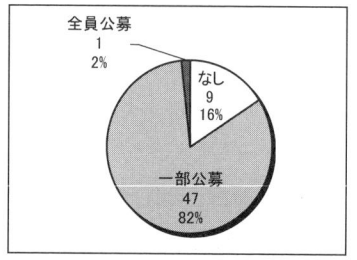

<調査・作成：石平春彦>

委員の選任の手続き等については個別条例で定めるとし、その規定に基づいて「地域自治区の設置に関する条例」と「地域協議会委員の選任に関する条例」を施行している。

次に、住民参加の推薦会を採用している団体の例を、もう少し詳しく見てみる。
まず恵那市では、「地域自治区地域協議会構成員選任規約」を制定しているが、その第2条（構成員の選任方法）で、「構成員の選任は、当該地域自治区の区域内に住所を有する者のうちから当該地域の地域協議会が指名した者3名並びに、当該地域の自治連合会の役員等のうちから3名をもって地域協議会構成員選考委員会（以下「選考委員会」という。）を組織し、その合議による推薦に基づいて市長が行う。」と規定されている。ただし、この選考委員会で全ての推薦を取り仕切るわけではなく、このほかに各種団体からの推薦もある。

浜松市では、それぞれの地域自治区で「地域協議会委員推薦会の設置等に関する要綱」を制定し、それに基づいて当該地域自治区に住所を有する者5人以内で推薦会を組織する。推薦会の委員は地域協議会が指名し、それに基づいて

市長が選任する。推薦会は、地域協議会委員候補者を市長に推薦し、市長はその推薦を尊重して任命するという仕組みを取っている。ただし、この推薦会で推薦の全てを取り仕切るわけではなく、各種団体からの推薦も別途あり、推薦会は地域自治区の範囲で主に有識者等の指名を行っているようである。

岡山市では、各合併特例区で設置する「特例区長及び協議会委員推薦会」が100％推薦しているが、その構成員や推薦の仕組みについては明らかでない。したがって、住民参加がどの程度行われているかは定かではない。

宮崎市では、地域性を考慮して市長が委嘱する委員で構成する「地域自治区地域協議会委員推薦委員会」を地域自治区ごとに設置している。推薦委員会は、地域協議会の構成団体、公募の人数を決定し、推薦団体へ推薦依頼を行う。その後、構成団体から推薦された委員の承認と公募委員の選考を行い、市長に推薦する。ただし、もう1つの類型である合併特例区では、この仕組みは採用されていない。

このほか、学識経験者や副市長など市の幹部職員で「地域自治区地域協議会委員選考会」を組織して公募委員を先行する方式（飯田市）や、同じく有識者や市の幹部職員で組織した一般的な「審議会等公募委員選考委員会」で公募委員を選考する方式（花巻市）、また、一部で地域会議（地域協議会の名称）委員のほかに自治区（一般的には自治会）の役員等を加えて「地域会議委員選考委員会」を組織し地域会議委員を選考している例（豊田市）、さらに市長が各自治区に委嘱する5人の委員による「地域協議会委員推薦委員会」で委員を選考する例（南相馬市）がある。名称は様々だが、これらはいずれも市民参加の推薦の仕組みではなく、選考の仕組み（実際「選考方法」の設問に回答している）であるため、行政の選考過程の公平性や透明性を担保するものではあっても、委員選出における住民参加の仕組みとは言えないと思われるので、筆者の言う住民参加の選出方法にはカウントしていない。ただし、豊田市や南相馬市については、その具体の活動内容によっては、カウントされる可能性が無いとは言えない。

（2） 活動状況

　全国の自治体別の住民代表協議機関の活動状況について、**表16**に示した。本表に掲げた自治体は、本調査に回答した全57団体のうち、調査基準日の2007（H19）年10月1日現在で地域協議会を設置していなかった1団体と、2010（H22）年7月10日段階でデータ（数値）を確定できないため採用できなかった9団体を除く47団体である。このうち地域自治組織の類型を2種類（一般自治区と特例自治区、あるいは一般自治区と合併特例区）設置している4団体はそれぞれ2つの集団に分け、加えて類型の違いではないものの、住民参加の程度と公募の程度の区分により3種類に分けられる1団体は3つの集団に分けたため、合計で53となった。

　また1団体においては、**表16**の「備考2」に記したように、筆者によって意見書等の一覧と会議録及び会議提出資料等の突き合わせによる検証の上で補正を行っている。これは、総務省調査と本調査との兼ね合い等で回答の一部に疑義が生じた団体のうち、再回答にあたって提出された資料と公開資料により、唯一検証が可能な事例だったからである。

　なお、本表で自治体名を示さず便宜的な番号としたのは、団体を特定してそれぞれの活動内容を確認することではなく、下記に展開するように、全体の傾向や設定事項（変数）間の関連性の有無を把握することが主眼であることによる。

　それでは、具体の中身に入るが、左側から「番号」、「地域自治組織の類型」、「協議機関の会議開催数（回）」、「協議機関の意見等の総発出数（回）＊1＋＊2」、「協議機関の答申数（回）＊1」、「自主的審議の意見数（回）＊2」、「構成員選出における住民参加の程度」、「構成員の公募の程度（全体に占める割合）（％）」の順でデータを掲げた。このうち、「協議機関の会議開催数（回）」と「構成員の公募の程度（全体に占める割合）（％）」は、総務省調査の集計データから算出したものであり、「＊1＋＊2」、「＊1」、「＊2」は本調査の集計データから算出したものである。また、「構成員選出における住民参加の程度」は、筆者において、本調査で得られた構成員の選出方法（本節の（1）参照）を、住民

参加の程度から4つにランク付けしたものである。

なお、「会議開催数」、「意見等の総発出数」、「答申数」、「意見数」については、自治体によってそれぞれ設置からの期間や協議機関の数が異なることから、同じ条件にそろえるために、元データから自治体ごとに協議機関平均の1年間（12カ月）あたりに換算した値とした。（なお、元データは、設置日から基準日までの期間（月数）を、15日以下は切り捨てし、16日以上は切り上げして求めている）。

そこで、「協議機関の会議開催数」を見ると、1年間に1回に満たないところから、多くは約14回というところまで、大きな幅があった。全国平均では約6回であった。会議の多さが、必ずしも活発であったり実のあるものになったりするとは言えないが、かと言って総務省調査では、平均的な審議時間が概ね2時間程度であるから、1年間に2～3回というのでは、その存在意義が疑われかねないであろう。ちなみにそのようなところが12団体もある。

「意見等の総発出数」というのは、長等からの諮問を審議して答申した数と協議機関が自らの発意に基づいて審議し長等に意見書を提出した数の合計で、言わば対外的に見える形で成果のあがった協議機関の全活動量である。全体を見渡すと、0件（回）、つまり自治体内全ての協議機関で長からの諮問もなければ、自らの発意で意見も出していない状態にあるところが11団体も存在している。長等からの諮問が1件もない、すなわち当該地域に対する重要な案件や意見を公に聴くべき課題が1つもないと行政側が認識しているという点も含め、筆者としては驚きの実態であった。逆に多くは、18件というところもある。10件以上が4つあるが、自治体数としては2団体である。全国平均は0.57件であった。

若干懐疑的な言い方をしてきたが、会議開催数と意見等の総発出数を両にらみすると、必ずしも傾向が一致しているわけではない。つまり、会議が多いからと言って総発出数が多いとか、会議が少ないからと言って総発出数が少ないということではない。たとえば、会議が12回もあるところで、総発出数が0というところもあれば、逆に会議が1回に満たないのに総発出数が1.67件もあるというところもある。このことが何を意味しているのかという点については、具体の内容にまで今回は及ばなかった。また、数としてカウントされない（できない）部分で、実のある成果があがっている場合があるかもしれない。実際に

回答の中で、カウントされていても、その内実については、あえてカウントしたことが窺える簡単なコメントがあったり、「意見を出しているが意見書という形になっていない」というコメントの上でカウントしなかったりという事例が、わずかではあるがあった。このような内実については、今後の調査課題の1つとしたい。

次に「答申数」についてであるが、これは長等の「諮問」に対して行われる協議機関の応答であるから、主に長等行政側の姿勢に規定されていると言ってよいだろう。つまり法律や条例、合併時の協議書や規約などで規定している協議機関の権限と、それに係る長等の義務をどの程度忠実あるいは積極的に解釈し運用しているか、ということに関わることである。ただし、合併直後の解決すべき課題の多寡に左右される面もないわけではなく、また、ボランティア委員で構成される協議機関の活動量の上限との兼ね合いや地域課題に関する自主的審議との兼ね合いで、行政側から配慮されることもあるようである[40]。

いずれにしても、この部分は、協議機関の権限と役割の重要な一部であることに変わりはないが、基本的に当該地域や協議機関の側からの発意や自主性に基づいた活動が左右するものではないということを押えておきたい。

そこで、具体の件数を見てみると、概ね、意見等の総発出数に近いものとなっており、全国平均の割合から見ると、9割近くという極めて大きな比重を占めている。

逆に言うと、次に見る「自主的審議の意見数」は、極めて少ないということになる。実際、47団体のうちの29団体が「カウントすべき意見書なし」という実態であった。実に、6割以上にあたる。そして、最も多いところで年間約2件であり、全国平均では、0.3件であった。地域の自主自律性を確保し、その要となるべき住民代表協議機関の実態としては、その機能面で全体的に大変厳しい状況であることが浮き彫りになったと言えよう。

---

40) 実際に、浜松市では合併協議会で未調整の事務事業等が約600件残っているため、これらの調整方針に関する諮問のウエイトが高くなっているということであり、また、豊田市では、地域に自発的に考えてもらうため、市からの諮問に対する審議・答申は、可能な限り軽量に少なく実施されている、との報告がある。地域活性化センター［2007］（93頁、108頁）、及び総務省自治大学校第一部課程第105期政策課題研究第一班［2006］（52頁）。

しかし、0件というところは別にして、ボランティアとして限られた時間の中で取り組んでいること、意見書として提出する前に多くの時間をかけて自主的に審議している事例も見られることを考えると、概して構成員の努力は大きなものがあると言えるのではなかろうか。

(3)　住民参加の程度と協議機関の機能発揮の関係

　このように協議機関の活動量に大きな差のある現状の中で、筆者は、とりわけ地域の自主自律性に基づく活動量の格差に注目した。すなわち、協議機関の自主自律的な活動や機能の発揮が、その構成員や当該地域住民の政治的、共同体的、あるいは立場的意識や意欲の違いに左右されるであろうことが推測されるが、具体的には、この制度における構成員と地域住民との関係性が最も端的にあらわれるであろう「構成員選出における住民参加の程度」が、構成員の意欲や活動の発露が端的にあらわれるであろう「自主的審議の意見数」に影響するのではないかとの仮説を立てた。そこで、「構成員選出における住民参加の程度」を独立変数（説明変数）とし、自主自律性の機能発揮としての「自主的審議の意見数」を従属変数（被説明変数）として、両者の関係を分析した。

　また、同時に「構成員の公募の程度」を独立変数（説明変数）とし、「自主的審議の意見数」との関係の有無も見てみた。ただし、公募委員総体の意欲の面で、協議機関全体に何らかの影響を及ぼす可能性はあるとしても、基本的には、公募の割合は長の判断か、結果的に応募者の数で決まるものであり、直接、住民との関係で左右される性質のものではないことから、自主自律的な活動や機能発揮の面で影響を及ぼすことは考えにくいと思われる。しかし、逆に住民参加の程度（構成員の選出方法の違い）によって、公募の結果が違ってくる場合もあることや、選出段階で住民との関わりがなくても、公募委員の意欲が自主的審議に向かう場合が無いわけではないとも考えられることから、何らかの影響があるかもしれないという観点で確認することとした。

　「構成員選出における住民参加の程度」は、特に何もないところが1、選任投票制度はないが、住民参加による推薦組織で長に推薦するところ（特定・比較

表 16　地域自治組織の住民代表協議機関の活動状況
≪構成員の選出における住民参加の程度と協議機関の機能発揮≫

地域自治組織設置自治体【番号】	地域自治組織の類型	協議機関の会議開催数（回）	協議機関の意見等の総発出数（回）*1＋*2	協議機関の答申数（回）*1	自主的審議の意見数（回）*2	構成員選出における住民参加の程度	構成員の公募の程度（全体に占める割合）（％）
1	3	3.33	0.67	0.67	0.00	1	0.0
2	3	6.00	0.00	0.00	0.00	1	0.0
3	2	3.79	0.00	0.00	0.00	1	46.7
4	2	10.75	0.50	0.50	0.00	1	20.0
5	3	4.48	0.48	0.48	0.00	1	14.3
6	2	6.00	1.33	1.33	0.00	1	15.0
7	1	8.33	2.33	1.67	0.67	1	26.7
8	2	6.80	0.00	0.00	0.00	1	0.0
9	2	5.20	3.20	3.20	0.00	1	25.0
10	2	4.57	0.00	0.00	0.00	1	13.3
11	1	6.88	1.44	1.44	0.00	1	13.3
12	1	4.00	1.71	1.71	0.00	1	16.3
13	2	4.08	4.00	4.00	0.00	1	12.2
14	2	3.16	1.64	1.64	0.00	1	15.0
15	2	3.33	0.67	0.00	0.67	1	10.0
16	1	5.00	2.00	2.00	0.00	1	40.0
17	2	4.14	1.65	1.22	0.43	1	30.5
18	1	4.00	0.30	0.30	0.00	1	0.0
19	2	4.52	0.00	0.00	0.00	1	0.0
20	3	3.43	0.00	0.00	0.00	1	0.0
21	1	4.17	0.50	0.00	0.50	1	0.0
22	2	3.19	0.00	0.00	0.00	1	0.0
23	1	2.83	0.83	0.67	0.17	1	20.0
24	2	13.70	0.50	0.50	0.00	1	13.7
25	2	11.59	0.00	0.00	0.00	1	20.0
26	2	11.76	12.49	11.88	0.61	3	65.0
27	2	9.53	17.96	17.16	0.80	3	100.0
28	2	11.20	14.40	12.51	1.89	4	100.0
29	2	8.50	0.50	0.50	0.00	1	0.0
30	2	8.50	0.67	0.67	0.00	1	20.0
31	2	4.70	1.04	1.04	0.00	1	26.5
32	1	4.34	7.00	6.88	0.12	1	17.4
33	2	6.75	5.13	5.13	0.00	1	5.0
34	1	4.00	0.00	0.00	0.00	1	6.4
35	2	0.67	1.67	1.33	0.33	1	13.3
36	2	2.67	0.00	0.00	0.00	1	20.0
37	1	1.91	1.36	0.75	0.61	2	0.7
38	1	12.11	14.37	13.19	1.19	2	12.3
39	1	12.07	1.53	1.53	0.00	1	14.7
40	2	3.00	0.50	0.00	0.50	1	0.0
41	2	7.65	1.04	0.00	1.04	1	15.5
42	2	4.13	1.07	0.80	0.27	1	15.9
43	2	2.29	0.29	0.00	0.29	1	0.0
44	2	6.00	0.50	0.50	0.00	1	0.0
45	3	13.62	1.12	0.00	1.12	2	0.0
46	1	4.62	4.75	4.37	0.38	1	11.9
47	1	3.58	0.50	0.07	0.42	2	10.4
48	3	7.43	0.57	0.57	0.00	1	0.0
49	2	5.47	1.05	0.63	0.42	1	0.0
50	2	8.67	1.33	0.67	0.67	1	20.0
51	2	5.05	2.53	1.89	0.63	1	10.0
52	2	2.48	0.00	0.00	0.00	1	0.0
53	2	5.14	0.57	0.00	0.57	1	30.0
全国平均		5.93	2.22	1.95	0.27		16.4

[注1] 本表に掲げた「地域自治組織設置自治体」は、本調査に回答した全57団体のうち、2007年10月1日段階で協議機関未設置の1団体と2010年7月10日現在で確定できない9団体を除く47団体である。このうち2種類設置している4団体はそれぞれ2集団にわけ、1団体は、住民参加の程度と公募の程度の区分により3集団に分けているため合計で53となる。なお、このうち1団体については、筆者によって意見書等の一覧と会議録及び会議提出資料の突き合わせによる補正を行っている（備考2参照）。
[注2] 地域自治組織の類型は、1：地域自治区（一般制度）、2：地域自治区（特例制度）、3：合併特例区である。
[注3] 「協議機関の会議開催数（回）」欄、及び「構成員の公募の程度（全体に占める割合）（%）」欄は総務省調査の、「協議機関の答申数（回）＊1」欄、及び「自主的審議の意見数（回）＊2」欄は本調査のそれぞれのデータを基に算出している。なお、「協議機関の意見等の総発出数（回）＊1＋＊2」欄は、本調査の「＊1」欄と「＊2」欄を合計したものだが、同時に総務省調査の「重要事項についての答申数（回）」欄と「意見具申数（回）」欄の合計から算出した数値と一致する（備考2の1団体を除く）。いずれも設置日から2007年10月1日までの期間の数（累計）を、各自治体の協議機関平均の1年間（12カ月）当たりに換算した数値である。（「＊1＋＊2」欄、「＊1」欄、「＊2」欄は、それぞれの元データから算出しているので、「＊1」欄と「＊2」欄の合計が「＊1＋＊2」欄と端数で一致しない場合がある。）

<構成員選出における住民参加の程度>
4：選任投票制度があり、かつ実施（制度としての参加意識と住民の投票参加）
3：選任投票制度はあるが、結果的に未実施（制度としての参加意識と公募・事前運動段階の不特定・比較多数の参加）
2：選任投票制度はないが住民参加による推薦組織で長に推薦する（特定・比較少数の参加）
1：特になし

[備考1] 採用できなかった9団体に関する主な理由。①回答欄が無記入のもの。②本調査における「答申数」と「自主的審議の意見数」の合計は、総務省調査における「重要事項の答申数」と「意見具申数」の合計と一致する必要があるが、一致していないもの。③回答欄には数値が記入されているが、「長との口頭による意見交換が主であり書面による意見書はない」と説明されていて、実際は数値化が無理なもの。④回答欄には数値が記入されているが、「答申数は審議件数であり答申としての明確なものではない」と説明されていて、実際は数値化が無理なもの。「答申数」が明確でないと、②の説明の通り合計数が一致する関係にあるので「自主的審議の意見数」も明確にならない。⑤総務省調査の設問4－1への回答で地方自治法第202条の7第1項に係る長の諮問事項を挙げているのに本調査では「答申数」はゼロとなっていて、その分「自主的審議の意見数」にカウントされているもの。（なお、上記団体は、再質問した41団体のうち再回答が間に合わなかったもの、及び再回答があったものの、依然として不明部分が残り、かつ提供資料・公開資料の範囲では検証できないため引き続き調査が必要なものである。）
[備考2] 筆者が補正を加えた1団体については、設問の趣旨を改めて説明し再回答を求めた際に、意見書等の一覧と会議録の所在（ホームページ上）が明らかにされたので、その全てに渡って具体的に突き合わせながら検証した。その結果、組み替えるべき項目が多数存在したので補正したものである。また、カウントされていない項目で新たに組み入れたものもある。したがって、当該団体（番号38）の当該部分（＊1欄と＊2欄）のデータについては筆者の独自調査に基づくことをお断りしておく。いずれにしても、具体的に展開する場合は、その内容と責任の所在も明らかにすることとしている。

<散布図>

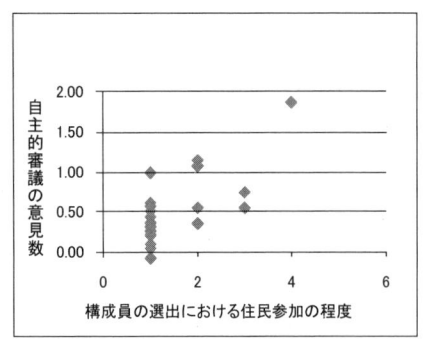

図16-1
住民代表協議機関の活動比較
≪構成員の選出における住民参加の程度と機能発揮≫

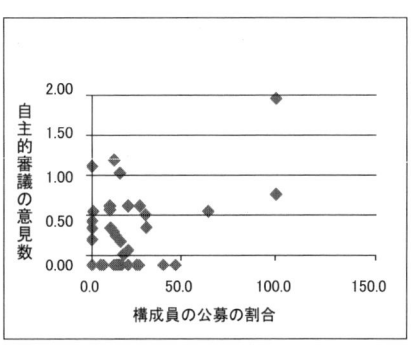

図16-2
住民代表協議機関の活動比較
≪構成員の公募の割合と機能発揮≫

〈調査・作成：石平春彦〉

少数の参加）が２、選任投票制度はあるが、立候補者が定数と同数か定数未満で結果的に実施されなかったところ（制度としての住民参加意識と公募段階・事前運動における不特定・比較多数の参加）は３、選任投票制度があり、実施されたところ（制度としての住民参加意識と投票への住民参加）は４とした。また、「構成員の公募の程度」については、総務省調査の元データから自治体（一部は区の集団）ごとに協議機関における公募の割合の平均を求めたものである。以上のような前提条件のもとに、表16のそれぞれの欄の数値を投入して、相関分析を行い、次に重回帰分析を行った。その結果は、次のとおりである。

その結果、相関分析においては、①の「構成員選出における住民参加の程度」については相関係数が0.706であり正の相関関係が１％水準で有意、②の「構成員の公募の程度」については、相関係数が0.457であり、同じく正の相関関係が１％水準で有意と出た。しかし、重回帰分析では、「構成員の公募の程度」の有

意確率は0.509で大きく非有意となった。一方、「構成員選出における住民参加の程度」は、有意確率が0.000と1％水準で有意となった。以上のことから、少なくとも、独立変数「構成員選出における住民参加の程度」の、従属変数「自主的審議の意見数」に対する影響力は有意であり、「自主的審議の意見数」は主に「構成員選出における住民参加の程度」によって影響（決定）されることが裏付けられ、仮説はおおむね支持されたと言えよう。

いずれにしても、構成員の選出方法が、協議機関の自主的審議の活動量や機

相関分析①

		構成員選出における住民参加の程度	自主的審議の意見数
構成員選出における住民参加の程度	Pearson の相関係数	1	0.706**
	有意確率（両側）		0.000
	N	53	53
自主的審議の意見数	Pearson の相関係数	0.706**	1
	有意確率（両側）	0.000	
	N	53	53

** 相関係数は1％水準で有意（両側）

相関分析②

		構成員の公募の程度（全体に占める割合）	自主的審議の意見数
構成員の公募の程度（全体に占める割合）	Pearson の相関係数	1	0.457**
	有意確率（両側）		0.001
	N	53	53
自主的審議の意見数	Pearson の相関係数	0.457**	1
	有意確率（両側）	0.001	
	N	53	53

** 相関係数は1％水準で有意（両側）

重回帰分析

	非標準化係数		標準化係数		
	B	標準誤差	ベータ	t	有意確率
（定数）	−0.327	0.098		−3.352	0.002
構成員選出における住民参加の程度	0.519	0.095	0.774	5.444	0.000
構成員の公募の程度（全体に占める割合）	−1.787E−03	0.003	−0.095	−0.665	0.509

従属変数：自主的審議の意見数

能発揮に影響を与えていることがデータ分析からもある程度見て取れたことから、住民参加度の最も高い選任投票（住民の直接選挙）という民主的正統性の確保は、地域自治・住民自治の民主主義の理念にかなうだけではなく、実際の効果においても意義を有しているということが、本調査の分析からもある程度言えるのではないかと考える。

そこで以下、「自主的審議の意見数」を全国で最も多く発出しており、かつ全国で唯一構成員の選出方法に住民投票（公募公選制・準公選制）を採用している上越市における事例を具体的に見ていくこととする。

第4章　上越市における都市内分権の立法過程

第1節　制度展開の概要

　上越市における制度展開は、3段階に分かれる。

　まず第1段階は、2005（H17）年1月1日で、14市町村の合併に伴い、旧13町村のそれぞれに合併特例法に基づく5年間を期限とする地域自治区を創設した。そして、それぞれの区に総合事務所と地域協議会を置いた。総合事務所は、基本的に町村役場を継承して旧役場（現コミュニティプラザ）内に置き、区にかかる行政事務全般を行うこととした。一方、同年1月～2月にかけて、13区の地域協議会委員の選任手続きが行われた。まず、1月10日～21日の間、委員を公募し、これに対し189人が応募した。13区の内5区で応募が定数を上回り、選任投票が実施された。そして、応募または選任投票で「当選」した者を含め、委員192人が選任された（2月15日）。任期は、市議会議員の次の改選時までである。

　第2段階は、2008（H20）年4月1日で、旧町村13区の地域自治区が地方自治法に基づく恒久的な一般制度に移行した。そして、同年3月～4月にかけて地域協議会委員の選任手続きが行われた。まず、地域協議会委員が公募され（3月9日～20日）、145人が応募した。今回は定数を越えた区はなく、選任投票は実施されなかった。応募した者を含め委員192人が選任された（4月25日）。任期は4年で、次の市議会議員改選時までである。

　第3段階は2009（H21）年10月1日で、一般自治区を合併前の上越市の区域に拡大した。合併前の上越市を15の地域自治区に分け、それぞれに地域協議会を置いた。また、3カ所（南部、中部、北部）に区の事務所（まちづくりセンター）を設置し、それぞれに4区～6区を担当することとした。まちづくりセンターには、センター長1人のほか、担当職員を2人置き、各区に出向いて地

域協議会に関する事務やコミュニティ活動への支援を行う。

　一方、同年9月～10月にかけて地域協議会委員の選任手続きが行われた。まず、地域協議会委員が公募され（9月2日～13日）、128人が応募した。定数を越えた区はなく、選任投票は実施されなかった。応募した者を含め委員224人が選任された（10月27日）。任期は、次の市議会議員改選時までである。同年11月16日～25日にかけて、15区すべてで初会議が開催され、正副会長選任などが行われた。

　これで、全市に合計28の地域自治区が設置され、地域協議会委員は全部で416人となった。しかし、旧町村13区と旧市15区では、事務所の立地及び機能が異なる形態となった。今後どのような過程でどのように平準化されるかは現時点で予測できないが、これは過渡的な状況と考えるべきであろう。

第2節　制度設計の議論過程1（制度の創設）

　それでは、制度設計過程および制度展開過程における議論を時系列で明らかにする。

　まず、「制度設計の議論過程1」として制度の創設に至る段階での議論である。これは、①合併協議会設置以前の市長と議員の間の都市内分権に関する議論、②2003（H15）年8月の合併協議会設置以降に行われた地域自治組織の協議機関の構成員選出を初めとする市議会における議論、③合併協議会の小委員会における協議機関の構成員選出を初めとする議論、④廃置分合申請議決後の地域自治組織に関する議論、の4つにわかれる。

（1）　合併協議会設置以前の市長と議員の論戦

　上越市議会における住民自治と都市内分権に関わる議論は、任意合併協議会の解散後、合併協議会の設置に至る間に集中的に行われた。とりわけ2002（H14）年12月定例会では、広域合併の弊害を危惧する観点や、あるいは「新たな価値を創造する」という合併推進の観点から、住民自治の確立、地域コミュニティの確保、都市内分権のあり方などについて、議員と市長の間で論戦が繰り広げられた。

この中で、当時一議員だった筆者は、「この際、実効性のある都市内分権を真剣に考え、合併協議の中で具体的に検討していく必要がある。」として、次のような提案を行った。

　「都市内分権について、日本では先進事例を見つけることは困難だが、外国では多くの国で行われている。基礎的自治体内の各地区に住民の選挙によって選ばれた代表で構成される議会、委員会、評議会などのさまざまな名称の行政制度が定着している。」として、アメリカやニュージーランドのシティの中にあるコミュニティボード、イタリアのコムーネの中にあるコンシグリオ、イギリスのディストリクトの中にあるパリッシュカウンシルなどを例示しながら、「これらは、その内容にそれぞれ違いがあるが、大まかな言い方をすると、その地区の住民の選挙によって選ばれた無給の代議員による審議・執行機関で、課税権や条例制定権は有しないものの自治体から権限が移譲され、地区住民の参画を得ながら当該コミュニティにかかわる行政についての自治体への意見表明や予算編成への参画、総合計画立案、行政サービス監督、行政委託事務の執行などが行われている。これらの内容は、既存自治体の都市内分権だが、合併に際して取り入れる有効な制度ではないかと考える。むしろ合併を契機に新市の普遍的な制度として創設するならば、まさに新たな価値を生み出す合併となる。」

　これを受けて、市長も、次のような具体的な構想を披瀝した。

　「いわゆる合併特例法において期間を定めて旧市町村の区域ごとに置くことができるとされている地域審議会にとらわれず、ある一定の権限を付与した地域組織を条例で設けることなども検討したい。

　また、地域コミュニティの活動拠点として旧町村役場や公民館などをコミュニティプラザに転用し、その中に地域住民に基本的な行政サービスを提供する支所を設置したいと考えているが、例えばコミュニティプラザの管理運営を地域住民による組織にゆだねることによって、住民が地域活動に直接参加することへの足がかりを築けるのではないかと思っている。

　さらに、このような地域活動の広がりや住民の自治意識の高まりに合わせて、これまで主として行政が担ってきたまちづくりに関する政策の立案や計画の策定などについても、住民に可能な限り参画してもらうよう権限の移譲を進めて

いきたい。」

　これらの議論は、合併関連三法の成立はおろか、そこに至る27次地制調の「答申」や、その前の「中間報告」さえまとまる以前のことでもあり、制度改革の行方が不透明な中での議論であったが、自治の制度設計についても地方自治体として自主自立、住民主権の気概で取り組んでいこうとする真剣で意欲ある議論であったと言える。

　この議論は、後の合併協議会段階での「地域協議会」の組織と権能についての議論に引き継がれ、さらには廃置分合議決後の「地域自治組織」の取扱いの議論に発展していく。

(2)　合併協議会設置以降の市議会における議論

　2003 (H15) 年8月に合併協議会が設置され、14市町村による廃置分合議決に向けた最終段階の合併協議が始まった。協議事項は、「合併の方式」から「新市建設計画」までの16項目で、そのうちの10項目目に「地域審議会及び地域自治組織（仮称）の取扱い」（以下、「取扱い」という。）が掲げられた。

　上越市議会での議論は、会長である上越市長が合併協議会に提案する合併協定書記載文案（原案）の作成前に行われた。「取扱い」に関する集中審議の時期は同年10月上旬から12月上旬の約2カ月間。奇しくも地制調の「答申」に至る時期と一致したため、その動きを横目でにらみながらの議論となった。

①委員の選出方法をめぐる議論

　議論は、主に地域自治組織の協議機関（後に地域協議会）に関する構成員（委員）の選出方法をめぐって、市議会の関係委員会[41]で集中的に行われた。筆者

---

41) 上越市議会内に設置された「市町村合併対策特別委員会」及び「合併検討委員会」の2委員会をいう。「市町村合併対策特別委員会」は、市町村合併に係る諸問題について広く調査審議するために設けられた法定の特別委員会。「合併検討委員会」は、合併協議会委員と市町村合併対策特別委員会委員で構成し、議長を委員長として、上越地域合併協議会の協議における上越市議会の方針を決定するための任意の機関。

は、議長としてその議論を主導した。そして、合併協議会に持って出る事務局案の合併協定書記載文案（検討案）に「選挙」の文字を明記させたのである。つまり、事務局提案の「市長が委嘱する」という文言を削除させ、「その協議会の区域において選挙された者を市長が選任する」という一文を追加させた。この経過は次のようなものであった。

　理事者（担当部局の部長ないし課長。以下同じ。）からは、最初に参考として、「地域審議会及び地域自治組織（仮称）の取扱いに関する検討資料」が提出された[42]。行政サービスの提供イメージを示す図として、合併前の現状、現行合併特例法に当てはめた場合、及び地制調の中間報告で述べられた地域自治組織の2つのパターンである。

　これに関わる議論では、特別地方公共団体タイプは無理とする意見、このいずれでもないタイプが良いとする意見が出たほか、協議機関の選出方法の重要性が特に指摘された。

　これを踏まえ、次の特別委員会では、地域審議会の委員の選出方法について2つの案が理事者から示された[43]。「案1」は、合併協議会事務局案として、各団体、組織を通じて選出するというものであり、「案2」は、委員会での議論も踏まえ、「公職選挙法によらない選挙、住民総会等により選出する」というものである[44]。

---

42) 2003（H15）年10月3日「上越市議会・市町村合併対策特別委員会」委員会記録。なお、委員会記録は上越市議会ホームページで公表されていないが、上越市議会事務局で閲覧可能。
43) 2003（H15）年10月31日「上越市議会・市町村合併対策特別委員会」委員会記録。
44) 案2の内容と提出時期の関係に注目されたい。地制調で「公選又は住民総会による選出を可能とすることも検討する」とした中間報告の公表（2003（H15）年3月30日）以降、「公選を採用しない」という方針転換した事務局案が最初に示されたのは、第32回専門小委員会（同年10月17日）であり、第33回専門小委員会（同月30日）でも議論が重ねられている最中であった。このような状態が公になっている段階でもないし、ましてや当の専門委員でさえ最終的な結論が分かっているような状況でもない中で、一地方都市の理事者側が、その翌日（同月31日）にすでに結論を見越したかのように、公選ではなく「公選によらない選挙」を「案2」として示している。この鍵は、当時の理事者側（担当部長）が、国の動きをタイムリーに把握できるだけでなく予測もできる立場にある総務省からの出向者だったことによる。筆者は、「地域自治の自主自律性のためには選挙制度を導入すべきである」との固い信念から、地制調がどのような結論になるにせよ、「準公選制」は自治体の判断でできるはずだから、総務省の理解を得ながら早急に理事者側の案として示すように水面下で強く求めたことが、この対応に繋がった。

これに対し、当時、議長となっていた筆者が持論を展開した。
　「(協議機関は)限りなく独立した協議なり議決なりの権限を持たせたものにすべきではないか。つまり住民の側から作り上げるものだというような考え方で、この役割を見ていくべきだ。基本的には一人ひとりの住民の全てにわたって公平な立場から委員が選ばれるという形にならないと、本来の住民自治にはなり得ないだろう。したがって「案2」を採用すべきであり、住民自治を確固たるものにして内容を豊かにしていくことが重要だ。それが合併の最大のメリットだ。」
　これに対し、理事者は「市民から直接選ぶという選択肢は当然あると思っている。議決権限を持たせるとなると、それなりの仕組みが必要になる。今後国会に上程される法律の内容によっては、当然議長が言われるような組織も含め検討させていただきたい。」と答えた。

　②合併協定書記載文案（検討案）に「選挙」を明記
　委員会での議論は続けられた。この間、地制調の答申が出されたが、その中には「公選」の文字はなかった。しかし、「公選によらない選挙」という選択肢をすでに掲げていた当市としては、特に問題になるものではなかった。筆者も地制調「答申」を話題とする（批判する）ことによって、その底流にある自民党・政府の「公選であるか否かを問わず選挙を行うことに否定的」な思想との間で争点化される（せめぎあいとなる）ことを注意深く避ける道を選んだ。
　その後の委員会では、この間の議論を踏まえたものとして理事者から「取扱い」についての合併協定書記載文案（検討案）が示された[45]。この記載文案（検討案）には、地域審議会について、地方自治法に基づく市長の附属機関として各町村の区域ごとに置くこと、市長の諮問に応じて調査審議するほか意見を述べることができること、市長が「委嘱」する委員を持って組織すること、などが記されていた。
　これに対し、委員からは選出方法（選挙）を具体的に載せるべき、という発

---

45) 2003（H15）年11月20日「上越市議会・合併検討委員会」及び11月27日「上越市議会・市町村合併対策特別委員会」委員会記録。

言が相次いだ。

　理事者は「強い要望として受け止め、具体的に現実的な制度の中に落とし込めるよう、引き続き検討させていただく」と答え、次の委員会に修正案を提出した[46]。

　主な修正は、「地域審議会」の名称を、地制調の答申の表現に合わせて「地域協議会」としたこと、また地域協議会の権能として、諮問に対する答申だけでなく「自主的に」意見を述べることができることとしたこと、そして、最も重要な修正点は、「市長が委嘱する」という文言を削除し、「委員は、その協議会の区域において選挙された者を市長が選任する」という一文を追加したこと、である。

　この修正案は委員会において全会一致で承認され、同時に上越市の方針として決定された。そしてこの文案は、「取扱い」に関する合併協議記載文案（原案）として会長（市長）より合併協議会に提案された。

　この点について後に福島富は、次のように評している。「上越市の「公募公選」の経過を辿っていくと、そもそものオリジナルともいえる"源流"に行きつくことができた。調査してみるとその"源流"は合併で吸収する側に回った旧上越市議会の「市町村合併対策特別委員会」の議論であった。そこでの議論からは、合併後の新しい「住民自治」の機能する自治体をつくり上げようとする強い熱意が感じ取れる。」（岡田知弘・石崎誠也編著［2006］110頁）と。

（3）　市長等の国への働きかけ

　この2カ月に及ぶ上越市議会内の議論の過程で市長が総務省に出かけ、地域自治組織制度創設（内容の充実）について要望した[47]。そして、関係部局は、地

---

46)　2003（H15）年12月10日「上越市議会・合併検討委員会」委員会記録。
47)　「平成16年度国家予算編成に対する要望書」新潟県上越市　2003（H15）年11月13日。要望事項は合併に関わる2項目。そのうちの「地域自治組織制度創設に当たっての住民自治の観点について」での要望理由（抜粋）は次の通り。「地域自治制度創設に当たっては、地域の住民が地域の経営に対して主体的に取り組むという住民自治の観点（例えば評議会の構成員を選挙により選出することができる等）について特段の配慮を」。なお、当時、地制調で一時、「評議会」という表現を使っていたため、要望書でもその表現を用いている。

域協議会委員の選挙を「現実的な制度の中に落とし込めるよう検討」する立場から、国県との協議に臨んでいった。地制調の答申ではずされてしまった地域協議会委員の選挙方式について、答申に基づいて今後改正が予定される地方自治法などの関係法令とどう整合性をとるのかが大きな焦点となった。協議を重ねた結果、あくまでも最終的に市長が選任するという枠の中であれば、その前段で行われる公選法によらない選挙については法に抵触しないという解釈で落ち着いた。合併協議記載文案（検討案）に根本的な修正が行われ、「選挙」の一文が追加された背景には、議会の意向を背に、腹をくくったこのような理事者の取り組みがあった。

(4) 合併協議会の小委員会における議論

2004（H16）年1月の第5回合併協議会に提出された「取扱い」の原案は、1月から3月にかけて「地域審議会及び地域自治組織（仮称）の取扱いに関する小委員会」で6回にわたり集中的に審議された[48]。

この中でやはり委員の選任方法に議論が集中し、緊張感の漂う中、賛否両論のさまざまな意見が交わされた。ここでも筆者は、編入する側の議長として議論を主導した。

原案に賛成する考え方は、住民自治や都市内分権の理念を重視し、合併を機会に自らの意志で新たな制度を創り出そうとする上越市議会に代表される意見である。

他の町村からも「最も民主的で民意を反映するので選挙がよい。」、「自ら参加する住民自治を目指すところに意味がある。」等の意見が出された。

一方、原案に反対する意見は一部の町村からあがった。「地域協議会は市長の附属機関であり諮問機関であることから選挙はなじまない。」とする法解釈論、あるいは「協働の活動にふさわしい人を各種団体から推薦すべき」とする機能面からの意見である。さらに、折衷案として「選挙だけでなく、「各団体の推薦

48）「地域審議会及び地域自治組織（仮称）の取扱いに関する小委員会」会議録。

された者」も選択肢に入れ、各地域で選出方法を決めた方がよい。」という意見も出された。

　持ち帰り検討を2回行いながら粘り強い協議を繰り返した結果、反対の5町村が、「お互い譲り合うことが必要」、「選挙には団体の他推、自推も含まれると理解」などとして最終的に原案賛成に回った。委員を選挙で選ぶという新しい自治の試みが実質的に決まった瞬間だった。難産ではあったが、それだけ真剣で活発な議論が行われ、新生上越市の将来にとって貴重で意義ある審議だったと言える。

(5) 廃置分合申請議決後の議論

　14市町村長の合併協定書の調印後、2004(H16)年8月2日までに全ての市町村議会で廃置分合申請の議決が行われ、2005(H17)年1月1日に合併することが事実上決まった。それを受け、合併協定書の「取扱い」での約束通り9月には14市町村の代表で構成される「上越市における地域自治組織の設置に関する検討会」(以下、「検討会」という。)が設置され、4回にわたり協議が行われた。そして、検討会の合意に基づき、14市町村議会の12月定例会で議決され、「地域自治区の設置に関する協議書」が交わされた。

　すでに、5月26日には、地制調の答申に基づく合併関連三法が公布され、地域自治区制度の創設やその設置手続き等の特例、及び合併特例区制度の創設等が盛り込まれていた。そこで上越市の地域自治組織をどのように設計し、合併協議会で決定した地域協議会を法律とどのように整合性を持たせるのかが焦点となった。

　協議の結果、合併後の新市の一体性を確保する意味からも、行政区的タイプの地域自治区の方が良いということになり、改正合併特例法による特例を使って、現上越市を除いた13町村にそれぞれ5年間の期限付きで設置することになった。また、特例で設置可能な特別職の区長は置かず、職員(当時まだ「事務吏員」と規定されていた)の事務所長を置くこととした。

　これまで一貫して議論の焦点だった地域協議会委員の選出方法については、住

民の直接選挙によることを改めて確認し、具体的な「選任の手続き等は、別に条例で定める」こととした。委員の任期は、選挙の効率化の観点から市議会議員選挙と同時に実施することを想定し、議員の任期と同じ4年とした。また、「住民の主体的参加を期待するもの」という制度の主旨に則って「委員には報酬を支給しない」こととした。

「地域協議会の権限」については、合併協議会段階での議論を踏まえつつ、地方自治法（第202条の7）の規定を踏襲しながら、さらに、市長があらかじめ意見を聞かなければならない事項を具体的に明記した。

一方、検討会の合意を受けて、地域協議会委員の選挙を含む選任の方法についての条例化にむけて、上越市議会で平行して議論が進められた。市議会の合併検討委員会に理事者から条例案の骨子が説明され、そこでの議論を経て、12月定例会に「上越市地域協議会委員の選任に関する条例」（以下「選任投票条例」という。）の制定についての議案が提出された。そして、12月17日、「地域自治区の設置について」の議案などの合併関連案件とともに全会一致で可決され、合併期日に合わせて施行されたのである。

(6) 選任投票条例の概要

この選任投票条例は、15カ条からなっている。なお、巻末資料として本条例を掲載した。

第1条「目的」では、委員の「選任の手続き等を明らかにすることにより、委員の選任をより一層、公明で、かつ、地域自治区の区域内に住所を有する者の多様な意見が適切に反映されるものとすること」と規定している。これは公職選挙法第1条（目的）の文言である「公明」と地方自治法第202条の5第3項で市町村長に課している「構成員の選任に関する配慮義務」の条文を組み合わせたものである。

すなわち、公選法に準じた委員の選任投票という手続きをとることによって、より一層公正、明朗、透明な形で、住民の多様な意見を適切に反映させることを宣言している。

なお、「選任投票」とは、公選法にいう「選挙」に当たるが、選任投票の効率性を考えて市議会議員選挙と同時執行を予定したことなどから、混同しないように表現を変えたものである。
　第2条の「委員資格者」の要件をどうするかが論点となったが、地方自治法第202条の5第2項の規定にある「地域自治区の区域内に住所を有する者」という要件の他に「本市の議会の議員の候補者となることができる者（ただし公募から選任の間に公職の候補者となった者を除く）」という要件を加えた。
　要するに、公職の議員及び候補者、並びに一定の公務員や外国人等は除かれるということである。できるだけ一般住民に立候補してもらいたいということが第一だが、公選法や市議選との兼ね合いで紛らわしさや煩雑さを避ける意味もあった。ただ、前述したように地方自治法の規定は、単に「住所を有する者」であるから、外国人を除外しているわけではない。この点については、今後の工夫、改善が必要である。
　第3条の「委員の選任の方法」では、「市長は」「投票の結果を尊重し、委員を選任しなければならない」と規定し市長に尊重義務を課した。合併関連三法が公選（あるいは選挙）の選択肢を認めなかったために、このようなわずらわしい手続きをとらなければならなくなってしまった。
　第4条の「委員の選任の特例」は、委員候補者が定数を越えない場合の選任と定数に満たない場合の追加選任、さらに欠員が生じた場合の補充選任の規定である。
　以下、第5条「公募の開始の期日等」、第6条「選任投票の執行」、第7条「選任投票の期日」、第8条「投票資格者」、第9条「投票資格者名簿」、第10条「公報の発行」と続き、第11条は「投票運動」である。
　「投票運動」は、公選法の「選挙運動」に当たるが、「投票資格者の自由な意思を確保するため、公明かつ適正に行わなければならない」（第1項）とし、第2項で公選法の準用条項を明示した。そして、「市長は」「前2項の規定に反する投票運動を」自ら行ったり支援者に行わせたりした場合は「委員に選任しないことができる」とした。
　違反に対する法的強制力があるわけではないので、最終的に投票運動の目的

を果たすことができないような措置をとることによって、それを予防しようとする意味も含まれている。

　以下、第12条「投票及び開票」、第13条「投票結果及び委員選任の告示」、第14条「委員の解任」（公職の候補者になったとき、及び委員資格者でなくなったとき）、そして第15条「委任」となる。

　なお、この第15条に関わる条例施行規則[49]が12月28日に公布され条例と同時に施行された。

　ここで付記しておくと、筆者は制定当時、この条例案策定に深く関わるとともに、議員として議決した立場にあるが、その後、この条例の不備な点に気付き、理事者側に指摘した[50]。それは第11条第3項で、選任前に違反が判明すれば委員に選任しないことができることを規定しているが、選任後に違反が判明した場合の解任規定が第14条に無いということである。この指摘を受けて、2008（H20）年3月の条例改正により新たに規定が設けられ改善された。すなわち、第14条に2項を加え、第2項に「委員候補者であったときに違反投票運動を自ら行ったと認められるとき」など4点を列記して「当該委員を解任することができる」旨を規定するとともに、第3項で、「委員は、前2項の規定による場合を除くほか、その意に反して解任されることがない」と市長の恣意性を排して委員の身分を保障する規定も設けられた。

第3節　制度設計の議論過程2（特例制度から一般制度へ）

　合併後の議論は、歩み始めた13区の特例制度を育みながら、次の段階である一般制度（基本は合併前上越市への導入）にむけて準備するためのものだったということができる。

　前者については、次に述べるが、後者についてここで付言しておくと、制度の期間を5年間にしたことは、短期間で終わらせるという意味ではなく、その

---

[49] 下記のURLより入り検索。http://reiki.city.joetsu.niigata.jp/
[50] 石平［2006a］（142頁）。当然、議員としても直接、気付いた段階で速やかに理事者側に指摘している。

反対だったということである。

要するに「地域自治区を地方自治法による普遍的な一般制度とし、合併前の上越市にも導入するという方向を見据え、合併特例法による地域自治区の設置期間は短いほうがよい、すなわち、合併から5年間を一般制度へ移行するまでの期間としてとらえるという根本的な議論があった。」[51]のである。この考え方は、合併協議の議論を主導した筆者や合併協議会事務局幹部（合併前上越市の理事者側）の共通認識となっていた。そして、合併後に、筆者はそのことを内外に意識づけるために、市長との論戦において、「合併協議の過程では恒久的な制度（一般制度）として導入していく方向性は共通認識だった」と過去を振り返る形で既定方針として主張したのである[52]。

(1) 市議会における議論

合併後の地域自治区に関する市議会での議論は、合併直後の2005（H17）年3月定例会で、筆者が、13区の地域自治区の自治推進と地域協議会の尊重を求めて一般質問したことに始まる。ここでは、区住民の代表機関である地域協議会の役割を十分尊重し都市内分権を進めるべきであるとして、積極的な情報提供と意見の最大限の尊重（反映）を求めた。これに対し市長は、無報酬にもかかわらず多くの応募があり5区で選任投票が行われたことは自治意識の高まりであると評価し、今後積極的な情報提供を行い地域協議会運営の充実を図る、と答弁した[53]。

また、2006（H18）年12月議会では、策定過程にあった（仮称）自治基本条例案をめぐり、そこに位置付ける都市内分権の内容でも議論した。すなわち、筆者は、「補完性の原理」からひもとき、「この原理は、いま私たちが真剣に取り

---

51) 上越市［2007］『新しい自治体づくりへの挑戦―共生都市上越　合併の記録―』（252頁）。
52) 2006（H18）年12月19日の一般質問（「地域自治区制度の現状と今後の方向性について」）。「平成18年第6回（12月）定例会　上越市議会会議録」（327頁〜341頁）。
53) 2005（H17）年3月23日の一般質問（「都市内分権の推進と地域協議会の役割について」）に対する市長答弁。「平成17年第2回（3月）定例会　上越市議会会議録」（321頁）。

組んでいる都市内分権やコミュニティ活動、参加や協働、そして総体としての市民主権の自治の仕組みを設計する上で極めて重要な視点になるだろう」と述べ、次に実際に当市の制度との絡みで「全市に一般制度の地域自治区を設置すべきである」、そして、「速やかな移行のためには、時期を地域協議会委員の次の改選時（2008（H20）年4月）に設定する必要がある」と提言した[54]。

この段階では、次に見る「上越市における都市内分権及び住民自治に関する研究会」（以下、「都市内分権研究会」という。）の『調査研究報告書』も市長に提出される前の最終調整の段階であったが、筆者の一般質問通告から市長の議会答弁までの水面下のやりとりは、同時進行するこの作業にも、逆に一定の影響を与えつつ進んだ。

そして、筆者の質問・提言に対し市長は、「住民自治、地域自治の確立に向けた都市内分権を全市的に展開するという方向性や、現在の13区における地域自治区の団体としての性格との整合性を踏まえると、合併前の上越市の区域には、条例によって地域協議会に類した機関を設置するよりも、地方自治法の一般制度として全市に地域自治区を導入することが適しているのではないかと考えているところである。」と「報告書」を先取りして答えた[55]。

この答弁により、一般制度としての地域自治区を全市に設置することが事実上決定し、同時に（仮称）自治基本条例に規定する都市内分権に関する行政としての方向性も確かなものとなった。

翌年2月、市議会の自治基本問題調査特別委員会は、（仮称）自治基本条例案に盛り込むべき都市内分権の条文についての議会意見を、次のようにまとめた。「上越市の全市域に普遍的に地域自治区を設置する。地域自治区に地域協議会と総合事務所を置く。地域協議会の委員の選任は上越市方式（準公選制）とする。」[56]

この動きを評して、地元紙は次のように報じた。「議会が全市的な地域自治区

54）2006（H18）年12月19日の一般質問（「地域自治区制度の現状と今後の方向性について」）。「平成18年第6回（12月）定例会　上越市議会会議録」（330頁）。
55）前掲注54）の一般質問に対する市長答弁。「平成18年第6回（12月）定例会　上越市議会会議録」（336頁）。
56）2007（H19）年2月16日「上越市議会・自治基本問題調査特別委員会」委員会記録。

導入への方向性を示し、行政側の考えと意見をほぼ一致させたことで都市内分権の仕組みづくりへ向けた今後の動きが加速されそうだ。」[57]

しかし、物事はそう順調にはいかなかった。すでに1月の段階で県内紙は、「旧市域市議に賛否両論　区割りも議論の焦点」[58]と報じていた。同特別委員会の「まとめ」を経ても、その状況が変わったわけではなかったことは、後になって顕在化する。

(2) 「上越市における都市内分権及び住民自治に関する研究会」での検討

先に触れたが、この議会論議と並行して、都市内分権を全市的に展開していくための取組、具体的には、13区との整合も含めて合併前の上越市の区域にも地域自治区・地域協議会、あるいは別の仕組みを導入すべきか否か、導入するとしたら、どのような手法をとるべきか等について、政策に理論的な補強を行いながら一定の方向性を示すべく有識者[59]による調査研究が行われていた。そして、4月から10月までに6回の会合と1回の現地視察が行われて報告書にまとめられ、2007 (H19) 年1月10日、市長に提出された。

具体の中身は後に説明するが、導入された実際の制度に対する検証が理論的に行われ、地域自治区制度に対する新たな知見が提起された重要な内容であった。そして結論として、「合併前の上越市の区域には、地域協議会のみを設置するのではなく、地域自治区を導入することが望ましい。区割りについては、コミュニティとしての統治性や地域のまとまり等を勘案すると、例えば、周辺部

---

57) 2007 (H19) 年2月17日付『上越タイムス』「合併前上越市の地域自治区導入へ　市議会で大筋合意」。
58) 2007 (H19) 年1月13日付『新潟日報』。内容を抜粋すると「上越市の都市内分権、住民自治の在り方を検討してきた有識者研究会の10日の報告を受け、市は懸案の旧市域への地域協議会設置に向け動き出す。旧市に先駆け導入されている13区選出の市議や地域協委員は歓迎するが、旧市域選出市議の間では賛否両論が渦巻く。」
59) 委員は、辻山幸宣・地方自治総合研究所所長、名和田是彦・法政大学法学部教授、間島正秀・法政大学社会学部教授、宗野隆俊・滋賀大学経済学部助教授、菅沼栄一郎・朝日新聞北海道支社報道部次長。

は昭和の大合併前の旧村単位、中央部は市街地の単位とする案が考えられる。」と提案された。

これに対し、新聞への投稿で市民の中からも期待感が示された。「われわれ市民も、決して傍観者ではいられない。「住民自治と自らの役割」を真剣に学習し、同時に市民個々が主体的に「地域づくりへと立つ」必要性を痛感する。（中略）地域自治区・地域協議会の設置は、旧町村、旧市域の別を問わずもう１つの意義として、市民と議会議員の間に「緊張」と「協働」が培われる点を挙げたい。いまこそ手を携えて立とう。」[60]

(3) 市の取組と市民の意見（その１）

市長の議会答弁、及び『上越市における都市内分権と住民自治に関する調査研究報告書』（以下『都市内分権調査研究報告書』、あるいは単に『調査研究報告書』ともいう。）などを踏まえて、2007（H19）年３月定例会に一般制度移行（具体的には最大の課題である合併前上越市への導入）に向け「市民説明会」などの事業予算が上程され、2008（H20）年４月の移行（地域協議会委員は市議会議員選挙と同時に選任投票を行う日程）に向けた市民の理解を求める取組が開始された。

そして、2007（H19）年度早々、４月から５月にかけて、まず、合併前上越市の各種団体の代表[61]を対象とした「合併前の上越市における地域自治区設置に関する意見交換会」が２回開催された。しかしここでの出席者の反応はことのほか厳しかった。地域協議会と町内会の関係や役割の整合性について多くの疑問、異論が出たのである。

たとえば、「町内会とどう切り離していくのか。違いが不透明だ」とか、「地域コミュニティは防災防犯、教育文化、最近はＮＰＯを含め、長い年月をかけ協働でなりたっている。そこにポッとできて、相互視点に立った連携ができる

---

60) 2007（H19）年４月21日付『新潟日報』中島良一「私の視点　意義ある都市内分権の導入」。
61) 町内会代表として各町内会長連絡協議会代表、地域コミュニティモデル地区の振興協議会代表、まちづくり協議会会長、連合婦人会会長、ＰＴＡ連絡協議会代表、公民館運営審議会委員長。

のか」などというものである。担当課長は、地域自治区と町内会の違いを説明し、「協力関係であって、決して屋上屋を架すとは思っていない」と述べたが、その場の雰囲気は「急がず時間をかけて」という言葉に代表された[62]。

(4) 市長のブレと議会論議

　このような状況に対し、6月定例会前の記者会見で市長は、導入延期の可能性を示唆した。「スケジュール優先で進めることが、地域自治に悪影響を及ぼすことがあってはならない」として、「最大限努力するが、3月議会で示したスケジュールは厳しいと感じている」と話した[63]。

　3月議会での強い決意からわずか2カ月でのこの後退発言に、市議会は強く反応し、県内紙は「市長発言に市議反発　方針一転「理解できない」」[64]と報じた。6月定例会では、この問題で6人が一般質問に立ち、「来年4月に一般制度に移行することこそ、13区を含めた制度維持のための大前提であり、不退転の決意で取組を」[65]などと市長を質し、改めての決意を促した。

　これに対し市長は、「その点は極めて重要であり、引き続き最大限の努力で取り組む」と一転、強い決意を示した。新聞各紙は、「旧市自治区導入で上越市長　一転来年4月と明言　10月めどに区割り案も」、「来春に地域自治区　旧市内　市長、改めて導入強調」、「来年逃すと設置できず　木浦市長が一転決意」などと報じた[66]。

　この一連の動きは、政策形成（合意形成）過程での市長の定まらない意志（決

---

62) 2007（H19）年5月27日付『上越タイムス』「町内会との違いは？　地域自治区で意見交換　上越市」、及び同年4月18日付『上越タイムス』「旧市にも地域自治区　「急がず時間かけて」　町内会長代表らが意見交換」。
63) 2007（H19）年5月30日付『新潟日報』「旧市域の地域自治区　来年4月導入延期も　上越市長　異論根強く再検討へ」及び『上越タイムス』「旧上越市内の地域自治区　導入延期の可能性も　木浦市長が厳しさ表明」。
64) 2007（H19）年6月2日付『新潟日報』。
65) 2007（H19）年7月15日付『じょうえつ市議会だよりNo.151　6月定例会』（15頁）石平春彦「不退転の決意で、地域自治区の一般制度化を」。

意）が波紋を広げたものである。物事に対する柔軟性か優柔不断さかは、一般的に意見の分かれるところだが、目の前に計画されている「市民説明会」をまだ開いてもいない段階での弱音ともいえる発言は、かえって無用な混乱を生じさせることになり、やはり問題であった。この点、県内紙は、「制度周知に難しさも」としながら、次のように、当然のことを婉曲に報じた。

「「どんなに素晴らしい政策も市民に理解してもらわないと始まらない」と話す木浦市長だが、「どういう状態になったら理解を得たと判断するのか」との声もある。旧市導入には、最終的に市長の政治的決断が求められそうだ」[67]。

(5) 市の取組と市民の意見（その2）

このような状況を経て、7月8日の約200人が参加した「地域自治区フォーラム」を皮切りに、7月～8月にかけて、「合併前の上越市の区域における地域自治区についての市民説明会」の1回目が、区割りを想定した16地区17会場で開催された。さらに10月～11月にかけて16会場で2回目の市民説明会が開催された。行政側からは、いずれも市長が出席して説明し、市民の理解を求めて積極的意欲的に取り組んだ。参加者は、合わせて延べ1,285人であった[68]。

この中で1回目の説明会では、「地区の町内会長協議会や振興協議会が機能しているため、地域協議会は不要」との意見、あるいは「屋上屋を重ねるものとならないか」との疑問視する意見が多く出された。また、「時期尚早」、「来年4月は拙速」との意見もあった。しかし、「区割り案」を示した2回目の説明会になると、「地域協議会は不要」との意見は依然として多かったものの、「将来的には地域協議会は必ず必要になる」とか「地域協議会を活用してほしい」との賛成意見も現れた。

---

66) 2007（H19）年6月14日付『新潟日報』『上越タイムス』、同15日付『上越よみうり』。
67) 2007（H19）年6月2日付『新潟日報』。
68) 2007（H19）年8月27日、及び同年11月22日配布「合併前の上越市の区域における地域自治区についての市民説明会開催結果」（上越市）による。本文の以下の記述も、この資料による。

(6) 県内紙の市民聞き取り調査の結果

　ここで、参考までに示すと、2回目の市民説明会の前後で、県内紙が該当する地域の市民20人に聞き取り調査をしている[69]。調査方法が示されていないので、有意抽出法（偶然サンプリング）であろうと思われるが、1つの参考にはなろう。説明会前の1回目の調査を見ると、「来年4月、旧市域に地域自治区が導入される計画があることを知っているか」との質問に、半数近い9人が「知らない」と答えている。また、制度の「導入」については「賛成」11人、「反対」9人で過半数が賛成しているものの、「来年4月の導入時期」については「適当」が9人、「時期尚早」が11人と逆転している。これは「導入賛成」の11人のうち、2人が「時期尚早」に回ったものと推測できる。

　説明会後の2回目の調査をみると、制度の「導入」については賛成9人、反対11人と1回目とは逆転して反対が多くなり、「来年4月の導入時期」については「適当」が8人、「時期尚早」が12人と、「時期尚早」が多くなっている。また、「制度への関心・理解は深まったか」という問いには、「はい」が4人、「いいえ」が16人と、否定的回答が圧倒的に多い。

　ただし、いくつかの疑問点がある。まず「導入反対」の人（9人あるいは11人）が「制度自体に反対」ではなく全員「時期尚早」、つまり「時期を延期すれば導入賛成」というのは信じがたい結果である。また、2回とも「16の区割り」について質問しているが、「導入反対」の人も含めて「区割りが適当」と回答したというのは、合点がいかない。つまり、「区割り」について、「適当」は1回目が13人（「不適当」7人）、2回目が17人（同じく3人）で、「導入賛成」がそれぞれ11人あるいは9人だったから、少なくとも「導入反対」の2人あるいは6人が「区割り」に賛成（適当）していることになる。これらは設問の不備か聞き

69）調査は新潟日報社。1回目の公表は2007（H19）年10月17日付『新潟日報』「上越・旧市への自治区導入　本社が住民20人聞き取り　地域協委員就任を敬遠　来年4月始動に異議も」。調査日は10月7日〜13日の週。2回目の公表は12月1日付『新潟日報』「住民20人へ本社再聞き取り「委員なりたい」またゼロ　地域協への疑問拡大」。調査日は明記されていない（2回目の市民説明会が終了した後の11月16日〜30日の間と思われる）。

取りの不備のどちらかであろうが、調査の有意性に疑問符がつくものと言える。

(7) パブリックコメントの結果

　市民説明会の後、11月26日～12月25日にかけて、地域自治区の制度案（合併前上越市も含め恒久的な一般制度へ移行）についてのパブリックコメントが実施された。この制度案のうち合併前の上越市の区域部分は、その後、条例案に盛り込むことを断念（導入延期）したため、該当部分の意見24件は回答を先送りされた。盛り込んだ部分に対する意見は72件であり、そのうち反映した意見は0件である。意見としては、区割りや地域協議会委員の定数など多岐にわたり、制度の必要性について賛否両論があった。また、「13区の地域自治区を5年間の期間満了までこのまま継続する」や「住民投票で賛否を問う」などがあった[70]。
　このように、これら一連の過程では、概して市民の異論も多く理解が不十分であることがうかがえた。しかし、この制度には一般市民の関心が低かったこと、そのような中、自らの立場との関係性から、比較的関心の高い層は町内会長であったことなどから、意見を表明するのは町内会長が多かったことが影響していると思われる[71]。

(8) 県内紙の議員アンケート

　これらの状況を背景としていたものの、市長が最終的に「政治的決断」を行った直接的な出来事は、県内紙が行った議員アンケートの結果であったと思われる。
　先に見たように、市議会では、導入賛成が圧倒的ではないものの、安定多数を占めていると思われていた。事実、特別委員会における（仮称）自治基本条例案に盛り込む都市内分権に関する「まとめ」によって、全市に一般制度を導

---

70) 2008（H20）年2月20日公表「パブリックコメント制度結果公表　地域自治区の制度案」（上越市）による。
71) たとえば、市民説明会の参加者構成については、具体的なデータは無いが、筆者が参加した会場（7月19日と10月19日、公民館和田分館）での顔ぶれは、町内会長が圧倒的に多かった。

入することが議会としての合意事項になっていたし、この間の本会議における市長との論戦は、ほとんどが2008（H20）年4月導入を求める積極推進の立場からであった。

しかし、一部に「導入反対」があることも事実だった[72]。また、合併前上越市選出の議員の多くは、当初は議会論戦を静観しつつも、市民説明会の進展や新聞報道の活発化につれて、区割りや導入時期に関しての自らの立ち位置を、改めて定めようとする傾向を強めていったものと思われる。それは、2007（H19）年11月～12月にかけて2回行われた旧市選出議員のみの意見交換会の開催にも表れている。

12月定例会も最終日前日の同年12月12日、『新潟日報』は、「どうなる自治区　導入賛成でも各論反対　26人が「時期尚早」」という大見出しで旧市選出議員30人に対するアンケート結果を公表した。そしてそれと対置するように、「「4月設置目指す」　市長あらためて意気込み」という見出しで前日の一般質問の内容を隣り合わせで報じた。ここにみる2者（旧市選出議員の大勢と市長）の認識や姿勢の隔たりの大きさに、当の市長や市幹部をはじめ多くの読者が驚いたのではないだろうか。

もっとも、市長や市幹部はすでにこの状況を承知していたのかもしれない。後になってわかったことだが、そういう形跡もないわけではない[73]。その上で、つまり最終的に延期を決断することになるというシナリオの上での「4月設置の決意表明」だったとしたら、市長も相当の役者ということになる。

---

72) たとえば、2007（H19）年12月11日の水沢弘行議員の一般質問。
73) アンケート調査最中の2007（H19）年11月20日付『新潟日報』に「上越市長　来年4月導入に含み　再び慎重「議会の声聞く」」との見出しで、「市長は19日の記者会見で「来年4月の導入時期も含め、議会の意見を聞いて熟慮したい」と述べ」たという記事が載った。その後、4月導入を断念したことを報じた2008（H20）年1月16日付の同紙は、そこに至る経過を説明する中で「導入を「時期尚早」とする市議の"本音"が明らかになるにつれ、市幹部の間では一転して「延期やむなし」の声が拡大。」と言い、次に前掲と同じ市長発言を引用して、「市長自身も「～～」と、政策実現に向けた迫力を欠く発言をしていた。」と続けている。つまり、2007（H19）年11月19日の市長発言は、市議の本音が明らかになって市幹部の間で延期やむなしの声が拡大していた時の発言ということになる。そのニュースソースは、案外、記者会見で市長に質問していた『新潟日報』の記者自身かもしれない。

いずれにしても、この記事の編集は、当事者としての筆者からは、市議会での表向きの動きと議員の議会外で示した意識（本音）を巧みに対置した政治的作為的なものに見える。しかし、問題の根はむしろ、公の議会での論戦（意思表明と説明責任）を回避しながら外部のアンケートには本音で答え、結果として議員の説明責任を果たす場である議会の存在価値を議員自ら低下させてしまった、というところにあるだろう[74]。

　さて、これによれば、「旧市域への制度導入」については、「賛成」が14人、「反対」が8人、「まだ判断できない」が8人で、「賛成」が比較多数ではあるものの、過半数には達していない。何よりも、都市内分権に対する議会としてのまとめを行い、この制度についても議会内で何度も議論を重ねてきたこの段階において、「まだ判断できない」議員が8人もいるということは、議員という存在は何であるのかを深く考えさせられる事実ではある。

　そして「来年4月の制度導入方針」については、「時期尚早が」26人で圧倒的に多く、「適当」がわずか4人であった。また、「16区割り案」と「地域協議会委員の定数案」については、いずれも「適当」が8人、「不適当」が17人、「その他・無回答」が5人で、否定的意見が過半数を占めた。

　この結果に対し、記事は「自治区導入に関し、「総論賛成、各論反対」の傾向が浮き彫りとなった。今後の論議によっては、市計画案の修正を求められる展開もあり得る。」と結んだ。

---

[74] この問題の一端は、アンケートを取る側の姿勢にも表れている。すなわち、アンケートを行うに当たって、事前に『新潟日報』の記者から各会派に文書で要請があった。その文面には「アンケート結果は新聞紙上に掲載致しますが、その際は、回答された市議のお名前は掲載しませんので、ぜひ本音をお聞かせください。」と書かれていた。筆者は、担当記者に電話して、「名前を載せるかどうかは編集権の問題だからどうこう言わないが、公職の議員に対して、市政に関わる内容を、あらかじめ名前を載せないので本音で言ってくれというのは、報道の取材の在り方としていかがか。また、議員に対しても失礼ではないか。議員たるもの、正々堂々と主義主張を公表することが求められているし、それが当たり前。文書でこういう要請をするのは良くない。」と厳しく指摘した。記者は「事前に話をした多くの議員が、「時期が時期（選挙間近）でもあり、名前が出るならアンケートに答えない」と言ったので、アンケートに答えてもらうために仕方なくこのようにした。しかし、石平議員の言うこともよく分かるので、実際にアンケートをとるときは、そのような文章は付けないことにしたい。」と答えた。

(9) 市長の決断—旧市への導入延期

　その「市計画案の修正」という市長の「政治的決断」が、年を越えた早々の2008（H20）年1月15日にやってきた。この日開催された自治基本問題調査特別委員会で、4月に予定していた旧市への導入を断念することが表明され、時期は未定ながらも「速やかな設置を目指して議会と議論し、市民に説明を尽くす」とされた。

　市企画・地域振興部長は、断念に至った理由として、市民の理解が不十分でありさらに理解を求めて説明する時間が必要なこと、さらに、県内紙の議員アンケートで4月導入を「時期尚早」とする回答が多く、考えに隔たりがあることを挙げた。特に議会との関係については、「制度案報告以来、議会から特段意見がなく、共通認識を持っていると思い込んでいた。」と説明した。見方によっては、議員に対する恨み節、婉曲な批判ともとれるが、そう言われてもやむをえない面があった。

　一方、4月に13区の特例制度を地方自治法上の一般制度に移行することは既定方針通りとし、2月に臨時会を開いて提案したい、と説明された。

　これに対し、推進していた議員からは厳しい声が飛んだ。筆者は、「唐突だ。区割りなど具体的な方向性を示しながら市民説明会を2回（延べ33会場）も開いているのに議員のアンケートが新聞に載ったから先送りというのはしっくりこない。問題があるのなら、議会で議論して一定の方向を出すのが常道だ。」と、議会で意見を表明しないで外で好きなことを言っている議員と、それに直対応している理事者側の対応の両方を批判した。他の議員からは、「これまでもふらつきながら、揺れに揺れてきた。そんなにぐらつくなら、市長の政治姿勢が問われる」との批判が出た。

　以上のような紆余曲折があったものの、2月臨時会で、特例制度から地方自治法上の一般制度とする（とりあえず13区を位置付ける）ための「地域自治区の設置に関する条例案」と「地域協議会委員の選任に関する条例の一部改正案」が全会一致で可決され、4月1日から施行された。これに基づいて、13区では

地域協議会委員の改選が行われた。

第4節　制度設計の議論過程3（合併前上越市への拡大）

(1)　市の取組と市民の意見―語る会等

　2008（H20）年度に入り、4月には議会改選があり、新しい48人の議員が誕生した。そして、地域自治区制度の所管は、自治基本問題調査特別委員会が前期をもって廃止されたため、新しい総務常任委員会に引き継がれることとなった。行政側は、7月29日以降、3回にわたり総務常任委員会に今後の方向性を説明し意見を求めた。そして、最終的に合併前上越市の区割りを当初の16区から15区に変更して、2009（H21）年10月から導入することとし、同月の市長選に合わせて地域協議会委員の選任投票を行う。そのための制度案の議会提案に向けて市内で「語る会」を開催して市民に説明した後、パブリックコメントを行うという方針を提示した。総務常任委員会は、基本的にそれを了承した。

　市では、2008（H20）年8月15日号から「広報じょうえつ」で地域自治区制度に関する連載を開始し、市民周知の徹底を図った。（最終的に翌年8月15日号まで13回にわたって行われた）。また、10月には、合併前上越市への地域自治区導入に係るパンフレットを発行して全戸に配布した。

　そして、11月には「合併前上越市における地域自治区を語る会」を3会場において開催した。質疑では、昨年に続き町内会長連絡協議会との違いで質問があり、「どっちが上か下かの議論になりかねない」、「町内も地域のことを考えている。二度手間になるのはいかがか」などと指摘した。また、「地域協議会で決めたことをどういう手立てで誰が受け持ち、実行していくのか」と、実働部隊の在り方を懸念する声も出た。これに対し市長は、「この制度は、民主主義の手間暇を兼ねた人材育成。議論する輪が広がる」、「住んで良かったと思える地域づくりは行政だけでは足りない。市民の皆さんにつくっていただいたほうが地域に愛着がわく」などと、制度導入の意義を重ねて強調した。

　語る会の参加者は合わせて430人。3会場の語る会の終了後、市長は、「その

都度、幅広く参加者が増えた。浸透が図られてきたと思う。」と話した[75]。

(2) パブリックコメントの結果

この後、12月25日から翌2009 (H21) 年1月26日まで「合併前上越市の区域における地域自治区の制度案」のパブリックコメントが行われた。寄せられた意見は、13件であり、そのうち2件が反映された。なお、昨年のパブリックコメントで先送りされた制度案部分は24件で、そのうち5件が反映された。したがって、今回の制度案に関わる部分の意見は合計37件、反映された意見は、合計7件ということになる。

具体的な意見の内容は、区割りに関するさまざまな提案、地域協議会委員の定数、自治区の名称、事務所の所在地など、制度導入を前提としたものが多かったが、制度を疑問視する意見もいくつかあった。

このような状況をふまえ、2009 (H21) 年3月定例会において、同年10月1日をもって合併前上越市に15の地域自治区を設置するための「地域自治区の設置に関する条例の一部改正案」が提案され、全会一致(2名退席)で可決された。

(3) 条例制定から設置までの市の取組

合併前上越市への導入が決定して以降は、その周知のために様々な取組が市によって行われた。

まず、5月には、『「上越市の地域自治区制度の概要」パンフレット』[76]が発行され、全世帯に配布された。6月27日には、「地域自治フォーラム」が開催された。明治大学農学部の小田切徳美教授が「「小さな自治」がつくる地域の未来」と題して基調講演を行い、その後に市内でまちづくり活動に取り組んでいる4

---

75) 2008 (H20) 年11月25日、及び11月30日付『上越タイムス』。
76) 『「上越市の地域自治区制度の概要」パンフレット　身近な地域からはじまる　はじめる　よりよいまちづくり　平成21年10月1日　市の全域で地域自治区制度がスタート』上越市、2009 (H21) 年5月。

人の市民の事例発表が行われた。

　そして、6月〜7月にかけて、市内16か所で「合併前上越市の区域における地域自治区についての市民説明会」が開催され、延べ368人が参加した。今回の説明会は、制度案に対する市民の意見を聞くことまでのものとは違い、制度導入が決定した中での説明会であるため、決定した制度の仕組みや地域協議会委員の公募方法、選任投票制度などについての説明が主なものであった。市民からは、地域協議会委員の公募・選任方法や地域協議会の会議の運営方法、地域住民や既存のまちづくり団体と地域協議会の関係などについて質問が出た。

　この市民説明会の後、9月2日〜13日にかけて地域協議会の公募が行われ、所要の手続きを経て選任され、晴れて10月1日より地域自治区が合併前上越市に設置された。

第5節　『都市内分権調査研究報告書』の概要

　これまで、上越市内における市民、市議会、市行政の間の制度設計を巡る議論過程を詳述してきたが、その過程に理論的な影響を与えた重要な存在として、先に挙げた『上越市における都市内分権及び住民自治に関する調査研究報告書』（2007（H19）年1月）がある。以下、その概要を箇条書きで示す[77]。

①地域協議会のあり方
- 委員選任において「準公選制」を採用したことと、委員報酬を「無報酬」としたことは、「上越市方式の生命線」であり、今後も維持していくべきである。
- 「準公選制」を採用したことにより、地域協議会の決定は、行政組織内部に強い努力義務を課すという「ゆるやかな拘束力」を有している。
- このような「準公選制」の趣旨を最重要視するのであれば、公募の段階で定員割れが起きた場合において、欠員のままとして、市長が「補充選任」

77）上越市作成の概要版。

(筆者注：追加選任)しないことも選択肢としてあり得る。
・地域自治区においては、地域協議会が「意思決定」を担い、一方、地域を基盤とする課題に対しては町内会（筆者注：地縁型住民自治組織）が、また、テーマ別の課題に対しては住民組織（筆者注：テーマ型市民活動組織）がそれぞれ「実行」を担う「二層制」の関係を構築していくべきである。

②地域自治区の「準団体性」
・地域自治区が地域協議会と事務所という「固有の機関」を持つこと及び上越市においては地域協議会の決定が「ゆるやかな拘束力」を有していることから、上越市の地域自治区は「準団体」的な性格を有している。

③総合事務所のあり方
・地域自治区の事務には、「市長の権限に属する事務から分掌された事務」のほか、地域が固有に持ち、地域が主体的に取組む「地域的公共事務」があり、住民自治の充実の視点から、後者についても地域協議会及び総合事務所が関与していくことが望ましい。
・総合事務所長には、「分掌事務」では執行責任者としての、「地域的公共事務」ではタウンマネージャーとしての役割が求められる。
・総合事務所長にふさわしい人材を獲得するために、今後、「一般職の任期付職員」としての採用や「庁内公募」による採用等、広く人材を登用することも検討に値する。

④今後の全市的な地域自治区の展開
・13区の「準団体性」との整合性を踏まえると、合併前の上越市の区域には、地域協議会のみを設置するのではなく、地域自治区を導入することが望ましい。
・導入にあたっては、地域自治区制度の趣旨を踏まえると、コミュニティに着目してどのように地域を作るか、という点を最も重視すべきである。
・区割りについては、コミュニティとしての統治性や地域のまとまり等を勘

案すると、例えば、周辺部は昭和の大合併前の旧村単位、中央部は市街地の単位とする案が考えられる。

　以上のように、この報告書は、「コミュニティと統治性の関係性」(「コミュニティは本来統治性を有しているもの」、「コミュニティの持つ自主的な運営という統治性」)について明らかにしていること、準公選制により、地域協議会の決定が「ゆるやかな拘束力」を有することや「上越市方式の地域自治区」が「準団体性」を有していることを理論的に明らかにしたこと、「準公選制」と「無報酬」を「上越市方式の生命線」と位置付け維持すべきことを提言したこと、など、まさに、実際の地域自治区制度に対する理論的検証と、この制度に対する新たな知見が提起された重要な内容であった、と言える。この制度をよりよいものとして推進しようとする意識ある人々にとって、大きな理論的支えと勇気を与えられたのである。このことは、ひとり上越市民のみならず、住民自治の拡充を求めて都市内分権を志向する多くの自治体住民にとっても意義深いものとなるであろう。

第 6 節　法的整備の動向

　ここで改めて、上越市における法的整備の動向について、まとめて明らかにしておく。なお、これらの例規は、巻末資料として掲げた。

①地域自治区の設置に関する協議書

　まず、旧13町村にそれぞれ合併特例の地域自治区を 5 年間の期間置くことを定めた標記協議書が2004 (H16) 年 12 月 17 日に決定され、14市町村長の署名の後、各市町村議会で議決され、2005 (H17) 年 1 月 1 日の合併とともに施行された。

②上越市地域協議会委員の選任に関する条例

　次に委員の「準公選制」を規定した標記のいわゆる「選任投票条例案」が、2004 (H16) 年 12 月 21 日に上越市議会で議決され、合併と同時に施行された。この点は既に論じた。

③上越市地域自治区の設置に関する条例

次に、合併後3年が経過した中で、地域自治区制度を特例制度から地方自治法に基づく一般制度へ移行するための標記条例案が2008 (H20) 年2月6日に議決され、同年4月1日に施行された。(一部は先行施行)。法理論的には、合併前の上越市も含め上越市全域に一般制度の地域自治区制度が創設されたことになる[78]が、実際的には、この段階では13区の移行が先行し、合併前上越市はその後に追加設置するという2段階方式がとられた（条例附則第8項[79]）。

④上越市自治基本条例

次に、2008 (H20) 年3月28日に標記条例案が議決され、同年4月1日に施行された。自治体の憲法である自治基本条例で都市内分権（地域自治区）が規定され、恒久的な制度として全市に設置することが（自治体）憲法上確定された[80]。第32条第4項の規定は、先行する「上越市地域自治区の設置に関する条例」と「上越市地域協議会委員の選任に関する条例」を憲法上確認し位置付けたものである。以下にその規定を示す。

第6章　都市内分権

（都市内分権）

第31条　市長等は、市民が身近な地域の課題を主体的にとらえ、自ら考え、その解決に向けた地域の意見を決定し、これを市政運営に反映するための仕組みを整え、都市内分権を推進するものとする。

（地域自治区）

第32条　市は、前条の仕組みとして、市民にとって身近な地域を区域とする地域自治区を設置する。

---

78)「地方自治法」第202条の4第1項の規定による。
79) 附則第8項「市は、市の全域において地域自治区を設置するため、速やかに、第2条の表に掲げる区域（筆者注：旧町村の13区）以外の区域に設ける地域自治区について検討を加え、必要な改正を行うものとする。」
80) この点について詳しくは、石平［2008］『「自治体憲法」創出の地平と課題』参照。

2　市は、地域自治区に地域協議会及び事務所を置く。
3　市長は、地域協議会の構成員の選任を、公明で、かつ、地域自治区の区域に住所を有する市民の多様な意見が適切に反映されるものとするため、市民による投票を主体とした選任手続を採用するものとする。
4　前3項に定めるもののほか、地域自治区の設置に関し必要な事項及び地域協議会の構成員の選任の手続等については、別に条例で定める。

---

⑤上越市地域自治区の設置に関する条例の一部改正

次に、合併前の上越市に15区の地域自治区を設置するために2009（H21）年3月27日に「地域自治区の設置に関する条例の一部改正案」を議決、同年10月1日に施行された（一部先行施行）。これにより、上越市の全域に28の地域自治区が誕生し、恒久的な地域自治区制度が完備されることとなった。

なお、この一部改正には、地域協議会委員の選任に関する条例の一部改正なども含まれる。

第7節　上越市方式の制度の概要

次に上越市方式の制度の概要を述べる。イメージ図を図17に示した。なお、参考までに総務省の作成した一般的なイメージ図を図18として示した。上越市の制度は一般的な地域自治区制度をベースとして、次のような特徴がある。

第1に、全国で唯一の地域協議会委員の準公選制（公募公選制）を採用していることである。これにより、地域協議会は実質的な「民主的住民代表性」[81]を、地域自治区は「準団体性」[82]を有することとなった。地域協議会の意思（答申や意見書）は、市（市長等）に対する「ゆるやかな拘束力」[83]を持つものである。

第2に、委員は、無報酬である。ただし、費用弁償として会議1回につき1,200

81）石平［2006a］（152頁）。
82）上越市における都市内分権及び住民自治に関する研究会［2007］（2頁ほか）。
83）前掲注82）（4頁ほか）。

円が支払われる。

　第3として、地域協議会の権限・機能であるが、「上越市地域自治区の設置に関する条例」第7条第1項は、「地方自治法」第202条の7第1項と同じ規定をしており、第2項はより具体的に規定している。その部分を次に掲げる。

（地域協議会の権限）
　第7条　地域協議会は、次に掲げる事項のうち、市長その他の市の機関により諮問されたもの又は必要と認めるものについて、審議し、市長その他の市の機関に意見を述べることができる。
　（1）地域自治区の事務所が所掌する事務に関する事項
　（2）前号に掲げるもののほか、市が処理する地域自治区の区域に係る事務に関する事項
　（3）市の事務処理に当たっての地域自治区の区域内に住所を有する者との連携の強化に関する事項
　2　市長は、上越地域合併協議会が作成した新市建設計画を変更しようとする場合及び市の施策に関する重要事項のうち次に掲げる事項を決定し、又は変更しようとする場合においては、あらかじめ、地域協議会の意見を聴かなければならない。
　（1）地域自治区の区域内の重要な公の施設の設置及び廃止に関する事項
　（2）地域自治区の区域内の重要な公の施設の管理の在り方に関する事項
　（3）市が策定する基本構想等のうち、地域自治区の区域に係る重要事項

　2つの図を見比べれば分かるように、上越市の場合、選挙が大きくあらわれているが、市長の選任は隠れている。

図17　上越市における地域自治区のイメージ図

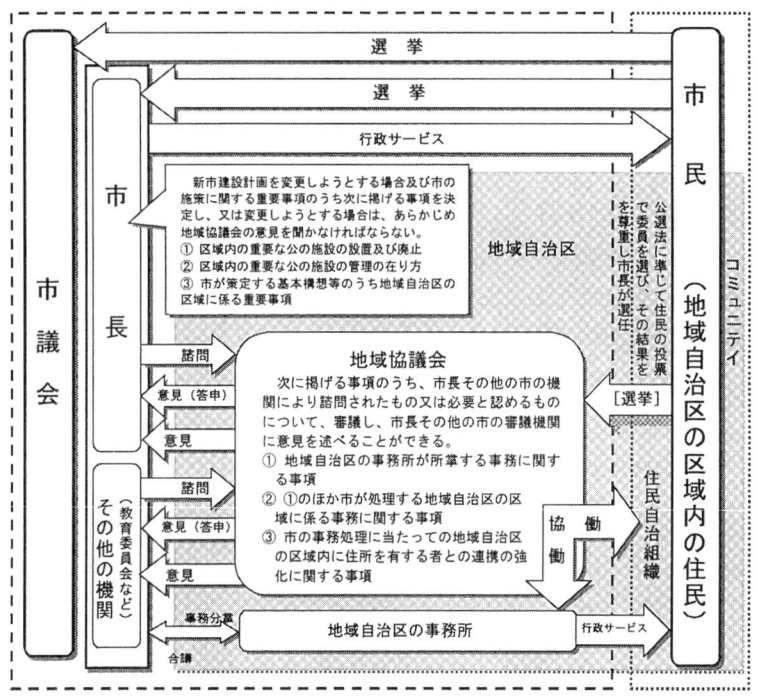

[注] 上記「事務分掌」の事務は、市長の権限に属する事務である。

<上越市の作図をベースに石平で加工>

図18　総務省の地域自治区のイメージ図

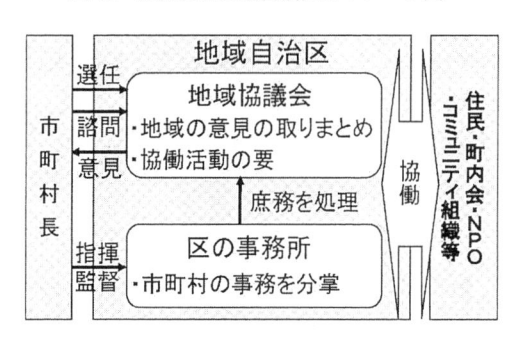

出典：第29次地方制度調査会第2回専門小委員会（2007年10月5日）提出資料

第5章　上越市における地域自治区制度の実際

　本章では、上越市における地域自治区制度、特に地域協議会の実際を述べる。ここでは、先行した旧町村13区の地域自治区を中心に説明する。

第1節　地域協議会委員の選任投票

①旧13町村での創設における選任投票

　地域自治区の機関である地域協議会の委員の選任投票は、13区における市議会議員の増員選挙に合わせて執行されることになった。委員定数は旧町村議会とほぼ同数で各区に12人ないし18人の計192人。1月10日から21日までの公募期間中に、各区4人ないし22人の計189人が応募（立候補）した。この結果、定数を越えた5つの区で2005（H17）年2月13日、選任投票が行われた。

　その他の8区は無投票で、そのうち5区が定数と同数、3区が定数割れとなった。そして、選任投票が行われた5区では得票順に定数分を、定数と同数の5区では応募者（委員候補者）をそのまま、定数割れの3区では応募者（委員候補者）に加えて市長が定数まで追加し、最終的に2月15日付で13区合計192人の委員を一括選任した。

　ここで、全国初として注目を浴びた地域協議会委員の選任投票について概括する。

　選任投票は、選任投票条例に基づき、公職選挙法に準じて行われた。1月5日、公募チラシが13区の全世帯に配布され、同時にインターネットにも掲載された。公募締め切り後の1月25日には、選任投票が行われることになった5区の総合事務所で、それぞれ市の選挙管理委員会による説明会が開かれた。2月2日には、「選任投票公報」が町内会を通じて5区の全世帯に配布された。投票運動は、市議会議員の選挙運動期間と同じ2月6日から12日までの1週間行わ

れた。

　2月6日には選任投票期日の告示が行われ、事務所設置届、開票立会人選任届、公営施設使用の個人演説会開催申請の受付が開始された。拡声器表示板や街頭演説用標旗などの投票運動用交付物品（いわゆる七つ道具）も交付された。

　市によれば、この七つ道具の交付状況は、委員候補者87人のうちの33人、全体の38％に止まった。また、区によって委員候補者の行動パターンに大きな違いが見られた。18人中全く交付を受けなかった区がある一方、22人中21人が交付を受けた区があるというように、概して両極に分かれる傾向を示した。

　また、投票運動の実施状況を見れば、市に届けのあった運動は、延べ35人。葉書の頒布が一番多く5区で27人。次にポスターの掲示で2区5人。拡声器使用の街頭演説が1区2人、個人演説が1人、となっている。

　その他、新聞報道[84]によれば、いくつかの問題も現れた。たとえば、公募期間後の立候補取り下げができないことをめぐって、説明会で「事前の周知不足」を指摘する声が相次ぎ紛糾した。この周知方法については今後の改善が望まれるが、ある区の委員候補者は、取り下げできないことを不満として、選任投票公報に「私に投票しないでください」という前代未聞の「訴え」を掲載した。また、ある区では投票運動の自粛が申し合わされた。

　新聞各紙は、終盤の情勢について、「自粛からにわかに熱　一部除き運動活発化」[85]、とか「「代役」選挙に新風　無報酬「自由に発言」」という見出しで「明治以来の「お上頼み」の政治風土が、合併を機に変動する兆しが見えてきた。」[86]などと報じた。また、選挙を振り返って「独自色前面に主張訴え　つじ立ち派や街宣自粛派」という見出しで「全国初の"ボランティア議員"の選挙」、「候補者らは"草の根民主主義"への期待を抱きつつ、それぞれのやり方で1週間を戦い抜いた。」[87]と報じた。

---

84) 2005（H17）年1月26日付『新潟日報』、同日付『上越タイムス』、1月27日付『新潟日報』など。
85) 2005（H17）年2月11日付『上越タイムス』。
86) 2005（H17）年2月13日付『朝日新聞』。
87) 2005（H17）年2月15日付『新潟日報』。

2月13日、13区199会場で一斉に増員市議選の投票が行われた。そのうち地域協議会委員の選任投票も行われた5区では、増員市議選の投票に続いて委員の選任投票が行われた。そして即日開票を経て結果が公表された。

ちなみに、この選任投票の費用は、5区合計で370万円程にとどまった。仮に独自に執行した場合は2,580万円程かかると試算されている。議員の増員選挙と同時執行したことで、費用も大幅に抑えられたと言える。

② 13区の改選と旧市15区の設置は無投票
　　　　　　　　　　——にもかかわらず、準公選制の意義

一般制度に移行した13区の地域協議会委員の改選時（2008（H20）年3月）と、合併前上越市の15区に拡大設置した地域協議会委員の選任時（2009（H21）年10月）は、応募が定数を超えた区はなく無投票となり、残念な結果であった。

ここで、無投票が続いている（続いていると言っても、区域が違うので、実際は続いているわけではない）ことに関する若干の考察を加える。準公選制の意義にかんがみ、選挙（選任投票）が行われることが最善であることは論をまたない。しかし、無投票にもかかわらず準公選制という制度を確保しておく意義は大いにあると言える。

その第1は、意欲があれば、誰でも手を挙げることができる（「全て」の住民に権利が与えられている）ということである。

第2に、結果的に無投票だったとしても、「選挙」を意識して応募することになる為、応募者にはそれなりの決意が必要である。その後、委員として積極的持続的に活動する動機づけになると言える。

第3に、実際にいくつかの区では、いったん定数を超えたが、締め切りまでに辞退があり、定数内に落ち着いたことが判明している。すなわち、水面下ではあるが、応募（立候補）者間で競い合った結果であるとも言えるのである。

第4に、地域自治の主体者として、地域から選ばれることを前提に自ら手を挙げた立場から、首長にではなく地域にスタンスを置いた（意識で）活動ができる、ということである。

第5に、同時に、市長の附属機関というよりは地域（自治区）の住民代表機

関として意識され、住民にも認知される傾向が強くなる、と言える。

③選任の運用の問題点

次に、運用上の実際の問題点であるが、定数を割った場合の市長による自動的な追加選任が、住民自治、地域自治の確立という選任投票の理念に反して、当該区住民の自立精神の芽を摘むおそれがあるということである。この点、選任投票条例上は、「できる」規定であって、必ずしも「しなければならない」わけではないので、市長の考え方でいかようにもできるものである。まずは、区住民の自治意識を醸成することが先決であり、市長による安易な追加選任は控えるべきであろう。

また、最終的に市長が全員を一括選任するので、定数を割った区については、応募（立候補）者と市長の追加選任者の区別がつかない。意欲を持って手を挙げた人の名前が住民の前に明らかにならないことは、委員の意欲や誇りの観点からも問題である。運用で、是正できる方法があるが、いまだに改善されていない。ただし、そもそも市長の追加選任がなければ、このような問題は起こりえない。

この点について、制度が導入された直後の議会で、筆者は市長（当時）に問いただしたことがある[88]。

石平「立候補が定数に満たなかった3つの区では、市長による追加選任が行われたが、条例では「できる規定」となっており、追加選任しない道もあったと思われる。住民自治や民主主義というのは、本来与えられるものではなく、住民の自覚のもとに発揮されるものである。地区住民の主体性や自発性、そして準公選制の意義に注目した場合、定数割れしたからといって市長が直ちに追加することが本来の目的にかなうことだったのかどうか、長い目で見て逆に自立の芽を摘んでしまうことになったのではないか。」「さらには、最後まで立候補者が公表されなかったわけだが、立候補したことの思いが地区住民に伝わら

88）2005（H17）年3月23日の一般質問（「都市内分権の推進と地域協議会の役割について」）。「平成17年第2回（3月）定例会　上越市議会会議録」(314頁～324頁)。

なかったことは、立候補した人、地区住民双方に残念なことではなかったか。」

これに対し市長は、「新たにスタートした地域協議会という仕組みが、一日も早く地域住民のものとして根づいてほしいという強い思いから、可能な限り多くの住民からこの仕組みに参画していただくことも重要なのではないかとの思いに至った結果である。」「このたびのように定数に達するまで委員を選任することはあくまでも特例的な措置ととらえている。」と答えた。

しかし、13区の改選時においても、同じように追加選任したことから言えば、「特例措置」という当初の考えは、いつのまにか置き去られてしまったと言わざるを得ない。市長が交代した今、新市長が次の地域協議会委員の改選時にどのような采配を振るうかが、選挙が実現するかどうかということとともに注目される。

第2節　地域協議会の委員構成と開催状況

(1)　委員構成

ここでは、地域協議会委員の3回の選出における委員構成と開催状況を見てみる。表17の①と表18の②は13区（旧13町村）であり、表19の③は15区（旧市）であるが、便宜的に時系列で順番としている。定数、応募者数、選任投票の有無、選任数、追加選任数をそれぞれ表にしたものと、最後に表20として3回の委員構成をいくつかの点で比較した表を掲げた。

応募者数をみると13区の1回目が189人、2回目が145人で、定数192人に対して、それぞれ98%と76%となっている。数的には、導入時に比べ意欲が減退していることがうかがえる。また、15区については、57%であり、特に全く応募者のなかった区が3つもあるなど、住民自治の観点からは大変厳しい状況ではある。ただし、導入に際して長と議会がなくなった旧町村の13区と特に変化がない旧市の15区とはその経緯と背景が違うので比較にはならないと思われる。改選時における意欲の減退については、「選挙までしながら権限が弱い」とか、「一生懸命取り組んでも報酬が無い」、というような委員の声も聞こえる。ただし、無報酬については、後に示すように委員の中でも過半数の支持を得ている。

表17 ①13区（旧町村）の1回目（2005（H17）年2月選任）

地域自治区	定数	応募（候補）者数	選挙（選任投票）	当選＝市長選任数	市長の追加選任数	選任数合計
①安塚区	12	14	○	12	—	12
②浦川原区	12	13	○	12	—	12
③大島区	12	12	無投票	12	—	12
④牧区	14	12	無投票	12	2	14
⑤柿崎区	18	20	○	18	—	18
⑥大潟区	18	22	○	18	—	18
⑦頸城区	18	18	無投票	18	—	18
⑧吉川区	16	16	無投票	16	—	16
⑨中郷区	14	14	無投票	14	—	14
⑩板倉区	16	16	無投票	16	—	16
⑪清里区	12	4	無投票	4	8	12
⑫三和区	16	18	○	16	—	16
⑬名立区	14	10	無投票	10	4	14
13区全体	192	189		178	14	192

表18 ②13区（旧町村）の2回目（2008（H20）年4月選任）

地域自治区	定数	応募（候補）者数	選挙（選任投票）	当選＝市長選任数	市長の追加選任数	選任数合計
①安塚区	12	12	無投票	12	—	12
②浦川原区	12	7	無投票	7	5	12
③大島区	12	11	無投票	11	1	12
④牧区	14	12	無投票	12	2	14
⑤柿崎区	18	12	無投票	12	6	18
⑥大潟区	18	10	無投票	10	8	18
⑦頸城区	18	18	無投票	18	—	18
⑧吉川区	16	11	無投票	11	5	16
⑨中郷区	14	14	無投票	14	—	14
⑩板倉区	16	12	無投票	12	4	16
⑪清里区	12	7	無投票	7	5	12
⑫三和区	16	15	無投票	15	1	16
⑬名立区	14	4	無投票	4	10	14
13区全体	192	145		145	47	192

表19 ③15区（旧市）の1回目（2009（H21）年10月選任）

地域自治区	定数	応募（候補）者数	選挙（選任投票）	当選＝市長選任数	市長の追加選任数	選任数合計
①高田区	20	20	無投票	20	—	20
②新道区	16	6	無投票	6	10	16
③金谷区	18	18	無投票	18	—	18
④春日区	18	7	無投票	7	11	18
⑤諏訪区	12	11	無投票	11	1	12
⑥津有区	16	0	無投票	0	16	16
⑦三郷区	12	1	無投票	1	11	12
⑧和田区	16	16	無投票	16	—	16
⑨高士区	12	0	無投票	0	12	12
⑩直江津区	18	18	無投票	18	—	18
⑪有田区	18	13	無投票	13	5	18
⑫八千浦区	12	5	無投票	5	7	12
⑬保倉区	12	10	無投票	10	2	12
⑭北諏訪区	12	0	無投票	0	12	12
⑮谷浜・桑取区	12	3	無投票	3	9	12
15区全体	224	128		128	96	224

「選挙」と「無報酬」は「上越市方式の生命線」であり、自治体憲法（自治基本条例）にも謳った重要な事項だから別にしても、権限の強化と委員の調査・研修上の予算措置については、今後速やかに改善すべき点であろう。これも後に、今後の課題で具体的に述べる。

なお、前後するが、旧町村13区の委員と合併前の町村議会議員の状況とを比較すると、委員の年齢は平均で2.6歳若返っており、女性委員の全体に占める比率も平均で議会の4.3％から地域協議会の14.1％へと10ポイント近く上昇している。これは、比較的若い人や女性が議会選挙のときよりも参画しやすくなったということを示しており注目に値する。これらの結果は、追加選任による影響も若干あるが、女性が率先して手を挙げた場面もあり、女性委員が全くいない区もあったが3分の1が女性で占められた区もあった。

また、13区の1回目で職業・経歴等を見ると、前町村議員（元職も含む）は

77人、40.1パーセントで、圧倒的割合を占めるが、「ほとんど前議員で占められるのではないか」と巷間いわれた程には多くはならなかった。一番多い区では16人中11人で68.8パーセント、一番少ない区では18人中1人で5.6パーセントであった。

次に多いのが町内会長（前議員を除く）で26人、13.5パーセント。3番目に多いのが様々な市民活動団体（ＮＰＯ関係者）で21人、10.9パーセントである。上位3者で65パーセントを占めている。その他は、数人から1人で、会社員、会社役員、前町村三役、商工会役員、元官公署職員、農業、自営業、体育協会役員、老人クラブ役員、消防団役員、ＰＴＡ役員、土地改良区役員、元教員、元郵便局長、農業委員、民生委員、人権擁護委員、サービス業等々となっており、大変バラエティに富んでいる。

表20の3回の委員構成比較を見ると、若干年齢が高くなる傾向が見られる。男女比については、13区では1回目より2回目の方が女性の割合が低くなっている。また、13区の2回目と15区では、ほぼ同じ割合となっている。議員経験者と町内会長経験者（現職含む）を見ると、13区の1回目と2回目では、議員経験者がほぼ半減している半面、町内会長経験者は倍以上になっている。いずれにしても、13区ではこの2者の合計が2回とも過半数を占めている（約54％）のに対し、15区では約35％と3分の1である。しかし、旧市の場合、引き下げている要因は、旧町村の合計に比べてそもそも議員定数が圧倒的に少ない（旧町村の190人に対して旧市は32人）ためにその分議員経験者も少ないことが原因であり、町内会長の委員に注目すれば、その割合は、むしろ旧市の方が高くなっている。

表20　3回の委員構成比較

	①2005年の旧町村13区	②2008年の旧町村13区	③2009年の旧市15区
平均年齢	60.8歳	61.1歳	62.5歳
男性	165人（85.9％）	154人（80.2％）	181人（80.8％）
女性	27人（14.1％）	38人（19.8％）	43人（19.2％）
議員経験者	77人（40.1％）	42人（21.9％）	5人（2.2％）
町内会長経験者（現職含む）	26人（13.5％）	61人（31.8％）	74人（33.0％）

(2) 開催状況と諮問審議

　次に、地域協議会の会議の開催状況と、諮問審議内容について見てみる。旧市の地域協議会は、まだ設置されて半年と間もないので、旧町村の13区の地域協議会について見ることとする。

　2005（H17）年2月26日の設置日から2010（H22）年2月28日までの5年間（60カ月）の実績で、会議は13区合計744回であり、区平均で57回、月1回程度である。一番多い区で年平均13回、一番少ない区で年平均9回程度である。

　市からの諮問数及び地域協議会からの答申数は、それぞれ合計642件であり、そのうち附帯意見のついたものが79件である。諮問事項の内容を見ると、「区内の施設の指定管理者による管理」に関するものが多く、その他、「施設の休館日や利用時間の変更」、「施設の設置」、「市道認定」、「使用料の変更」等となっている。

　「適当である」との答申が圧倒的に多いが、その答申に付けられた「附帯意見」の具体的な内容を見ると、指定管理者制度を導入するに当たって、当該指定管理者である社会福祉協議会の透明性を求めるもの、サービスの低下を招かないことを最優先に選定するよう求めるもの、公募せずに現受託者をそのまま指定することが適当とするもの、現職員の再雇用を条件とするもの、などがあり、また、施設の休館日の変更に当たっては地域の意向を反映させる弾力的な運用を求めるもの、施設の設置に当たっては、その名称を具体的に示して要望するもの、あるいは水辺広場の設置に当たっては、外来魚種の駆除対策を要望するもの、等があった。これらに対しては、立法主旨に触れそうな部分を除いて、全て意見通りに措置する旨の回答（「通知」）があり、それに基づいて、諮問の内容の一部を変更し実施する場合もあった。

　また、「諮問は不適当」とする答申もいくつか見られた。これに対しては、市長から「貴協議会からの答申を踏まえ、○○（筆者注：諮問の案件）については、継続的に協議させていただきたい」との「通知」が返されている。

第3節　地域協議会の自主的審議

(1)　自主的審議による意見書の事例

　地域協議会が自主的に審議した事項数は合計151件であり、そのうち市に提出された意見書数は71件である。自主的審議の内容については、件名を見てみると、「緊急苗代消雪促進対策事業」、「携帯電話の非通話地域解消」、「海岸の浸食対策と護岸の整備」、「電源立地地域対策事業」、「子育て支援」、「地上デジタル放送への対応」、「地域事業のあり方」、「新型インフルエンザの世界流行に備える対策」等がある。この中には、市長に対策を求めるものだけでなく、国県の関係機関に強く要望して欲しい、というような意見もある。次に特徴的な事例を示す。

①電源立地地域対策交付金の使途変更（大潟区）
　この事例は、住民自治・地域自治を守る、という観点から重要な事例として挙げた。
　火力発電所建設に伴う電源立地地域対策交付金が、旧大潟町にも交付されることになっていたが、合併直後の2005（H17）年5月までに県が旧市町村単位に計画立案を求めていたため、総合事務所が独自に立案して本庁へ説明していた。地域協議会では、区総合事務所の説明を求めるとともに、行政の一方的立案を白紙に戻した上で地域協議会として検討する十分な時間を設けるよう同年4月に意見書を提出した。これに対し、市長は次のように回答した。
　「今回の整備計画の申請では、大潟区の対象事業を明記しないこととし、区において対象事業が決定した後、県に事業要望を提出していきたいので、今後も十分な協議をお願いする。」「意見の主旨を踏まえ、今後は地域の活性化にとって重要な課題について地域協議会において十分な議論を行っていただけるよう積極的な情報提供を図るとともに、審議期間を確保するよう務める。」
　その後、時間をかけて住民の視点から事業案を策定し直したものである。

②ごみ袋の改善（柿崎区）

　以下の3つの事例は、生活に密着したことで、自治区の実態を訴える中から制度改正に結びつき、市民全体にとってより良いことが地域自治区から全市へ展開された例である。

　ごみ収集の統一化により回収サイクルが短くなった結果、生ゴミ用の有料ごみ袋が、従来のサイズでは大きすぎて使い勝手が悪いため、小さいサイズの袋も導入してほしいという意見書を2005（H17）年10月に出した。

　これに対し、市は当時有料化を実施していた地区に、翌年度から小さいサイズのごみ袋を新たに導入した。（柿崎区等11区では、町村時代からゴミの有料化を実施していた。柿崎区での従来のサイズは7ℓだった。意見書を受け2006（H18）年7月から有料化実施の11区で5ℓを導入。（最小21ℓ～24ℓの9区には10ℓも）。2007（H19）年9月、全市ゴミ有料化に伴う「上越市廃棄物の減量及び適正処理等に関する条例」の改正で、生ゴミ袋は15ℓ、10ℓ、5ℓの3種類に統一された。）

③子育て支援センター（子育て広場）の開設時間延長（安塚区）

　子育てをする親の悩み相談、情報交換等のため、安塚中学校地域交流室内に併設されている子育て広場が、2005（H17）年3月までは終日開設されていたが、合併による制度統一のための経過期間を経て4月から午前中のみに短縮された。合併協議の結果とはいえ、利用者にとっては大変不便であり、夕方までの延長（復活）を要望する旨の意見書を同年11月に提出した。

　これに対し市では、全市的な動向をつかむため、全実施場所でアンケートを実施した。そして、要望の多い所から順次、午後も開設する方向で検討した。安塚区では、利用希望者が多かったので、次年度当初から実施し、終日開設が復活した。なお、2010（H22）年度当初からは全市で実施されている。

④公共下水道・受益者負担金の制度改正（大潟区）

　新市統一基準の徴収方法である土地面積賦課方式では、住宅の周りに畑などが多い大潟区の実態からは、市中心部の市街地との負担の差が大きいので、合

併前の大潟町（及び制度統一までの経過期間の大潟区）で行っていた水道口径に応じた定額方式に戻すか、大幅な緩和策を要望する意見書を2006（H18）年7月他1回、提出した。(他に、市議会の一般質問でも議員が取り上げた。）これに対し、市では意見を一部取り入れた条例改正を行った。具体的には、「宅地以外の土地については、負担金の全額を5年以内で猶予し、更新を妨げない」とし、市が認める限り支払いが猶予されることとなった。これも意見書を提出した区に限らず、市内の公共下水道区域全域に適用されるものである[89]。

⑤克雪住宅協調整備事業の復活（大島区、安塚区、中郷区）

この事例は、地域自治区の連携により、廃止された事業を復活（結果的にさかのぼって継続）させ、さらに一部該当区から全市へ拡大展開されたものである。

地域住民の連携した克雪対策（除排雪計画書を作成し、消流雪設備の維持管理、除排雪用地の確保、高齢者世帯への対応など）を条件とした豪雪地の克雪住宅への補助制度は、豪雪地帯の死活問題であり、地域コミュニティの維持にもつながっている重要な事業だが、該当区に何らの事前説明もなく、突然廃止されることが2008（H20）年3月議会の新年度予算説明時に明らかになった。

3つの該当区の地域協議会では、これに対する復活や代替措置の意見書を同年3月～11月にかけて、それぞれ2回提出するとともに、このような市のやり方を強く批判した。

「当区にとって大変重要な施策を何ら事前協議もないまま廃止することは、地域協議会制度を軽視したものと言わざるをえない。」（中郷区）。

「表記事業廃止の提案は到底承服できるものではない。」「当区にとって最重要課題である克雪・利雪に関わる制度変更であるにもかかわらず、事前に当地域協議会に諮問することなく廃止を進めることは、地域自治区制度を軽視している。」（安塚区）。

---

89) この中身は、筆者が、合併前の上越市における市街地（公共下水道）と農村（農村集落排水事業）の狭間（公共下水道の末端部）にある地域の問題として長年提起してきたものであり、その取組が見直しに向けた環境を醸成してきた点もある。

なお、市議会の委員会や一般質問でも、複数の議員から強い批判の追及が行われた[90]。

市長は、一貫して廃止の見直し（事業継続・復活）を拒んでいたが、12月議会の一般質問後の2009（H21）年1月になって、ようやく前言を翻し、「豪雪地における支援の必要性は十分認識。地域による雪の多いところと少ないところの雪に対する負担の違いなども考慮しつつ、全市的に対応を検討」と地域協議会に回答した。そして、「克雪すまいづくり支援事業」という名称に変え、新年度から新たに全市的な仕組みとして実施するとともに、前年度にさかのぼって適用（実質的に継続）する形にした。行政側（副市長）は、同年3月の予算審議の所管委員会で、委員の批判に対し、これまでの対応を陳謝した。

⑥地域自治区・地域協議会の制度・運営改善

その他、地域自治区、地域協議会の制度や運営改善に関することとして、次のようなものがある。

・所長の権限拡大（合議の簡素化）

板倉区では、区の地域性、独自性のある事業や緊急事業で所長の執行権を拡大し、よりスムーズに事業を行えるよう事務手続きの精査を求めた。「予算執行などについては一定金額までの決済権が総合事務所長にあるとはいえ、手続きが多く、迅速に進んでいないのが現実」。「省略可能な合議を整理し簡素化するなど、執行体制の改善を要望する。」との意見書を2006（H18）年9月に提出した。

・地域協議会の今後の在り方

大潟区では、13区の地域協議会に共通する課題として、地域自治区唯一の住民意見表出機関として機能を高める観点から、当初に設定した委員定数を地域の実情を考慮し見直すこと、諮問事項や重要案件は事前に市役所部課長や担当

[90) ちなみに、最初に問題にしたのは、当時、この事業の所管委員会の委員だった筆者で、3月定例会の建設企業常任委員会で復活を強く求めたものである。この委員会でのやり取りは、翌日の地方紙で大きく報じられた。その後、本会議の一般質問で9月議会に2人、12月議会に2人（うち1人は筆者）が追及した。

職員が説明すること、地域固有の課題の範囲で、総合事務所長に一定の事業案策定や裁量の権限を移譲すること、を求めて2008（H20）年4月に意見書を提出した。

その他、次のような事項についても意見書が提出されている。
・地域協議会の運営・行政報告について（浦川原区）
・地域自治区・地域協議会の恒久的設置について（大島区）
・地域協議会への情報提供のあり方について（柿崎区）

(2) 自主的審議における選挙実施区と未実施区の比較

ここで、上越市における地域協議会委員の選挙実施区と未実施区の比較をしてみる。すでに、第3章第4節で、協議機関の構成員の選出方法と活動状況の関係を全国的に見てみたが、上越市の場合を確認したい。上越市では選出における住民参加の程度が、制度としては選挙（選任投票）制度であり同じだが、実際には、結果的に選挙を行ったところと行わなかったところの2通りとなった。したがって、実際に住民が委員を選挙で選んだ（投票行動という住民参加があった）ところと、選挙をしなかった（投票行動という住民参加がなかった）ところの差が出たわけなので、この辺がどのように地域協議会の自主的審議、とりわけその成果としての意見数に影響を及ぼしているかを見てみたい。

表21は、13区の地域協議会の設置日、2005（H17）年2月26日から1期目の終わり、2008（H20）年4月28日までの全期間（38カ月）を対象にして、いくつかの事項を一覧にしたものである。中ほどから右側に自主的審議の事項数と自主的審議の意見数、および選挙の実施区、未実施区別の平均値を示した。また、上段に選挙を実施した5区、下段に未実施だった8区を掲げた。これを見ると、事項数では実施区平均が11.0件、未実施区平均が7.6件、意見数では実施区平均が6.8件、未実施区平均が2.9件となった。いずれも実施区が相当程度多くなっていて差が表れている。特に意見数については、実施区が未実施区の2倍以上になっている。

このことから、委員の選出における住民参加の程度が地域協議会の自主自律

表21　上越市の地域協議会の開催状況（13区1期目）

地域自治区名	会議開催回数	市からの諮問数	地域協議会からの答申数	※1	自主的審議の事項数	自主的審議の意見数	事項数意見数平均	立候補者の割合（％）
安塚区	36	47	47	2	7	7	選挙実施区 11.0 6.8	100
浦川原区	40	37	37	4	15	7		100
柿崎区	44	36	36	12	17	8		100
大潟区	45	30	30	6	10	10		100
三和区	29	42	42	1	6	2		100
小　計	194	192	192	25	55	34		
大島区	35	54	54	5	6	5	選挙未実施区 7.6 2.9	100
頸城区	21	47	47	7	4	0		100
吉川区	34	42	42	5	9	1		100
中郷区	39	38	38	3	9	4		100
板倉区	31	72	72	4	13	6		100
牧　区	40	49	49	9	4	3		85.7
名立区	39	30	30	2	6	1		73.8
清里区	36	32	32	8	10	3		33.3
小　計	275	364	364	43	61	23		
合　計	469	556	556	68	116	57		

期間：2005（H17）年2月26日～2008（H20）年4月28日（1期目全期間）
※1…地域協議会が答申に付けた附帯意見の数
「立候補者の割合」は、各地域協議会の委員全員に対する割合

（提供：上越市／加工：石平春彦）

的な活動や機能の発揮に影響を与えていることが全体の傾向として認められる。

　ただし、細かく観察すると、選挙実施区でも自主的審議の意見数が「2」という極めて低いものもみられ、必ずしも全てが高くなっているわけではない。また、自主的審議の事項数では、未実施区で「13」という高い数値を示しているところもあり、意見書提出に至らなかったとしても取組自体は活発に行っていることがうかがえる。

　地域協議会の自主自律的な活動量の要因は、単に委員の意欲だけではなく、外部要因によるものも多分にあると思われる。たとえば、様々な歴史的社会的条

件がからんで、そもそもの地域課題の多寡の関係もあろうし、長からの諮問の多寡に起因する時間的な制約の関係もあろう。しかし、限られた範囲ではあるが、全体の傾向を把握することにより、そこにはやはり、住民の参加の程度による委員への影響（自主性や意欲）が、深くかかわっていると考えられた。

　この点、前山総一郎も、「地域協議会委員の選挙のインパクト」を取り上げている。すなわち、「選挙が成立した協議会と選挙が成立しなかった協議会との違い、あるいは「ローカルな直接民主制」がなんらかの影響を及ぼしているのだろうか？という疑問が生ずる。」として、その比較をを行い、「選挙が成立した各区では、地区にかかわる事柄を自主的に審議する傾向が強く、さらにそれを市に対する「意見書」として提示する意欲が強いことが、他の諸区に比べて鮮明に浮かび上がっている。」（前山［2006］、69頁～70頁）と分析している。

　ところで、筆者が2006（H18）年段階で調査した数値によれば[91]、設置後10カ月の実績で、選挙実施5区の意見書数は合計14件、平均2.2件であり、未実施区8区のそれは合計4件、平均0.5件であった。実施区の平均は、未実施区の平均の6.8倍となっている。この数字は何を意味しているかと言えば、先の33カ月段階の数字と比べると、依然として大きな差があるとはいえ、時が経つにつれ実施区と未実施区との差が縮まる傾向にあるということである。そこで、10カ月段階の累積と38カ月段階の累積で、それぞれ意見書の件数の平均値を1年間に換算した値を求めると、10カ月段階では実施区が3.4件、未実施区が0.5件となったのに対し、38カ月段階では実施区が2.2件、未実施区が0.9件となった。つまり、差が縮まった原因は、どちらか一方によるものではなく、実施区の活動が幾分減速してきたこととあいまって、未実施区の活動が2倍近くに加速してきたことによるものである。

　この点についての具体的な分析までには至らなかったので推測する範囲であるが、未実施区においても活動の経験を重ねることにより地域課題に取り組む技術を身につけてきたことや他区との相互参照（競争や学び）による平準化へ向かったのではないか、ということである。他方、実施区においては、一般的

91）石平［2006a］所収の「表—3　地域協議会の審議状況（H17.2.26～12.31）」（145頁）。

に言っても当初の意欲や緊張感を維持することが難しいことや、積極的に地域課題に取り組んだことで問題とする課題も減少したことなどが考えられる。そして、このことが、上越市方式においても、4年に一度の選挙を行うという設定が重要な意味を持っていることを示唆しているようにも思われる。今後、より具体的に調査分析を加えていきたい。

いずれにしても、これらのことは、地域自治組織の協議機関の構成員を住民の直接選挙で選ぶという日本では唯一の制度を実施している自治体の中における比較であり、未実施の区の行動傾向については、他の自治体の地域自治組織に単純に当てはめることはできない、と思われる。

第4節　地域協議会の権能とそれを保障する要素

(1)　実質的な権能と意義ある機能

以上見てきたように、附帯意見を含めた「答申」への市の対応結果は、地域協議会が市長の方針を一部とはいえ変えうる実質的機能を有していることを物語っている。また、自主的審議による意見書の事例に見られるように、地域協議会の意見が、市の政策を改善・是正し、ときには全市展開の契機になっているのである。

要するに、『都市内分権調査研究報告書』が明らかにしたように、行政をゆるやかに拘束したり、行政の政策過程に一定の影響力を行使したりしているのである。このように、上越市の地域協議会は、諮問審議権や意見具申権だけでなく、権限とまではいかないまでも、実質的な勧告機能や同意機能、地域自治区としての意思決定機能を持っていると言える。

筆者は、2006（H18）年段階で、住民自治・地域自治を育てる意味から、地域協議会の権能の確保・拡充に向けて、「これまでは、政策課題と言うよりは、施設の設置や管理に関する諮問が大部分だったが、今後は総合計画の策定や新市建設計画に関わる予算に関しての諮問も出されるものと思われる。いずれにしても、諾否に特化したような諮問ではなく、政策立案にかかわって提案を受け

るような諮問、言いかえれば、まちづくりへの地域の知恵や意欲を引き出すことのできるような諮問が、今後は求められていると言えよう。」と期待感を込めて述べた[92]。

その後の状況をみると、総合計画の策定（改訂）に関しては対応がなかったように見受けられるが、新市建設計画に関わる予算（地域事業費の見直し）については諮問され、活発な議論がかわされた。もっとも、「地域事業費の見直し」は、国の地方分権改革（「三位一体改革」）の不備をはじめとする厳しい経済財政環境が招いた市の財政逼迫による「当初計画の概ね2割減額」に関するものであり、「まちづくりへの地域の知恵や意欲を引き出す」ものとは到底言えない内容であった。それでも、事業内容の圧縮や事業選択を巡って地域で自ら考え決定するという意味では、住民自治・地域自治の拡充、言いかえれば地域協議会の権能の確保・拡充に一定の効果はあったものと思われる。

（2） 地域協議会の活動を保障する要素

いずれにしても、住民自治・地域自治の拡充に占める地域協議会の権能の確保・拡充の位置は大変大きなものがあり、またそれは一体のものでもある。そして、両者は法制上の柔軟な整備と現場の緊張感ある不断の取組があいまって実現できるものであろう。

自治体レベルで言えば、すでに述べたように上越市は、自治基本条例をはじめ地域自治区に関する条例、選任投票条例などの法制度的な整備を行っており、地域自治区と地域協議会の活動を恒久的に保障し、住民の選挙の権利と委員の身分保障まで条例に定めた。問題は、住民自治、地域自治の拡充にむけて進化させていくような道筋で、どのようにその運用を行っていくか、にかかっている。そういう意味で、現場の取組が非常に重要になっていると言える。

先に「権限とまではいかないまでも、実質的な」と上越市の地域協議会の権能の特性を述べたが、「権限とまではいかない」と言わざるを得ない唯一の要因

---

92) 石平［2006a］（146頁〜147頁）。

は、国の地方分権改革の不徹底、つまり具体的には、地域自治組織の協議機関構成員の選出における公選制の選択肢を排し長の選任制とした立法(地方自治法)の不備によるものであり、にもかかわらず「実質的な」と言えるのは、自治体法(条例)によって「準公選制」を制度化したこと、及びそれを現場に生かす緊張感ある不断の取組を行っているからである、と言える。

この現場の不断の取組とは、第1に、地域(住民)と連携しながら地域の課題を掘り起こし自主的審議を精力的に行っている地域協議会委員の自覚と意欲ある取組であり、第2に、十分とは言えないながらも、そのような取組を尊重し支援している市長をはじめとする市行政の対応であり、第3に、「上越市方式」の生みの親であり、その取組を温かく、時には緊張感を持って見守り、市長に最大限の尊重対応を求めてきた市議会の姿勢である。

第5節　新たな事業展開

上越市では、2010(H22)年度から新市長の下で地域自治区に関する新たな事業展開が始まった。それは、「地域活動支援事業」である。地域住民の発意による取組で地域の課題解決や活力向上を図るため、総額2億円を28の地域自治区に配分し、地域住民の自発的・主体的な取組を推進する、というものである。市長は、市議会3月定例会の提案理由の中で、大要次のように述べた。

「行政としては、これまで、自治基本条例や地域自治区などの制度構築を中心に取り組んできたが、市民主体のまちづくりを進める観点から、あらゆるまちづくりの分野を対象とする地域自治区の活動を支援する資金として2億円を予算計上した。この地域活動資金は、それ自体は市民主体のまちづくりを実現するものではない。資金の使い道を考えていただくことを通じて、自治とは何か、地域の豊かさ、地域づくりとは何かを考える契機としていただきたい。」と。

ところで、第3章第3節で紹介したように、全国の半数近くの設置自治体では、程度の差はあれ、すでに地域自治区等の裁量を重視した支援事業を行っている。上越市は、地域協議会委員の選出方法や活発な自主的審議の点においては先進的な取組をしてきたが、ことこの点では後発組と言ってよい。運用面に

おいては、一定の時間を経ての慎重な評価が必要と思われるが、まずは、地域自治の進展にとって意義ある事業と言えよう。

　以下、具体的に事業の内容を説明する。

　まず、財源であるが、総額2億円を均等割500万円とし、残りの6,000万円を人口割で加えて、一番多いところでは1,410万円から、少ないところでは540万円を28区に配分する。この予算の範囲内で、各区の住民や団体から提案された事業を、当該区の地域協議会が、あらかじめ決定した「採択方針」に基づいて審査し選定する。

　事業は、団体が主体的に取り組む事業に対し市が補助金を交付する「助成事業」と、団体や市民が提案した市の施設等に関わる事業について市が行う「市執行事業」とに分かれる。なお、事業選定の結果、残額が出た場合は、区単位で繰り越すことができるようになっている。

　運営のフローであるが、まず、各区の地域協議会において、当該地域自治区の「採択方針」を審議し決定する。これは、各地域自治区が抱える地域課題等に応じてどのようなテーマの提案事業を実現すべきかという視点で、その基本方針や優先的に採択する事業分野などを明らかにするものである[93]。

　その後、市の広報やホームページ、地域協議会だより等で市民、区住民に向けて事業の周知と提案の募集を行い、団体等から「事業提案書」として提案された事業について地域協議会で「採択方針」と「共通審査基準」[94]に基づいて審査し採択する。この部分は市長の「諮問」・地域協議会の「答申」という形を取る。これに基づいて市（各区の事務所）で交付決定し公表する。助成事業に

---

[93] 採択方針は大変多様性に富んでいる。その中の「基本方針」は、概して区の「まちづくり宣言」ともいえる趣で、地域協議会の思いが溢れた内容になっている。たとえば、次のようなものである。「江戸時代に造られた街並みを今に残す城下町高田は、地域の歴史、文化の中心として長く栄えてきたまちです。地域活動資金を活用して、このまちが持つ魅力を引き出し、人と人とがふれあい、活気に溢れ、住民が誇りを持って暮らせる地域づくりを目指します。」（高田区）。

[94] 「共通審査基準」は、所管課の自治・地域振興課において各総合事務所及びまちづくりセンターと協議し案をつくった後、その案を地域協議会会長会議や各区の地域協議会に説明し、その際の意見も参考にしながら策定した。「審査項目」は、①公益性、②必要性、③実現性、④参加性、⑤発展性の5項目で、それぞれに審査の視点が1点から4点があげられている。

ついては、提案し採択された団体が事業を実施し、その結果を実績報告書として提出する。市（区）は実施結果を公表するとともに、地域協議会、市（区）、当該団体が一緒になって成果発表会（地域活動フォーラム）を行う、というものである。

7月30日現在、提案事業は28区全体で401件となった。その内訳は、「文化・スポーツ振興」が最も多く109件、次いで「まちづくりの推進」が69件、以下「環境保全・景観形成」が47件、「地域活動の拠点整備」が34件、「地域の安全・安心」が33件、「観光振興」が30件、子供の健全育成」が29件、「健康・福祉の向上」が25件、「その他」が25件であった。区別にみると一番多い区で32件、一番少ない区で2件、平均すると14件であった。

そして、各区の地域協議会で慎重な審査が進められた結果、採択件数は28区全体で256件となった。その内訳をみると「市執行事業」は18件、7.0％、「助成事業」は238件、93.0％と、「助成事業」、すなわち地域で自主的・主体的に取り組む事業が圧倒的に多くなっている。（なお、採択事業の総額が配分額に満たなかった区は25区で、そのうち15区が翌年度へ繰り越し、あとの10区で追加募集を行っている）。

内容を見ると、「市執行事業」は、公民館や公園、ふるさと道の整備などが主なものである。これに対して「助成事業」は、バラエティに富んでいて、そこには、各区の各種住民団体[95]やＮＰＯ団体等から提案された、たとえば「高齢者の健康生活支援事業」、「高齢者医療機関など送迎サービス事業」、「少年消防隊夏季訓練事業」、「読み聞かせボランティア事業」、「空き店舗活用町内活性化事業」、「田舎体験ふるさと交流事業」、「歴史、文化、伝統行事等の保存と伝承事業」、「耕作放棄水田の維持管理と有効活用及び自然公園の整備事業」、「観光ボランティア養成事業」などが並んでおり、その他、各種のスポーツ選手育成事業、環境美化活動、イベントやプロジェクトなども数多く掲げられている（多くが地域名を冠したり、中にはユニークな形容を付けていたりするが、ここで

---

95) 具体的に例示すると、区振興会やまちづくり協議会等（各区の代表格の住民自治組織）、町内会、商工会、消防部、青少年健全育成会議、子供を育てる会、夏休み児童クラブ、青年会議所、各種ＮＰＯ法人、各種イベント・プロジェクトの実行委員会、などである。

は具体の名称は省略した)。

　以上の素描からも、地域住民の主体的な地域づくりによる新たな活性化が、これを契機に進んでいくことが予感される。特にこれらの事業の提案過程を通じて住民(団体等)の地域課題に対する気づきや掘り起こし、主体的に取り組む意欲などが生まれてきていると思われ、また、今後の事業実施から活動報告までの過程でも、透明性や厳格性、責任性が伴うことによる緊張感ある取組の積み重ねが、いわば住民自身による地域の自主自律的な「経営」の経験になって、住民自治・地域自治の新たな進化が生まれていくのではないかとも期待される。

　同時に、この主な過程に地域協議会が深く関わり、その重要な決定(採択方針の決定と提案事業の審査・採択)を行うことは、地域協議会の役割の意義を高めるとともに、地域住民の認知や連携・協働の契機ともなりうると思われる。地域協議会の委員にとっても、地域課題への認識を新たにし、また、協働の要としての自覚や意欲も高まったのではないかと推察される。

　実際に、採択方針の決定の過程で地域協議会委員と主な住民団体との意見交換が行われたり、審査の過程でプレゼンテーションやヒアリングが行われたりしており、認知度の向上はもとより具体的な連携・協働に向かう契機となったかもしれない。今後の事業展開をめぐる地域の動向が注目される。

第6節　地域自治の進化に向けた今後の課題

　以上、2章にわたって、上越市の都市内分権の立法過程と地域自治区制度の実際について見てきたが、最後に今後の課題について述べる。これらは相互に関連していることだが、以下、大要10点にわたって、筆者の問題意識を含めて明らかにしておきたい。

(1)　地域活動支援事業等の「移転財源」としての進化と恒久化

　市長は、先に見たように、地域活動支援事業の議会提案において「それ自体は市民主体のまちづくりを実現するものではなく、地域づくりとは何かを考え

る契機である」と述べた。もちろん、そのような考え方に基づいて実施されることは、それ自体重要なことである。また、そこから出発することは、「地域自治」の現状、とりわけその経験が久しく失われてきた旧市の各区の現状から言っても、次につなげる道筋の1つとして妥当なことであろう。

しかし、真に地域自治を確かなものとし、区住民の主体的（自主自律的）な取組を尊重し協働する中から、新たな公共としての地域課題を解決する道筋—それは、同時に基礎自治体の基盤を強化することにも繋がるわけだが—を志向するとするならば、この財源を単なる契機として終わらせることは「もったいない」ことであろう。

ところで、現在も、旧町村の13区には、区が行う地域事業のほかに、「〇〇区地域振興事業」という名称で、「夏まつり」など各区の住民自治組織が自主的に行っている事業に補助する制度がある[96]。これには毎年4,500万円程の予算が付けられている。

将来的には、このような財源も地域活動資金の財源と一緒にして拡充するとともに名目を変え、一括・無条件で交付するという区への「移転財源」へと進化させ、区の自主自律的な地域経営の原資として恒久化する方向性が必要かつ重要だと思える。それが、都市内分権を充実させ、住民自治・地域自治を真に実現していくことに繋がるのではないだろうか。

(2) 旧市15区の事務所機能の強化と全市の平準化

旧町村の13区は、地域自治区ごとに地域協議会と総合事務所と事務所長がそれぞれ区単位でセットになっている。しかし、新たに設置された旧市の15区では、3つのブロックに分けられ、南部、中部、北部の3つの事務所（まちづくりセンター）で、それぞれ4区から6区の事務対応を一括行っている。まちづくりセンターには、2009（H21）年10月の発足当初から副課長級のセンター長

---

[96] 「〇〇区地域振興事業」は地域振興に係るソフト事業であり、所管課から各区総合事務所へ一括配当し、予算執行の柔軟性を確保している、と市では説明している。

を置き、その下に正規職員を2人配置するという3人体制だったが、2010（H22）年度からは、臨時職員1人を増員して4人体制となっている。

　地域自治区が設置されてからこの体制で半年が経過したが、地域活動支援事業等で職員体制がうまく機能したかが注目される。交付決定が終了してから、一定の調査分析が必要と考えている。一応、7月中旬段階で所管課の自治・地域振興課に聞いたところ、「事業の初年度でもあり、また問い合わせや応募の件数も予想以上であったことから、相当の時間、当該業務に関わることとなり、各センターとも「フル回転」で何とか乗り切ったというのが実感である。なお、地域協議会の会議の開催の際には、必要に応じて、当課から応援職員を派遣し対応している。」とのことであった。

　事務事業量の関係もさることながら、根本的な問題は、地域自治区としての自主自律性に関わることである。この点から考えれば、やはり13区と同じように区単位でセットになることが望まれる。なによりも、区としての一体性やアイデンティティに関わることだからである。少なくとも事務所及び所長や職員の地域協議会との一体感が必要である。しかし事務所（所長と職員と場）が当該地域自治区の区域内には無く、遠く離れたところ（結局、多くの区にとっては他区の区域）に存在し、しかも複数区を掛け持ちするというのでは、義務的なお付き合いはできても、一体感どころか双方、実のある連携はできないであろう。真の自主自律的な地域自治を求めるのだとすれば、この状況は速やかに改善する必要がある。少なくとも、所長と職員の区ごとの独立性が求められるし、当面、複数区に1か所で対応するとしても、当該区の担当所長及び職員が当該区へ足繁く通い、区域内に「居座る」ような体制とすることが求められる。幸い、各区には、以前からの公民館やそれに類似した区域全体の集会施設が存在する。そこを拠点としたり、あるいは一時的な詰所としたりすることも十分に可能である。

　そして将来的には、すなわち新市建設計画の10年が終了し、その後のそう遠くない時期には、できる限り市内の全ての区で、住民の地域自治の恩恵を等しく受けられるような状態、すなわち区の機構体制を平準化することが望まれる。

(3) 事務所長の多様な任用と実質的権限強化及び「合議」の原則廃止

『都市内分権調査研究報告書』が改善策を提起しているように、比較的自主自律性の高い13区においても、現在の事務所長の実質的な権限は十分なものとは言えない。それは、設置当初から事務所長に95％以上の決裁権限を与えていると説明されてきたが、実感としては到底そのような説明が納得できるような状況ではなく、区住民からは「役場が遠くなった」「（結論を出すのに）時間がかかる」などという苦情が依然として絶えない状況にある。

その根本原因は、一言でいえば縦割り行政の弊害である。現在でも色濃く残っている国と自治体関係における縦割り行政と同じような関係が、木田庁舎（いわゆる「本庁」）と「区総合事務所」との関係でも存在していると言ってよいだろう。要するに、事務所の担当が「本庁」の所管課に伺いを立てなければならない仕組みになっているからである。これを「合議」と言う。しかも、この状況を必ずしも所長が把握できるわけではない。

『調査研究報告書』は、この点、「予算要求権は市役所の所管課にあり、予算執行については、当該予算が当該所管課から総合事務所に配当替えされるものと、そうではないものがあるが、明確な基準はなくケースバイケースの対応となっている。その中にあって、事務所長は区の住民の立場に立って自らの裁量権を最大限活用するよう努めるべきである。」と指摘している。しかし、現在の仕組みの中の所長の権限では、その努力も実効性をあげるにはなかなか難しい。

この点について、地域・自治振興課では、「合議のシステムに変更はないが、合議を要する案件については、案件の重要度に応じて、事務所長と所管課長が協議を行いながら取り組んでいるケースが多々ある」と答えている。

ところで、『調査研究報告書』は、事務所長の権限を発揮させるために、こうも言っている。事務分掌の範囲ではないが、地域にとって必要な「地域的公共事務」の議論を地域自治区の中で行うことも重要であり、その時に事務所長がどのような役割でどのような視点に立つのかを整理する必要があるとして、地域協議会が住民組織等に呼びかけて実行団体を組織したりして先導的役割を果

たすほかに「事務所長が外交官的な役割を発揮し市役所と交渉して予算を獲得していく」ことも必要と考えられ、そのような点からは、単に分掌事務の執行責任者の立場にとどまらず「「地域的公共事務」を司るタウンマネージャーとしての役割が期待される。そのためにも、事務所長は常に住民の立場に立っていることが必要」と指摘している。そして、「リーダーシップを有する人材を獲得するため、今後、「一般職の任期付職員」としての採用や、庁内公募による採用等、広く人材を登用することも考えられる」し、「事務所長の選任についても、特別職等のように「地域協議会の同意を要するもの」とすることも考えられる。」と提言している。

　この提言が行われてから3年間が経過したが、この部分が検討された形跡はない。しかし、やはり、このような選任方法の改善も含め事務所長の実質的な権限強化と、縦割り行政の弊害である「合議」の原則廃止を速やかに行うべきであろう。少なくとも、自ら組織した研究会の『調査研究報告書』が提案した事項について、検討しその結果を市民に明らかにすることは行政の説明責任であり、また、このようなことをチャンスとして改善の方向を打ち出すことこそ、賢い行政というものであろう。

(4) 地域協議会の実質的権限強化

　この点についても、すでに市議会一般質問での前市長とのやり取りを挙げて述べた。市長等の地域協議会への情報提供とその意見の最大限の尊重を求めたことに対し、前市長はその方向でしっかり対応するとの答弁をしたが、本章第3節の自主的審議の事例（克雪住宅協調整備事業）でも述べたように、後年の対応は必ずしもその通りにはいかなかった。この点は、住民の直接民主主義をベースとした制度である限り、主権者と法の前に試されているのは市長という存在そのものであり、いずれの市長であっても、市長として試されているということを十分認識する必要があろう。

　ところで、この克雪住宅協調整備事業廃止の問題が浮上する少し前、2008（H20）年1月末から2月初めにかけて地域協議会委員のアンケート結果が地方

紙紙上で発表された[97]。委員の1期目の任期がまもなく終わるタイミングでの調査であった。記事は、地域協議会を今後も必要と考える人が7割だったのに対し、次期も応募すると答えた人が15％だったこと（応募しないは40％）、その理由として、4割以上の人が自分の意見が市政に反映されていないと感じていること（反映されていると思う人は約3割）、「諮問された時点ですでに市の方針が決まっている」とか「行政が地域のガス抜きをしているだけ」などと厳しい意見が中心となったことなどを伝えている。また、やりがいを感じたと答えた人は39％、感じなかった人は24％であった。

　このアンケート結果を見て当時の担当部長がインタビューに答えている。「市は地域協が多数決で決めた結果を受け止めるしかない。答申には意見書（筆者注：附帯意見）も付けられ、最大限間口を広げているのに、「ガス抜き」と言われるのは不本意。」「必要性を感じている人が多いにもかかわらず、実際に応募したい人が少ないのは達成感ややりがいの問題。皆さんが体を張って議論している状況が住民に認知されていないのが一因だと思うので制度のＰＲに努めたい。」と。

　筆者の第三者的な立場から客観的に見ると、委員の「厳しい意見」が現場の実感だとしても、地域協議会の意見は相当程度、あるいは最大限受け入れられており、むしろ部長が言っている方が当たっていると感じる。「諮問」の一般的な形式としては、市が一定の方向性を出したうえで、「どうでしょうか」と聞くものだから、「諮問された時点ですでに市の方針が決まっている」というのは、ある意味当然のことであり、それに対し地域協議会が「不適当」と答えれば、その諮問内容は凍結され、「答申を踏まえ、継続的に協議させていただきたい」という形になるのである。一方、さまざまな自主的審議による意見書については、ほとんどがその方向で市政に反映されており、当該区だけではなく全市展開さ

---

[97] 2008（H20）年1月31日、及び2月1日付『新潟日報』。地域協議会の初の改選を2カ月後に迎えるタイミングでの企画、「どうなる自治区」の連載の一環として2日間にわたって掲載された。以下は紙面の見出しである。「地域協委員アンケート（上）次期「応募する」15％「今後も必要」が7割　4割　市政へ意見反映せず」、「地域協議会アンケート（下）報酬の是非は二分　公募公選5割が評価　女性の増員を求める声も」。なお、アンケート調査は、2007（H19）年12月下旬から2008（H20）年1月18日にかけて、地域協議会の全委員186人に対し郵送で行い、142人（76.34％）が回答した。

2008年1月31日及び2月1日付『新潟日報』の「地域協委員アンケート」(上)(下)の記事より
＜新潟日報社提供＞

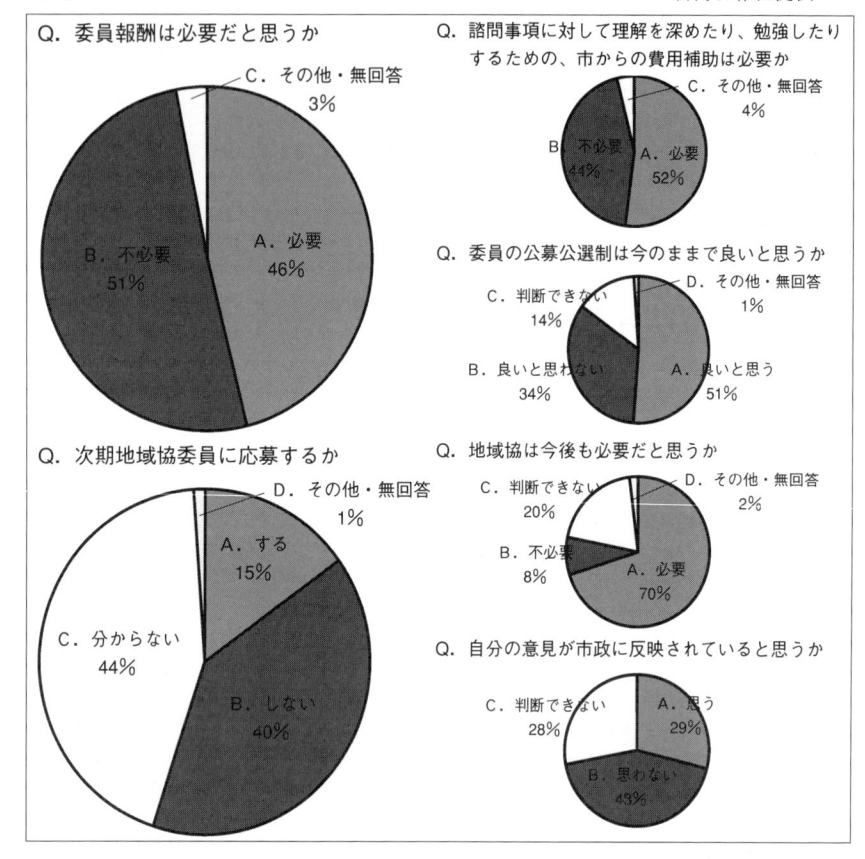

Q. 委員報酬は必要だと思うか
- A. 必要 46%
- B. 不必要 51%
- C. その他・無回答 3%

Q. 諮問事項に対して理解を深めたり、勉強したりするための、市からの費用補助は必要か
- A. 必要 52%
- B. 不必要 44%
- C. その他・無回答 4%

Q. 委員の公募公選制は今のままで良いと思うか
- A. 良いと思う 51%
- B. 良いと思わない 34%
- C. 判断できない 14%
- D. その他・無回答 1%

Q. 次期地域協委員に応募するか
- A. する 15%
- B. しない 40%
- C. 分からない 44%
- D. その他・無回答 1%

Q. 地域協は今後も必要だと思うか
- A. 必要 70%
- B. 不必要 8%
- C. 判断できない 20%
- D. その他・無回答 2%

Q. 自分の意見が市政に反映されていると思うか
- A. 思う 29%
- B. 思わない 43%
- C. 判断できない 28%

れている場合も相当あることは、すでに見た。

　要は、部長も答えているように、「達成感ややりがい」の問題であり、その点については、「住民への認知度を上げる」こととともに、「早め早めの情報提供や意見聴取」など、方針を示す前の協議や「地域協議会の意見に対する迅速な対応」、すなわち委員が（当該地区の）市政に参画していると感じられるほどに「打てば響く」対応がなされることが必要であろう。そのような対応がなされることによって、制度的には諮問審議権や意見具申権だとしても、実質的にはそれを越えた同意権や決定権に近いものとして委員に実感され、やりがいや達成

感も相当程度高まってくるものと思われる。

　ところで、アンケートで「次期も応募する」と答えた人が15％と圧倒的に低かったことについては、その後、実際にどうなったであろうか。委員の総定数は192人だが、改選前の委員総数は186人であった。改選時にその中から再度手を挙げた人は76人であった。厳しい意見があった中で、実に4割以上が、前評判を大きく乗り越えて再び立候補したのである。この4割という数字や立候補者が定数に満たなかった（76％）ことなど、問題にしようと思えばいくらでも言えるが、実際には委員の犠牲的精神のみが頼みのような地域協議会の現状を知る身としては、これだけの人が再度手を挙げたということに、地域自治を守ろうという高い志を感じて熱いものを覚える。立候補の割合にしても、到達度の高い上越市方式だからこそ厳しいわけだが、しかし、全国のどの自治体よりも高率の応募者であることも間違いのない事実である。今後も、実質的な権限の強化を求めて、関係者が不断に努力していけば、やりがいがや達成感が必ずや高まるものと信ずる。

(5)　地域協議会委員の無報酬の維持と調査研修費の確保

　「無報酬」について、「住民の主体的な参加を期待する」という制度の趣旨としての重要性はすでに見た。上越市では、その点を重く受け止め無報酬とした。したがって、委員には費用弁償として1回1,200円が支払われているだけである。前項で取り上げた「地域協委員アンケート」では、「委員報酬は必要だと思う」と答えた人が46％、「不必要」とした人が51％であり、意見はほぼ二分した。かろうじて不必要派が5ポイント高かったことは救いではある。「必要」の理由としては、拘束時間が長いことなどから「無報酬では割に合わず、なり手がいなくなる」、「報酬をもらうことによって責任感が生まれる」などというものであった。「不必要」の理由としては、「お金をもらうと自由に意見が言えなくなる」が大半を占めた。

　前段の必要派の言は、概して制度の意義や自らが立候補した立場を横に置いた（あるいは立候補した人ではないかもしれないが）ような感があり、後段の

不必要派は、制度的な「市長の附属機関」の一員というよりは、実質的な「住民（代表機関）」の側に身を置いておきたいとする志向の表れと言えよう。立ち位置からして、両者には大きな違いがあるように感じられる。

いずれにしても、会議の持ち方について工夫することや制度の意義について理解を深めるための一層の対策が求められるが、立ち位置の違いがある限り、報酬を支給したからといって制度が本来期待している方向で進展するとは考えられず、また委員の過半数が不必要と考えている実態からしても、「無報酬」自体は今後も維持していくことが肝要であろう。

これに対し、委員の調査・研修のための費用確保は、委員の審議力を高めるためにも必要である。「地域協委員アンケート」ではこの点についても触れていて、「諮問事項に対し理解を深めたり、勉強したりするための市からの費用補助は必要だと思うか」の問いに、「必要」が52％、「不必要」が44％であった。ここでも意見は、ほぼ二分した。ただし、必要派が8ポイント多くなっており、「報酬」に関する回答よりは差が開いている。「必要」の理由としては、視察や資料購入への補助が必要とし、不必要の理由としては、「税金を使ってまで研修する必要はない」「自前で勉強すべきだ」との意見が出た。

しかし、必要なら自前でやりなさい、というのは、ボランティア委員に対し、いかにも酷である。何よりも制度の趣旨として、ボランティアだからといってそこまで求めるものではないし、逆に、だから「何もしない」、「できない」という後向きの議論で終わってしまう可能性もある。金が先についてくるわけではないが、委員が審議のために、意欲を持って事前の調査や勉強を始めたならば、その意欲ある具体的活動に対し、一定の限度で資金的に支援するということは、あってよい。そのことが、直接的に審議の充実や地域協議会の活性化に繋がるであろうし、意欲ある委員の負担軽減にもなる。

そこで、この間の現状を見ると、制度創設時（2004（H16）年度、2005（H17）年1月1日）から次年度までは全く措置されなかったが、2006（H18）年度から一堂に会しての全体研修会が行われるようになり、そのための委員の費用弁償が予算化された。全体研修会は、外部の学識経験者を講師に招いたり市長や市の担当者が講話等を行ったりする形で、住民自治、地域自治区（地域協議会）制

度、市総合計画、自治基本条例、市の当初予算、市財政などの認識を深めるものである。さらに、2010（H22）年度からは区ごとの視察研修も予算化された。

　しかし、これらはいずれも一堂に会したり地域協議会全体として視察研修を行ったりするものであり、それ自体の意義は大いに認めるとしても、これで十分とは言えない。むしろ審議の充実にとって重要なことは、委員自らの調査と分析と考察に基づく意欲的参画であり、それは主に委員自らの主体的で能動的な活動によって導き出されるものである。したがって、この視察研修費をさらに進めて、委員の具体的な活動に対する補助（調査研修費）として支給することを考えるべきであろう。

(6)　地域協議会の認知度の向上

　「地域協委員アンケート」結果にも見られたように、委員のやりがいや達成感の低さも見逃せない問題である。この一因は、まだ市民の中に地域協議会の認知度が低いことによるのではないか、と先に分析した。

　ところで、本年（2010（H22）年）1月に、上越市は、市内に在住する満20歳以上の男女5,000人に対して「市民の声アンケート」を行った[98]。これによれば、地域自治区に対する認知度（「地域自治区制度についてどの程度ご存じですか」）は、「よく知っている」が3.6％、「ある程度知っている」が32.3％で、合計約35.9％であり、反対に「全く知らない」が12.0％、「あまり知らない」が49.3％で、合計61.3％であった。すなわち市民の6割が「知らない」ということであり、認知度の低さの実態が浮き彫りになった。

　また、期待度（「どの程度期待していますか」）は、「大変期待している」が5.6％、「ある程度期待している」が29.1％で、合計34.7％であり、反対に「期待していない」が5.8％、「あまり期待していない」が20.3％で、合計26.1％であっ

---

98)「現状の市民生活の実態・実感、各公共分野における市民ニーズ（重要度・満足度）を定量的に把握」することを目的に、住民基本台帳から28の地域自治区ごとに年齢階層別の抽出率が等しくなるように無作為抽出し、2010（H22）年1月9日～1月18日にかけて郵送で実施。回収は、2,554人（51.08％）。

（左）問：地域自治区制度についてどの程度ご存知ですか。
（右）問：地域自治区制度についてどの程度期待していますか。

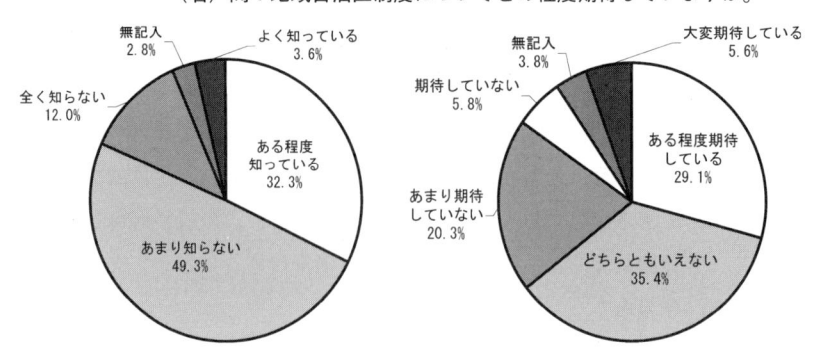

左図：
- よく知っている 3.6%
- ある程度知っている 32.3%
- あまり知らない 49.3%
- 全く知らない 12.0%
- 無記入 2.8%

右図：
- 大変期待している 5.6%
- ある程度期待している 29.1%
- どちらともいえない 35.4%
- あまり期待していない 20.3%
- 期待していない 5.8%
- 無記入 3.8%

上越市市民の声アンケート報告書（2010（H22）年6月）より

た。「期待している」が「期待していない」よりも8.6ポイント高くなっているが、しかし約35%というのは大変厳しい数字である。

　認知度については、男女別を見ると、男性が46.6%に対し、女性が25.4%と、女性の方が約半分になっている。年齢別では、60代の50.7%をピークに老若両側に徐々に下がっていき、80代では38.9%、20代では5.8%となっている。また、地域自治区の設置期間にも関係していると思うが、旧市（15区）と旧町村（13区）では開きがあり、旧市が33.5%、旧町村が40.2%で、旧町村が6.7ポイント高くなっている。

　ところで、このアンケートは「地域自治区制度」としてしか聞いていないが、もう少し工夫が必要だったのではないかと思われる。「制度」といわれると難しく感じること、また、住民にとっては比較的身近に感じられイメージしやすい「地域協議会」の設問が無かったこと、などである。したがって、このアンケートからは「地域協議会」の認知度については直接わからないが、「地域自治区制度」の36%よりは高くなっても、際立って高くはならないであろうことは推測される。

　そのようなことから、市民の認知度を上げていくことが、重要な対策となるわけだが、そもそも4年に1度の「選挙」を実施できるようにすることが何よりも効果的であることは、論をまたない。しかし、それは別に論じたので、ここではその他の策として、まず地域協議会の活動をタイムリーに情報発信する

ことが必要であろう。そして、住民に興味を持ってもらうようにするには、委員自らの手で活動をいきいきと語り作成した個性的で魅力的な「地域協議会だより」が効果的と思われる。

　その点、すでに各区の「地域協議会だより」が発行されており、特に旧町村13区では数年の実績がある中での「市民の声アンケート」の結果であるから、さらに活動の息吹が伝わるような工夫が必要と言えそうである。また、旧市15区は活動が半年であり、まだ日も浅いが、各区2号程度発行されている。それぞれに、地域協議会委員が編集委員となり、意欲的なところでは原稿やインタビューなどを担当し積極的に取り組んでいることが窺える。しかし、作成は事務局の各まちづくりセンターが行っていると思われ、まちづくりセンターごとの「地域協議会だより」のレイアウトがほぼ同じ形になっていることが気になる。本節（2）で指摘したアイデンティティを損なう15区の掛け持ち事務所の問題がこの辺にも表れているように思われるが、現状の中でも可能な限りの改善が求められる。

(7)　地域協議会の協働の要としての機能発揮

　また、区域の住民自治組織との恒常的な連携・交流の仕組みづくりも効果的であろう。このことは、認知度の向上もさることながら、今後、地域協議会に期待されている役割の1つである「協働の活動の要」[99]として成長していくために欠かせない取組でもある。

　巻末資料として掲げたが、旧町村13区には、それぞれ区全体を網羅する住民自治組織（一部はNPO法人）が合併前後に組織され、区域のさまざまな事業を展開している。夏祭りなどの自主事業と総合事務所の管理業務などの市委託事業を受け持ち、協働の取組を幅広くかつ着実に進めている。地域協議会との連携・協働においては課題もあるが、情報提供や意見交換も進んできている。

---

99) 第27次地方制度調査会の答申の言葉であり、全体の文章は次の通り。「地域協議会は、住民に基盤を置く機関として、住民及び地域に根ざした諸団体等の主体的な参加を求めつつ、多様な意見の調整を行い、協働の活動の要となる。」

一方、旧市においては、全ての区にあるわけではないが、区内の主な団体を構成員とした「地区振興協議会」や一部の地域の「まちづくり協議会」などが存在する。また、以下は、13区にも類似の状況が見られるが、包括的な最小単位の地縁組織としての町内会やその代表で構成される町内会長会もある。さらには、それぞれ個別のテーマを持った、青少年健全育成協議会、体育協会、交通安全協会、商工振興会、様々なＮＰＯ団体なども存在する。地域自治区制度の中で、今後のまちづくりの方向性を考えると、これらの団体や地域住民を網羅した自主的で穏やかな連携組織が必要となってくると思われる。これらの団体が、交流や連携を密にすることにより共通の理念や方向性を形作りながら、まちづくりの協働活動の実行部隊となっていくことが期待される。

　そして、区の住民代表機関であり意思決定機関である地域協議会とこれらの実行組織である住民自治組織が連携・協働し、ときには区の意思（意見）として地域協議会を通じて市政に影響力を行使していくことにより、地域自治の進展とコミュニティの新たな活性化が生まれてくるのではなかろうか。

　その点、『都市内分権調査研究報告書』では、「地域自治区における住民組織との関係性」について触れており、上越市の現状分析と３つの組織（地域協議会、住民組織[100]、町内会）の今後の方向性について考察している。そこで、上越市の場合は、準公選制を導入したことにより、「実行よりも決定に重きを置いた制度となっていること、地域自治区が旧町村の単位で設置されていること等を踏まえると、制度が本来意図している「意見調整」、「意思形成」、「協働」、「実働負担」といった役割を全て地域協議会に求めることは、現実的ではない状況にある。」と述べている。また、「地域自治区の単位とコミュニティ活動の単位をどのように整理していくかについては、「統治性」を残すことをベースに考えていくか、「コミュニティ」の構築をベースに考えていくかによって、検討の方向性が変わってくる。」とも述べている。さらに、区をまとめる３つの組織の位置関係についてイメージ図を用いて説明している。

　この論旨の全体を通じて、大変示唆に富む内容となっているが、若干の異論

---

[100] 筆者は「住民自治組織」という言葉を使っている。

を提起したい。まず、27次地制調答申では確かに地域協議会の役割として「協働の活動の要」を掲げているが、そのことが果たして制度として「実働負担」まで求めているのか疑問である。実際に上越市とは方式の違う、つまり法制度が想定した一般的な方式としての他の自治体の場合においても、知りうる限り「実働負担」まで行っているとは言えず、ほとんどが審議に特化したものであり、上越市の方式に限ったものではないということである。だから、上越市の方式だから実行よりも決定に重きを置いているとは言えないのではないか。そして、地域協議会の役割を「意見調整」「意思形成」「協働」までだと考えれば、地域協議会が持つ「意見調整」や「意思形成」という意思決定機能、あるいは「提案」や「情報提供」という実行支援機能、実行に伴っての必要に応じての市政への意見具申機能という3つの機能を行使することで、いわば役割分担として、十分「協働の活動の要」の役割を果たせると言えるのではないか。

　また、町内会単位と小学校区程度の地域の単位の違いを意識して「統治性の維持」と「コミュニティの構築」を若干対置している考え方のようだが、その必要はないのではないか、ということである。確かに、両者の単位は現実的には様々な課題の違いがあるが、たとえば、昭和の合併当時の旧町村単位の新たな枠組みで「統治性を備えたコミュニティの構築」を図る（創設する）ことは、筆者の言う自由でゆるやかな連携を伴う実行部隊としての住民自治組織と地域協議会の連携・協働により、それとして実現可能であると考える。

　そのような点で、最後に3つの組織の関係のイメージ図にあらわされた形は、現実の町内会への配慮があらわれたものとなっているが、むしろ住民組織（住民自治組織）に包含されたような位置付けにすべきではないかと考える。

　話を戻すが、いずれにしても、先に述べたように、幸い、今年度から始まった「地域活動支援事業」は、地域づくりを考える契機となったとともに、地域協議会にとっては、地域協議会がその運営過程、特に決定に深く関わることにより、地域活動過程に確かな位置を占める機会を与えられたと言えるのである。この点を十分に認識し、将来に向けた連携・協働の道筋を探ることは、今、極めて重要な課題であると思われる。

(8) 選挙成立にむけた活性化と条件整備

　13区の改選時と15区の導入時には、応募者（立候補者）が定数と同数か定数を下回ったため、選挙（選任投票）が実施されなかったこと、また、それにもかかわらず選挙の制度を維持することの意義については、すでに述べた。しかしそうは言っても、やはり選挙を実施することは、地域協議会の民主的正統性を確保する意味からも、その後の地域協議会の活動の効果をもたらす意味からも、それ自体重要なことである。

　したがって、選挙を成立させるためには、そのための環境づくり、すなわち多くの住民が率先して手を挙げることができるような動機づけや条件づくりが重要である。その点については、本節で掲げた多くの課題が関係してくると言える。財源を地域自治区に移転し、できる限り地域経営を区の自主自律性に委ねること、区の事務所で迅速対応できるような権限の強化を図ること、市長の追加選任を安易に行わずに自主自律性を粘り強く醸成するよう努めること、地域協議会委員の同意権や決定権など実質的な権限を強化し、打てば響くような対応で意欲を高めること、委員の無報酬は維持するとしても、委員の調査・研修費は十分に確保すること、などなどである。

　そして、何よりも現委員が、やりがいと達成感を持って活動し活性化するようになれば、その息吹が地域への広がりとなって、次の改選時に好影響を与えると思われる。

(9) 投票資格者等の範囲の拡大と男女共同参画の醸成

　選任投票の投票資格者は、「上越市地域協議会委員の選任に関する条例」第8条に規定されている。すなわち、「委員を選任しようとする地域協議会が置かれている地域自治区の区域内に住所を有する者で、かつ選任投票を公職選挙法に基づく本市の議会の議員の選挙とみなした場合において、その選挙権を有する者」としている。

制度創設前には、年齢の引き下げや外国人についても検討されたが、条例案策定のタイムリミットの中で具体の検討を行う暇がなかったことや、市議会議員の選挙と同時に行うこととしていたため、同会場の同時間帯に異種の投票資格者に対応することは選挙事務上も難しいということになり、採用されなかった経緯がある。

　しかし、その後上越市は、「人権尊重」の基本理念や「多様性尊重」の自治推進の基本原則を謳い、「市民参画・協働等」で「多文化共生」を掲げる「自治基本条例」を制定した。そして、それに基づき、制定された「市民投票条例」では、第3条の投票資格者として、「満18歳以上の市民」で「住民票が作成された日から引き続き3箇月以上本市の住民基本台帳に記録されている者」及び「本市に外国人登録原票が登録された日から引き続き3箇月以上本市の外国人登録原票に登録されている永住外国人」とした。

　したがって、地域協議会の地域に果たす役割の重要性や影響を考えても、また、自治基本条例の精神や市民投票条例との整合を取るためにも、選挙事務の効率的合理的手法を慎重に検討するとともに、速やかな条例改正が求められる。

　また、委員資格者については、公選法に準じているために範囲を広げることはなかなか難しい。しかし、地域協議会の「協働の活動の要」という役割をより実質化していくためには、「住所を有する人」以外の協働の活動の担い手についても検討していかなければならない課題であるし、その点、投票資格者、委員資格者とも、自治基本条例の「定義」で定めている「市民」のうちの「市の区域内に事務所又は事業所を有する個人及び法人その他の団体」等の関係者をどう扱うかも大きな検討課題である。この点については、今後も慎重かつ積極的に研究・検討していく必要がある。

　さらに、地域協議会委員の女性進出についても大きな課題である。現状は先にみたように、全委員416人のうち女性委員は81人で19.5%である。現在の上越市の委員会、審議会での女性委員の割合は4割を超えているので、それから見れば大変低い割合である。現在は、市長の追加選任で女性を増やす配慮がされていいてこの数値であるが、追加選任自体、次項で述べるように準公選制の趣旨からは問題があり、根本的は解決にはならない。

準公選制という趣旨からすると、選任結果の前に、まず女性から多く立候補してもらう必要がある。選任投票の現状を見ると、手を挙げれば、必ず、とは言えないまでも、ほぼ選任されるであろう。ここでは、選挙になったときに考えられることとして、投票の手法を現状の公選法に基づいた方式をとらず、何らかのクオータ制[101]を導入するか（たとえば女性用と男性用の2枚の投票用紙に記入するなど）ということであり、これは検討に値しよう。

　ところで、上越市議会の女性議員の割合を見ると、全議員48人のうち、女性議員は2人で4.2％である。これが、上越市の男女共同参画の現状を端的に表す「民意」である。この現状がよいわけはない。しかし、ここから出発する以外にないことも明らかである。地域協議会も、一般的な市長の附属機関ではなく、住民に依拠した真の地域自治の要として、その存在を維持発展させようとするならば、準公選制の意義も同時に認識し、市長に選んでもらう参画ではなく、自ら手を挙げて住民に選んでもらう参画を志向する必要がある。

　したがって、こと地域協議会に限って言うならば、選任された数（割合）を云々して市長に女性の選任数を増やせと要望する目先の対応よりも、どうやったら多くの女性が地域協議会の委員に立候補することができるようになるか、その環境を醸成し条件を整えるように自ら（住民、市民、とりわけ気付いた人）が努力する、あるいは住民、市民にインセンティブを与えることが先決であろう。その上で、またはそれと同時に、先に見たように、選挙制度にクオータ制を導入するというような、日本唯一の上越市方式にさらに日本初の新たな試みを加えていくことは、大いに意味があると言える。

（10）　追加選任の原則未実施による自主自律性の醸成

　第5章第1節でも述べたように、この間の3回の委員選任において、3回と

---

[101] 積極的に差別を解消する制度で、男女の性差別の解消（あるいは男女共同参画）の観点からは、政策決定機関での男女の割合を是正するための「割り当て制」を指す。ちなみに、上越市男女共同参画条例第13条では、「市におけるクオータ制（委員の構成を男女同数とする配慮義務）」を規定している。これは全国的に先進事例である。

も市長の追加選任が行われた。筆者は、市議会でもこの問題について設置当初から前市長と論戦したが、やはり安易な「保護」は地域の自律精神の芽を摘んでしまうおそれが大きいと思われる。2人や3人で協議ができないというならまだしも、定数割れをしたからといって直ちに協議ができないわけではない。最低4、5人いれば欠席者がいても協議機関の役目は果たせるのである。それなのに、むしろ準公選制の制度上は致命的ともいえる地域の自律精神の芽を摘むリスクを冒してまで、なぜ追加選任をしなければならないのか、大いに疑問が残る。

　また、もう1つの問題もある。それは地域協議会の中に異質性を持ちこむということである。つまり、自ら進んで手を挙げた人と、自らは手を挙げなかったが、後になって市長から頼まれて受けた人とが混在しているということになる。これは、単に委員の一部を公募枠とするような選出方法ならば、特に問題にならないが、こと準公選制ということになると別である。制度の性質上、明らかに異質のものが地域協議会に入れられたということになる。

　筆者は1回目の選任時から、この点を問題として理事者側にも投げかけ、さらに論文でも指摘した（石平［2006a］142頁）。

　この点で、その後に出された『都市内分権調査研究報告書』も、「「準公選制」の意義を考慮すると、現状では定員割れが起きた場合に市長が補充選任（筆者注：「追加選任」のこと）をしていることについて、今後その是非を検討していく必要がある。」と指摘している。具体的な結論を述べているわけではないが、「市長が補充選任しないことも選択肢としてあり得る」と強く示唆してもいる。しかし、その後、市として検討した形跡は見当たらない。

　もともと準公選制の趣旨は、法制度上の制約があるので形式は市長の選任でやむをえないが、やはり実質は地域住民の直接選挙で決めよう、ということだったはずである。主権者である市民（区住民）の直接民主主義を重んじたからである。だから、仮に追加選任が1人であっても、その意義は限りなく薄められてしまうということになる。この点については、公式的には「特例措置である」との市長の議会答弁もあったが、2回目も3回目も繰り返したということは、むしろ市長として、形式的な長の選任ではなく、その実質を取りたかった、とい

うことなのかもしれない。この点については、制度の持続的発展を望むなら、今後は長い目で見た最大限の自制的対応が求められる。

第6章　上越市の取組に対する評価と民主的正統性の意義

　本章では、自主自律的な機能発揮に関して、地域自治組織の導入自治体の中で上越市がどのような位置にあるかを、第3章の実態調査とは別の手法で探るとともに、都市内分権制度の上越市方式が対外的にどのような影響を及ぼし、あるいは評価されているかを、いくつかの情報媒体等を観察することにより、多角的に明らかにしたい。そして、その上に立って、民主的正統性の意義について総括的に考察する。

第1節　制度導入後の研究の動態と情報媒体の検索結果

(1)　制度導入後の研究の動態

　第1章第1節で、制度導入前の先行研究を概括したが、ここでは、制度導入後、すなわち2005（H17）年から2010（H22）年4月までの研究について概括する。先行研究の際に示した表1、図1（13頁）、及び表2、図2（14頁）には制度導入後の文献についても掲げておいたので、参照されたい。

　これらの図表をみると、事例文献が113点で理論文献の89点を追い越し、先行研究での順位を逆転させていることが分かる。しかも、その内訳をみると国内事例文献が95点、国外事例文献が21点と、国内事例文献が圧倒的に多くなっており、これも先行研究での順位を逆転させている。そして、理論文献は、この5年間の累計で過去35年間の累計と同程度の点数が発表されており、事例文献にいたっては、同じく2倍の点数が発表されていることになる。減少しているのは、国外事例文献と制度解説文献である。全体の総計としては、国外事例文献が56点、国内事例文献が118点、事例文献全体の総計が170点であり、理

論文献も同じく170点、制度解説文献が25点、文献全体の総計では、365点となった。

また、文献で扱われた事例件数を見ると、制度導入後の5年間で、国内事例が114件、国外事例が28件、合計142件となっており、文献点数と同じ傾向で、国内事例が国外事例を圧倒的に上回り、かつ過去35年間と比べても4倍以上の増加を示している。なお、国外事例は、先行研究の65件に比べて、導入後は28件と半分以下に減少している。

このように、制度導入とともに、研究等も大変活発化していることが窺える。この要因としては、市町村合併の大きなうねりの中で、この制度も全国的な波及力をもって一斉に導入されたことにより、行政学や自治体学、公共政策学等の関係者に強いインパクトを与え広く注目されるようになったことや、研究者等が全国の導入自治体の具体の事例を観察、研究、検証するようになったことなどが挙げられる。また、このようなことと関連して、学会誌や大学の研究誌が企画したり自治・行政関連の雑誌が一斉に特集を組んだりして、研究者の論文や各地の事例を取り上げるようになったことも、大きな要因である。さらに、これらの求めに応じて、当の自治体関係者が自らの自治体の取組を外に向かって発信するようになってきたことも、要因の1つとして挙げられる。

具体の文献内容は、巻末資料の「都市内分権関連文献〈年表〉」を参照されたい。そこで、次に、都市内分権関連文献における地域自治組織設置自治体別の事例研究数を見てみる。**表22**、**図22**にその一覧を示した（図19～図21は欠番）。都市内分権関連文献の事例研究の中には、法に基づかない様々な地域自治制度を導入している自治体の例が一定程度見られるが、ここで取り上げているのは、本書がテーマとしている地域自治区、合併特例区を導入している自治体に限られる。

これを見ると、合計75件[102]であり、件数の多い順から①上越市25件、②宮崎市12件、③豊田市7件、④恵那市6件、⑤飯田市5件などとなっていて、上越市が宮崎市以下を倍以上も離して、圧倒的な数を誇っている。その発行数を

---

102) 発行点数としなかったのは、複数の事例を扱っている論文（文献）があるためであり、事例をカウントして件数とした。

174　第6章　上越市の取組に対する評価と民主的正統性の意義

著者の属性で分けると(連載は一括して1とカウント)、外部研究者が8点、上越市の行政関係者が9点、上越市民(市議会議員、地域協議会委員)が8点であり、ほぼ三分されている。

このように全国の設置自治体の中で上越市が圧倒的に多いこと、さらに著者が研究者だけではなく三分されていることの理由を考えると、次のようなことが言えよう。それは、研究分野や自治・行政関係の出版界において、上越市の取組に対する関心度・注目度・教訓度が高いということであり、評価の視角は違うにしても、それだけ重要視されているということであろう。また、上越市の行政関係者や市民の著者が多いということは、求めに応じたという点もあろうが、自治の現場での積極的で地道な取組をベースとして、外に向かっても積極的に情報発信しようとする情熱や意欲や誇りを持っているということであろう。それは、一言でいえば、上越市の都市内分権制度と地域自治の現場が、人々を活性化させ、あるいは少なくとも人々に活性化に向けたインパクトを与えている、ということであろう。

(2) 情報媒体の検索結果

次に、いくつかの情報媒体における検索結果を見てみたい。情報媒体という切り口で言えば、前項で見た文献(書誌・論文)も、研究・出版分野における有力な情報媒体であり、直接的には筆者の作成した「都市内分権関連文献データベース」からではあるが、間接的には国立国会図書館と国立情報学研究所の学術和図書・和雑誌データベースからの検索を行ったわけである。

さて、具体的な情報媒体として、次の3つを取り上げた。全てインターネットを介してになるが、①自治体の公式ホームページのサイト内情報、②インターネットの全サイト情報、③全国紙(3社)の新聞記事情報、である。

対象は、2007(H19)年10月1日現在の地域自治区、合併特例区設置自治体、全57団体とし、本書のテーマに即して「地域自治区」、「地域協議会」、「自主的審議」がどの程度扱われているかを見るために、基本的にはこれらのキーワードの組み合わせとして、2010(H22)年5月の同一日の検索ヒット数を見たもの

表22　都市内分権関連文献における対象自治体別の事例研究数

	自治体名	件数
1	上越市	25
2	宮崎市	12
3	豊田市	7
4	恵那市	6
5	飯田市	5
6	松本市	3
6	岡山市	3
6	浜松市	3
9	甲州市	2
10	せたな町	1
10	八戸市	1
10	宮古市	1
10	一関市	1
10	横手市	1
10	喜多方市	1
10	香美町	1
10	都城市	1
10	鹿屋市	1
	合計	75

図22　都市内分権関連文献における対象自治体別の事例研究数

［注1］2010年4月末現在。石平作成「都市内分権関連文献〈年表〉」による。
［注2］対象自治体とは、法律に基づく地域自治組織を設置している（いた）自治体をいう。事例研究には、事例報告も含む。連載は一括して1とカウント。

＜調査・作成：石平春彦＞

表23　2007/10/1現在の地域自治組織設置自治体のホームページサイト内検索ヒット数

各自治体ホームページのサイト内検索

降順番号	ヒット数	(a)「地域自治区and地域協議会」		降順番号	ヒット数	(b)「地域自治区and地域協議会and自主的審議」		降順番号	ヒット数		(a)に対する(b)の割合(%)	(a)	(b)
1	浜松市	3493		1	上越市	174		1	柏崎市		50.00	4	2
2	上越市	755		2	大仙市	36		1	大垣市		50.00	10	5
3	岡山市(*)	270		3	松本市	25		3	宇陀市		37.31	67	25
4	石狩市	190		3	宇陀市	25		4	大仙市		30.77	117	36
5	豊田市	118		5	石狩市	22		5	松本市		26.60	94	25
6	大仙市	117		6	名寄市(*)	10		6	沼田市		25.00	32	8
7	松本市	94		7	せたな町(*)	9		6	紀北町		25.00	4	1
8	鹿屋市	74		7	日向市	9		8	上越市		23.01	755	174
9	宇陀市	67		7	鹿屋市	9		9	名寄市(*)		20.00	50	10
10	宮古市	62		10	沼田市	8		9	日向市		20.00	45	9
11	せたな町(*)	61		11	むかわ町	7		11	多可町		16.67	12	2
12	むかわ町	56		12	大垣市	5		12	せたな町(*)		14.75	61	9
13	伊達市	54		13	宮古市	4		13	平戸市		14.29	7	1
14	名寄市(*)	50		14	伊達市	2		14	むかわ町		12.50	56	7
15	宮崎市	48		14	南会津町	2		15	鹿屋市		12.16	74	9
16	日向市	45		14	柏崎市	2		16	石狩市		11.58	190	22
17	沼田市	32		14	多可町	2		17	美郷町		11.11	9	1
17	甲州市	32		18	能代市	1		18	南会津町		7.69	26	2
19	盛岡市	31		18	紀北町	1		19	宮古市		6.45	62	4
20	花巻市	28		18	平戸市	1		20	能代市		4.35	23	1
20	玉名市	28		18	美郷町	1		21	伊達市		3.70	54	2
以下、22～57は略				以下、22～57は略				以下、22～57は略					

＜調査・作成：石平春彦＞

176　第6章　上越市の取組に対する評価と民主的正統性の意義

表24　2007/10/1現在の地域自治組織設置自治体のインターネット検索ヒット数

	インターネット検索「自治体名 and 地域自治区 and 地域協議会」（キーワードに" "付き）					インターネット検索「自治体名 and 地域自治区 and 地域協議会 and 自主的審議」（キーワードに" "付き）			
降順ヒット番号数		平均（小数第一位を四捨五入）	Yahoo	Google	降順ヒット番号数		平均（小数第一位を四捨五入）	Yahoo	Google
1	浜松市	21635	40600	2670	1	上越市	544	590	498
2	上越市	8135	15100	1170	2	盛岡市	13	17	9
3	宮崎市	1737	2742	732	3	松本市	5	6	4
4	一関市	901	1690	112	3	柏崎市	5	5	4
5	相模原市	740	866	614	5	飯田市	4	2	6
6	豊田市	729	1200	257	6	青森市	3	3	2
7	飯田市	557	754	360	7	小林市	2	0	4
8	恵那市	503	779	227	7	白河市	2	2	1
9	松本市	489	655	322	7	多可町	2	0	3
10	岐阜市	450	447	453	10	大仙市	1	1	1
11	岡山市(*)	448	315	580	10	宮崎市	1	0	2
12	小林市	316	245	386	10	加賀市	1	0	2
13	盛岡市	313	437	189	10	豊田市	1	0	1
14	柏崎市	267	367	166	10	坂井市	1	0	1
15	宮古市	257	357	157	10	八戸市	1	1	0
以下16～57は略					以下16～57は略				

＜調査・作成：石平春彦＞

である。なお、合併特例区を設置している自治体にあっては、「地域自治区」、「地域協議会」を、それぞれ「合併特例区」、「合併特例区協議会」に入れ替えて検索し、両方設置している自治体（宮崎市）にあっては、「地域自治区」、「合併特例区」それぞれの関係キーワードの組み合わせによる検索結果の合計から「地域自治区」と「合併特例区」の全ての関係キーワードの組み合わせを用いた検索結果を除して求めた。その他、豊田市は「地域協議会」の名称を、実際に使用している「地域会議」に入れ替えた（以上の補正は、3種類の検索において同じ）。また、全国紙の検索では、「自主的審議」ではヒットしなかったので、それを除いて「地域自治区」「地域協議会」のキーワードで見ることとした。

それぞれの検索結果は表23～表25に示した通りである。

順番に見ていくと、まず①各自治体の公式ホームページ内の情報である。これは各自治体が、このテーマに関してどの程度の内部情報を持っているかを見ることである。そして、そこから見えてくることは、実際にどの程度の取組をしているかということ（取組度）と、それをどの程度重視しているかということ（重視度）、さらにはどの程度、当該自治体の市民や外部に伝えたいと考えて

表25　2007/10/1現在の地域自治組織設置自治体の全国紙記事検索ヒット数

ヒット数降順番号		合計	朝日新聞（聞蔵Ⅱビジュアル）	読売新聞（ヨミダス歴史館）	毎日新聞（毎日 News パック）
\multicolumn{6}{c}{全国紙記事検索（見出し・全文検索）}
\multicolumn{6}{c}{「自治体名 and 地域自治区 and 地域協議会」}
1	上越市	42	22	7	13
2	宮崎市	30	11	12	7
3	甲州市	21	8	8	5
4	浜松市	21	7	8	6
5	坂井市	15	7	6	2
6	岡山市（*）	11	1	6	4
7	一関市	10	3	6	1
7	白河市	10	5	2	3
7	南相馬市	10	3	0	7
7	都城市	10	3	1	6
11	小林市	9	5	2	2
12	横手市	8	3	3	2
13	花巻市	6	5	0	1
13	大仙市	6	3	3	0
13	沼田市	6	4	1	1
13	玉名市	6	2	1	3
13	鹿屋市	6	1	2	3
18	八戸市	5	0	3	2
18	盛岡市	5	1	2	2
18	宮古市	5	2	3	0
18	由利本荘市	5	2	1	2
18	香取市	5	3	1	1
18	柏崎市	5	3	2	0

以下 24 〜 57 は略

<調査・作成：石平春彦>

［以下、表23〜表25の共通注］
［注1］合併特例区の自治体（*）の場合、「地域自治区」は「合併特例区」、「地域協議会」は「合併特例区協議会」に入れ替えている。また、豊田市のみ「地域協議会」を「地域会議」に入れ替えている。
［注2］宮崎市は地域自治区と合併特例区の両方があるので、「地域自治区」と「地域協議会」、及び「合併特例区」と「合併特例区協議会」でそれぞれ検索した件数の合計に、「地域自治区 and 合併特例区 and 地域協議会 and 合併特例区協議会」の検索の件数を除したもの。
［注3］各自治体ホームページのサイト内検索機能による検索は、2010年5月14日現在。インターネットのYahoo及びGoogle検索は、2010年5月21日現在。朝日新聞の「聞蔵Ⅱビジュアル」、読売新聞の「ヨミダス歴史館」、及び毎日新聞の「毎日Newsパック」の検索は、2010年5月25日現在。
［注4］各自治体のサイト内検索エンジンは、それぞれ異なっているため、ヒット数の単純な比較はできない。またいずれの検索の場合にも、都市規模等が持つそもそもの情報発信力（量）の違いも考慮にいれる必要があると思われるが、ここではその要素を無視している。ここでの問題意識は、それぞれの自治体が、地域自治組織に関する情報（発信）量において「自主的審議」の情報（発信）量をどの程度持ち合わせているか、どの程度重視されているかを理解する手掛かりとすることである。

いるか（情報発信度）、というようなことであろう。

ただし、ここでの自治体間の比較は慎重であらねばならないだろう。1つには、検索エンジンの違いがあるということ、2つには、都市規模等が持つ、あるいは情報政策等の違いにより、そもそもの情報発信力（量）が違うという問題である。ここではそこまで考慮に入れることは無理なので無視している。したがって、自治体間の比較のほかに、それぞれの自治体が、地域自治組織に関する情報（発信）量において、どの程度「自主的審議」の情報（発信）量を持ち合わせているか、どの程度重視しているか等を理解する手掛かりとする意味で、それぞれの自治体内での割合を求め、その上で総合的に判断することとした。

その結果の一覧が、表23である。左欄（a）の「地域自治区 and 地域協議会」[103]での検索ヒット数では、浜松市が圧倒的に多く3,493件、次いで上越市が755件、岡山市が270件と続いている。ここでは20番まで示し、以下は省略した。次に、中央の欄（b）、上記のキーワードに「自主的審議」を加えた検索の結果を見ると、(a)では1位の浜松市も3位の岡山市も0件となり、2位の上越市が他を大きく引き離して174件となった。以下、(a)では6位の大仙市が36件、同じく7位の松本市と9位の宇陀市が25件と続いている。最後に右欄の「(a)に対する(b)の割合」を見ると、柏崎市と大垣市がトップで50％、続いて宇陀市の37.3％、大仙市の30.8％、松本市の26.6％となり、上越市は8位で23％となった。ただし、この場合50％といっても、4件のうちの2件とか10件のうちの5件などという実態であり、割合が意味を持つ数字とは言えないであろう。ざっと見渡して、割合としても意味のある数字と言えるのは、上越市のほかに宇陀市と大仙市と松本市程度ではなかろうか。

次に表24のインターネットの全サイト情報の検索を見てみよう。検索エンジンはYahooとGoogleである。左欄のキーワードは「自治体名 and 地域自治区 and

---

103）キーワードを「地域自治区 and 地域協議会」とした意味は、「地域自治区」だけでは捕捉不十分であり「地域協議会」も必要だが、後者は福祉や環境、労働組合の連合などいろいろな分野で名称の一部に使用されているために単独名称では全てを捕捉してしまい意味をなさないこと、したがって結果的に2者の単純な合計や「地域自治区 or 地域協議会」では意味をなさないためであり、総合的に判断して上記の組み合わせとした。

地域協議会」である。検索結果を2者のヒット数の平均でみると、浜松市が他を大きく引き離して21,635件、次いで上越市が8,135件、宮崎市が1,737件、一関市が901件、相模原市が740件、豊田市が729件というふうに続いている。16番以下は省略した。次に右蘭の、上記キーワードに「自主的審議」を加えたものの検索結果では、同じく2者のヒット数の平均で、左欄1位の浜松市が消え（0件）、上越市が544件で圧倒的な差をつけて1位となった。以下、盛岡市が13件、松本市と柏崎市が5件、飯田市が4件、と続いた。

　以上の2種類の検索結果を総合的に考察すると、以下のことが言えよう。まず、地域自治組織全般に関する情報量は、1位の浜松市と2位の上越市が断然多く、この2市で独占している状況にあるということである。次に、そのような中で自主的審議に関する情報量を見ると、全体の情報量としては圧倒的に多い浜松市ではあるが、こと自主的審議の情報については全くないということ、それに比べ、全体の情報量としては2番目で浜松市より相当劣る上越市だが、こと自主的審議の情報量となると他市を大きく引き離してトップに立っているということである。また、その情報量も、地域自治組織全般に関する情報量の約4分の1を占めており、比較的高くなっている。

　次に、全国紙3社の新聞記事検索であるが、『朝日新聞』の「聞蔵Ⅱビジュアル」、『読売新聞』の「ヨミダス歴史館」、『毎日新聞』の「毎日Newsパック」のそれぞれの過去記事の「見出し・全文検索」を行った。キーワードは「自治体名and地域自治区and地域協議会」である。ここでは、「自主的審議」のキーワードが使えなかったことは、すでに述べた。したがって、この点の分析はできない。しかし、報道機関の注目度や社会的話題性、教訓性などについては把握できるであろう。

　検索ヒット数は、**表25**の通りである。3紙の合計は、上越市がトップで42件、次に宮崎市で30件、以下、甲州市と浜松市が21件、坂井市が15件、岡山市が11件と続いている。なお、24位以下は省略した。

　以上、3種類の情報媒体の検索ヒット数を見てきたが、前項の文献における事例件数の自治体比較も含めて、4種類の情報媒体の扱いを総合的に見たとき、そこには、上越市の存在が大きく浮かび上がってくると言える。まず、研究分

野や自治・行政関係の出版界、さらには新聞全国紙において関心度、注目度、教訓度が格段に高く、そして一般的にも社会的話題性が高いということが言えようし、自治体現場から言えば、都市内分権制度の取組度、地域自治区・地域協議会の自主自律性（自主的審議）の重視度、及び都市内分権分野の情報発信度（波及力、影響力）が格段に高い、ということが言える。

第2節　上越市方式に対する外部の評価

（1）　研究者の論文における評価

　次に、上越市方式の地域協議会活動に対する外部の評価を見てみる。すでに、前節で見たように、上越市に対する社会的一般的な関心度や注目度の格段の高さは明らかになったが、それが必ずしもよい評価とは限らない。ここでは、上越市の都市内分権に対する各界の具体的な扱いを取り上げて実質的な評価につなげたい。

　まず、研究論文における評価である。ここでは本節の狙いに沿って、限られた紙数の中で上越市の評価を端的に述べている部分だけを抽出しているため、論旨を必ずしも正確に伝えているとは限らないことを、あらかじめお断りしておく。

　岡田知弘は「地域づくりと地域自治組織」の中で次のように述べ評価している。「第1に、地域自治組織の要となる地域協議会の委員が、「公募・公選」制によって選出されている点である。」「他の自治体の地域協議会の場合、首長が地域内の有力団体の長を選任する場合が圧倒的に多く、上越市の方法は住民自治という点から見るならば極めて重要な試みであるといえる。」（岡田知弘・石崎誠也編著［2006］、36頁）と。

　また、金井利之は、「都市自治体の将来像を展望する1つの試み」として、次のように述べている。「上越市の地域自治区・地域協議会準公選の試みはどのように推移するかは、予断を許さない。」「あるいは、準公選は理念先行の画餅ではないか、という批判も提起し得よう。しかし、住民による直接選挙をこえる民主的正統性を付与しうる制度は、現時点では発見されていない以上、都市自

治体としての将来像を展望する1つの試みとしては、今後も注目していく必要があろう。」（金井［2006］、50頁）と。

前山総一郎は、「世界の公共意思形成と協働のシステムからみた「地域協議会」の可能性」と題する論文で、次のように述べている。「日本において、近年本格的なコミュニティ自治組織として「地域協議会」のしくみが市町村合併の経緯で現れてきており、その第一線として、現在、上越市における地域協議会のしくみが着目されている。その検討を通じて、本稿では、地域住民社会の事柄にかかわる公共的な決定形成に地域コミュニティの組織がコミットするためのガバニングストラクチャーのしくみという点で、日本のとりくみが世界のなかでどのような位置づけにあるのか、この点を探ることにする。」（前山［2006a］、29頁）として、上越市の事例を詳述し、日米の地域住民自治組織の比較を行いながら、「日米における地域住民自治組織の異相は、20年以上のアメリカでのネイバーフッドオーガナイジング運動の成果という歴史的背景の違いがあるが、しかし基本的には、上越の事例は欧米の先進的取り組みと同路線での、すぐれて住民自治力およびそれを実現するための官民「協働」（coproduction）を目指しての方向であることが見て取れる。」と評価し、「「地域協議会」が特に本格的な「地域コミュニティの力を実際の地域経営に反映する」しくみへと発展することが期待される。」（同、46頁）と期待を込めて述べている。

また、別の論文でも、「上越市において始まったばかりであるが、地域協議会の委員が公職選挙法を用いて選出されるとする制度設計が、それまでの非選択的共同体の風土の強い地区に、自発的意見形成に効果を持つにいたることを見た。」（前山［2006c］、63頁）「根底的には、コミュニティ自治組織を「公共」の制度的支えとし得るのは、自発的なアソシエーショナルな地域参加とその制度的な集約であることが理解された。上越は、作り上げた萌芽をこの方向で進展させることが強く期待される。」（前山［2006c］、80頁）とエールを送っている。

宮入興一は、「「平成の大合併」と地域内分権・自治への模索」と題した論文の中で、次のように高く評価し、期待感を表した。「上越市で始められた「準公選制」の地域協議会は、広域化した大規模合併自治体が、市域内に都市と農山村、過密と過疎などの多様な問題を抱え込んだまま、同じ1つの自治体として

の機能を維持し、かつ域内の各地域とその住民のさまざまなニーズや意思を市政に反映させていくための、地域内分権・自治システムづくりへの壮大な社会的実験として評価されよう。」(宮入［2006b］、86頁～87頁）。「新・上越市における今回の独自の取り組みは、21世紀の地方分権時代を拓く歴史的に画期的な試みであって、その動向は、今後の日本の地方自治の発展にとっても、目を離せないものとなっているといえよう。」(同、92頁）。

　名和田是彦は、「上越市の地域自治の将来」と題して、次のように評価し、その歴史的位置を措定している。「上越市は、与えられた状況と条件の下で真摯に合併後の自治のあり方を考えて実践したことによって、日本の自治論を豊富にすべきいくつもの論点を提供している。」「地域協議会の構成員の投票制度を通じて選任する試みは、その中でも、最も大きな論点の1つであろう。」「投票制度という思い切った試みを行ったことは高く評価される。」(『都市内分権調査研究報告書』［2007］、36頁）「上越市もまたその独自の状況から独自の道を歩んでいる。しかしそれは、21世紀初頭の日本の自治体が置かれている一般的問題に向き合っているという普遍的な相のもとにある。」(同、37頁）。

　また、間島正秀も、同じく『都市内分権調査研究報告書』の中で、「地域自治区のありかたに関する視座と選択」と題して、次のように述べている。「とくに地域自治区における住民意思の形成・決定とそれが市の行政機関を事実上拘束しうるという地域協議会の機能は、上越市においてはその委員選任にあたって準公選制を採用していることによって、より強い正統性を担保されているものである。」(同、39頁）。

　宇野隆俊は、「上越市を検討する意義」として、次のように期待感を述べながら地制調の議論にも言及している。「地域協議会の委員の選任にあたり、公募と投票を経て市長が選任を行う方式が導入されたのである。これは、公職選挙法に基づく選挙とは異なる「準公選制」とよばれるのものである。市議会とは別個に民意を反映する事実上の選挙が行われる仕組みであり、住民自治の深化に寄与する制度として期待される。現時点でこの制度を導入しているのは上越市のみであり、それゆえに上越市の取り組みは、地方制度調査会においても大いに注目されたようである。」(宇野［2008］、181頁）。

以上のように、それぞれの研究者が高度の分析を加えながら、「住民自治という点から極めて重要な試み」、「都市自治体の将来像を展望する１つの試み」、「21世紀の地方分権時代を拓く歴史的に画期的な試み」、「地域内分権・自治システムづくりへの壮大な社会的実験」「日本の自治論を豊富にすべきいくつもの論点を提供」などと、民主的正統性に関わる「準公選制」を中心とした上越市の仕組み（方式）を高く評価するとともに、今後も注目していく必要性と強い期待感を表明している。ちなみに、上越市の事例研究を網羅的に検証したが、その中には今後の進展にむけての具体的提起はあるものの、批判的論調は全く見当たらなかった。

（2）　第29次地方制度調査会での扱い

　次に、宇野が言及した第29次地方制度調査会（以下、「29次地制調」、あるいは単に「地制調」ともいう。）での扱いを見てみる。

　審議の内容は次章で取り上げるので、ここでは配布資料に限っておく。29次地制調では、専門小委員会で具体的審議が進められたが、審議の参考としてさまざまな資料が事務局[104]により提出されている。その際、微調整や追加の部分もあるが、同じ資料名でほぼ同じ内容のものが、審議日程に応じて複数回提出されている。その中で、地域自治区等に関するもののうち初出の自治体の事例を含む資料は、第５回専門小委員会に提出された「資料１　基礎自治体における住民自治について」、第10回専門小委員会に提出された「資料８　地域自治区制度について」、そして第12回専門小委員会に提出された「資料３　地域自治区制度について」の３点である。この資料のうち「地域自治区制度について」の内容を見ると、①制度概要、②地域協議会の構成員の状況、③地域協議会の開催状況、④地域自治区制度の成果・課題、⑤地域自治区の事務所において処理している事務、⑥地域協議会による重要事項についての意見数等、⑦特色ある

104）庶務は内閣府大臣官房企画調整課だが、事務局としての実際の資料提供や応答は総務省自治行政局の行政課、市町村課、合併推進課等、自治行政局内の課である。

表26 第29次地方制度調査会の資料で紹介された事例

	第5回	第10回	第12回	合計（頁）
上越市	2	7	1（6行）	10
甲州市		3	1（3行）	4
宮崎市	1		2（3行＋3行）	3
飯田市	1		1（5行）	2
豊田市		1		1
恵那市		1		1
大仙市		0.5		1
花巻市			1（3行）	1
香取市			1（4行）	1
横手市			1（4行）	1
喜多方市			1（4行）	1
せたな町			1（2行）	1
川崎市		1*		1
神戸市		1*		1
静岡市		1*		1
関市			1（3行）**	1
田村市			1（2行）**	1
新城市			1（2行）**	1

[注1] それぞれの専門小委員会に総務省の事務局から提出された資料。
[注2] 基本的には頁数を示したが、1頁に満たないものは（ ）中に行数を示した。なお合計は切り上げて頁数としている。
[注3] *は地域自治区制度等によらない協議会等。**は地域審議会。

＜調査・作成：石平春彦＞

事例、などとなっている。

　これらの資料の中で取り上げられた事例の量（紙数）を自治体別に一覧にしたものが、表26である。これを見ると、18市町が取り上げられている。法によらないものや地域審議会の事例もあるため、本書が扱っている地域自治区、合併特例区に関する事例については12団体である。そこで、合計を見ると、やはりここでも上越市が10頁と断トツで多くなっている。2番目の甲州市については、第10回専門小委員会が開かれた2008（H20）年5月27日には、すでに制度（一般自治区）が廃止されていた時期であり紹介した意図が測りかねるが、市政全般について市長が出席して説明し意見交換したという地域協議会の審議内容に注目したためかもしれない。

　上越市の事例紹介については、「（参考資料）地域自治区について」として全国の一般自治区のさまざまな状況の一覧（3頁分）を掲載した後に、まず地域協議会の委員の選任における公選に準じた手続きを条例（抄）とともに紹介し、続いて第1回の選任投票の結果の一覧、地域協議会の開催状況の一覧を載せている。そして「（参考資料②）地域協議会における審議の模様」として、安塚区地域協議会の2008（H20）年2月13日の会議（議題：1協議（1）諮問事項に係る審議、②安塚区地域協議会としての審議内容、など）について4頁にわたっ

て載せている。総務省（事務局）による上越市に関する事例紹介が、特定の意図や価値基準に基づいたものではないにしても、それなりの価値を認めなければこのように大きく紹介する必要はないと思われる。すくなくとも、前項で紹介した研究者の「日本の自治論を豊富にすべきいくつもの論点を提供」しているという点などに注目したことによるものであろうし、実際に活発に活動していることに対する社会的評価を感じ取った扱いと言えるかもしれない。

実際、この地制調の審議当時（専門小委員会の第2回～第14回）、総務大臣をしていた増田寛也・東京大学公共政策大学院客員教授は、後に市町村合併の評価についての新聞のインタビューで次のように述べている[105]。結論に至るまでに若干長くなるがご容赦いただきたい。

——政府の地方制度調査会が6月、市町村合併を来年3月で「一区切り」とする答申を麻生首相に出しました。

「（略）それより一歩踏み込んで、国が合併を促進する政策は今後一切やめにする、としたらどうでしょう。明治、昭和、平成と3回あった合併政策の歴史に終止符を打つべきだと思います。」

——増田さんは推進した側です。この10年余の合併は失敗だったということですか。

「失敗だったかどうかは時間をかけて検証する必要があります。でも負の面が多かったことも認めざるを得ません。合併によって自治の力を強めようとしてきた者から言えば、複雑な心境です。」

——負の面とは。

「中央が、合併特例債や地方交付税の大幅削減など、カネを武器に地方自治体を誘導しようとしたことに限界があった、ということです。合併特例債は（促進のための）ニンジンでした。でもそれは途中から交付税の大幅削減、つまりムチに変わりました。」「合併後の新庁舎の建設などに使う借金の7割を、国が交付税で面倒を見ました。そのため無駄な施設を建てた自

---

105) 2009（H21）年7月18日付『朝日新聞』。記事見出しは次の通り。「オピニオン　異議あり　県知事、総務相として地方分権を推進した増田寛也さん（57）　市町村合併は傷を残した。終止符を　中央の誘導には限界。自民も民主も数にこだわるな」。

治体も出て、大きな借金、財政的な傷を残しました。」

（中略）

――成功例は？

「地方の廃校になった校舎を都会の人が農業体験や宿泊施設に使う、という話をよく聞きますね。地域の人たちが知恵を絞った成果です。分権が進むと、身の回りで知恵と工夫が試されることが増えます。手応えを実感できると、さらに分権は進みます。」「平成で最多の14市町村が合併した新潟県上越市の旧町村では、旧議会に代わる地域協議会が報酬なしで地域の運営を話し合っています。（略）」

（以下、略）

　つまり、合併の推進の側にいた増田教授（元総務相）がここで言っていることは、「もう合併に終止符を打つべきだ。検証には時間がかかるが、負の面として中央の誘導に限界もあったし地方に大きな財政的傷を残したのも事実。しかしそんな中でも、分権が進むと身の回りで知恵と工夫が試され、手ごたえが実感できれば更に分権が進むことになる。成功例の1つは、上越市の地域協議会だ。」ということであろう。

　このような考えの総務大臣をトップにいただいていた総務省（の事務局）も、それなりの評価姿勢を持ち合わせていたのではなかろうか。

(3) 新聞記事に見る評価

　次に報道各社の論評について見てみる。

　『朝日新聞』は、「小さな自治、充実の試み」[106]として、次のように述べ高く評価している。「平成の合併では、旧町村単位で地域の課題を話し合い、解決するための「地域自治組織」が各地にできた。合併で自治体の範囲が広くなるため、「小さな自治」を充実しようという試みである。（中略）上越市の地域協議

---

106) 2006（H18）年12月25日付『朝日新聞』。他の見出しは次の通り。「地域に生きて　合併の後　民意の集約、手探り　新潟・上越　市民委員が無報酬で」。

会は、委員を選出するにあたって全国でただひとつ、「準公選制」を採用した。選挙=住民による投票を経て市長が任命する制度だ。市長が一方的に、町内会長ら有力者を指名するのと異なり、委員は議員と同様、住民の負託を受けたことになる。(中略)市町村合併の本来の目的は「分権の受け皿作り」のはずだった。現実は財政的苦境に迫られた合併が大勢となるなかで、上越市が提案する小さな自治の設計図は貴重なリーディングケースとなるだろう。」と(巻末資料に新聞記事縮小コピーを掲載[107])。

また、別の記事[108]では、「芽吹く住民自治組織」と題して、次のようにも述べている。「平成の大合併を機に、役場がなくなった周辺部で住民自治を紡ぎ出そうとする組織が相次いで生まれた。一定の予算の使い道を事実上決め、議会並みに成長したところがある(略)」として「「行政の手が届きにくい地域では住民自治を活性化させる必要がある」。こう考えた上越市は、合併に伴い、中心部の旧上越市を除く13の旧町村に地域自治区を設置した。独自の意見書は計66件にのぼり、「議員提案条例がゼロの市議会より存在感がある」という市民もいる。」と(同)。

また、『毎日新聞』は、「毎日・地方自治大賞：上越市に奨励賞「住民組織でまちづくり」評価」[109]として、「ユニークな発想で地域づくりに取り組む市町村を顕彰する06年度「毎日・地方自治大賞」(毎日新聞主催、総務省後援)の受賞自治体が決まり、奨励賞に上越市が選ばれた。」「旧上越市に編入合併した周辺13町村を地域自治区に移行して、準公選により選出された住民で構成する「地域協議会」の設置や、ＮＰＯなどの住民組織がまちづくりの核となる新しいコミュニティ作りが評価された。」と報じている。

淡々と報じているが、自社が総務省の後援で上越市の準公選の地域協議会等の取組を地方自治大賞・奨励賞に選んだということだから、最上の評価であろ

---

107) 朝日新聞社データベース事業センターの利用承諾済み。
108) 2008(H20)年8月17日付『朝日新聞』。他の見出しは次の通り。「平成大合併のいま⊕ 芽吹く住民自治組織「市議会よりも存在感」新潟県上越市」。
109) 2007(H19)年3月14日付『毎日新聞』。なお、同趣旨の記事が2007(H19)年2月17日付でもあり、本文はその両方を合成している。

う。

　一方、『読売新聞』は、「地域自治区　高まらない住民の関心」と題して、次のように報じている[110]。「まず合併時に、旧上越市以外の旧13町村の各区域に（筆者注：地域自治区を）設置。さらに今月1日から、新たに旧上越市区域に15区を設定した。各区には「地域協議会」を置き、委員を務める住民が、市長から意見を求められた案件や地域の問題について話し合う。委員は無報酬で、希望者の応募が定数を上回った場合は、住民が投票で選ぶ仕組みも整えた。」「だが、こうした「住民自治」の趣旨が、市全域で十分に浸透しているとは言い難い。」「そもそも、住民の関心が向くような仕組みになっていない——との意見も聞かれる。「いまの地域自治区には、区内の施策の決定権も、一定額の予算も与えられていない。これらを付与すれば、状況は大きく変わるのでは」。ある地域協議会の会長はこう指摘する。」「より実効性のある仕組みへ、さらなるテコ入れが求められている。」と。

　要するに、地域自治区設置に肯定的な立場で、もっと実効性のある仕組みにすべきである、と期待し励ましている、ということである。

　以上、本節では、上越市方式の都市内分権の取組に対する各界からの外部評価をみてきた。概して、高い評価と期待感、そして励ましのエールが送られていることが分かった。

第3節　民主的正統性の意義

　これまで展開してきた調査・観察・分析・考察に基づき、ここで本書のテーマである民主的正統性の意義について、総括的に考察する。

（1）　制度の理念的、原理的な観点からの意義

110）2009（H21）年10月15日付『読売新聞』。他の見出しは次の通り。「点検　上越　市長選を前に＜上＞」。

第1章で示したように、「民主的正統性」とは、「住民の総意の手続きと意思によって信託及び認知された権能の状態」であり、具体的、実態的には「議事機関または執行機関の構成員または長が住民の直接選挙によって選ばれること」である。そして、それは、近隣政府論で示した、その成立要件の1つである「住民代表性（民主的正統性）」であり、その厳密な意味で求められる「住民総会または住民の直接選挙による住民代表機関（議会）を有し、そこにおいて組織としての意思決定を行うこと」と符合する。

　しかし、筆者は、近隣政府論で示された他の場合、すなわち市町村の議会による選出や長の任命のような「間接的な連鎖」による「一定程度の住民代表性」については、ことの本質（住民の直接民主主義）をそらしかねないものとして、関連させることには否定的である。反対に、「準公選制」の場合は、たまたま法の制約があるために法的に「公選」と言えない（やむをえず「準公選」の形式をとっている）だけであって、実際には「公選」（近代選挙の原則（普通、平等、直接、秘密、自由））に基づいた住民の直接選挙を行っているのであるから、むしろこれを「民主的正統性」として正しく位置付けるべきであると考える。

　したがって、「都市内分権における民主的正統性の確保」とは、「公選」か「準公選」を志向することであるが、日本の現状では法的に「公選」が否定されている以上、「準公選」を志向することが唯一の方法となる。換言すれば「準公選制」は、現下の日本における唯一の住民の直接民主主義手法であり、「住民参加」という視点で言えば、その「最高レベル」に位置するということになる。

　ところで、都市内分権、すなわち基礎自治体の内部団体としての地域自治、近隣自治という限定された範囲では、自治体の議会とは違い、選挙まで求める必要はないのではないかという考え方がある。確かに地域自治組織は基礎自治体ほどの独立性を持つものではない。しかし、そうであっても、「住民自治」という観点に立つ限り、内部団体における住民の直接民主主義の仕組みは最大限尊重されるべきことである。住民の直接民主主義が国から地域社会まで、ものごとを決める最高の仕組みであることは近代社会の根本的な原理であり、基本的人権という人類の普遍的価値から言っても当然のことだからである。また、補完性の原理から言えば、国や自治体よりも先に、そもそも地域社会が本来的に

持っている権利（備わっている属性）である。それが現在では内部団体として措定され直されたわけだが、本来備わっている自治の仕組みが保障されることは当然のことであろう。さらに、身近な地域や近隣であるからこそ、たとえば民主的正統性の一形態である住民総会など、直接民主主義の手法がより取りやすいということも言えるのである。

　以上が民主的正統性に関わる、理念的、原理的な観点からの意義である。

(2)　運用上の問題提起に耐えうる仕組みとしての意義

　公選、準公選を志向した場合、制度の運用上で仮に問題を立てるとすれば、たとえば、地制調でも意見が出されているように、同じ公選による自治体の長や議員との関係（権限調整）をどうするか、といったことであろう。これについては、長や議会と地域協議会では、既に権限自体やその及ぶ範囲が明確に分けられているし、準公選制を唯一採用している上越市でも特段問題となっていることはない。むしろ、第4章で述べたように、上越市議会はこの準公選制の導入のための先導的役割を果たし、導入後も地域協議会の活動を保障するための努力を続けているのである。将来的に法改正がなされ、準公選から公選に移行した場合でも、その姿勢は変わらないであろう。要するに、端的に言えば、やらないための理由をつくるのか、それとも住民自治の拡充のために両者のすみ分けと連携をしっかり行い積極的に二層性の自治に取り組むのかの違いでしかない「問題」と言えよう。

　現実的な問題といえば、「協働の活動の要」という地域協議会の日本的位置付けとの兼ね合いについても指摘されている。つまり、住民の選挙となった場合、地域で協働の活動をしている団体等と選出された委員の間に乖離が生まれて、その役割が果たせなくなるのではないか、したがって、この選出方法はなじまないのではないか、というものである。「政治色が非常に強くなる」（29次地制調の論点）可能性も地域で協働の活動をしている団体等との乖離の問題に関連して言われている。

　この点について言えば、「政治色が非常に強くなる」という意味が今一つ分か

らないが、委員に政治色の強い人ばかりが立候補する、あるいは選ばれる、だから問題という意味だとしたら、その考えは実際の仕組みに対する認識において間違っているし偏った考え方であると言わざるを得ない。地域協議会の役割に照らして一番ふさわしい人を選ぶという点から言えば、むしろ、選挙こそ一番間違いのない方法なのである。基本的には特定の人を特定の目線で選任する長の選任制と違って、一個人であろうと「協働の活動をしている団体」の構成員であろうと、推薦された人であろうと、誰でも立候補する自由が与えられており、さらに立候補した人をみんなで選ぶというのが「公選」「準公選」の良いところである。

仮に「政治色の強い人」がいたとしても、その人だけに立候補の権利が与えられているわけではない。むしろ、その人よりは何百倍もそうでない人がいるはずであり、その中から意欲ある人が立候補すればよいし、推薦して出てもらっても良いのである。また、「政治色の強い人」が地域や地域活動に理解がなく、地域外の政党などばかりに目が向いている人なら、そんな人に誰も票を入れないであろう。また、仮に当選しても多数派にはなれないであろう。そういう中で、もしその結果、地域協議会と「協働の活動をしている団体」の間で軋轢や不和が生ずるとすれば、問題はむしろ地域の民意と乖離しているその団体の側ではないかとも思える。

いずれにしても、実際にそんなことは杞憂であり、そのことよりも、論点を整理する上で重要なカギが2点明らかになっている。それは、すでに第5章第6節の（7）で触れているが、全国の選挙方式を取らない多くの自治体でも、地域協議会はほとんどが「審議」に特化したものであり、「期待されたほど」というよりは、「ほとんど」と言っていいほど「協働の活動の要」の機能は発揮されていないという事実である。

もう1点は、他方、心配されている当の選挙方式の上越市では、確かに地域協議会は「審議」に特化しているが、「協働の活動を行う団体」すなわち住民自治組織と上手にすみ分けを行い、問題は起きていないし徐々に連携も強化され、事務所と地域協議会と住民自治組織の3者で協働を進展させる兆しを見せていることである。したがって、結論的に言えば、選挙方式と協働活動に関する上

記の問題提起は杞憂であり、上越市方式（選挙方式）の中で地域協議会が「協働の活動の要」の役割を果たすことは十分可能であるということを示している。

このことは、皮肉にも、問題が想定されていない方は、むしろ現状において期待された役割がさほど発揮されておらず、反対に問題が想定された方が、想定された問題を回避する積極的な取り組みで相当の成果をあげているということである。

したがって、「民主的正統性」は、これらの問題提起にも十分耐えうる仕組みであるということが言える。

（3）　実際の活動の効果における意義

次に制度運用上の実際の効果においては、第3章の第4節「協議機関の構成員の選出方法と活動状況」で全国の実態調査を基に分析・考察したように、全国の地域自治組織を設置している57自治体における地域協議会の活動状況の比較では、協議機関の構成員の選出方法における住民参加の程度が高いほど自主的審議の意見数が多いという関係性がおおむね認められた。

また、同じように、第5章の第3節で分析・考察したように、上越市において選挙を実施した区の集団と選挙を実施しなかった区の集団の比較でも、選挙を実施した（住民参加の程度が高い）区の集団の方が、選挙を実施しなかった（住民参加の程度が低い）区の集団に比べて、自主的審議の意見数が格段に多いという関係が認められた。このことは、民主的正統性が確保（選挙が実施）された区域においては、住民代表機関の自主自律性の意欲が高く、実際の地域協議会の活動においても自主的な活動の機能がより強く発揮されていることを示していると言える。

また、数値としての比較は今回の全国調査ではできなかったが、上越市に限って言えば、具体的な効果においても、自主自律性の高い機能発揮の中で地域協議会の意見が市の政策に反映され、全市に展開された事項も多くあることも特徴的である。このようなことから、地域協議会の自主自律的な機能発揮の実際の効果においても民主的正統性の意義は認められたと言える。

(4) 将来への展望を与える影響力としての意義

　本章の前2節で見たように、制度導入後の研究事例や各種情報媒体の情報量など、研究分野や自治・行政関係の出版界、さらにはインターネットや新聞全国紙において上越市の取組に対する関心度、注目度、教訓度、そして社会一般の話題性が制度導入の他市に比べて格段に高いということが認められた。

　研究者の論文でも、民主的正統性に関わる「準公選制」を中心とした上越市の仕組みを高く評価するとともに、今後も注目していく必要性と強い期待感を表明している。

　また、国の制度設計に携わる総務省の注目度も高く、審議機関である29次地制調の審議でも高く評価されていることが幾人もの関係者から述べられている。

　このことは上越市の側から言えば、都市内分権制度の取組度、地域自治区・地域協議会の自主自律性（自主的審議）の重視度、及び都市内分権分野の情報発信度（波及力、影響力）が格段に高いということが言え、それは民主的正統性の確保による住民の活性化、及び情熱や意欲、誇りが直接の要因となって、内においては自主自律の活動を活発に行うとともに外に向けては情報発信を積極的に行うという結果となってあらわれている。

　要するに「民主的正統性の確保」によって地域協議会の活動が活発になり、地域意思の市政への反映や地域力の維持向上に寄与しているというモデル的事例として各方面から高い評価を得ているということである。

　以上のように、「民主的正統性の確保」が自治体内外の社会に与える影響は大きく、国の制度改革の過渡期における唯一の先進的で壮大な実験という性格も帯びながら、いわば都市内分権の将来への展望を与える光明として全国に正の影響力を発揮しているということが言える。

第 7 章　都市内分権の民主的正統性確保に向けた課題

　以上、都市内分権の先行研究や立法過程から、制度導入の全国的動向と現状までを概観するとともに上越市の事例について立法過程の議論や制度の実際を詳述し、さらには上越市方式の外部の評価を見ながら都市内分権における民主的正統性の意義を総括的に明らかにしてきた。本章では、それらを踏まえて最後に、最近の国の制度改正に向けた議論を分析しながら、都市内分権における民主的正統性の確保にむけた制度改革の課題を考察する。

第 1 節　第 29 次地方制度調査会の議論と答申

(1)　審議の流れ

　27 次地制調の制度設計した地域自治組織制度の一定の進展経過をふまえ、その検証と今後のあり方を審議したのが 29 次地制調である。2007（H19）年 7 月 3 日の安倍首相からの諮問事項は、地方自治の一層の推進を図る観点からの「市町村合併を含めた基礎自治体のあり方、監査機能の充実・強化等の最近の社会経済情勢の変化に対応した地方行財政制度のあり方」についてであった。ここでは、本書のテーマに沿って、諮問事項のうち、「Ⅰ　市町村合併を含めた基礎自治体のあり方」の「2　基礎自治体における住民自治の充実」（○地域自治区等のあり方、○地域コミュニティのあり方）について取り上げる。

　29 次地制調は、学識経験者、国会議員、地方六団体の代表者で構成される総会を 4 回、学識経験者で構成される専門小委員会を 28 回開催し、途中、地方六団体への意見聴取も行われたが、最終的に 2009（H21）年 6 月 16 日の総会を経て「答申」が公表された。

　以下、議事録（議事要旨）より審議経過の概要を述べる。なお、括弧内の委

員等の発言は、筆者によって簡略化した上で意味が通じるように補正しているため議事録の通りではない。

(2) 委員の注文

　第2回総会において審議事項が整理されたことをふまえ、第2回専門小委員会で実質的な審議に入った。事務局から資料に基づき市町村合併の状況などが説明され、その中で地域自治組織の全国的な活用状況も述べられた。

　これに対し委員からは、「総務省や関係機関の調査は、要するに当事者（自治体）の自己評価だ。一番大事なのは、当時者である住民がどう考えているかという視点が欠かせないが、それに関する何か（調査データ）はないのか。それがなければ本質的な話はできない」という注文や、「住民自治の狭域化ということで地域自治組織の話が出ているわけだが、せっかく作った制度にうまく乗っていないという実態があるだろう。制度に乗らない市町村、乗っている市町村がどのくらいあって、そこにどんな問題があるのか、そんな論点を出していただきたい」という注文も出た。

　第3回専門小員会は全国の市町の長等の市町村合併に関する意見聴取、質疑応答が行われたが、地域自治区・地域協議会に関しては、ほとんど話はなかった。

(3) 上越市等の事例紹介と委員の重要な提起

　第5回専門小委員会では、まず資料[111]に基づいて事務局から説明が行われたあと、委員から質疑、意見が出された。事務局からは、地域自治区や地域協議会の現状の説明があり、その中で「構成員の選任にあたっての特徴的な取組」として「上越市の公選に準じた手続き」が紹介された。また、具体的事例として、改めて上越市と宮崎市、飯田市の内容が説明された。その後、コミュニティの地域自治区との関係や海外の住民自治組織（筆者注：ここは「地域自治組織」と言

---

111)「資料1　基礎自治体における住民自治について」。

うべきところであろう）の説明が行われた。

　これに対し、3人の委員から重要な問題提起が行われた。最初の委員[112]からは、「今後の審議への期待」として、「協働の活動を進めていくという発想からすると、できるところから作っていくことが望ましいと思われる。今後深めていきたい論点」との提起があった。また、上越市について取り上げ、「地域協議会で決めて、それを住民あるいは行政がやっていく。こういうふうに地域で決めて地域で行う。地域で決めるんだという住民自治の側面が非常に強く意識され始めたということは、1つの住民自治の前進ではないか。」と評価し、公選に準じた委員の選任について、「上越市の実験の意味」を論じている。つまり、「コミュニティレベルでドイツのような政治色の強い制度を作ることが日本で可能かやや疑問に思っていた」。「しかし究極的にはやはり地域の民主主義を厚くするという課題はあるので、当然公選が理想としては望ましいと今でも考えている。その観点からすると、もう一度地域自治区制度をさらにバージョンアップするという課題を考えるならば、やはり公選制を導入すべきかどうかということを我々も議論しなければならない」。「その意味から言うと、上越市の実験は非常に大きな意味を持つと思っている」。「そういった結果を貴重な実験として我々としても検証して地域自治区制度の次なるバージョンアップを考えていくべきではないか」と提起された。

　また、別の委員[113]からも4点に渡って提起された。すなわち、1点目は、「基礎自治体のある特定地域の地域（区域）だけに地域自治区が生まれるということを許容すべき」。2点目は、「地域住民の直接請求で地域自治区を創設するという道を開くべきではないか」。3点目は、「構成員を直接公選する道を閉ざしているからこそ、上越市のようにそれに準じた準公選を実施するというところが出てきたわけだが、直接公選の道も選べるようにすべきではないか」。「このようなところを変えてあげれば、もう少し地域自治区制度の活用の余地が出てくるのではないか」。そして4点目は、「政令指定都市の行政区の区域に地域自

---

112) 名和田是彦委員（法政大学教授）。
113) 西尾勝委員（東京市政調査会理事長）。

治区をつくるということを許容しているが、出てこないのでもう一工夫考えなければならない」というものである。

さらに、別の委員[114]からは「2人の委員の言われたことと重なることがあるので外れたところを1点だけ」と前置きして、「地域自治区を昭和の合併のときの旧村単位に適用するのがいいのか、あるいは新しい組織を作るのかということを議論すべき」。「住民主体の組織の要件というのは3つほどある。1つ目は地域の全世帯が参加するものであること、2つ目は財産を持てるということ、3つ目は経済活動ができるということ」だが「NPO法人とか認可地縁団体で経済活動をするとかやや無理がある活動をしているので、新しい法人格が必要なのではないか」と提起された。また「ぜひコミュニティというのはどうあるべきかというところまで今回は踏み込んでいただきたい」との提案もなされた。

(4) 委員「選挙制の選択肢へ地制調として一念を」

その後、この事項が議論されたのは、第10回専門小委員会の場である。「地域自治区制度は幅広い層が政治参加する制度の1つとも見ることができる」ということで地方議会の事項と合わせて議論された。まず、事務局から資料に基づいて制度の説明が改めてあり、併せて直近の2007（H19）年10月1日時点の実態調査に基づいた各種のデータが報告された[115]。

説明後の議論で、委員[116]から1つの論点の提起とともに、選択肢としての選挙制度についての強い要望が出された。すなわち、「幅広い人が政治参加できる仕組みと考えたときに、当該地域に住所を有する者という縛りを緩和することが適切なのかどうか（私は近代的な基本的政治原理にやや執着があるので、それはどうかなと思わなくもないが）、ぜひ議論いただきたい」という論点の提起

---

114) 小田切徳美委員（明治大学教授）。
115)「資料8　地域自治区制度について」。2007（H19）年10月1日時点の実態調査に基づいて新たに盛り込まれた主なデータは、次の通り。「地域協議会の構成員の状況、地域協議会の開催状況、地域自治区制度の成果・課題、地域自治区の事務所において処理している事務、地域協議会による重要事項についての意見数等」。
116) 名和田是彦委員。

そして「地域協議会の委員の選任の仕方として、選択肢として選挙制を認めていくということ」、「もし地制調として一念ができるならば、そういう方向で制度の改善を図っていただきたい。」と。

(5) 委員「現行法の下でも選挙で代表を選ぶことは条例でできる」

　第11回専門小委員会も、前回に引き続き委員の意見交換が行われた。委員から、改めて同様の意見が出た。他の委員[117]からは、「この制度に乗っかるとどんなメリットがあるのか」と質問が出て、行政課長と議論となった。委員は、「自治体が独自に選挙で代表を選んで地域自治区的なものを条例でつくろうとしたら、どこに制約があるか」。「禁止してないし罰則もない。だから、やろうと思えばできる。それをたまたま地域自治区制度に乗っかったら、やたら規制が大きくて不便この上ないことになるので、それなら無い方がいいのでは、という問題提起だ」と根本的な鋭い提起を行った。

　これに対し、行政課長は、「議会と執行機関の長が選挙で選ばれて一定の事務を行うという制度があるので、現行の地方自治法で認められるかどうかという論点」。「法制的なことがあるので、調べて次回に説明させていただきたい」と防戦一方だった。

　そのほかに、次の議論が委員間で交わされた。委員[118]「決定権を持ったら公選制じゃないといけないというのは本当にそうか」。委員[119]「選挙じゃないというのは法律がちゃんとあるから。つまり、全ては国民に正統性の淵源があって、国民の総意として、そこから連続でつながっていればよい」。「選挙で繋がっていないから問題」。委員[120]「それなら、地域立法である条例でその枠組みをつくったらいいだけのことではないか」。

　この論議に対し、最後に行政課長が「正統性の根拠として選挙が必要かどう

---

[117] 片山善博委員（慶応義塾大学教授）。
[118] 大山礼子委員（駒沢大学教授）。
[119] 名和田是彦委員。
[120] 片山善博委員。

かということが1つの論点ではないかと思うので、法制的なことも含めて整理したうえで説明する」と引き取った。

(6) 事務局の問題回避の説明に議論なし

　第12回専門小委員会では、前回の委員の要望を受けて、事務局より、地域自治区制度についての現行地方自治法の解釈が資料に基づいて説明された。
　構成員の選任については、市町村長が選任するとされているので、公選に委ねることはできないこと。また、地域自治区制度を法律で規定する意味については、創設時の整理として、「制度の趣旨は、地域自治区の創設の道を開くことにあるのではなく、自治法上、市町村の区域内においてより狭い区域を単位として住民の意思を反映させる仕組みを明確に位置付けて住民自治の拡充方策を充実しようとするところにある」ということ。具体的な法律効果としては、①市町村長に対し構成員選任に当たっての配慮義務、②地域協議会は単なる諮問機関ではなく自ら建議できる機関であることを明記、③構成員に対して報酬支給原則の対象外とすること、がある、と。
　これに対して委員からは特に質疑、意見はなかったが、この説明は、前回の委員の質問や問題提起に正面から答えたものになっているとは言い難い。委員の指摘は、地方自治法の制度ではなく、条例で制度化すれば地方自治法の制度の制約は回避できるのではないか、ということであり、それは逆に言えば、自治法の制度の存在意義（効果）があるのか、という根本的な問題提起なのである。しかし、これに対する突っ込んだ議論にはならなかったばかりでなく、そのまま素通りすることとなった。
　同時に問題は、ここでは、地方自治法上の制度をどうするか、ということのために集まっている（審議している）のだから、根本的な問題があるとすれば、その改正のための制度設計をする（決める）ということが最重要なことであろう。しかし、この段階では明確な論点整理がされていない。

(7) 議会に関する地方六団体の意見聴取と委員の論点提起

　議会に関する意見聴取が地方六団体（議会関係代表）等[121]に対して行われた第13回専門小委員会では、聴取後に委員[122]から「地域自治組織で、大変元気な住民参加の姿を見ることができる。実はこういったものと議会との関係が多くの場合うまくいっていない。二元代表制どころか少し比喩的に言えば三元代表制という実態もあって、勿論これは、運営・運用上の問題だが、制度として仕組みを新たに作ることによって地域自治組織、地域自治区、そして議会の両方が元気になる、そういう流れもつくり出し得ると思っているので、論点に加えてほしい」との提起があった。

　また、議会に関する意見聴取が地方六団体（行政関係代表）[123]に対して行われた第14回専門小委員会では、意見聴取後に委員[124]から「地域自治組織は合併に伴って導入するというタイミングでやっているが、既存の市なり大規模な市にも合併とは関係なくても地域自治区を設置して、地域における住民自治の強化を図っていける制度にできるのではないか、そういう非常に大きな可能性を秘めているのではないか」との提起があった。

　これは、事務局が、「議会と地域自治組織との関係」の論点を小規模自治体の項目に入れたことに対し反論したものである。この点は、事務局が直ちに撤回した。

　なお、2回の聴取では、テーマ設定にも制約されたと思われるが、地方六団体等のいずれの立場からも、地域自治組織に関する意見は全く出なかった。

---

121) 出席者は、都道府県議会議長会会長、三重県議会議長、全国市議会議長会地方分権改革・道州制調査特別委員会委員長、全国町村議会議長会会長。
122) 小田切徳美委員。
123) 出席者は、全国知事会総務常任委員会委員長、全国市長会行政委員会委員長、全国町村会会長
124) 金子優子委員（山形大学教授）。

(8) 論点設定のためのさまざまな問題提起

　第18回専門小委員会は本格的な議論の前であったが、地域自治区、地域協議会に関する論点設定について、他の議論に関連して散発的にではあるが様々な問題提起が委員から出された。例えば、委員[125]から「住民と行政の今後の関わり方」として、「地域づくりにおいて住民と行政が協働していく新しい仕組みが求められる。行政サービスのあり方や選択と集中ということで考えると、住民と行政のよりよい協働のあり方として、現行の地域自治区なり地域協議会の仕組みをバージョンアップすると使い勝手がよくなるのであれば、この際その地域自治区のあり方を改正するというのが、1つの具体的な方策になり得るのではないか」と指摘された。

　また、「身近なところに民主主義を充実しようとすれば、そこに政治的な機関を置くことになる。しかし、額に汗して地域のために働く人たちと政治的な関心を持つ人たちとは、必ずしも一致しないのではないかという不安がある。だから地域協議会を、より民主的に直接選挙で選ぶという制度を自治体が選択できるようにするという制度設計に賛成だが、運用を誤らないようにしなければいけない。」として、上越市や宮崎市における地域協議会とその議決を執行する住民組織の例をあげ、「この仕切りの仕方がしっかりしていけば、地域協議会自身は、例えば選挙制であり、その議決の下に地域住民が協働の活動をするというような制度の活用の仕方は十分あると思う。」と提起された。

　別の委員[126]からは、「意見に全面的に賛成だが、住民自治とか、小さな自治体を丁寧に見ていくということを行う前に、やはり全体の見取図みたいなものが基本的に必要」との意見が出された。これに関連して、別の委員[127]からは、「住民自治の充実という審議項目については、そこに位置づけられている以上の深堀りをすべきものだと思う。第1に、地域自治区を選び取らなかった地域が

---

125) 名和田是彦委員。
126) 真柄秀子委員（早稲田大学教授）。
127) 小田切徳美委員。

かなりある。逆に言うと、この地域自治区の一般制度が、なかなか使いづらい、メリットがないという問題があって、やはり制度的に大きく改善する余地があるところだろうと思う。その点で、なぜ地域自治区を選ばなかったのかという調査を是非しっかりしていただきたい。」との提起と要望があった。

また、別の委員[128]からは、「哲学論争をしてもなかなか具体的な成果は出ないので、基礎的自治体の果たすべき役割について客観的な共通認識をつくる必要がある。例えば、今後の基礎自治体としての政策論も含めて、共通に考えるのか、いろんな偏差があってもいいと考えるか。その辺りも切り分けて、ある程度の共通認識を得た上で、より具体的な法制度の設計に向かうべきではないか」との意見もなされた。

続く、第20回専門小委員会では、委員から「研究調査で回ってみると、地域協議会委員と市議会議員との関係や役割分担について敵対的な感じがある。その点で、地方議会との関係を議論していかないと、使いやすい小さな自治を実現していく制度になっていかないのではないか」という意見が出た。

(9) 地方議会代表「公選は先進的な取組。議会との関係は危惧していない。」

第21回専門委員会は、地方六団体[129]に対する市町村合併を含めた基礎自治体のあり方に関する意見聴取が行われた。意見の中では、知事会の代表が、住民自治の充実の中で岡山市の合併特例区の例などを出し、「住民自治の充実がますます重要になってきている。ぜひとも地域自治組織、ボランティア団体などの多様な主体が地方自治体の運営に参画する、あるいは住民意思が確実に反映できる体制整備や方策等、具体的な検討を進めていただきたい」と、概して一般論が述べられた。このほかの代表、特に最も関係する全国市長会の代表からは、不思議なことに地域自治組織に関しては特に取り上げられなかったし、全体として散漫な意見表明であった。

---

128) 斎藤誠委員（東京大学教授）。
129) 出席者は次の通り。全国知事会総務常任委員会委員長、全国市長会会長、全国町村会会長、全国都道府県議会議長会会長、全国市議会議長会副会長、全国町村議会議長会会長。

意見表明後、委員[130]から「地域自治区の使い勝手はどうか」という質問が出された。これに対し、市議会議長会の代表からは、「地域自治区の制度の関係については、本会の現時点での意見集約はしていないので私見を言わせていただく」と前置きし、「地域自治区を設置する場合には地域全体に一斉にということである程度法律の縛りがかかっているので、各市町村が地域の実情に応じて創意工夫して設置できるようにすべきではないか。一律頭から法律で規制するのは一工夫する必要がある。また、住民参加と議会の存在とか、住民の意思決定という点を含め、今後よく検討しなくてはいけないという気がしている」との答弁があった。

また委員[131]が、「地域自治区の仕組みと地方議会の関係についてはどう考えるか。今は地域協議会のメンバーを市長が任命するという形になっているが、選挙をやってその結果を踏まえて任命する形を取っている所があるが、もし法律で公選することができるという規定を設けたときには、市議会の関係等についてどのように考えるか」と質問した。

これに対し、全国市議会議長会の代表[132]は、次のように答えた。「公選云々ということと議会の関係だが、議会の場合は、日常的に行政全般にわたっての責任や仕事があるので、地域自治区が設置されたことによって議会の意思よりそこが優先されるという危惧はあまり感じていない。議会の中で議論が届かない地元のより細かい意見の集約なり、市民の協働という形のあり方の1つとして非常に意味があると感じている。そういったところは大いに先進的な取組をされていると尊敬している。」と積極的に評価する答弁をした。

（10）　本格的な議論の展開と不可解な事務局の論点整理

第24回専門小委員会で、「基礎自治体における住民自治の充実について」と題して、初めて本格的な議論が行われた。

---

130)　江藤俊昭委員（山梨学院大学教授）。
131)　金子優子委員。
132)　石川隆二全国市議会議長会副会長（川越市議会議長）。

4つの資料[133]が提出されたが、その3つまでが地域自治組織に関してであり、これまでの委員の意見や提起が論点整理としてまとめられたものであった。まず事務局の資料説明が行われた。この中で、不可解な文面があらわれた。それは、「準公選により地域協議会の構成員を選出すると、政治色が非常に強くなる面もあり、今、地域、コミュニティの単位でこのような制度をつくることは適当か」というものである。

　しかし、専門小委員会、及び総会の議事録をくまなく探しても、このような委員の発言はどこにも出てこない[134]。かろうじて強引に当てはめたのかもしれないと推測されるのが、第18回の委員の発言、「運用を誤らないようにしなければならない」としたくだりである。しかし、このことを指しているとすれば、全くの揚げ足取りであり悪意としか思われない。委員は、「政治色が非常に強くなる面もあり」とか、「今、コミュニティの単位でこのような制度をつくることは適当か」などとは全く言っておらず、反対に、上越市や宮崎市で実際に運用（地域協議会と住民組織の役割分担）をしているように、そのような仕切りをすれば活用は十分できる、つまり公選制を選択できるように法律を改正すべきだ、と繰り返し主張しているのである。

　事務局の説明の当該部分に関する出席委員の反応は何もなかった。また、偶然かもしれないが、当該の委員は出席していなかった。しかし、これは27次地制調でも強引に行われたように、相当な思惑が潜んでいるのかもしれない。

　委員の意見交換では、委員[135]から「地域自治区を導入したいくつかの市において市民アンケートを実施したら、3割が地域協議会のメンバーを公選とすべきだと回答した。地域協議会のメンバーも一定の住民代表性が求められるので、公選の制度も導入できるよう制度を変更することを検討すべきである」という

---

133) 資料は次の通り。「資料1　小規模市町村に対する方策のあり方及び大都市部の市町村のあり方についてのこれまでの議論」、「資料2　地域自治区等のあり方についてのこれまでの議論」、「資料3　地域自治区制度について」、「資料4　地域自治組織と合併特例の概要」。
134) 念のため、専門小委員会と総会の全会議の議事録を、「公選」(準公選)、「地域協議会」、「政治」(政治色)、「地域」、「コミュニティ」でそれぞれ検索し、そのような内容が前後の発言に現れていないか確認したが、全くなかった。
135) 金子優子委員。

意見が出された。

　また、他の委員[136]からは、「29次地制調が、チェック機能の強化と同時に、住民自治の制度について、ある種の展望を示したと後に評価されるようなことが必要な時期に来ている」と前置きして、制度が実態的に機能していないこと、その原因は、まだ住民自治のノウハウがないこと、使い勝手が悪いこと、メリットがないことである、として、予算編成権のようなものを地域自治区が持つようなメリットをつくることによって住民自治制度が充実していくのではないか、と述べた。

　また別の委員[137]は、「使い勝手が悪いという根本的問題を考えると、法制化するときに、当時の地制調が考えたものとかなり違う結果が出てしまった。制度を2つに分けてしまったために非常に複雑な組み立てになってしまった。」「要するに一般制度と特例制度を区分ける必要はない。全部を一緒にして、選択の余地を拡大した方がよい。一般制度として法人格を持つか持たないか、あるいは協議会の構成員を公選にするかしないか、特定の地域だけに設置するか全域に設置するかも選択の余地があるとしたほうがよい。」という意見が出された。

　これらの意見に対し、委員[138]から次のような意見も出された。「もっと強い権限があれば、全域というのもある程度の説得性はあると思う。しかし、もし法人格も持てて、なおかつ公選だということだと、これが一部地域にしかないというのはおそらく内閣法制局の壁が厚いだろう。それでもできるというロジックを考える必要がある」。「法人なり公選ということが出たからといって、それは直ちに一部設置を否定する理由にはならないのではないか」。と。また、「設置期限が切れると、現行法の下では一般制度に移行するか、それとも全く解消してしまうかという選択しかない。合併後（筆者注：設置期限後）にも対応できる制度として、もう少し一般制度の方を改善する必要がある」。とも指摘した。

　他の委員[139]からは、次のような意見が出された。「基本的には組織のあり方

---

136) 小田切徳美委員。
137) 西尾勝委員。
138) 斎藤誠委員。
139) 小幡純子委員。

についてはあまりきっちり決めすぎないで、各自治体で選択できた方がよいと思うが、法律で決めなければできないところがあるとすれば、最低限そこのところは定めなければならない。少なくともやはり法律上に仕組みがないと、なかなか住民の声を直接的に反映できないということがあれば、それは法律に書いておいて、各自治体がそういう仕組みを選択する可能性を広げた方がよいのではないか。」

また、地域自治区の事務分掌に関する自治法上と条例上の違いなどについての議論もなされた。

(11) 制度創設時の政府内部の事情

これらの議論の過程で、事務局[140]から、2003（H15）年11月の27次地制調の答申から2004（H16）年3月の合併関連三法案提出までの政府の内部事情が吐露された。

「旧合併特例法の期限切れを前にして、西日本を中心に多くの市町村で合併協議の最終段階、非常にホットな段階であったわけだが、そういう中で、多くの国会議員の先生方から、今、まさに多くのところで市町村合併の論議がまとまろうとしているときに、新しく合併特例区のような制度が出てくると、もう一回合併の論議が振り出しに戻ったり、あるいはまとまろうとしている話が壊れてしまうという懸念が強く出された。実は、合併特例区そのものが制度化できるかどうかというのは、非常に予断を許さない状況だったわけである。当初、私どもが考えた案は、合併特例区の期限は無期限に設置するという案だったわけだが、どうしても通らなくて、次は10年にした。しかし、それでもやはりこれがどうしても与党の了承を得られないで5年になったという経緯がある。つまり、そういう当時の状況の中で、そういう制度になったということが1つ。もう1つは、地域自治区については、総務省は、一般制度としての地域自治区も一部の地域において認める制度にすべきであると非常に強く希望していたが、残

---

140) 久元喜造自治行政局長

念ながら、力不足で内閣法制局を突破できなかった。ちなみに、やや言い訳じみた話になるが、合併特例区は新しい特別地方公共団体をつくるという、非常に難しい制度設計なので、法制局との間の協議マターというものは、非常に多岐にわたっていた。この非常に多岐にわたるテーマの中で、一部の地域に置くという議論が十分整理できないままに突破できなかったという経緯がある。」とやや弁解じみた補足がなされた。

この点については、第2章第4節で引用したように、すでに西尾勝がこれに近いことを指摘していた（西尾［2007］）。しかし、ここで、当時の生々しい実態が、政府の幹部職員によってはじめて公表された意味は大きい。

(12) 「今後の対応策——公選は慎重に検討すべきではないか」

第25回と第26回の専門小委員会は、基礎自治体のあり方についての総括的議論を行った。事務局からこれまでの議論を踏まえて提出された資料は「市町村合併を含めた基礎自治体のあり方に係る論点」である。地域自治組織については、大項目の3番目「今後の対応方策」の中の小項目の5番目「小さな自治への対応」として示された。

論点は、「○住民自治や住民との行政の協働という観点から地域自治区制度についてどのように考えるか。○地域コミュニティの活動についてどのように考えるか。」であり、考え方として4点示された。1点目は、全て制度的に対応するのではなく、地域の実情に応じて対応されるという観点が重要。2点目は、地域自治区を市町村のある特定の地域だけに設置できることとすることを検討。3点目は、「地域協議会の構成員を公選により選任することについては、長の附属機関である地域協議会と直接選挙された長や議会との関係のあり方、現行制度で地域協議会の構成員の選任については多様な意見が適切に反映されるよう配慮するものとされていることなどから慎重に検討すべきではないか」ということ。4点目は、経済活動も含めた地域コミュニティの活性化が図られることが重要。というものである。

これが直接「答申」に結びついて行く内容であり、日程的にもそれが1カ月

後に迫っているのだが、いかにも煮え切らない内容である。特に3点目の「公選」については、あれだけ意見が交わされたにもかかわらず、そして、少なくとも議事録で見る限り、賛成や肯定の委員は大勢いても、反対したり否定したりする委員は1人もいなかったにもかかわらず、どうしたいのか全く意味不明で消極的文面になっている。この論点整理の裏に何があるのかと疑わざるを得ないような内容と言えよう。

意見交換に入り、まず今後の方向性として、委員[141]から、「意見の集約化ということで、法改正が必要なものはどれかということも認識しておいた方がよい。つまり方向としてこのように行くべきであると書いていくのか、具体的にどのような法改正をしていく（筆者注：と書いていく）のかという、そろそろそういう段階ではないか」。「さまざまな可能性を使えるような形で法改正も含めて考えていただければと思う。」という意見が出た。

しかし、小委員長[142]は、「要するに制度改正が必要な場合と運用の問題と両方あるわけですね。」と言いながら、「制度改正の場合は方向性をここで議論すると、法改正に伴う副作用もあるということで、具体的に制度設計をどうするかというところまでは、この地制調ではなかなか難しい。～というご指摘であったと理解しておりますがよろしいですか」と引き取ってしまった。ここにも、何らかの意図が感じとれる。

もう1つの潮目は、これまで積極的に議論をリードしてきた別の委員[143]が、次のように言ったことだろう。「小さな自治への対応ということで、地域協議会の構成員を公選にするかどうかということについて、今回は慎重に検討をすべきではないかという書き方だが、これは私も自信があるわけではないからやむを得ないなと思うのだが、～こういうまとめ方で委員の平均的な意見だということで、私もそれで納得したいと思う。」と。

言葉の端々に「身近なところに選挙制の代表機関ができるような道を開くことは、日本の民主主義の大きな課題だと思っている」とか、「もうちょっと積極

---

141) 小幡純子委員（上智大学教授）。
142) 林宜嗣小委員長（関西学院大学教授）。
143) 名和田是彦委員。

的な書き方がされるとうれしいと思うが」との自身の思いを入れ込み、「悩んでいる」という言葉を何度も使いながらの「納得」宣言であった。まさに、この表明自体「悩ましい」の一語に尽きる。

　「委員の平均的な意見」という認識はどこでなされたのであろうか。これまでの議論の中で、発言をした多くの委員が賛成か肯定的であったことや、反対や否定的だった意見は、少なくとも専門小委員会の発言からは皆無に等しかった。どこかの国に「発言しない人は消極とみなす（反対にカウントする）」、とか「結論を明確にしない人に会議の結論を合わせる」などというルールがあるなら別だが、そうでないとすれば、なぜこのような発言になったのか。第三者にはわからない委員だけに感じる何か奥深いものが、その底流にあったのか。それとも最大限の皮肉なのか。いずれにしても、議論をリードしてきた側が「これで納得」すれば、議論はそこで終わりであり、「悩ましい」部分も含めて、それ以上の進展などありえない。

（13）　多くの委員から「公選の余地を認めるべき」

　そのあとに発言した委員[144]は、次のように続けた。「確かに公選制をめぐる議論は委員平均的なある種の合意事項としてこういうことかなと私自身も思う」と言いながら、「しかし、一種の制度改正あるいは将来に向けたメッセージを込めるということでは、ここは公選制という方向性を示すという手もあるのではないか。〜そういうことが今回大胆に打ち出されることが、私自身としては必要ではないかと考えている。」と。

　さらに、別の委員[145]から、「地域協議会のメンバーに公選の余地を認めるか認めないかという問題だが、私は選択肢の1つとして公選を許容した方がいいという主張者だ」。しかし「仮に公選が難しいというなら、（法律のように）そこに住所のある人から選任しなさいと言わなくてはいけないのか、検討の余地

144）小田切徳美委員。
145）西尾勝委員。

がある」との提起があった。

　第26回専門小委員会では、この間欠席していた委員[146]から、「熱心な自治体の地域協議会のメンバーから公選ができるような制度にしていただけないかという強い意見がある」と前置きしながら、「この論点では公選は今のところ先送りみたいな書きぶりだが、何も全員強制的に公選にしろというような話ではなく、公選にすることができるというような形で検討すべきではないか」との強い意見が出された。

　また、他の委員から、「地域住民の皆さんが、仕組みをある程度分かりやすい形で理解できるようなシンプルな制度にしていく視点が、今後もうちょっと必要になってくるのではないか」との指摘がなされた。

　これに対し、別の委員[147]から、「先の2人の言われることは大賛成で、～極力自由に選択できるシステム、選任の仕方を含めて住民が自分たちで制度設計できる仕掛けを自治法の一般制度の中に入れ込んでいく、そういう形で明記すべき」という提起が行われた。

　また、前回「納得」した委員が、改めて意見を述べた。「何度もここで発言しているが、上越市で行った投票制度、これについてもいろんな教訓が生まれていると思う。ただ、私はあそこに含まれている教訓が今一つきちんと整理しきれていなくて、大変申し訳ないと思うが、上越市の貴重な経験をきちんと分析するという課題もまだ残されている。」と言いながら、「これまでの地域自治区制度の経験、非常に豊富な経験がすでにあると思う。それを精査することがまず必要で、それに基づいて大体の制度設計の見通しが得られないといけないのではないか。そういう意味で「慎重に検討すべき」というふうになっているということで、次に期待をつないでいきたい」。

　これを受けて小委員長が、「「慎重」というのは後ろ向きということではなくて、これは書きぶりにもあるが、そういう選択肢もあるのだということが読み取れるような形の「慎重に検討する」ということで、ただ単に検討ではなく、先

146）金子優子委員。
147）江藤俊昭委員。

延ばしということではなくて、むしろそういう「ある一定のところを見据えた形の検討」というような形の答申にしていかないとだめだろうと思う。」とまとめた。

　第27回専門小委員会は答申素案について、最後の第28回専門小委員会は答申案について、それぞれ事務局から提出された文案をたたき台に審議された。27回では、「小さな自治」の部分については特に意見なく、28回での議論では、委員[148]から「「さらに慎重に検討」という書きぶりは、これはやらないつもりだなというのが明確に分かってしまうので、これは落としていただけないか」という意見や、別の委員[149]から「いただいた以前の論点では、「慎重に検討すべき」ということだったが、「さらに」という表現が入っている。この論点を巡っては、「慎重」というよりもむしろ「積極的に」議論すべきではないか、実現すべきではないかということだったと思う。少なくとも「さらに」を加えたのが少し納得できない」との意見が出された。

　これについての小委員長の采配はなかったが、最終的に「さらに」の表現が削除された答申案が6月16日の総会にかけられた。そして、そこでの承認を経て、「答申」[150]が麻生首相に提出された。

　なお、「答申」の該当部分は、下記の抜粋の通りである。

今後の基礎自治体及び監査・議会制度のあり方に関する答申（抜粋）
　　　　　　　　　　　2009（H21）年6月16日／第29次地方制度調査会
　3　今後の対応方策
　（5）「小さな自治」への対応
　住民自治の強化や住民と行政との協働の推進などを目的として、第27次地方制度調査会の答申を踏まえ、地方自治法上の制度としての地域自治区や合併に際して設置される地域自治区等が制度化されたところである。
　住民自治や住民と行政との協働については、それぞれの地域の自主的かつ多様な取組を基本として展開が図られるべきものであり、今後、地方自

148）金子優子委員。
149）小田切徳美委員。
150）「今後の基礎自治体及び監査・議会制度のあり方に関する答申」

治法に基づく地域自治区については、地域の実情に応じて住民自治等を推進する仕組みとして、一層の活用が図られることが期待される。

　現在、地方自治法に基づく地域自治区は、市町村の全域にわたって設置するものとされているが、地域自治区制度の一層の活用を促す観点からは、市町村の判断により当該市町村の一部の区域を単位として地域自治区を設置することもできるようにすることについて検討すべきである。

　また、地域自治区については、地域協議会の構成員について公選の手続による選任を認めるべきではないか、地域協議会に一定の決定権を付与してはどうか、地域協議会の構成員の要件を通勤・通学者や当該区域で一定の活動を行っている者にまで拡大すべきではないかなどの意見があった。

　これらの点については、長の附属機関である地域協議会の構成員と公選された長との関係や公選された議員により構成される市町村の議会との関係をどう考えるか、さらには、地域自治区や地域協議会そのものについてどの程度の代表性と権限を持つものとするかなどの観点から、慎重に検討すべきである。

　さらに、地域においては、コミュニティ組織、ＮＰＯ等の様々な団体による活動が活発に展開されており、地域における住民サービスを担うのは行政のみではないということが重要な視点であり、地域コミュニティの活性化が図られることが期待される。

　そのための方策としては多様なものが考えられるが、近年特に、地域のコミュニティ組織における経済活動がコミュニティの活性化の重要な要素となってきているとの指摘を踏まえ、その実態等を勘案し、さらに必要な検討を行っていくべきである。

---

(14) 若干の考察

以下、ここでのテーマに即して若干の考察を加える。

① 「小さな自治」における不甲斐なさ

今次地制調の審議をふりかえって、委員の一人である江藤俊昭は次のように言っている。
　「今回の答申内容は、それほど大きな改革ではない。また、自業自得だとはいえ、議会の権限を浸食する規定もあり自治の侵害だともいえる提案もある。すでに指摘したように、「議会制度のあり方」の章では、従来は考えられていないか、考えられても解釈に縛られ現実化しなかった実践が答申で肯定的に評価されている。これだけではなく、地域自治区の地域協議会の構成員の選出をめぐる審議の中で、上越市の準公選制も高く評価されている。中野区の教育委員会の準公選制の議論を思い出すにつけ感慨深い。今回の答申や審議の中で、自治は創りだすものというメッセージが送られたこと、これでまずはよしとしよう。新しい自治の試みが全国に普及する。」(江藤［2009］、36頁) と。
　確かに、「自治は創りだすものというメッセージ」が送られたかもしれない。「平成の大合併」に一区切りつけることを宣言したことや議会制度で一定の改革の方向性を示したことなど、限定的な部分で一定の成果があったことも評価されてよい。「審議の中で上越市の準公選制も高く評価されている」とした点も、取り組んでいる当事者としてはうれしい限りであり、上越市民としても今後の取組への励みになったことだろう。
　しかし、問題は江藤自身も述べているように「先送り事項があまりにも多い」(同、30頁) ことである。限られた時間の中で与えられた (あるいは自ら横出しした) 多くの事項を審議した委員諸氏の努力に敬意を表したうえで、しかし、とりわけ地域自治組織、すなわち「小さな自治」の結論 (答申) における、あの不甲斐なさについて言及しないわけにはいかない。
　「住民自治や行政と住民の協働については、それぞれの地域の自主的かつ多様な取組を基本として展開が図られるべきもの」という答申の言は良い。しかし、あまり脈絡がはっきりしないが、次のセンテンスに移って「市町村の判断により当該市町村の一部の区域を単位として地域自治区を設置することもできるようにすることについて検討すべきである。」と、ことここに至って、あまりにも回りくどい言い方をしている。なぜ「設置することもできるようにすべきである。」と素直に言わないのか。しかも、この意味は、「「一部の区域を単位として」

設置できることにもなった」(同、32頁)、「改善策として提言された」(名和田[2009]、37頁)のだという。普通の市民感覚からは、到底理解できない表現とその解釈である。そうならば、その後に出てくる、地域協議会の構成員の公選や構成員の要件の拡大等に関する「慎重に検討すべきである」という表現や、地域コミュニティ組織における経済活動について「さらに必要な検討を行っていくべきである」とする表現も、「提言された」という意味になろう。果たして、そんな論理が通用するものであろうか。要は、「何も決まらなかった」のであり、もっと言えば、「決めようとしなかった」のである。

江藤が「厳しい指摘も当然である」とした今村都南雄の指摘は、そのまま筆者の思いでもある。今村は、「実際のところ、一区切りをつけたあとの市町村合併についてどうするかという論点すらまともに審議された形跡はない」。「少しも具体的ではないのである」。「同じことは、第1の検討事項の「今後の対応方策」に列挙されているその他の事項〜のどれについてもいえる」。として、上記の「慎重な検討」、「さらに必要な検討」などの表現が相次いでいることをあげ、最後に「そこにおいて掲げられている各事項について検討する責務を負っているのは誰あろう、地制調自身ではないのか。そのことをどこまで自覚しているのだろうか」。「まるで他人事のような検討事項の列挙だ」(今村[2009]、30頁)と厳しく指摘している。

②地方自治の損失—歴史的チャンスを逃す

筆者は、制度導入間もない時期に、次のように述べて、全国の基礎自治体に呼び掛けるとともに国に法改正を求めた。

「当の上越市にとってみれば、現状で特に支障があるわけではない。それは制度の壁を乗り超えようとする程の気概と熱意で取り組んでいるからである。しかし、自由な選択肢として当然にも予定されているわけではないがゆえに、このままでは、全国への制度の波及は危ぶまれ、なおかつそこへ住民自治、住民主権の魂を吹き込むことは極めて困難であると言わざるを得ない。」(石平[2006a]、154頁)。

「そこで、当面最も重要なことは、全国の基礎自治体における「自由自在」の

地道な実践であり、その取り組みの積み重ねによって、国に法改正を迫ることである。具体的には、少なくとも協議会委員の公選（選択）の途を開くことである。

　その意味で、準公選制はその突破口になりうる。合併特例区におけるそれについては、政府も規約で定めることで可能と答弁しているので、とりあえずはそれで間に合うとしても、地域自治区におけるそれについては、まずは何らかの形で法的な保障を与えるべきである。」(同)と。

　このような意味で、その突破口となるべく自治の現場における準公選制の取組（筆者としては主に上越市における制度の拡充）を粘り強く行いながら、今次地制調の審議の成り行きを期待感を持って見守ってきた者にとって、その失望感は計り知れないものがある。それは、上越市にとってではなく、地方自治の進展にとってという意味である。なぜなら、上記で述べたように、「上越市にとってみれば現状で特に支障があるわけではない」し、既に別の章で展開したように、その後、自治体憲法たる自治基本条例の中で位置付け、恒久的な制度として盤石な体制を敷き、その中で特例自治区から一般自治区へ移行させて全市に展開するというように着実に前進させているからである。

　要は、公選の選択を含まない硬直した法制度をいつまでも戴いていることは、日本の地方自治にとって損失であるということなのである。多くの特例自治区が期間の折り返しを過ぎて満期が近づきつつあるこの重要なタイミングを失して、さらにどれだけ先送りされてしまうのか。あるいは、永遠にそのチャンスを逃してしまったのかもしれないのである。なぜなら、昨今の政治情勢からすれば、29次地制調が残した課題を誰が引き継ぐのかが判然としないからである。第30次地方制度調査会が発足する見通しはないし、現在行われている地方行財政検討会議でも、この課題は取り上げられていない。

③制度設計のまとめ役がいない悲しさ

　以上のような問題の最大の原因は、今回は、良くも悪くも物事に責任を持つ制度設計のまとめ役がいなかったということに尽きるであろう。専門家（学識経験者）の集まる審議会というのは、自らの専門分野における学問的知見や主張を除いて、概して審議の結果そのものにはこだわらない傾向がある。

その中で、何が成果にむけた推進力になるかと言えば、議論をリードする委員とそれをまとめるコーディネーター（時として委員長が兼務）、そして有能な事務局である。そこに知識と知恵を提供する専門家が入ることによって議論は創造的で実りあるものになる。今回は後者の有能な専門家はいたが、それを成果に結びつける前者（の役回り）はいなかったということであろう。結果として、創造する（制度を設計する）気力も意思も集中力も統合力も無かった、総じて立案力、政策法務力、全体を束ねるような「政治的」統合力がなかった、あるいは発揮されなかった、ということになろう。
　その背景は、大きくは、諮問がなされてから首相が次から次へと代わるという政治の不安定情勢（政局）であり、小さくは、大森彌が指摘する専門小委員会委員長の「異変」（大森[2009]、14頁）である。そこで大森は、片山善博副会長が「地方制度調査会は随分変わった。委員が自由闊達に議論し、多様な意見が併存したことは大きな成果だ」と評価したことを紹介している。しかし、片山副会長自身は、少なくとも「小さな自治」の関係では、善意に解してもある種のショック療法的、逆説的問題提起はしたが、言わば外側から批判しているようなスタイルであり、地方自治法の改正を含む国の法制度の方向性を審議している場で、そのための目的意識的で建設的な提案はないように見受けられた。また、上記で指摘した「何も決定されなかった」ことが、もし「多様な意見が併存した」ことによる結果だったとすれば、それは各々が意見を開陳しただけのことであって、地制調（専門小委員会）の本来の役割からすれば何も評価される話ではない。要は、併存した多様な意見を、国民、市民、住民のために知恵を働かせて、いかにして1つの創造的成果として結実させるのか、ということが重要なことなのである。
　その点、審議過程で小委員長が述べた発言は重い。「制度改正の場合は方向性をここで議論すると、法改正に伴う副作用もあるということで、具体的に制度設計をどうするかというところまでは、この地制調ではなかなか難しい。」と。もし、このような意識や気分が支配して、「先送り事項があまりにも多い」ような何も決定しない結論に達してしまったのだとしたら、まとめ役として極めて不用意な発言だったと言えよう。

小委員長であった林宜嗣は、論文「総括・第29次地方制度調査会　最終答申」（林［2009］、10頁）の中で、市町村合併に関連して次のように言っている。「繰り返していうが、大きな改革には必ず副作用がともなう。だからこそ、副作用をいかに小さくし、解消していくかに知恵を絞り、エネルギーを注ぐことが必要である。このプロセスにおける住民の参画こそが、じつは合併のプラス効果なのである」と。この点は、その通りである。しかし、「合併のプロセスにおける住民参画」のことはさておき、この説は、地方制度調査会には通じないのだろうか。仮に法改正に副作用があるとして、その「副作用をいかに小さくし、解消していくかに知恵を絞り、エネルギーを注」いで法改正に向けた具体的な提言をすることこそ、地制調の本来の役割ではないのか。そうでないとしたら、いったい地制調は何をするところなのか。多様な意見をただ出し合うだけのところなのか。

　内容の良し悪しは別にして、また事務局が「威力」[151]を吹き返すかどうかは別にして、仮に28次地制調までのように旧自治省事務次官経験者が小委員長に就任していれば、このような結論なき結論には至らなかったであろう。一般的に言って官僚は、目標設定をしたらそこにむかって突き進む気力と計画力と集中力と「政治的」統合力を持ち合わせているからである。いずれにしても、議論が分散したまま収束できない（しない）ような状況にはならなかったであろう。

　中西晴史[152]は、29次地制調の特集論文で、「小さな自治の充実こそ今後の課題」と題して、「地域自治区の委員や代表は自治会や各種団体、ＮＰＯなどで構成するケースが多いが、今後は上越市のような選挙の導入も含めた小さな自治の仕組みづくりが課題となる。」（中西［2009］、19頁）と述べている。しかし、地制調答申のポイントを特集した論文でありながら、3頁の紙数の中で、答申に触れたのは「地制調答申では「小さな自治」への対応として地域自治区制度の一層の活用を指摘している。」というくだりのみである。こんな当たり前のことを、しかもわずか3行しか引用できないところに、答申の何たるかがあらわれているが、それに比べ標題から前段にかけての指摘は、時代を正しく見据えた

---

151) 本書43頁及び（大森［2009］、14頁）参照。
152) 日本経済新聞地方部編集委員。

ジャーナリストの目といえよう。答申の内容はさておき、このような認識が社会的に広がることを切に願いたい。

本節の最後に感想を述べれば、筆者として何よりも悲しいことは、上記の2人の地制調委員の言葉を引用して批判せざるを得なかったことである。なぜなら、地制調委員として公表された論文は限られていたことであり、一方、上記の委員は、議事録を精査する限り最も真剣に一生懸命エネルギーを注いで専門小委員会の審議に加わり、良い結論を出そうと奮闘していた方々だからである。そして、上越市の取組に最も理解を示し、またその教訓を熱く語っていただいた方々だからである。そのような真摯な方々だからこそ、消化しきれなかった「小さな自治」の部分を含めて、自らの責任で国民に報告する使命を感じたのではあるまいか。また、実は当の委員こそこの部分の内容を一番無念に思っているのではなかろうか。

いずれにしても、この問題が今後どのような場で取り上げられるのか、あるいは店晒しにされるのか、そして国がその責任をどう果たすのか、その行方を注意深く見守っていく必要がある。

第2節　都市内分権のさらなる推進と国の法制度改革

(1)　基礎自治体の第一級の課題と国への影響

この間、地方分権改革と地方制度改革の制度設計が国の主導によってなされてきた。しかし重要なことは、国において制度設計が為されたからではなく、住民自治の拡充のために、国の制度を活用しながらも、これに先んじて独自の取組の中から都市内分権・地域自治の方式を生み出し、逆に国に一定の影響を及ぼしてきた基礎自治体の営みにこそあると言える。今後もその姿勢を崩さず、国の制度設計の不備を実践的に指摘しながら、抜本的な制度改革を求めていく必要があろう。

いずれにしても、都市内分権を進め、理念ある住民自治、住民主権の仕組みを地域においても真に根付かせることは、地方分権・地域主権時代の基礎自治

体に求められている第一級の課題であり、それはひいては国際化・分権化時代に対応する日本国の行方（国の形）にも大きな影響を与えることになるであろう。

そのような意味で、本章で意図する「都市内分権における民主的正統性の課題」とは、結論的に言えば、日本においては地域自治、近隣自治に本来の「民主的正統性」を与えないという、いわば「民主的正統性」が生まれながらにして背負ってしまった運命のくびきから解放するということである。すなわち、主には硬直化した国の法制度を改革する課題のことであり、それに向けた各主体のなすべき課題のことである。

(2) この間の動き

この間の動きを、改めてざっと振り返ってみれば、まず第1章から第2章にかけて展開したように、日本の都市内分権は、研究分野の意欲的な取組から始まったが、27次地制調における自由度の低い不十分な制度設計と、それをも更に後退させる国の立法化でスタートしたことにより、その制度運用の実行者である基礎自治体にとっては、はじめから厳しい選択と運営を余儀なくされることになった。また、そのことによって制度活用を断念し、別方向を志向する自治体もあった。

悲しいことに、とりわけ民主的正統性に関わる「公選」の仕組みについては、地制調の審議の中で委員がその必要性、重要性を繰り返し指摘し、また全国市長会からも強い要望が出されたにもかかわらず、心ない政治家の不用意な横やりがきっかけで実現するには至らず、問題をその後もずっと引きずることとなったのである。

しかし、これに対し、第4章で見たように、自治の現場を預かる基礎自治体の1つである上越市は、全国最多の14市町村による大合併に際し、国の法制度を乗り越える意志と気概で地域協議会の準公選制を志向し、全国初の地域自治区制度を導入した。このことは、当の自治体の自主自律性と地域住民の自治を高めることが第一の目的であったが、それだけではなく、いわゆる「地方からの国づくり」として、日本の地方分権改革を前進させ住民主権、地域主権の政

治風土を根付かせるための一里塚だと考えたからでもある。だから筆者も、公選（選択）の道を開くために、「準公選制はその突破口になりうる」として、「上越市方式」の恒久制度確立のための取組に力を入れながら、一方では全国の基礎自治体関係者に次のように呼び掛けたのである。

「いずれにしても基礎自治体が、都市内分権の制度運用において、「自己決定・自己責任」の下、自らの足元である地域から改革しつつ、「対等・協力」の気概[153]で国を動かしていくような主体的実践が今こそ求められている、と言えよう。意欲ある全国の皆さんが、真の分権型社会の確立という未来への新たな飛躍に向かって、未踏の道をともに歩まれることを願ってやまない。」(石平[2006a]、154頁) と。

その後4年が経過する中で、第4章、第5章で展開した上越市での取組が重ねられ、そして第6章で見たように、上越市の取組が全国に伝播するとともに、それに対する各界の評価も行われ、さらに前節で見たように、上越市の事例の評価とそれを主な題材としての29次地制調の制度見直し論議が進められたのであった。そして、その結果は、多くの委員が「公選の選択」を含めた多様性・自主性を確保する制度改正の必要性を繰り返し主張し、特に「公選の選択」については、発言した委員の全てが賛成で、反対の意見は皆無だったにもかかわらず、結論無き結論で収束してしまったのである。

(3) 今、何が必要か

このような状況の中で、それでは今、何が必要なのであろうか。

国の制度改革を、今すぐ断行できる奇策などありはしない。「地方分権」、「地域主権」などと唱えていたところで、国策に関わる「国会議員の先生方」にとって、自治体の下位区分に関するこの問題に関しては、下の下の下のこととして、ほとんど意識に入ってきていないのかもしれない。27次地制調があのような結

---

153) この部分は、引用の脚注の転載である。この一節は「地方分権推進委員会最終報告（2001/06/14）」のキーワードを2つ引用した（「自己決定・自己責任」「対等・協力の関係」）が、実際には進展途上なので、決意を込めて「対等・協力の気概」とした。

論を出したことも、元はと言えば「国会議員の先生方」のせいだし、29次地制調があのような、議論とかい離した不甲斐ない結論に至ったことも、総務省の事務局を含めて、あるいは底流で「国会議員の先生方」の何らかの影響があったのかもしれない。昔のどこかの国にいたような「奇人・変人」が再び現れて改革を断行するような夢物語は、現在の政権交代の政局の中でも描けない。参院選後の「ねじれ国会」は、それに輪をかけて難しくしている。

それならばやはり、この課題に関わるそれぞれの主体が、これまでの経過を冷静に見つめ直し、自らの行動に真摯に向き合う中から、反省すべきことは反省して、責任の度合いに応じた取組の一歩を、新たな決意で踏み出すことしかないであろう。

(4) それぞれの主体の取り組みの方向性

そこで、以下、それぞれの主体の取り組みとして、筆者が考える目指すべき方向性を簡潔に列記する。当然ながらここでは、都市内分権そのものの目指すべき方向性というよりは、主に、当面する「公選の選択を含む多様で自主的な国の制度改正」という課題を実現するための運動論的な視角に限定していることを、お断りしておく。

①主権者たる市民・住民の地域自治における原則的で地道な取組

地域協議会や住民自治組織は、地域自治区の事務所と連携しながら、今後も地道な取組を継続し、住民自治の拡充と協働の推進を率先して体現していくことが求められる。そして、その原則的な取組を、最高度に体現しているのが、民主的正統性に基づく住民代表機関たる上越市の地域協議会である。ここにおける取組の進展、進化が、一方では、それぞれの地域自治区における地域力となって活性化を促すとともに、基礎自治体と地域自治区の間に自立（自律）した責任分担と、さわやかな緊張関係とも言える一体感ある連携が形作られ、基礎自治体に真の活力と自主自律のたくましさが備わるものとなろう。他方では、外に向かう発信力となって、全国、各界へ伝播し、国の制度改革への突破口の役

割をさらに高めていくことになろう。

　29次地制調の審議過程でも、「地域自治区を導入したいくつかの市において市民アンケートを実施したら、3割が地域協議会のメンバーを公選とすべきだと回答した」ということが紹介されていた。このことは、地域協議会の委員を公選とすることに積極的意見が相当の割合で存在するということであり、「公選の選択を含む多様で自主的な制度改正」が行われた場合、上越市のみならず全国的に波及する可能性を示していると言える。

　そのようなことから、地域自治組織設置自治体に限らず、全国の基礎自治体に生きる意識ある市民、地域住民、各種団体が、日々の地域活動、協働活動、コミュニティ活動を地道に取り組み、住民参加（参画・統制）意識を醸成しながら、本来の「統治性を備えたコミュニティ」（第4章第5節）の（再）構築へと志向し、法制度（の改革）とドッキングして新たな「近隣政府」を創出するという道筋を描くことが可能である。

　いずれにしても、「分権」は与えられるものではなく、主権者たる住民が自らの統治力で勝ち取るものである。上越市の地域協議会の取組に象徴されるように、地域自治・近隣自治の現場の実践が自治体政府を動かし、国を動かす（まだ動き切れていないが）原動力となっていることは、原理的にも実際的にも明らかであり、地域における自主自律的な住民の地道な取組が、都市内分権をめぐる全てを規定するといっても過言ではない。そのような自信と誇りを持って、分権型社会の未来を見つめ、さらに前進していくことが求められる。

②自治体政府の都市内分権に関する持続的発展の取組

　第3章の第2節、第3節で述べたように、基礎自治体の都市内分権をめぐる状況は大変厳しいものがある。2011年度中には政令市における地域自治組織は消滅し、また今後5年間で、全国の設置自治体は少なくとも6割に減少することが見込まれる。また、活動状況においても、答申（諮問）や意見を全く発出していないところが全体の2割近くあったり、自主的審議の意見書を全く発出していないところが全体の6割もあったりという現実である。このことを考えると、確かに国の法制度の硬直性も要因の1つではあるが、真の主体である基

礎自治体自身がもっと気概を持って主体的能動的に、その持続的発展に向けて取組を維持強化していくことが求められる。

　特に、現在、特例自治区、合併特例区を設置している自治体にあっては、満期で終了するということではなく、一般自治区に移行して、せっかく芽生えた地域自治を大切に育てていく道を選択すべきである。そして、それを契機に上越市のように準公選制を採用し住民の参加意識を醸成していけば、少なくとも現在の活動状況をより活発化させていくことが可能と思われる。そのように志向することが、ひいては国の制度改革を促していくことにも繋がるであろう。

　上越市について付言すると、全国・各界への影響力も「公選の選択」の道を開く突破口としての意義もますます強まっていくであろう。「21世紀の地方分権時代を拓く歴史的に画期的な試み」（宮入興一［2006b］）という位置にあることをしっかりと自覚し、第5章第6節で述べたように、自治体政府として「地域自治の進化に向けた今後の課題」に真摯にむきあっていく必要がある。以下、その課題について見出しのみ再掲しておく。①地域活動支援事業等の「移転財源」としての進化と恒久化、②旧市15区の事務所機能の強化と全市の平準化、③事務所長の多様な任用と実質的権限強化及び「合議」の原則廃止、④地域協議会の実質的権限強化、⑤地域協議会委員の無報酬の維持と調査研修費の確保、⑥地域協議会の認知度の向上、⑦地域協議会の協働の要としての機能発揮、⑧選挙成立にむけた活性化と条件整備、⑨投票資格者の範囲の拡大と男女共同参画の醸成、⑩追加選任の原則未実施による自主自律性の醸成。

③地方六団体の全国自治体連合としての主導的責任の自覚と積極的行動

　この課題における国の制度改革については、実際に制度を運用する地方自治体を束ねる全国組織として、本来的に地方六団体の意向が強く働くことは論をまたない。その中でも、実際に地域自治組織を導入している基礎自治体のほとんどが「市」であることを考えれば、全国市長会と全国市議会議長会の役割は特段に大きいと言わなければならない。

　すでに、第1章と第2章で明らかになったように、先行研究と立法化の初期の過程で、全国市長会とその研究組織である日本都市センターの活躍はめざま

しいものがあった。都市内分権に造詣の深い意欲的な地制調委員と並んで、日本における都市内分権、いわゆる「近隣政府」を創出しようとする意気込みは他を圧倒しており、責任ある全国自治体連合の代表としての面目躍如たるものを感ずる行動であった。しかし、時期的には、自民党議員（野中委員）の一喝後に事務局方針で地制調議論が「180度転換」した頃には、選挙による代表機関を置くことが想定された「特別地方公共団体タイプは〜慎重な検討が必要」と、かなりトーンが落ちていった。

　制度導入を挟んでそれから4年後、29次地制調の審議状況は前節で見た通りであるが、そこにおける地方六団体のあまりの現状認識の不足と緊張感の無さは、目を覆いたくなるような有様であった。都市内分権に関する現状認識や課題抽出、国の法制度の不備と制度改革の必要性などの主張は全く行われず、全国自治体連合の代表としての責任ある態度は、皆無に等しかった。

　そのような中で唯一救われたのは、全国市議会議長会の代表が、公選になった場合の地域協議会と議会の関係について、地制調委員の質問に答えたくだりである。私見と断りながらも、議会と地域協議会の役割の違いを整理した上で、「（議会と地域協議会との関係に）危惧はあまり感じていない。（地域協議会の活動は）非常に意味があるし、そういった（準公選制の）ところは大いに先進的な取組をされていると尊敬している」と答えたのである。しかし、これが評価できる唯一の答弁で、かつ地方六団体としての唯一といえる発言であった。

　このような状況の中で、心ある地制調委員は、これ以上どうやって審議に力を入れることができるのか、と暗澹たる思いにかられたのではないだろうか。筆者は随分厳しく29次地制調の答申を批判したが、その要因の一端は、しかもかなりの比重で、地方六団体、とりわけ全国市長会の責任放棄の、まさに不甲斐ない態度にあった点を、厳しく指摘せざるを得ない。

　次の機会には、このような態度では済まないということを肝に銘じておく必要があろう。地方六団体の各代表は全国の地方自治体の代表であることの責任を深く自覚することが必要であり、もっと勉強して時代認識と現状認識を正しく身につける必要がある。また、ただ最大公約数的なことや目先のトレンドばかりに意識を傾注するのではなく、自治体や住民の普遍的な利益のために今、何

が重要なことかを見極め、国の審議機関で意見を述べる機会を大切にして、しっかり準備し、しっかり主張することでなければならないであろう。

この点で、「国と地方の協議の場」などを求めることは当然だが、自らの「扱い」や「身分」の権利だけを主張しても、自らが今どのような歴史的、時代的位置に立ち、誰のために責任を持ち、誰のために主張するのかの根本を見失った弛緩した行動は、国からも国民（自治体市民）からも見放されてしまうことを肝に銘ずるべきである。各自治体、及び議会も、自らの取組を基に各級機関でしっかり発言しながら、代表者の今後の行動を注意深く見守っていくことが必要である。

④自治・行政・政治分野の研究者・学会・研究機関・出版界等の自主的、積極的関与（企画や特集・提言等）

研究分野の初期の諸外国に関する事例研究やその後の制度研究、さらには制度導入後の事例研究など、都市内分権における先導的で教訓的な研究の取組は高く評価されるし、その蓄積は相当厚くなってきている。これはこの制度の後進国である日本にとっても大変意義あることであり国民の財産とも言えよう。この取組をさらに進め、研究者の地道な研究はもちろんのこと、研究者・学会・研究機関、出版界等が企画や特集、提言等を積極的に行って、研究の蓄積をさらに進めるとともに、その成果を基に、この課題の各主体に対する先導的で教訓的な関与を自主的、積極的に行うことが期待される。

⑤中央政府、政党の、日本の長期的将来展望に立った確固たる分権戦略の展開

29次地制調で積み残した課題、主に「小さな自治」の部分は、どこが引き継ぐのか、答申1年後の今になっても判然としない。既に述べたように、政権交代により地方制度調査会の行方は全くわからなくなっているし、現在進行している地方行財政検討会議では、この点は取り上げられていない。この積み残しの課題は、自民党政府のときの審議だったとしても、「行政の継続性」は堅持すべきことであるし、地域住民にとっても、基礎自治体にとっても、そして日本の分権型社会の将来展望にとっても、避けて通れない喫緊の課題であり、地域

主権を標榜する民主党政権にとってはなおさら、最初に対応しなければならない課題のはずである。どのような形をとるにせよ、その審議の場を早急に設定し、制度改革に向けた環境を整えることが、まずは責任ある政府の取るべき道であることは、論をまたない。

　また、政党（「国会議員の先生」）・中央政府は、目先の利害にとらわれることなく、日本の長期的将来展望に立って、確固たる分権戦略を展開することが求められている。特に、これまでの、政権に胡坐をかいたかのような自民党の国会議員の横やりは、制度の進展に大きな足かせとなってきたことは、本書の事実関係の中でもいくつか明らかになった通りである。このような目先の利害[154]や安易な感覚で時代の進展に掉さすやり方は厳に慎み、歴史的大局的な見地からものごとを見る目を養い、仮にそこに困難性が認められたとしたら、それを克服するための先導役となることが、むしろ国政を預かる政治家に課せられた任務と自覚すべきであろう。地方分権・地域主権改革は、都市内分権なくして語れないし、今後の都市内分権は、「公選の選択を含む多様で自主的な制度改正」なくして語れない、ということが時代の大局である。むしろ、今、未来から試されているのは、国政の政治家そのものであるということを知るべきである。

⑥国の審議機関としての制度改革に向けた自立的で責任ある審議

　今後、どのような国の審議機関でこの課題が取り上げられようとも、また、どのような学識経験者が委員に選ばれようとも、地制調が2度も繰り返した苦い轍を、これ以上踏むべきではない。

　その点、委員の誰に責任があるというわけではないが、（小）委員長を初めと

154）27次地制調の専門小委員会の審議では、「公選」を採用しないという事務局方針に対し委員の異論反論が多く出されたが、これに対し事務局は、その理由として「一体性が阻害されることが強く指摘された」として「国会の先生から」とか「特に政治家の皆さんから」などとくり返し挙げて釈明した。「公選」か否かで「一体性の阻害」を測る考え方は、科学的合理的な根拠に基づいていることではないし、都市内分権の考え方から言えば、まったく発展性のない論理である。せいぜい地制調審議の他のところで出た「地元の市長さんから言われたから」程度の根拠であり、「特定の市長さん」との関係に走った目先の利害や安易な感覚があらわれている事例と言えよう。

した委員の連帯責任として、事務局の整理や事務局を通した間接的な政治的圧力に屈しない強い自立（自律）精神が求められる。学識経験者や専門家は、概して、自らの専門的知見と主張以外には関心を持たない傾向があるが、審議機関に入るということは、専門家である前に、その課題に対して良い結論を導き出すために選ばれた国民としての立場があることを自覚する必要があろう。少なくとも、委員それぞれがアトム化して言いっぱなしで終わるのではなく、特に事務局の論点整理に対し委員が異論・反論した骨格的事項については、発言者の中で多数ならば、委員同士で小異を残して連携し、その主張を通すという意志力、貫徹力が必要である。

29次地制調で、全体を通して出席した委員は何人いただろうか。全体を通して出席できなければ、重要な審議場面で議論に加わることはできず、結果として実質的な審議に関われなかったということになるであろうし、全体の流れが把握できない以上、押し引きの力の加減を調節することもできず、ましてや委員間で連携することなど不可能であろう。

筆者は、27次地制調と29次地制調の専門小委員会の議事録を精査した感想として、一言で言うと「非常にもったいない」と感じた。トータルで見ると、委員は、みなそれぞれが良いことを言っているし、これが場面場面で統合されれば、仮に事務局が「国会の先生方が」などと盾にしても、そのような政治的思惑を跳ね返してよりよい方向で結論が出たのではないか、と思われた。しかし、1つ1つの審議場面では成果となって現れていない。

それは委員間の継続性や集中力、統合力が作用していないからである。たとえば、重要な審議場面では欠席していて、一定の議論が終わり、次の議論の場面で出席した委員が先の場面に関する意見を言って終わるというような場面がいくつかあった。あるいは、前回欠席しているため前後の脈絡や他の委員の意見が分からないから、ある種のディベート的な発言（同調や異論）ができず、ただ単にあたりさわりのない意見を言う（つまり明確な主張をしない）だけに終わるといったこともあった。特に最終段階の答申素案や答申案を審議する場面では、前回の議事録が事前に委員に渡る時間の余裕がないために、進捗状況の事前の把握もできず、あれよあれよというまに進んでしまい、当の委員にとっ

ても、何が決まって何が決まらなかったのか分からない状態で終わってしまった、というような感じもあったのではなかろうか。このような審議の持ち方と委員の関わりでは、さぞかし事務局も自分のペースで取り仕切り易かったであろうと感じたものである。

　都市内分権では3回目となる次の審議があるとすれば、委員に対してもこれまで以上の国民の関心と鋭い視線が注がれるであろう。専門的知見の披歴はもちろんのこと、委員間の連携と継続した集中力、統合力でよりよい結論を導くという方向での責任の果たし方が何よりも求められていると言えよう。

　そして、今度こそ、「公選の選択を含む多様で自主的な制度改正」が行われなければならない。分権型・地域主権型社会をめざす日本の将来のために。

おわりに

　地方分権改革の具体的な取組が始まって10年、そして都市内分権制度が導入されてから5年が経過した今、都市内分権・地域自治の「公選を含む多様な選択」という、このささやかな一歩さえ踏み込めずに足踏みしている日本の現状を「民主的正統性の確保」の切り口から考察してきた。

　研究論文である以上、仮説、調査、分析、考察、結論、の形式が必要であることも承知している。この点については、「都市内分権における民主的正統性の確保が、住民自治、地域自治の理念にかなうだけでなく、実際の効果においてもその組織の活動・機能を強化することになっているのではないか」という仮説を立て、全国の地域自治組織設置自治体の実態調査を行った上で、そのデータに基づいて分析を行い、住民代表機関の民主的正統性に関わる独立変数（説明変数）「構成員の選出における住民参加の程度」が、住民代表機関の自主自律的活動・機能の発揮を端的にあらわす従属変数（被説明変数）「自主的審議の意見数」に正の影響を与えていることをおおむね立証できたのではないかと考えている。

　また、日本では、民主的正統性に基づく唯一の事例である上越市の参加観察を通じて、制度導入過程とその実際の取組における住民や自治体政府の動態を克明に明らかにし、自主自律的な活動・機能の発揮が基礎自治体（市政）に与える影響を分析・考察した。ここでも、選挙を実施した（住民参加のあった）区の集団と未実施の（住民参加の無かった）区の集団との比較で「自主的審議の意見数」に明確な差が見られた。さらに、総体として、自主的審議の意見が市政に反映され、1つの区から出された意見が基礎自治体の政策検討の俎上に載り、結果として全市に展開された事例がいくつもあることから、当該地域自治区の範囲に限らず市政全般に有為な影響を及ぼしていることが示された。その上で、当該自治体における今後の課題も考察した。

　さらに、各種の情報媒体の検索データを分析するとともに文献や新聞記事な

ども調査に加える中から、都市内分権の自主自律性において上越市が抜きんでて高い情報発信力を備えていることや、概して外部の各界から高い評価を受けていること、そして、その要因が都市内分権における上越市方式、すなわち「民主的正統性の確保」にあるということを明らかにした。

最後に、これらの多角的な調査、分析、考察を踏まえ、総括的に「民主的正統性の意義」について考察した。考察は4点にわたって行った。すなわち、①理念的、原理的観点、②運用上の仕組みの観点、③実際の効果の観点、④影響力の観点、である。このいずれにおいても民主的正統性を持たない事例に比べて高い意義が認められた。

また課題については、個別的には、唯一の当該自治体に関わること以外考えられないため、先に述べたように参加観察の事例研究の中で考察した。また、全体的には、制度が導入されておらず、国の法制度改革そのものが当面する課題であるため、「民主的正統性確保」のための「公選の選択を含む多様で自主的な制度改正」という課題設定を行い、この課題に関わる様々な主体の取り組むべき方向性を考察した。

本書では、「はじめに」で述べたように、展開方法について、「政策過程の循環」と、政策・制度の持続的発展の推進力である「多様な主体の多様な実践による連関と循環」を重視する視点から、それらが過程的、総合的に把握できるような手法をとることに心掛けた。また、「理論と実践の発展的統合」という経験則に基づいて参加観察の方法も積極的に位置付けた。これはまた、展開フローや展開方法にもあらわれている。そのため、いわゆる一般的な研究論文とは趣を異にするかもしれない。

次いで、本書で調査・分析・考察しきれなかった課題について付言する。それは、第3章第3節第1項の最後に付言したが、制度導入の地域格差の要因についてである。「歴史的伝統的な政治文化的風土によるものか、あるいは政治的リーダーシップによるものか、合併関係市町村の共同体的紐帯の強さや典型的な過疎地域を多く抱えているための危機感の表れなどの合併の地方的特殊事情によるものか、などの疑問」に答えを出していく必要があると考えている。こ

の点は、「多様で自主的な制度改正」の根拠や方法に何らかの影響を与える問題が含んでいるかもしれない。

　また、総務省の向こうを張って無謀にも一個人として全国の実態調査を行ったが、集計等でまだ精査しなければならない部分が多々あり、今後は直接現地に出向いての確認作業も必要となろう。副産物として、総務省のホームページ上での公表データの比較的大きな誤りを指摘することもできたし、総務省調査時の回答の不備を 10 数点明らかにすることもできた。いずれにしても、本調査を継続し、その精度を上げていきたいと考えている。

　以上が結論であるが、「はじめに」で述べた、一定の評価が得られるような結果になったかどうかは心もとない。研究及び実践分野の諸先輩のご批判とご助言を仰ぎたい。

参考文献

青山彰久［2009］「市町村のかたちを考える―地方制度調査会の答申からみえるもの（特集　第29次地方制度調査会最終答申）」全国市議会議長会・全国町村会議長会編『地方議会人』（第40巻第3号）中央文化社

青山弘和・竺和代・三浦哲司・水野美里・望月洋平［2006a］「自主研究グループからの発信　地域自治区の挑戦―豊田市足助地区を事例として（1）」『地方自治職員研修』（第39巻第3号）公職研

青山弘和・竺和代・三浦哲司・水野美里・望月洋平［2006b］「自主研究グループからの発信　地域自治区の挑戦―豊田市足助地区を事例として（2）」『地方自治職員研修』（第39巻第4号）公職研

縣公一郎［2002］「ドイツ新州における市町村改革―合併・連合併用モデルの展開」『月刊自治研』（第515号）自治研中央推進委員会

秋山三枝子［2010］「地域自治区をつくる―新潟県上越市の試み　NPOの視点から（自治を育てる　自治体をつくる）」『まちと暮らし研究』（No.8）地域生活研究所

芦谷英夫［2004］「［事例］新しい地域自治区・住民自治制度の提案―浜田那賀方式自治区について（特集　地域自治組織と住民自治）」自治研修協会編『月刊自治フォーラム』（第540号）第一法規

穴見明［2007］「スウェーデンの"準自治体"（特集　準自治体・考）」『月刊自治研』（第575号）自治研中央推進委員会

阿部孝夫［2009］「大都市における都市内分権～住民自治の拡充に向けて」『2008年度活動報告集―シンポジウム・研究会―』日本自治学会事務局

荒木田岳［2006］「「地域自治組織」の本来的性格と合併後の課題（特集　自治のかたち・それぞれの選択）」『地方自治職員研修』（第39巻4号）公職研

有里典三・黄國光［2008］「市民参加の「質」指標についての理論的考察（［2007（平成19）年度　関東都市学会］秋季大会シンポジウム　合併後のコミュニティ施策）」関東都市学会編集委員会編『関東都市学会年報』（第10号）関東都市学会事務局

有馬晋作・川越麻里絵［2009］「地域コミュニティ税成立の経緯と意義―宮崎市の取り組み―」『商経論叢』（第59号）鹿児島県立短期大学

有馬晋作［2010］「巻頭論文　地域コミュニティ税の明暗～住民自治と税」『税』（第65巻第4号）ぎょうせい

安藤裕［2004］「CASE STUDY2 市民生活に身近な市政をめざし、区役所への分権を推進――川崎市」『ガバナンス』（No.37）ぎょうせい

安藤裕［2008］「住民による自主3原則を基本に、コミュニティづくりを推進／東京都武蔵野市（特集 地域コミュニティ再生と自治体）―（取材リポート 地域コミュニティ再生に挑む!）」『ガバナンス』（No.92）ぎょうせい

安藤裕［2010］「新しい地域自治の仕組づくりに「地域協議会」発足【横浜市泉区】（政策を作る 第6回―「地方政府」の職員力」『ガバナンス』（No.105）ぎょうせい

井川博［2003］「コミュニティの構築と近隣政府の制度設計」『市政』（Vol.52-9）全国市長会

井川博［2004a］「都市における狭域自治（第2章第5節）」横道清孝編著『自治体改革 第1巻 地方制度改革』ぎょうせい

井川博［2004b］「論壇 地域自治組織と狭域自治の充実」市町村自治研究会編集協力『住民行政の窓』（第272号）日本加除出版

池田克樹［2009］「97の地域コミュニティ協議会が自治を支える分権型協働都市――新潟市（特集 大都市、中核都市／分権時代のデザイン）―（取材REPORT1 分権型"中核都市"への模索）」『ガバナンス』（No.97）ぎょうせい

池田清［2005］「長野市版都市内分権 その実像と虚像―真の住民自治を求めて」『信州自治研』（No.155）長野県地方自治研究センター

池田浩［2010］「身近な地域からはじめるまちづくり―上越市の地域自治区制度（上越市）（特集 今後の地域社会を考える）」自治研修協会編『月刊自治フォーラム』（第606号）第一法規

石崎明［1978］「コミュニティの制度論的考察――都市政府システム変革への試論――（地方自治三十年記念懸賞論文三席）」地方自治制度研究会編『地方自治』（第362号）ぎょうせい

石崎誠也［2005］「地域自治区の可能性と課題」自治体問題研究所編『住民と自治』（511号）自治体研究社

石平春彦［2006a］「住民主権に基づく都市内分権の新たな展開と制度改革の課題――上越市における地域協議会委員の選任投票制度を例として（特集 自治体における代表制）」自治体学会編『年報自治体学』（第13号）第一法規

石平春彦［2006b］「全国初の地域自治区制度の導入と地域協議会の実際」『2005年度活動報告集―シンポジウム・研究会―』日本自治学会事務局

石平春彦［2008］「『自治体憲法』創出の地平と課題―上越市における自治基本条例の制定

事例を中心に―』公人の友社

市橋亮［2007］「地域自治区制度が自治体の行政運営に果たしうる役割とその課題―住民自治の充実と地域の公共サービス確保という観点から―」（2006年度法政大学大学院修士学位論文：政策科学研究科）

市原正隆［2007］「まちづくりと地域内分権―特定非営利活動法人まちづくり山岡の実践をとおして―」岐阜医療科学大学紀要編集委員会編『岐阜医療科学大学紀要』（第1号）岐阜医療科学大学

市原正隆［2008］「まちづくりと地域協議会―特定非営利活動法人まちづくり山岡の実践をとおして―」岐阜医療科学大学紀要編集委員会編『岐阜医療科学大学紀要』（第2号）岐阜医療科学大学

伊藤和良［2003］「政令指定都市における行政区の現況と改革の展望について―市民社会の変容に伴う柔軟な機能改編を（特集 都市内分権と住民自治）」『都市問題』（第94巻第4号）東京市政調査会

伊藤和良［2004］「スウェーデンの地区委員会:住民自治の拡充をめざして（特集 合併時代の近隣政府）」『生活経済政策』（No.95）生活経済政策研究所

伊藤正次［2004］「自治体・地域におけるガバナンス改革の構想と設計」自治体学会編『年報自治体学』（第17号）第一法規

井上繁［2004］「地域自治組織のアイデンティティ（特集 市町村合併の行方）」全国町村議会議長会編『地方議会人』（第35巻第3号）中央文化社

井上宜也［1993］「英・独・蘭の近隣行政（その一）――英国・スコットランドのコミュニティ・カウンシルについて――」地方自治制度研究会編『地方自治』（第552号）ぎょうせい

今井照［2008］『「平成大合併」の政治学』公人社

今川晃［2003］「［狭域行政］自治体内分権のあり方」木佐茂男・五十嵐敬喜・保母武彦編『分権の光　集権の影――続・地方分権の本流へ』日本評論社

今川晃［2005］「地域自治の論点（特集 分権の宿題）」『地方自治職員研修』（第38巻7号）公職研

今川晃［2006］「都市内分権の論理と住民自治（特集 分権時代の住民自治）」『都市問題研究』（第58巻第8号）都市問題研究会

今川晃［2008］「「都市と農山村との共生」と「都市内分権」思想とのハーモニー―豊田市の場合（合併自治体の生きる道―"光と影"の現実と地域生き残り戦略）―（地域づくり・コミュニティ）」『地方自治職員研修』（第41巻臨時増刊88号）

公職研

今川晃［2009］「地域自治組織と一人ひとりの市民、NPO、行政―地域自治をどうデザインするか（特集 コミュニティの力）」『地方自治職員研修』（第42巻第7号）公職研

今川晃・三浦哲司［2010］「地域力再生の条件：自治体行政としての条件整備を中心に」同志社大学政策学会『同志社政策研究』編集委員会編『同志社政策研究』（第4号）同志社大学政策学会

イマジン自治情報センター［2008］「発想conception 地域分権の推進と地域コミュニティの活性化へ―町内会・自治会と地域自治区制度―住民による地域づくりと地域自治組織の役割」『実践自治』（通巻36号）イマジン出版

今村都南雄［2009］「第29次地方制度調査会答申をめぐって（特集　第29次地方制度調査会最終答申）」全国市議会議長会・全国町村議会議長会編『地方議会人』（第40巻第3号）中央文化社

岩崎恭典［2003a］「自治体内分権と新たなコミュニティ（近隣政府）の形成（第6章）」今川晃編『自治体の創造と市町村合併―合併論議の流れを変える7つの提言―』第一法規出版

岩崎恭典［2003b］「都市内分権の現在・過去・未来（特集 都市内分権と住民自治）」『都市問題』（第94巻第4号）東京市政調査会

岩崎恭典［2006］「住民自治協議会の現状と課題―伊賀流住民自治その後―（特集「小さな自治」再考）」『市政研究』（No.153）大阪市政調査会

岩崎恭典［2008］「「基礎自治体」と自治体内分権（特集「基礎自治体」の姿）」『ガバナンス』（No.88）ぎょうせい

岩崎恭典［2009］「新たな大都市像と地域自治（特集 大都市、中核都市／分権時代のデザイン）」『ガバナンス』（No.97）ぎょうせい

岩崎恭典・小林慶太郎［2006］「地域自治組織と町内会（特集 分権時代の住民自治）」『都市問題研究』（第58巻第8号）都市問題研究会

植原朋哉［2004］「都市内分権型都市構造と行政区のあり方―川崎市を例に」『日本都市学会年報』（2003）日本都市学会

浮谷次郎［2003a］「「挑戦」自治体（30）合併後の"地域自治政府"の担い手として全世帯加入によるまちづくりNPOを設立――岐阜県山岡町」『ガバナンス』（No.31）ぎょうせい

浮谷次郎［2003b］「「挑戦」自治体（31）3層構造の地域自治組織を合併後の新市に生かす

浮谷次郎［2004］「CASE STUDY4 自治会活動を基盤としてネットワーク型のまちづくり協議会を全地域に設立——兵庫県宝塚市」『ガバナンス』（No.37）ぎょうせい

浮谷次郎［2008］「地域内分権の推進に地域コミュニティ税を導入／宮崎市（特集 地域コミュニティ再生と自治体）―（取材リポート 地域コミュニティ再生に挑む!）」『ガバナンス』（No.92）ぎょうせい

氏原昭彦［2002］「「小さな自治のシステム」の研究（群馬県）（特集 自治・分権とコミュニティの新しい関係）」『地方自治職員研修』（第35巻10号）公職研

牛山久仁彦［2003］「市町村合併と都市内分権（第3章）」『多摩地域の都市ガバナンス（中央大学社会科学研究所研究報告　第22号）』中央大学社会科学研究所

牛山久仁彦［2009］「市町村合併と地域自治—地域自治区制度の現状と課題—」『政経論叢（2008年）』（第77巻3・4号）明治大学政治経済研究所

後房雄［2006］「多様化する市民活動と自治体の再設計—地域自治組織における決定と実施の混合—（特集「小さな自治」再考）」『市政研究』（No.153）大阪市政調査会

後房雄編著［2007］『地域自治組織から近隣政府へ〜地域自治区、町内会、NPO』市民フォーラム21・NPOセンター

宗野隆俊［2000］「アメリカ都市行政におけるコミュニティ自治に関する予備的考察」『早稲田大学大学院法研論集』（第93号）早稲田大学大学院法学研究科

宇野隆俊［2003］「コミュニティ開発法人の思想的・歴史的基層としての近隣住区政府」『地域の法社会学』（『日本法社会学会年報　法社会学』59号）日本法社会学会

宇野隆俊［2007］「コトラー「近隣住区政府論」に関する覚書」『滋賀大学経済学部研究年報』（第14号）滋賀大学経済学部

宗野隆俊［2008］「上越市の地域協議会（合併自治体の生きる道—"光と影"の現実と地域生き残り戦略）—（地域づくり・コミュニティ）」『地方自治職員研修』（第41巻臨時増刊88号）公職研

江上渉［2003］「これからのコミュニティ組織の在り方を求めて〜価値創出的な地域社会に向けて〜」『市政』（Vol.52-9）全国市長会

江藤俊昭［1996］「都市内分権化の意義と可能性—もう一つの地方分権を模索する—」山梨学院大学行政研究センター編『地方分権と地域政治』第一法規出版

江藤俊昭［1998］「住民参加の条件整備としての都市内分権——中野区の地域センターと住民協議会をてがかりに——」『山梨学院大学　法学論集』（第39号）山梨学

院大学法学研究会

江藤俊昭[1998]「地方分権時代の住民参加に不可欠な条件整備―自治体改革としてのパートナーシップ型まちづくり―」『市政研究』(No.119) 大阪市政調査会

江藤俊昭［2003］「都市内分権が促す自治体議会のパラダイム転換（特集 都市内分権と住民自治）」『都市問題』(第94巻第4号) 東京市政調査会

江藤俊昭［2004］「住民との協働の最前線としての「地域自治機関」へ（特集 住民自治を支える「地域機関」へ)」『ガバナンス』(No.37) ぎょうせい

江藤俊昭［2005］「都市デモクラシーと地方議会―ローカル・ガバナンスにおける議会の積極的な役割―」『市政研究』(No.148) 大阪市政調査会

江藤俊昭［2008］「「身近な自治」に議会はどう変わるか――地域コミュニティ再生と議会の役割（特集 地域コミュニティ再生と自治体)」『ガバナンス』(No.92) ぎょうせい

江藤俊昭［2009］「トピックス 地方自治制度改革のゆくえ―第29次地方制度調査会答申を読む―」地方自治研究機構編『自治体法務研究 2009年 冬』(No.19) ぎょうせい

遠藤文夫［2002］「コミュニティと近隣政府の構想」地方自治制度研究会編『地方自治』(第656号) ぎょうせい

延命敏勝［2003］「小さな自治への道程（特集 都市内分権と住民自治)」『都市問題』(第94巻第4号) 東京市政調査会

生沼裕［2008a］「合併特例区の現状と課題（一）―主として岡山市・宮崎市の事例を参考に―」『地域政策研究』(第10巻第3号) 高崎経済大学地域政策学会

生沼裕［2008b］「合併特例区の現状と課題（二）―主として岡山市・宮崎市の事例を参考に―」『地域政策研究』(第10巻第4号) 高崎経済大学地域政策学会

大石田久宗［2002］「コミュニティの三つの重層的課題（特集 自治・分権とコミュニティの新しい関係)」『地方自治職員研修』(第35巻10号) 公職研

大内田鶴子［2003］「宝塚市のコミュニティ政策と自治会―近隣政府・自治組織の先駆的試み」『地方財務』(590号) ぎょうせい

大内田鶴子［2008］「都市近隣組織と伝統的統治感覚（［2007（平成19)年度 関東都市学会］秋季大会シンポジウム 合併後のコミュニティ施策)」関東都市学会編集委員会編『関東都市学会年報』(第10号) 関東都市学会事務局

大内田鶴子［2009］「市民社会と創造的コミュニティ～エルトン・ゲートウッド基調講演における市民社会論～（特集論文「日米地域分権フォーラム」について（2))」

コミュニティ政策学会編集委員会編『コミュニティ政策7』東信堂

大澤正治・平澤和人［2004］「飯田市「地域自治政府構想」に関する諸検討（特集「三遠南信学」の可能性）」『年報・中部の経済と社会　2003年版』愛知大学中部地方産業研究所

大西淳也［1994a］「英・独・蘭の近隣行政（その二）──ドイツ・ノルトライン・ヴェストファーレン州の区制度について」地方自治制度研究会編『地方自治』（第555号）ぎょうせい

大西淳也［1994b］「英・独・蘭の近隣行政（その三）──オランダ・アムステルダム市における都市内分権について」地方自治制度研究会編『地方自治』（第557号）ぎょうせい

大森彌［2002］「閑話休題　市町村内狭域自治体の創設」『町村週報』（2410号）全国町村会

大森彌［2004］「GOVERNANCE FOCUS 地方制度調査会「最終答申」を読む　評価できる「地域自治組織」創設、だが合併推進強化策には火種も」『ガバナンス』（No.33）ぎょうせい

大森彌［2004］「「地域自治機関」の導入とその職員（特集 住民自治を支える「地域機関」へ）」『ガバナンス』（No.37）ぎょうせい

大森彌［2009］「第29次地方制度調査会の答申を検証する（特集　第29次地方制度調査会最終答申）」全国町村議会議長会編『地方議会人』（第40巻第3号）中央文化社

大宅宏幸［2010］「地域自治組織の実証研究～その課題と展望～」（2009年度宇都宮大学大学院修士学位論文：国際学研究科）

岡崎昌之［2004a］「コミュニティ・ガバナンスと地域経済振興の新しい視点」自治体学会編『年報自治体学』（第17号）第一法規

岡崎昌之［2004b］「平成市町村合併への歴史的経緯と小さい自治の試み」『現代福祉研究』（『法政大学現代福祉学部紀要』第4号）法政大学現代福祉学部

岡田知弘・石崎誠也編著［2006］『地域自治組織と住民自治』（『地域と自治体』（第31集））自治体研究社

岡庭一雄・池内武久［2009］「小規模自治体の合併と地域自治―さらば清内路、そして新しい阿智村へ（その2）」『信州自治研』（No.209）長野県地方自治研究センター

岡庭一雄・大石真紀子［2008］「自治体内分権と地域計画―ソヨルマー論文を受けて」『信州自治研』（No.202）長野県地方自治研究センター

岡村美保子［2002］「海外法律情報　フランス　近隣の民主主義に関する法律」『ジュリス

ト』(No.1221)有斐閣

小木曽洋司［1994］「コミュニティと住民自治」西山八重子編『都市と自治の社会学』文化書房博文社

小木曽洋司［2006］「自治体内分権論の町内会評価とコミュニティ」『中京大学社会学部紀要』(第20巻第1・2合併号）中京大学社会学部

荻原宗［2008］「基礎的自治体が取り組むべき住民自治について—山梨県甲州市の合併と地域自治区の実際からの考察（[2007（平成19）年度 関東都市学会]秋季大会シンポジウム 合併後のコミュニティ施策)」関東都市学会編集委員会編『関東都市学会年報』(第10号）関東都市学会事務局

小沢健吾［2008］「都市内分権に向けた住民自治組織のあり方〜コミュニティ単位での住民合意の仕組みとして〜」(2007年度法政大学大学院修士学位論文：政策科学研究科）

小田忠［2004］「[事例]小さな自治システムの展開—広島県安芸高田市の取組（安芸高田市）（特集 地域自治組織と住民自治)」自治研修協会編『月刊自治フォーラム』(第540号）第一法規

貝原俊民［2004］「第27次地方制度調査会の概要と今後の町村（特集 市町村合併の行方)」全国町村議会議長会編『地方議会人』(第35巻第3号）中央文化社

風早正毅［2005］「岡山市における合併特例区の設置について」地方自治制度研究会編『地方自治』(第690号）ぎょうせい

春日修［2006］「地域自治体としてのパリッシュカウンシル—その制度と実態」『愛知大学法学部法経論集』(第172号）愛知大学法学会

春日修［2008］「イギリスの地区委員会と自治体内分権化」『愛知大学法学部法経論集』(第176号）愛知大学法学会

片木淳［2010］「「地域主権国家」と地域コミュニティ（特集 日本を再生する—国と地方のストラテジー)」『ガバナンス』(No.105）ぎょうせい

片田興［2009］「地方政府の最適規模と戦略に関する分析」『山梨学院大学 法学論集』(第63号）山梨学院大学法学研究会

金井利之［2006］「基礎的自治体の将来像 上越市市役所総務部総務課法務室における法務管理を事例として〜国・県・コミュニティーとの関係において〜（特集 都市自治の確立と住民参加—新しい国のかたちとコミュニティーを考える—)」『市政』(Vol.55-3）全国市長会

上仮屋尚［2005］「「住所」における地域自治区・合併特例区の名称の取扱いについて」市

町村自治研究会編集協力『住民行政の窓』(第273号) 日本加除出版

河北裕喜 [2005]「地縁的組織が地域内分権の担い手となる可能性とそのための課題」『地域問題研究』(No.69) 地域問題研究所

菊池美代志 [2002]「コミュニティ行政 これまで、これから (特集 自治・分権とコミュニティの新しい関係)」『地方自治職員研修』(第35巻10号) 公職研

菊池美代志 [2005]「都市のコミュニティ活動のモノグラフ—地域自治、その現実とシステムの設計—」『帝京社会学』(第18号) 帝京大学文学部社会学科

北住炯一 [1993]「統一ドイツにおける地域自治とその市民的再生—ミュンヘンの市民参加と東ドイツの自治変革」『名古屋大学法政論集151』名古屋大学大学院法学研究科

木谷晋市 [2006]「近隣政府制度化の課題 (特集「小さな自治」再考)」『市政研究』(No.153) 大阪市政調査会

北原鉄也 [2004]「「平成の大合併」:何が変わるか (特集 平成の大合併と地域自治)」『調査研究情報誌ECPR』(Vol.14-No.3) えひめ地域政策研究センター

木下巨一 [2007]「飯田市の地域自治組織と公民館の再編」「月刊社会教育」編集委員会編『月刊社会教育』(第51巻第5号) 国土社

木下聖 [2008]「地域福祉計画の進行管理システム構築へ向けた課題と実践〜恵那市地域福祉計画における地区別構想検討の事例から〜」『中部学院・中部学院短期大学部 研究紀要』(第9号) 中部学院大学総合研究センター

木原勝彬 [2006]「住民自治の強化に結びつく地域自治システムの構築を (特集「小さな自治」再考)」『市政研究』(No.153) 大阪市政調査会

木原勝彬 [2007]「巻頭言 市民主権型自治体への道——住民自治力・市民社会力の強化による地域再生——」コミュニティ政策学会編集委員会編『コミュニティ政策5』東信堂

木原勝彬 [2008]「NPOによる支援システムの確立を——住民自治力の強化に結びつく地域コミュニティ再生 (特集 地域コミュニティ再生と自治体)」『ガバナンス』(No.92) ぎょうせい

木原勝彬 [2009]「コミュニティ政策学会第4プロジェクト研究会中間報告『「地域自治の仕組みづくり」にかかわるアンケート調査』報告」コミュニティ政策学会編集委員会編『コミュニティ政策7』東信堂

ぎょうせい [2006]『全国自治体データブック2006』ぎょうせい

久喜喜造 [2009]「寄稿2「今後の基礎自治体及び監査・議会制度のあり方に関する答申」

について（特集　第29次地方制度調査会答申のポイント）」『市政』（Vol.58-8）全国市長会

久邇良子［2007］「フランスの大都市における準自治体　パリ市の地域自治組織―（特集 準自治体・考）」『月刊自治研』（第575号）自治研中央推進委員会

熊坂義裕［2008］「持続可能な自治体を目指して（宮古市）（合併自治体の生きる道―"光と影"の現実と地域生き残り戦略）―（合併を選んだ理由と展望）」『地方自治職員研修』（第41巻臨時増刊88号）公職研

小池治［2007］「アメリカのネイバーフッド・カウンシル　特集 準自治体・考」『月刊自治研』（第575号）自治研中央推進委員会

高坂晶子［2002］「Studies 地域社会における役割分担の再設計―求められる自治体内分権の確立」重吉博右編『Japan research review』（Vol.12-No.5）日本総合研究所

高坂晶子［2005］「Studies わが国における地域自治組織の在り方」重吉博右編『Japan research review』（Vol.15-No.4）日本総合研究所

高坂晶子［2008］「自治体内分権の可能性―イギリスの事例を参考に（特集 地方分権を考える）」原田裕司編『Business & economic review』（Vol.18-No.4）日本総合研究所

幸田雅治［2009a］「シリーズ都市内分権（10）ハンブルク市の市議会と区議会について（1）――その仕組みと特徴」『自治研究』（第85巻第3号）第一法規

幸田雅治［2009b］「シリーズ都市内分権（11）ハンブルク市の市議会と区議会について（2）――その仕組みと特徴」『自治研究』（第85巻第4号）第一法規

幸田雅治［2009c］「シリーズ都市内分権（12）ハンブルク市の市議会と区議会について（3）――その仕組みと特徴」『自治研究』（第85巻第5号）第一法規

幸田雅治［2009d］「シリーズ都市内分権（13）ハンブルク市の市議会と区議会について（4・完）――その仕組みと特徴」『自治研究』（第85巻第6号）第一法規

国民生活審議会調査部会コミュニティ問題小委員会［1970］「コミュニティ―生活の場における人間性の回復―」（昭和44年9月29日）『地方自治』（第267号）ぎょうせい

小島和幸［2004］「［事例］「日本一の田舎づくり」3年―京都府美山町の振興会制度（美山町）（特集 地域自治組織と住民自治）」自治研修協会編『月刊自治フォーラム』（第540号）第一法規

小滝敏之［2007］『市民社会と近隣自治　小さな自治から大きな未来へ』公人社

小谷敦［2004］「［事例］合併後の旧市町の自立的運営の保障システム（兵庫県）（特集 地

域自治組織と住民自治)」自治研修協会編『月刊自治フォーラム』(第540号) 第一法規

後藤紀一 [2007]「合併後の「地域自治組織」の活動―地域住民の声を届ける (特集 くらしと地方自治)」『女性＆運動』(144号 (通巻295号)) 新日本婦人の会

小早川光郎 [2004]「[視点] これからの基礎自治体と住民自治のあり方 (特集 地域自治組織と住民自治)」自治研修協会編『月刊自治フォーラム』(第540号) 第一法規

小林剛宏 [2002a]「イタリアおよびスウェーデンにおける市町村の合併と近隣自治機構 (1)」自治体国際化協会

小林剛宏 [2002b]「イタリアおよびスウェーデンにおける市町村の合併と近隣自治機構 (2)」自治体国際化協会

坂口優二 [2007]「新しい地図 (5) 真の「自立」を目指した地域自治組織づくり―長野県飯田市」『月刊自治研』(第574号) 自治研中央推進委員会

坂野喜隆 [2007]「都市内分権におけるコミュニティ・ガバナンス―住民自治拡充のための制度設計―」『政治学研究論集』(第25号) 明治大学大学院

桜井久江・岡庭一雄 [2009]「さらば清内路、そして新しい阿智村へ (その1)」『信州自治研』(No.208) 長野県地方自治研究センター

佐々木和夫 [2008]「大崎の自治を育む―地域自治組織活性事業交付金 (特集 地域をめぐるカネ)」『地方自治職員研修』(第41巻3号) 公職研

佐藤忠治 [2006]「地域自治区と住民自治の行方 (特集 地方の再生は可能か)」『現代の理論』(第9号) 言論NPO・現代の理論

佐藤正之 [2006]「浜松市における地域自治組織―地域協議会の設置例 (特集「平成の大合併」と残された諸課題)」『年報・中部の経済と社会 2005年版』愛知大学中部地方産業研究所

澤井勝 [2005]「都市内分権とデモクラシー」『市政研究』(No.148) 大阪市政調査会

椎木隆 [2009a]「地域自治区と地域コミュニティ税―宮崎市 (特集 コミュニティの力)」『地方自治職員研修』(第42巻第7号) 公職研

椎木隆 [2009b]「地域コミュニティの再生を目指して～地域自治区と地域コミュニティ税」『2008年度活動報告集―シンポジウム・研究会―』日本自治学会事務局

自治体国際化協会 [2003]『平成14年度海外比較調査 コミュニティと行政～住民参加の視点から～』自治体国際化協会

自治体国際化協会 [2004a]『諸外国の地域自治組織』自治体国際化協会

自治体国際化協会［2004b］『オーストラリアとニュージーランドの地方自治』自治体国際化協会

市町村行政研究会［2009］「今後の基礎自治体のあり方について―第29次地方制度調査会（基礎自治体関係）を読む」『地方財務』（第662号）ぎょうせい

市町村自治研究会［2005］市町村自治研究会編『見開き対照　平成の市町村合併早わかりMAP』ぎょうせい

市町村自治研究会［2005］市町村自治研究会編『全国市町村要覧（平成17年版）』第一法規

上越市［2007］新潟県上越市企画・地域振興部企画政策課『新しい自治体づくりへの挑戦―共生都市上越　合併の記録』新潟県上越市

上越市企画・地域振興部企画政策課［2006a］「自治体のデザイン力をアップする　第1回「行政デザイン」の考え方とそのイメージ」『行政経営の現場』（No.15）官公庁通信社

上越市企画・地域振興部企画政策課［2006b］「自治体のデザイン力をアップする　第2回　地域コミュニティの活性化に向けた取り組み」『行政経営の現場』（No.16）官公庁通信社

上越市企画・地域振興部企画政策課［2006c］「自治体のデザイン力をアップする　第3回　地域自治区と自主自立に向けた新たな取り組み」『行政経営の現場』（No.17）官公庁通信社

上越市における都市内分権及び住民自治に関する研究会［2007］『上越市における都市内分権及び住民自治に関する調査研究報告書』上越市における都市内分権及び住民自治に関する研究会

菅沼栄一郎［2005］「住民が表舞台に　平成合併を追う（［特集2］市町村合併の中間決算）」『都市問題』（第96巻第3号）東京市政調査会

菅原純子［2007］「地域組織改革と住民意識―愛知県豊田市の地域会議運営と住民意識変化への可能性」現代社会学部論集編集委員会編『愛知淑徳大学論集　現代社会学部・現代社会研究科篇』（12号）愛知淑徳大学

杉本敏宏・後藤紀一［2007］「新潟県・上越市　大型合併自治体での住民自治の拡充をめざして（特集 生きる権利（4）キラッと輝く自治体）」『人権と部落問題』（第59巻第5号）部落問題研究所

杉本達治・吉川浩民・岡本誠司［2004a］「合併関連三法（合併新法、改正現行合併特例法、改正地方自治法）について（上）」地方自治制度研究会編『地方自治』（第680

号）ぎょうせい
杉本達治・吉川浩民・岡本誠司［2004b］「合併関連三法（合併新法、改正現行合併特例法、改正地方自治法）について（中）」地方自治制度研究会編『地方自治』（第681号）ぎょうせい
杉本達治・吉川浩民・岡本誠司［2004c］「合併関連三法（合併新法、改正現行合併特例法、改正地方自治法）について（下）」地方自治制度研究会編『地方自治』（第682号）ぎょうせい
杉山佐保子［2010］「中山間地域における地域自治組織と住民参加の実態―川根振興協議会（広島県安芸高田市）を事例として」『日本地域政策研究』（第8号）日本地域政策学会
菅谷昭［2007］「松本市における地域自治区（特例）の設置について（特集 いま、問われる地域力）」『市政』（Vol.56-6）全国市長会
鈴木輝隆［2005］「住民と行政の協働 「平成の市町村合併」における住民自治組織（［特集2］市町村合併の中間決算）」『都市問題』（第96巻第3号）東京市政調査会
瀬脇一・下仲宏卓・湯山壯一郎・上仮屋尚・松永智史［2009a］「一般地方財政編 第29次地方制度調査会「今後の基礎自治体及び監査・議会制度のあり方に関する答申」について（上）」地方財政制度研究会編集協力『地方財政』（2009年9月号）地方財務協会
瀬脇一・下仲宏卓・湯山壯一郎・上仮屋尚・松永智史［2009b］「一般地方財政編 第30次地方制度調査会「今後の基礎自治体及び監査・議会制度のあり方に関する答申」について（下）」地方財政制度研究会編集協力『地方財政』（2009年10月号）地方財務協会
全国市長会政策推進委員会［2003］『地方自治の将来像についての提言』全国市長会政策推進委員会
全国町村会［2003］『町村の訴え～町村自治の確立と地域の想像力の発揮～』全国町村会
総務省自治行政局合併推進課［2010］『「平成の合併」について』総務省
総務省自治大学校第一部課程第105期政策課題研究第一班［2006］「解説 住民自治を強化し、住民との協働を進めるための地域自治区のあり方について」市町村自治研究会編集協力『住民行政の窓』（第292号）日本加除出版
第29次地方制度調査会［2009］『今後の基礎自治体及び監査・議会制度のあり方に関する答申』第29次地方制度調査会
第27次地方制度調査会［2003a］『今後の地方自治制度のあり方についての中間報告』第

27次地方制度調査会

第27次地方制度調査会［2003b］『今後の地方自治制度のあり方に関する答申』第27次地方制度調査会

高橋克尚［2005］「上越市における地域自治区について」地方自治制度研究会編『地方自治』（第691号）ぎょうせい

高橋剛［2005］「地域自治組織を『住民自治』の組織に」自治体問題研究所編『住民と自治』（511号）自治体研究社

高原稔［2004］「地域自治の改革と分権に係わる参加型ベンチマークの展望」『中京大学社会学部紀要』（第18巻第1号）中京大学社会学部

高村学人［2003］「フランスにおける近隣住区の機能とその制度化―都市計画における参加と訴訟の関係」『地域の法社会学』（『日本法社会学会年報　法社会学』59号）日本法社会学会

田口一博［2003］「市町村合併後の自治のあり方試論―自治体の規模にとらわれない自治体内分権（特集 市町村合併）」『都市問題』（第94巻第2号）東京市政調査会

武岡明子［2002］「自治の単位と近隣政府―新たな住民自治の確立に向けて」『月刊自治研』（第515号）自治研中央推進委員会

武岡明子［2004］「多様で主体的なコミュニティ形成のための一考察（特集 合併時代の近隣政府）」『生活経済政策』（No.95）生活経済政策研究所

武岡明子［2007］「イングランドにおける"準自治体"パリッシュの機能と役割（特集 準自治体・考）」『月刊自治研』（第575号）自治研中央推進委員会

武岡明子［2008］「平成の大合併と地域自治組織 ― 北海道内の合併市町村に関する調査報告―」『札幌法政研究』（第1号）札幌大学附属法務・自治行政研究所

武岡明子［2010］「パリッシュ―イングランドの近隣政府（自治を育てる　自治体をつくる）」『まちと暮らし研究』（No.8）地域生活研究所

竹下譲［1999］『世界の地方自治制度』イマジン出版

竹下譲［2000］『パリッシュにみる自治の機能～イギリス地方自治の基盤～』イマジン出版

竹下譲［2002］「イギリスの狭域自治体（特集 広域行政と狭域行政）」全国町村議会議長会編『地方議会人』（第33巻 第2号）中央文化社

竹下譲［2004］「イギリスの近隣政府（第4章第2節）」西尾隆編著『自治体改革　第9巻　住民・コミュニティとの協働』ぎょうせい

竹中英紀［2006］「泉北ニュータウンにおける地域自治と市民活動（特集「小さな自治」

再考)」『市政研究』(No.153) 大阪市政調査会

田嶋義介 [2003a]「取材リポート　連載　自治が問われる市町村合併 (2) 島根県浜田・那賀地域　自治区長制で合併後も地域自治を守ろう——地方自治法が改正されないなら、条例で」『ガバナンス』(No.22) ぎょうせい

田嶋義介 [2003b]「各地にみる住民自治活動と都市内分権の可能性 (特集 都市内分権と住民自治)」『都市問題』(第94巻第4号) 東京市政調査会

田嶋義介 [2004]「CASE STUDY3 地域自治組織第1号自治区長新設で合意 地域振興予算編成権限も——島根県浜田・那賀地域 (特集 住民自治を支える「地域機関」へ)」『ガバナンス』(No.37) ぎょうせい

田中逸郎 [2007]「NPOと自治会等地縁型団体の協働による地域コミュニティ再構築の諸要件」コミュニティ政策学会編集委員会編『コミュニティ政策5』東信堂

田中義岳 [2002]「分権と自治的コミュニティ支援の指向—宝塚市の小学校区コミュニティの展開 (特集 自治・分権とコミュニティの新しい関係)」『地方自治職員研修』(第35巻10号) 公職研

谷本有美子 [2010]「「地域協働」の展開と"住民"の自治への警鐘」『地方自治職員研修』(第43巻5号) 公職研

田村与平次 [2005]「事例 松本市における合併特例による地域自治区の設置について—松本市 (特集 市町村合併後の市町村のあり方)」自治研修協会編『月刊自治フォーラム』(第555号) 第一法規

地域活性化センター [2007]『地方自治法上の地域自治区を活用した取り組みについて調査研究報告書』地域活性化センター

地方自治研究機構 [2006]『地域自治区・合併特例区制度の現状と課題』地方自治研究機構

地方分権推進委員会 [1997]『地方分権推進委員会第2次勧告』地方分権推進委員会

辻琢也 [2004]「変貌する地域社会における地域課題と住民協働 (特集 地域内分権)」『地域政策研究』(第29号) 地方自治研究機構

辻駒健二 [2004]「市町村合併と自律型コミュニティ〜広島県高宮町は、なぜ「地域自治組織」に成功したか〜」『地域経済』(第23集) 岐阜経済大学地域経済研究所

津村重光 [2007]「地域自治区 (一般) を中心とした宮崎市における住民自治 (特集 いま、問われる地域力)」『市政』(Vol.56-6) 全国市長会

寺井克之 [2009]「オハイオ州デイトン市の組織的な市民参加システムの構造 (序説) 〜プライオリティ・ボードの仕組み (特集論文「日米地域分権フォーラム」につ

いて (3))」コミュニティ政策学会編集委員会編『コミュニティ政策7』東信堂

外川伸一 [2008]「国家ガバナンス論のローカル・ガバナンス分析への適用可能性に関する考察—ネットワーク型ガバナンス論と修正タイプの新制度論的ガバナンス論（[2007 (平成19) 年度 関東都市学会] 秋季大会シンポジウム 合併後のコミュニティ施策)」関東都市学会編集委員会編『関東都市学会年報』（第10号）関東都市学会事務局

富野暉一郎 [2004]「第27地制調と地域住民活動—地域自治組織と選択的自治をめぐって」『信州自治研』（No.144）長野県地方自治研究センター

中井道夫 [2008]「市町村合併後のコミュニティ施策の変化 （[2007 (平成19) 年度 関東都市学会] 秋季大会シンポジウム 合併後のコミュニティ施策)」関東都市学会編集委員会編『関東都市学会年報』（第10号）関東都市学会事務局

中川幾郎 [2002]「都市とコミュニティの再生」『市政研究』（No.134）大阪市政調査会

中川幾郎 [2005]「自治基本条例とローカルデモクラシー—三重県伊賀地区の住民自治システムの事例から—」『市政研究』（No.148）大阪市政調査会

中川幾郎 [2008]「三重県伊賀地区（〔新〕伊賀市、名張市）の住民自治システム （合併自治体の生きる道—"光と影"の現実と地域生き残り戦略) — (地域づくり・コミュニティ)」『地方自治職員研修』（第41巻臨時増刊88号）公職研

中川幾郎 [2010]「地域における政策課題解決と自治体コミュニティ政策」『地方自治職員研修』（第43巻5号）公職研

中川純一郎 [2010]「校区ボランティアで地域が豊かに」『地方自治職員研修』（第43巻5号）公職研

中田実 [1993]『地域共同管理の社会学』東信堂

中田実 [1996]「町内会・自治会の役割と期待 （特集 コミュニティの今を考える)」『市政』（Vol.45-12）全国市長会

中田實 [2007]「地域自治組織とコミュニティ—住民自治のあり方を考える」『ヘスティアとクリオ』（No.5）コミュニティ・自治・歴史研究会

永田祐 [2009]「市町村合併における小地域の「自治」と地域福祉計画--三重県松阪市と宮崎県都城市の事例から （特集 コミュニティ福祉の創造と地域自治)」「地域福祉研究」編集委員会編『地域福祉研究』（37集）日本生命済生会

中田実・板倉達文・黒田由彦編著 [1998]『地域共同管理の現在』東信堂

中田実・山田公平 [2007]「コミュニティ政策の到達点と課題 （特集論考 自治省モデル・コミュニティ施策の検証—コミュニティ政策の到達点と課題)」コミュニティ

政策学会編集委員会編『コミュニティ政策5』東信堂
中田実編著［2000］『世界の住民組織―アジアと欧米の国際比較』自治体研究社
中塚雅也・川口友子・星野敏［2009］「小学校区における地域自治組織の再編プロセス―「場」の生成の視点から（特集　農村振興の新たな課題）」『農村計画学会誌』（Vol.28,No.3）農村計画学会
中西晴史［2009］「小さな自治の充実こそ今後の課題（特集　第29次地方制度調査会答申のポイント）」『市政』（Vol.58-8）全国市長会
長野基［2007］「分析 地域自治区・合併特例区の現状（特集 準自治体・考）」『月刊自治研』（第575号）自治研中央推進委員会
中橋一誠［2005］「コミュニティ組織を活かし合併後の地域自治を推進――広島県安芸高田市（特集 指定管理者制度活用への自治体戦略）――（取材リポート/指定管理者を活かした地域づくり1)」『ガバナンス』（No.48）ぎょうせい
中村茂［2007］「大都市における行政区の今　神奈川県川崎市―（特集 準自治体・考）」『月刊自治研』（第575号）自治研中央推進委員会
中村祐司［2009］「合併サポーターからのメッセージ（31）市町村合併後の地域自治のあり方―「宇都宮市河内自治会議」の取組を通じて」市町村自治研究会編集協力『住民行政の窓』（第340号）日本加除出版
成田円裕［2005］「事例 せたな町における合併特例区の設置について―新たな地域づくりを目指して―北海道せたな町（特集 市町村合併後の市町村のあり方)」自治研修協会編『月刊自治フォーラム』（第555号）第一法規
成田頼明［2004］「いわゆる合併三法について（特集 市町村合併の行方）」全国町村議会議長会編『地方議会人』（第35巻第3号）中央文化社
名和田是彦［1995］「ドイツ・ブレーメン市の「地域事務所―地域評議会」システムについて～役所機能の地域分散と住民参加制度の一ケース・スタディ」『経済と貿易』（168号）横浜市立大学経済研究所
名和田是彦［1998a］「ドイツにおける都市内分権型政治参加」『市政研究』（No.119）大阪市政調査会
名和田是彦［1998b］『コミュニティの法理論』創文社
名和田是彦［2000a］「コミュニティ・ルールと領域的秩序」自治体学会編『年報自治体学』（第13号）良書普及会
名和田是彦［2000b］「自治体内分権と住民参加・協働（第4章）」辻山幸宣・人見剛編『市民・住民と自治体のパートナーシップ　第2巻 協働型の制度づくりと政策形

成』ぎょうせい

名和田是彦 [2000c]「ドイツ・ブレーメン市の地域評議会制度にみる決定権限の地域分散の法的性格〜二つの憲法裁判を軸として〜」飯島紀昭・広渡清吾・島田和夫編『市民法学の課題と展望——清水誠先生古稀記念論集——』日本評論社

名和田是彦 [2002a]「近隣政府・地域自治のしくみを考える」『市政研究』(No.134) 大阪市政調査会

名和田是彦 [2002b]「ドイツの近隣自治と地域社会」『都市とガバナンス』(第3号) 日本都市センター

名和田是彦 [2002c]「近隣自治論の今日的意義—市町村合併との関連で」『月刊自治研』(第515号) 自治研中央推進委員会

名和田是彦 [2002d]「近隣政府論—都市内分権のこれまでとこれから (特集 自治・分権とコミュニティの新しい関係)」『地方自治職員研修』(第35巻10号) 公職研

名和田是彦 [2003a]「コミュニティにおける住民生活の保障〜市町村合併を契機として〜」『市政』(Vol.52-9) 全国市長会

名和田是彦 [2003b]「地域社会の法社会学的研究の理論枠組の試み——「領域社団」理論に向けたマックス・ウェーバーの再読——」『地域の法社会学』(『日本法社会学会年報 法社会学』59号) 日本法社会学会

名和田是彦 [2004a]「都市内分権・近隣政府の今日的課題 (第4章第1節)」西尾隆編著『自治体改革 第9巻 住民・コミュニティとの協働』ぎょうせい

名和田是彦 [2004b]「自治体内分権と地域社会 (第4章)」白藤博行・山田公平・加茂利男編著『地方自治制度改革論—自治体再編と自治権保障』自治体研究社

名和田是彦 [2004c]「[解説] 協働型社会における「地域自治区」制度の課題 (特集 地域自治組織と住民自治)」自治研修協会編『月刊自治フォーラム』(第540号) 第一法規

名和田是彦 [2004d]「ドイツの市町村連携と自治の重層構造を考える (特集 平成の大合併と地域自治)」『調査研究情報誌ECPR』(Vol.14-No.3) えひめ地域政策研究センター

名和田是彦 [2005]「市町村合併における地域自治組織とコミュニティ政策 (特集 市町村合併後の市町村のあり方)」自治研修協会編『月刊自治フォーラム』(第555号) 第一法規

名和田是彦 [2006]「深化するコミュニティ政策 日本型都市内分権の特徴とコミュニティ政策の新たな課題」コミュニティ政策学会編集委員会『コミュニティ政策4』

東信堂

名和田是彦［2007］「世界の地方自治 地域コミュニティの国際的潮流編 ドイツにおける地域コミュニティの国際的潮流」『市政』（Vol.56-6）全国市長会

名和田是彦［2008］「今求められる地域コミュニティの再生（特集 地域コミュニティ再生と自治体）」『ガバナンス』（No.92）ぎょうせい

名和田是彦［2009］「第29次地方制度調査会を振り返って（特集 基礎自治体・広域自治体・国のあり方）」『都市とガバナンス』（第12号）日本都市センター

名和田是彦・東京都立大学［2005］『いわゆる近隣政府ないし都市内分権制度と基礎地域組織との関係に関する法社会学的研究（文部科学省科学研究費補助金（研究基盤（B））研究成果報告書』名和田是彦

名和田是彦ほか［2008］『協働型社会構想における都市内分権ないしコミュニティ政策の法社会学的国際比較研究（平成17年度から平成19年度科学研究費補助金（基盤研究（B））研究成果報告書』研究代表者 名和田是彦法政大学法学部教授

新川達郎［2007］「第5回大会基調講演 分権時代における市民自治型自治体」コミュニティ政策学会編集委員会編『コミュニティ政策5』東信堂

新川達郎［2008］「「基礎自治体」におけるこれからの議会（特集「基礎自治体」の姿）」『ガバナンス』（No.88）ぎょうせい

西啓一郎［2005］「行政の広域化と狭域自治」『2004年度活動報告集―シンポジウム・研究会―』日本自治学会事務局

西尾勝［1975］『権力と参加――現代アメリカの都市行政』東京大学出版会

西尾勝［2005］「新しい「地域自治組織」制度の創設（第4章第6節）」西尾勝編著『自治体改革 第5巻 自治体デモクラシー改革―住民・首長・議会―』ぎょうせい

西尾勝［2007］『地方分権改革』（西尾勝編『行政学叢書5』）東京大学出版会

日本都市センター［2001］『近隣自治とコミュニティ～自治体のコミュニティ政策と「自治的コミュニティ」の展望～』日本都市センター

日本都市センター［2002a］『コミュニティ・近隣政府と自治体計画―その軌跡と展望』（日本都市センターブックレットNo.6）日本都市センター

日本都市センター［2002b］『自治的コミュニティの構築と近隣政府の選択―市民と都市自治体との新しい関係構築のあり方に関する調査研究最終報告』日本都市センター

日本都市センター［2003a］『近隣政府への途―地域における自治システムの創造』（日本都市センターブックレットNo.7）日本都市センター

日本都市センター［2003b］『近隣政府の制度設計―法律改正・条例制定に係る主な検討項目』日本都市センター

日本都市センター［2004a］『英・独・仏における「近隣政府」と日本の近隣自治』日本都市センター

日本都市センター［2004b］『近隣自治のしくみと近隣政府―多様で主体的なコミュニティの形成をめざして―』日本都市センター

日本都市センター［2005］『基礎自治体の構造と再編―欧米の経験と日本の展望―』日本都市センター

沼尾波子［2010］「地域コミュニティの役割と住民参加（特集 今後の地域社会を考える）」『月刊自治フォーラム』（第606号）第一法規

沼田良［2004］「もうひとつの政府の層――近隣自治における立案と決定」『自治総研』（Vol.30-No.6）地方自治総合研究所

沼田良［2008］「大合併による「民主主義の赤字」を解消できるか―新しい地域自治と都市デモクラシーの試み（合併自治体の生きる道―"光と影"の現実と地域生き残り戦略）―（平成大合併の検証）」『地方自治職員研修』（第41巻臨時増刊88号）公職研

野澤朗［2006］「新しいまちづくり―進展する市町村合併 住民自治の充実を目指して―上越市の地域協議会の取組」『地方財政』（2006年2月号）地方財務協会

野澤朗［2006］「地域自治組織づくりと当面する課題（特集 地域自治組織の可能性）」自治体問題研究所編『住民と自治』（524号）自治体研究社

野澤朗［2007a］「現地報告3 新潟県上越市 住民自治の充実を目指して～上越市の都市内分権へ向けての取組み～（特集 検証／市町村合併のその後）」全国市議会議長会・全国町村議会議長会編『地方議会人』（第37巻第9号）中央文化社

野澤朗［2007b］「新しい住民自治とまちづくりについて―新潟県上越市の取組（特集論文 多様な担い手による地域づくり）」『新都市』（第61巻第3号）都市計画協会

野元優子［2008］「政策法務研究室 狭域自治の担い手としての自治会と都市内分権～神奈川県厚木市を例として～」『自治体法務navi』（Vol.26）第一法規

羽貝正美［2010］「「分権型社会」の基盤としての地域自治―住民自治に根ざした団体自治強化の可能性―（自治を育てる 自治体をつくる）」『まちと暮らし研究』（No.8）地域生活研究所

葉上太郎［2005a］「検証! 市町村合併の現場を歩く―再編は自治になにをもたらしたのか (6) 上越方式の地域自治区が導入した「第三の民意」（上）」『ガバナンス』

（No.54）ぎょうせい

葉上太郎［2005b］「検証! 市町村合併の現場を歩く―再編は自治になにをもたらしたのか（7）上越方式の地域自治区が導入した「第三の民意」（中）」『ガバナンス』（No.55）ぎょうせい

葉上太郎［2005c］「検証! 市町村合併の現場を歩く―再編は自治になにをもたらしたのか（8）上越方式の地域自治区が導入した「第三の民意」（下）」『ガバナンス』（No.56）ぎょうせい

葉上太郎［2006a］「検証! 市町村合併の現場を歩く――再編は自治になにをもたらしたのか（第9回）飲み込まれる村の軟着陸／地域自治区・青森県八戸市の場合」『ガバナンス』（No.57）ぎょうせい

葉上太郎［2006b］「検証! 市町村合併の現場を歩く――再編は自治になにをもたらしたのか（第10回）名を取れば、実も取れるか／地域自治区・兵庫県香美町の場合」『ガバナンス』（No.58）ぎょうせい

葉上太郎［2006c］「検証! 市町村合併の現場を歩く――再編は自治になにをもたらしたのか（第11回）"村"は対立を超え試金石になれるか／地域自治区・長野県松本市の場合」『ガバナンス』（No.59）ぎょうせい

葉上太郎［2006d］「検証! 市町村合併の現場を歩く――再編は自治になにをもたらしたのか（第12回）がんじがらめの自治と安心／合併特例区・岡山市の場合」『ガバナンス』（No.60）ぎょうせい

葉上太郎［2006e］「検証! 市町村合併の現場を歩く――再編は自治になにをもたらしたのか（第13回）全廃か全市拡大かの執行猶予／合併特例区・福島県喜多方市の場合」『ガバナンス』（No.61）ぎょうせい

葉上太郎［2006f］「検証! 市町村合併の現場を歩く――再編は自治になにをもたらしたのか（第14回）仕組みは「自治」を覚醒させられるか／合併特例区と地域自治区・宮崎市の場合」『ガバナンス』（No.62）ぎょうせい

葉上太郎［2007］「検証! 市町村合併の現場を歩く――再編は自治になにをもたらしたのか（第29回）"ふるさと創生5億円"の行方／岐阜県恵那市、自治区は自治を得られるか」『ガバナンス』（No.77）ぎょうせい

葉上太郎［2010a］「検証! 市町村合併の現場を歩く――再編は自治になにをもたらしたのか（第58回）「小さな自治」の期限切れ／地域自治区が消える・鹿児島県鹿屋市の場合」『ガバナンス』（No.106）ぎょうせい

葉上太郎［2010b］「検証! 市町村合併の現場を歩く――再編は自治になにをもたらしたの

か（第59回）「協働」への着地点はいまだ見えず／地域自治区が消える・岩手県一関市の場合」『ガバナンス』（No.107）ぎょうせい

葉上太郎［2010c］「検証! 市町村合併の現場を歩く──再編は自治になにをもたらしたのか（第60回）「今度こそ」。5年目の再挑戦／地域自治区が消える・秋田県横手市の場合」『ガバナンス』（No.108）ぎょうせい

蓮見音彦・奥田道大編著［1980］『地域社会論』有斐閣

林宜嗣［2009a］「総括・第29次地方制度調査会　最終答申（特集　第29次地方制度調査会最終答申）」全国市議会議長会・全国町村議会議長会編『地方議会人』（第40巻第3号）中央文化社

林宜嗣［2009b］「寄稿1　分権時代にふさわしい地方制度の模索（特集　第29次地方制度調査会答申のポイント）」『市政』（Vol.58-8）全国市長会

原忠彦［2007］「区長・会長公選制による自治　長野県岡谷市─（特集 準自治体・考）」『月刊自治研』（第575号）自治研中央推進委員会

原田将徳・三橋伸夫・金俊豪［2007］「6085 選抜梗概　市町村合併に伴って設置された地域自治区の実態と課題─住民自治の観点から─」『学術講演梗概集』（2007年8月）日本建築学会

樋口義治［2006］「島根県浜田市における合併─浜田那賀方式による自治区の創設（特集「平成の大合併」と残された諸課題）」『年報・中部の経済と社会　2005年版』愛知大学中部地方産業研究所

土方弘子［2002］「武蔵野市コミュニティ条例の制定（特集 自治・分権とコミュニティの新しい関係）」『地方自治職員研修』（第35巻10号）公職研

日高昭夫［2003］「「第三層の地方政府」としての地域自治会─コミュニティ・ガバナンス論の構築に向けて─」『季刊行政管理研究』（No.103）行政管理研究センター

日高昭夫［2008］「「基礎自治体」と地縁組織──自治会・町内会との「協働」関係の行方（特集「基礎自治体」の姿）」『ガバナンス』（No.88）ぎょうせい

日高昭夫［2010］「本番!　地域自治　地域協働体制の課題（特集市民の情熱、息づく地域に　私のまちの"情熱大陸"）」『地方自治職員研修』（第43巻1号）公職研

檜槇貢［2004］「近隣自治における「コミュニティ支援機能」の研究─生活重視の市民的地域政策形成に向けて─」（2003年度法政大学大学院博士学位論文：人間社会研究科）

平澤和人［2003］「特別論説 地域自治政府構想」『計画行政』（第26巻第4号）日本計画行政学会

平澤和人［2004］「焦点 地域自治組織をどう組み立て活用するか」『月刊自治研』（第539号）自治研中央推進委員会

平澤和人［2005］「地域自治組織と住民自治」『信州自治研』（No.158）長野県地方自治研究センター

福嶋浩彦［2003］「都市内分権―市民との協働をめざして（特集 都市内分権と住民自治）」『都市問題』（第94巻第4号）東京市政調査会

福嶋康博［2004］「市町村合併時代の地域自治を考える（特集 平成の大合併と地域自治）」『調査研究情報誌ECPR』（Vol.14-No.3）えひめ地域政策研究センター

藤岡純一・自治体問題研究所編［1995］『特集・海外の地方分権事情』（地域と自治体（第23集））自治体研究社

細木博雄［2002］「自主・参加・連帯―参加の区政三〇年の経験とこれから（中野区）（特集 自治・分権とコミュニティの新しい関係）」『地方自治職員研修』（第35巻10号）公職研

前山総一郎［2004a］「アメリカのコミュニティ自治とコミュニティ・プランニング」八戸大学研究委員会編『八戸大学紀要』（第28号）八戸大学

前山総一郎［2004b］『アメリカのコミュニティ自治』南窓社

前山総一郎［2006a］「世界の公共意思形成と協働のシステムからみた『地域協議会』の可能性―上越市のアマチュア議員方式（〔八戸大学総合〕研究所研究報告（共通テーマ「地域と協働」））」『産業文化研究』（第15号（2006））八戸大学総合研究所

前山総一郎［2006b］「深化するコミュニティ政策 アメリカにおける『ネイバーフッドカウンシル』の構築―市民の公共参加をめざす新しいコミュニティ自治組織」コミュニティ政策学会編集委員会編『コミュニティ政策4』東信堂

前山総一郎［2006c］「公共性のためのデバイスとしてのコミュニティ自治組織の可能性に関する一考察」『ヘスティアとクリオ』（No.4）コミュニティ・自治・歴史研究会

前山総一郎［2009］「アメリカのコミュニティ自治の経緯と解説～『新たな地方公共機構』構築への試み～（特集論文「日米地域分権フォーラム」について（1））」コミュニティ政策学会編集委員会編『コミュ二ティ政策7』東信堂

牧田実［2010］「地域自治と『公共性』：地域住民組織と制度的保障の視点から」『茨城大学政経学会雑誌』（第80号）茨城大学政経学会

牧田実・山崎仁朗［2007］「コミュニティ施策の展開（特集論考 自治省モデル・コミュニ

ティ施策の検証—コミュニティ政策の到達点と課題)」コミュニティ政策学会編集委員会編『コミュニティ政策5』東信堂

牧田義輝［1990］「アメリカ小規模コミュニティの政治制度　その直面する問題と挑戦——（特集・自治の最小単位）」『月刊自治研』（第365号）自治研中央推進委員会

間島正秀［1997］「コミュニティと自治体内分権—住民自治の基礎単位の再構築」伊藤祐一郎編『新地方自治法講座11　広域と狭域の行政制度』ぎょうせい

間島正秀［2001］「近隣政府を「創る」」『都市とガバナンス』（第2号）日本都市センター

間島正秀［2002a］「コミュニティと近隣政府」『都市問題研究』（第54巻 第7号）都市問題研究会

間島正秀［2002b］「自治型コミュニティと近隣自治（特集 広域行政と狭域行政）」全国町村議会議長会編『地方議会人』（第33巻 第2号）中央文化社

間島正秀［2004］「新しい「住民自治組織」——近隣自治政府の設計」神野直彦・澤井安勇編著『ソーシャル・ガバナンス』東洋経済新報社

松田武雄［2010］「自治体内分権と社会教育・生涯学習—豊田市の事例を通して」『生涯学習・キャリア教育研究』(6) 名古屋大学大学院教育発達科学研究科附属生涯学習・キャリア教育研究センター

松本克夫［2006］「自治の原点を求めて／列島に紡がれた地域の記憶（第16回）コミュニティをつくり直す」『ガバナンス』(No.64) ぎょうせい

松本忠・大西隆［2003］「スウェーデンの「区域委員会」にみる都市内分権の実態に関する研究：ストックホルム市の事例を中心に」『都市計画．別冊，都市計画論文集』(Vol.38 No.3) 日本都市計画学会

松本英昭・小林良彰［2004］「地方の選択 (33) 小林良彰が地方政治のリーダーに迫る！松本英昭（財）自治総合センター理事長　古い体系の地方制度の枠組みを見直す第一歩の答申　さらなる合併推進策、地域自治組織のしくみ等はこうして生まれた」『ガバナンス』(No.33) ぎょうせい

松本誠［2006］「神戸における「小さな自治」の展開—阪神・淡路大震災10年を越えて—（特集「小さな自治」再考)」『市政研究』(No.153) 大阪市政調査会

三浦哲司［2009］「自治体内分権のしくみを導入する際の留意点—甲州市の地域自治区制度廃止を事例として—」同志社大学大学院総合政策科学会編集委員会『同志社政策科学研究』（第11巻第2号）同志社大学大学院総合政策科学会

宮入興一［2006a］「「平成の大合併」と残された諸課題—地域内分権化と地域住民自治の展開を中心に（特集「平成の大合併」と残された諸課題)」『年報・中部の経

済と社会　2005年版』愛知大学中部地方産業研究所
宮入興一［2006b］「「平成の大合併」と地域内分権・自治への模索─上越市における「準公選制」の地域協議会と地域自治組織の再構築の試み（特集「平成の大合併」と残された諸課題）」『年報・中部の経済と社会　2005年版』愛知大学中部地方産業研究所
宮入興一［2008a］「「平成大合併」における「地域自治組織」の導入の特徴と意義─宮崎市合併を素材として」『愛知大学経済論集』（第177号）愛知大学経済学会
宮入興一［2008b］「平成大合併における都市内分権と地域住民自治の重層的展開─宮崎市1市3町合併を中心として」『愛知大学経済論集』（第178号）愛知大学経済学会
宮入興一編著［2009］『平成大合併における都市内分権化と地域自治組織・住民自治組織の重層的展開─宮崎市の市町村合併を中心に─』（『愛大中産研研究報告』第63号）愛知大学中部地方産業研究所
宮崎正寿［1999］「都市内分権と総合支所」『自治研究』（第75巻第12号）良書普及会
武藤博己編著［2000］『シリーズ図説・地方分権と自治体改革④　政策形成・政策法務・政策評価』東京法令出版
武藤博己編著［2001］『市民・住民と自治体のパートナーシップ　第1巻　分権社会と協働』ぎょうせい
村上芳夫［2002］「広域行政の問題性と狭域行政」松下圭一・西尾勝・新藤宗幸編『制度』（岩波講座　自治体の構想2）岩波書店
望月達史［2004］「合併新法と地域自治区・合併特例区」『市政』（Vol.53-9）全国市長会
元木博［2006］「地域内分権に向けた市町村出先機関の役割と課題─支所・出張所等から地域発信機関へ─」（2005年度法政大学大学院修士学位論文：政策科学研究科）
本橋一夫［1990］「中野の地域自治を進める組織　地域センターと住区協議会──（特集・自治体自主行政機構論）」『月刊自治研』（第371号）自治研中央推進委員会
矢野学・須田春海［2007］「合併後の旧自治体は今　"市民自治体"をめざす安塚──（特集　準自治体・考─インタビュー）」『月刊自治研』（第575号）自治研中央推進委員会
山崎榮一［2002］「フランスの地方分権と広域行政組織（特集 広域行政と狭域行政）」全国町村議会議長会編『地方議会人』（第33巻 第2号）中央文化社
山崎榮一［2006］『フランスの憲法改正と地方分権　ジロンダンの復権』日本評論社
山崎重孝［2004］「基礎的自治体における地域自治組織」『2003年度活動報告集─シンポジ

ウム・研究会─』日本自治学会事務局
山崎仁朗［2005］「オスナブリュック市における近隣自治機構の再編」『岐阜大学地域科学部研究報告』（第16号）岐阜大学地域科学部
山崎丈夫［2007a］「＜資料と解説＞「豊田市の地域自治区・地域会議」─豊田市まちづくり基本条例、豊田市地域自治区条例」『コミュニティ政策研究9』愛知学泉大学コミュニティ政策学部
山崎丈夫［2007b］「コミュニティ施策検証の視点と論点（特集論考 自治省モデル・コミュニティ施策の検証─コミュニティ政策の到達点と課題）」コミュニティ政策学会編集委員会編『コミュニティ政策5』東信堂
山崎丈夫［2008］「地域自治組織の到達段階とコミュニティ政策─地域分権論序説」『愛知学泉大学コミュニティ政策学部紀要』（第11号）愛知学泉大学コミュニティ政策学部
山崎丈夫［2009a］『地域コミュニティ論3訂版──地域分権への協働の構図』（参考：初版は2003/04）自治体研究社
山崎丈夫［2009b］「地域自治と共同を考える─人権保障の社会的条件として（特集 地域自治と共同の「拠り所」」自治体問題研究所編『住民と自治』（556号）自治体研究社
山崎丈夫・三村聡・谷口功［他］［2009］「中山間地域再生の方向と住民自治─豊田市の中山間地域を事例に」『愛知学泉大学コミュニティ政策学部紀要』（第12号）愛知学泉大学コミュニティ政策学部
山田光矢［1991］「イギリス地方自治制度の概略─とくにイングランドとウェールズのパリッシュとコミュニティを中心として」『国士館大学政経論叢』（平成3年第4号）国士館大学政経学会
山田光矢［2002］「イギリスの大規模自治体とパリッシュ、コミュニティ、タウン」『月刊自治研』（第515号）自治研中央推進委員会
山田光矢［2004a］『パリッシュ─イングランドの地域自治組織（準自治体）の歴史と実態─』北樹出版
山田光矢［2004b］「イングランドのパリッシュに学ぶ日本の市町村合併のあり方（特集 合併時代の近隣政府）」『生活経済政策』（No.95）生活経済政策研究所
横道清孝［2009］「寄稿3 合併の推進から多様な選択肢へ（特集 第29次地方制度調査会答申のポイント）」『市政』（Vol.58-8）全国市長会
横山純一［2004］「近隣自治と住民自治（特集 合併時代の近隣政府）」『生活経済政策』

（No.95）生活経済政策研究所

吉川浩民［2004］「地域自治区及び合併特例区」『地域政策研究』（第29号）地方自治研究機構

吉川浩民・岡本誠司［2004］「［解説］市町村の合併の特例等に関する法律（合併新法）及び地域自治区・合併特例区について（特集 地域自治組織と住民自治）」自治研修協会編『月刊自治フォーラム』（第540号）第一法規

吉田利宏［2008］「条例づくり支援ノート第11回 いまどきの自治基本条例（1）——都市内分権」『自治実務セミナー』（47巻9号）第一法規

吉田直史・中塚雅也［2010］「地域自治組織の規約の類型と活動展開」『農村計画学会誌』（Vol.28,No.4））農村計画学会

吉村悟［1999］「地方分権社会における大都市（その1）——都市内分権と行政区——」『市政研究』（No.124）大阪市政調査会

吉村悟［1999］「地方分権社会における大都市（その2）——都市内分権と行政区——」『市政研究』（No.125）大阪市政調査会

吉村悟［2000］「地方分権社会における大都市（その3）・完——都市内分権と行政区——」『市政研究』（No.126）大阪市政調査会

寄本勝美［2004a］「近隣自治と近隣政府」『2003年度活動報告集—シンポジウム・研究会—』日本自治学会事務局

寄本勝美［2004b］「［解説］近隣自治と近隣政府（特集 地域自治組織と住民自治）」自治研修協会編『月刊自治フォーラム』（第540号）第一法規

寄本勝美［2006］「近隣自治と近隣政府」寄本勝美・辻隆夫・縣公一郎編『行政の未来 片岡寛光先生古稀祝賀』成文堂

ロバート・D・パットナム／河田潤一訳［2001］『哲学する民主主義——伝統と改革の市民的構造』NTT出版

資　　料

資料 1：都市内分権関連文献〈年表〉……………………………………………262
資料 2：地域自治組織の設置に関する法律（合併関連三法・抄）………………280
資料 3：地域自治区（一般制度）に関する実態調査・調査票……………………285
資料 4：表 9 − 2　国内の都市内分権制度（地域自治組織）の動態表（都道府県
　　　　別・合併日順）…………………………………………………………293
資料 5：表 9 − 3　国内の都市内分権制度（地域自治組織）の動態表（類型別・
　　　　施行日順）……………………………………………………………295
資料 6：地域自治区の設置に関する協議書（上越地域 14 市町村）……………297
資料 7：上越市地域協議会委員の選任に関する条例………………………………302
資料 8：上越市地域自治区の設置に関する条例（一般制度への移行・13 区）………306
資料 9：上越市地域自治区の設置に関する条例の一部を改正する条例（旧市への
　　　　拡大）…………………………………………………………………311
資料 10：上越市自治基本条例……………………………………………………317
資料 11：住民組織の概要一覧（上越市 13 区）…………………………………328
資料 12：2006 年(H18)年 12 月 25 日付『朝日新聞』記事（縮小コピー）……………331
資料 13：2008 年(H20)年 8 月 17 日付『朝日新聞』記事（縮小コピー）……………332

都市内分権関連文献〈年表〉　　　　　　　　　　　　　　　資料1

発行年月	著者名	論文名	編者名	書誌名	発行者名	番号
1970/02	国民生活審議会調査部会コミュニティ問題小委員会	「コミュニティ―生活の場における人間性の回復―」（昭和49年9月29日）		『地方自治』（第267号）	ぎょうせい	1
1975/01	西尾勝			『権力と参加―現代アメリカの都市行政』	東京大学出版会	2
1978/01	石崎明	「コミュニティの制度論的考察――都市政府システム変革への試論――（地方自治三十年記念懸賞論文三席）」	地方自治制度研究会編	『地方自治』（第362号）	ぎょうせい	3
1980/03	蓮見音彦・奥田道大編著			『地域社会論』	有斐閣	4
1990/02	牧田義輝	「アメリカ小規模コミュニティの政治制度―その直面する問題と挑戦――（特集・自治の最小単位）」		『月刊自治研』（第365号）	自治研中央推進委員会	5
1990/08	本橋一夫	「中野の地域自治を進める組織　地域センターと住民協議会――（特集・自治体自主行政機構論）」		『月刊自治研』（第371号）	自治研中央推進委員会	6
1991/12	山田光矢	「イギリス地方自治制度の概略―とくにイングランドとウェールズのパリッシュとコミュニティを中心として」		『国士館大学政経論叢』（平成3年第4号）	国士館大学政経学会	7
1993/01	北住烱一	「統一ドイツにおける地域自治とその市民的再生―ミュンヘンの市民参加と東ドイツの自治変革」		『名古屋大学法政論集151』	名古屋大学大学院法学研究科	8
1993/08	中田実			『地域共同管理の社会学』	東信堂	9
1993/11	井上宜也	「英・独・蘭の近隣行政（その一）――英国・スコットランドのコミュニティ・カウンシルについて――」	地方自治制度研究会編	『地方自治』（第552号）	ぎょうせい	10
1994/02	大西淳也	「英・独・蘭の近隣行政（その二）――ドイツ・ノルトライン・ヴェストファーレン州の区制度について」	地方自治制度研究会編	『地方自治』（第555号）	ぎょうせい	11
1994/03	小木曽洋司	「コミュニティと住民自治」	西山八重子編	『都市と自治の社会学』	文化書房博文社	12
1994/04	大西淳也	「英・独・蘭の近隣行政（その三）――オランダ・アムステルダム市における都市内分権について」	地方自治制度研究会編	『地方自治』（第557号）	ぎょうせい	13
1995/02	名和田是彦	「ドイツ・ブレーメン市の「地域事務所―地域評議会」システムについて～役所機能の地域分散と住民参加制度の一ケース・スタディ」		『経済と貿易』（168号）	横浜市立大学経済研究所	14
1995/11	藤岡純一・自治体問題研究所編			『特集・海外の地方分権事情』（地域と自治体（第23集））	自治体研究社	15
1996/03	江藤俊昭	「都市内分権化の意義と可能性―もう一つの地方分権を模索する―」	山梨学院大学行政研究センター編	『地方分権と地域政治』	第一法規出版	16
1996/12	中田実	「町内会・自治会の役割と期待（特集　コミュニティの今を考える）」		『市政』（Vol.45-12）	全国市長会	17
1997/09	間島正秀	「コミュニティと自治体内分権―住民自治の基礎単位の再構築」	伊藤祐一郎編	『新地方自治法講座11　広域と狭域の行政制度』	ぎょうせい	18
1997/09	地方分権推進委員会			『地方分権推進委員会第2次勧告』	地方分権推進委員会	19
1998/02	江藤俊昭	「住民参加の条件整備としての都市内分権――中野区の地域センターと住民協議会をてがかりに―」		『山梨学院大学　法学論集』（第39号）	山梨学院大学法学研究会	20
1998/04	江藤俊昭	「地方分権時代の住民参加に不可欠な条件整備―自治体改革としてのパートナーシップ型まちづくり―」		『市政研究』（No.119）	大阪市政調査会	21
1998/04	名和田是彦	「ドイツにおける都市内分権型政治参加」		『市政研究』（No.119）	大阪市政調査会	22
1998/07	中田実・板倉達文・黒田由彦編著			『地域共同管理の現在』	東信堂	23

都市内分権関連文献〈年表〉

発行年月	著者名	論文名	編者名	書誌名	発行者名	番号
1998/09	名和田是彦			『コミュニティの法理論』	創文社	24
1999/01	吉村悟	「地方分権社会における大都市(その1)――都市内分権と行政区――」		『市政研究』(No.124)	大阪市政調査会	25
1999/06	竹下譲			『世界の地方自治制度』	イマジン出版	26
1999/07	吉村悟	「地方分権社会における大都市(その2)――都市内分権と行政区――」		『市政研究』(No.125)	大阪市政調査会	27
1999/12	宮崎正寿	「都市内分権と総合支所」		『自治研究』(第75巻第12号)	良書普及会	28
2000/01	吉村悟	「地方分権社会における大都市(その3)・完――都市内分権と行政区――」		『市政研究』(No.126)	大阪市政調査会	29
2000/02	宗野隆俊	「アメリカ都市行政におけるコミュニティ自治に関する予備的考察」		『早稲田大学大学院法研論集』(第93号)	早稲田大学大学院法学研究科	30
2000/05	名和田是彦	「コミュニティ・ルールと領域的秩序」	自治体学会編	『年報自治体学』(第13号)	良書普及会	31
2000/08	竹下譲			『パリッシュにみる自治の機能～イギリス地方自治の基盤～』	イマジン出版	32
2000/11	中田実編著			『世界の住民組織――アジアと欧米の国際比較』	自治体研究社	33
2000/12	名和田是彦	「(第4章)自治体内分権と住民参加・協働」	辻山幸宣・人見剛編	『市民・住民と自治体のパートナーシップ 第2巻 協働型の制度づくりと政策形成』	ぎょうせい	34
2000/12	名和田是彦	「ドイツ・ブレーメン市の地域評議会制度にみる決定権限の地域分散の法的性格～二つの憲法裁判を軸として～」	飯島紀昭・広渡清吾・島田和夫編	『市民法学の課題と展望――清水誠先生古稀記念論集――』	日本評論社	35
2001/03	ロバート・D・パットナム／河田潤一訳			『哲学する民主主義――伝統と改革の市民的構造』	NTT出版	36
2001/03	日本都市センター			『近隣自治とコミュニティ～自治体のコミュニティ政策と「自治的コミュニティ」の展望～』	日本都市センター	37
2001/03	間島正秀	「近隣政府を「創る」」		『都市とガバナンス』(第2号)	日本都市センター	38
2001/06	武藤博己編著			『市民・住民と自治体のパートナーシップ 第1巻 分権社会と協働』	ぎょうせい	39
2002/01	中川幾郎	「都市とコミュニティの再生」		『市政研究』(No.134)	大阪市政調査会	40
2002/01	名和田是彦	「近隣政府・地域自治のしくみを考える」		『市政研究』(No.134)	大阪市政調査会	41
2002/02	村上芳夫	「広域行政の問題性と狭域行政」	松下圭一・西尾勝・新藤宗幸編	『制度』(岩波講座自治体の構想2)	岩波書店	42
2002/03	日本都市センター			『コミュニティ・近隣政府と自治体計画――その軌跡と展望』(日本都市センターブックレットNo.6)	日本都市センター	43
2002/03	日本都市センター			『自治的コミュニティの構築と近隣政府の選択――市民と都市自治体との新しい関係構築のあり方に関する調査研究最終報告』	日本都市センター	44
2002/03	名和田是彦	「ドイツの近隣自治と地域社会」		『都市とガバナンス』(第3号)	日本都市センター	45

都市内分権関連文献〈年表〉

発行年月	著者名	論文名	編者名	書誌名	発行者名	番号
2002/04	高坂晶子	「Studies 地域社会における役割分担の再設計―求められる自治体内分権の確立」	重吉博右編	『Japan research review』（Vol.12-No.5）	日本総合研究所	46
2002/04	岡村美保子	「海外法律情報 フランス 近隣の民主主義に関する法律」		『ジュリスト』（No.1221）	有斐閣	47
2002/07	間島正秀	「自治型コミュニティと近隣自治（特集 広域行政と狭域行政）」	全国町村議会議長会編	『地方議会人』（第33巻 第2号）	中央文化社	48
2002/07	山崎榮一	「フランスの地方分権と広域行政組織（特集 広域行政と狭域行政）」	全国町村議会議長会編	『地方議会人』（第33巻 第2号）	中央文化社	49
2002/07	竹下譲	「イギリスの狭域自治体（特集 広域行政と狭域行政）」	全国町村議会議長会編	『地方議会人』（第33巻 第2号）	中央文化社	50
2002/07	遠藤文夫	「コミュニティと近隣政府の構想」	地方自治制度研究会編	『地方自治』（第656号）	ぎょうせい	51
2002/07	間島正秀	「コミュニティと近隣政府」		『都市問題研究』（第54巻 第7号）	都市問題研究会	52
2002/08	山田光矢	「イギリスの大規模自治体とパリッシュ、コミュニティ、タウン」		『月刊自治研』（第515号）	自治研中央推進委員会	53
2002/08	武岡明子	「自治の単位と近隣政府―新たな住民自治の確立に向けて」		『月刊自治研』（第515号）	自治研中央推進委員会	54
2002/08	名和田是彦	「近隣自治論の今日的意義―市町村合併との関連で」		『月刊自治研』（第515号）	自治研中央推進委員会	55
2002/08	縣公一郎	「ドイツ新州における市町村改革―合併・連合併用モデルの展開」		『月刊自治研』（第515号）	自治研中央推進委員会	56
2002/08	小林剛宏	「イタリアおよびスウェーデンにおける市町村の合併と近隣自治機構(1)」			自治体国際化協会	57
2002/09	大森彌	「閑話休題 市町村内狭域自治体の創設」		『町村週報』（2410）	全国町村会	58
2002/09	小林剛宏	「イタリアおよびスウェーデンにおける市町村の合併と近隣自治機構(2)」			自治体国際化協会	59
2002/10	菊池美代志	「コミュニティ行政 これまで、これから（特集 自治・分権とコミュニティの新しい関係）」		『地方自治職員研修』（第35巻10号）	公職研	60
2002/10	細木博雄	「自主・参加・連帯―参加の区政三〇年の経験とこれから（中野区）（特集 自治・分権とコミュニティの新しい関係）」		『地方自治職員研修』（第35巻10号）	公職研	61
2002/10	氏原昭彦	「「小さな自治のシステム」の研究（群馬県）（特集 自治・分権とコミュニティの新しい関係）」		『地方自治職員研修』（第35巻10号）	公職研	62
2002/10	大石田久宗	「コミュニティの三つの重層的課題（特集 自治・分権とコミュニティの新しい関係）」		『地方自治職員研修』（第35巻10号）	公職研	63
2002/10	田中義岳	「分権と自治的コミュニティ支援の指向―宝塚市の小学校区コミュニティの展開（特集 自治・分権とコミュニティの新しい関係）」		『地方自治職員研修』（第35巻10号）	公職研	64
2002/10	土方弘子	「武蔵野市コミュニティ条例の制定（特集 自治・分権とコミュニティの新しい関係）」		『地方自治職員研修』（第35巻10号）	公職研	65
2002/10	名和田是彦	「近隣政府論―都市内分権のこれまでとこれから（特集 自治・分権とコミュニティの新しい関係）」		『地方自治職員研修』（第35巻10号）	公職研	66
2003/01	日本都市センター			『近隣政府への途―地域における自治システムの創造』（日本都市センターブックレットNo.7）	日本都市センター	67
2003/01	松本忠・大西隆	「スウェーデンの「区域委員会」にみる都市内分権の実態に関する研究：ストックホルム市の事例を中心に」		『都市計画. 別冊, 都市計画論文集』（Vol.38 No.3）	日本都市計画学会	68
2003/02	田嶋義介	「取材リポート 連載 自治が問われる市町村合併(2) 島根県浜田・那賀地域 自治区長制で合併後も地域自治を守ろう――地方自治法が改正されないなら、条例で」		『ガバナンス』（No.22）	ぎょうせい	69
2003/02	全国町村会			『町村の訴え～町村自治の確立と地域の想像力の発揮～』	全国町村会	70

都市内分権関連文献〈年表〉

発行年月	著者名	論文名	編者名	書誌名	発行者名	番号
2003/02	岩崎恭典	「自治体内分権と新たなコミュニティ（近隣政府）の形成（第6章）」	今川晃編	『自治体の創造と市町村合併～合併論議の流れを変える7つの提言―』	第一法規出版	71
2003/02	田口一博	「市町村合併後の自治のあり方試論―自治体の規模にとらわれない自治体内分権（特集 市町村合併）」		『都市問題』（第94巻第2号）	東京市政調査会	72
2003/03	日本都市センター			『近隣政府の制度設計―法律改正・条例制定に係る主な検討項目』	日本都市センター	73
2003/03	自治体国際化協会			『平成14年度海外比較調査　コミュニティと行政～住民参加の視点から～』	自治体国際化協会	74
2003/04	全国市長会政策推進委員会			『地方自治の将来像についての提言』	全国市長会政策推進委員会	75
2003/04	第27次地方制度調査会			『今後の地方自治制度のあり方についての中間報告』	第27次地方制度調査会	76
2003/04	伊藤和良	「政令指定都市における行政区の現況と改革の展望について―市民社会の変容に伴う柔軟な機能改編を（特集 都市内分権と住民自治）」		『都市問題』（第94巻第4号）	東京市政調査会	77
2003/04	延命敏勝	「小さな自治への道程（特集 都市内分権と住民自治）」		『都市問題』（第94巻第4号）	東京市政調査会	78
2003/04	岩崎恭典	「都市内分権の現在・過去・未来（特集 都市内分権と住民自治）」		『都市問題』（第94巻第4号）	東京市政調査会	79
2003/04	江藤俊昭	「都市内分権が促す自治体議会のパラダイム転換（特集 都市内分権と住民自治）」		『都市問題』（第94巻第4号）	東京市政調査会	80
2003/04	田嶋義介	「各地にみる住民自治活動と都市内分権の可能性（特集 都市内分権と住民自治）」		『都市問題』（第94巻第4号）	東京市政調査会	81
2003/04	福嶋浩彦	「都市内分権―市民との協働をめざして（特集 都市内分権と住民自治）」		『都市問題』（第94巻第4号）	東京市政調査会	82
2003/04	今川晃	「［狭域行政］自治体内分権のあり方」	木佐茂男・五十嵐敬喜・保母武彦編	『分権の光　集権の影――続・地方分権の本流へ』	日本評論社	83
2003/07	大内田鶴子	「宝塚市のコミュニティ政策と自治会―近隣政府・自治組織の先駆的試み」		『地方財務』（第590号）	ぎょうせい	84
2003/09	日髙昭夫	「「第三層の地方政府」としての地域自治会―コミュニティ・ガバナンス論の構築に向けて―」		『季刊行政管理研究』（No.103）	行政管理研究センター	85
2003/09	井川博	「コミュニティの構築と近隣政府の制度設計」		『市政』（Vol.52-9）	全国市長会	86
2003/09	江上渉	「これからのコミュニティ組織の在り方を求めて～価値創出的な地域社会に向けて～」		『市政』（Vol.52-9）	全国市長会	87
2003/09	名和田是彦	「コミュニティにおける住民生活の保障～市町村合併を契機として～」		『市政』（Vol.52-9）	全国市長会	88
2003/09	宇野隆俊	「コミュニティ開発法人の思想的・歴史的基層としての近隣住区政府」		『地域の法社会学』（『日本法社会学会年報　法社会学』59号）	日本法社会学会	89
2003/09	高村学人	「フランスにおける近隣住区の機能とその制度化―都市計画における参加と訴訟の関係」		『地域の法社会学』（『日本法社会学会年報　法社会学』59号）	日本法社会学会	90
2003/09	名和田是彦	「地域社会の法社会学的研究の理論枠組の試み――「領域社団」理論に向けたマックス・ウェーバーの再読――」		『地域の法社会学』（『日本法社会学会年報　法社会学』59号）	日本法社会学会	91
2003/11	浮谷次郎	「「挑戦」自治体(30)合併後の"地域自治政府"の担い手として全世帯加入によるまちづくりNPOを設立――岐阜県山岡町」		『ガバナンス』（No.31）	ぎょうせい	92

都市内分権関連文献〈年表〉

発行年月	著者名	論文名	編者名	書誌名	発行者名	番号
2003/11	第27次地方制度調査会			『今後の地方自治制度のあり方に関する答申』	第27次地方制度調査会	93
2003/12	浮谷次郎	「「挑戦」自治体(31)3層構造の地域自治組織を合併後の新市に生かす――広島県作木村」		『ガバナンス』(No. 32)	ぎょうせい	94
2003/12	平澤和人	「特別論説 地域自治政府構想」		『計画行政』(第26巻第4号)	日本計画行政学会	95
2003/12	牛山久仁彦	「第3章 市町村合併と都市内分権(多摩地域のガバナンス)」		『中央大学社会科学研究所研究報告』(第22号)	中央大学社会科学研究所	96
2004/01	松本英昭・小林良彰	「地方の選択(33)小林良彰が地方政治のリーダーに迫る! 松本英昭(財)自治総合センター理事長 古い体系の地方制度の枠組みを見直す第一歩の答申 さらなる合併推進策、地域自治組織のしくみ等はこうして生まれた」		『ガバナンス』(No. 33)	ぎょうせい	97
2004/01	大森彌	「GOVERNANCE FOCUS 地方制度調査会「最終答申」を読む 評価できる「地域自治組織」創設、だが合併推進強化策には火種も」		『ガバナンス』(No. 33)	ぎょうせい	98
2004/01	井川博	「(第2章第5節)都市における狭域自治」	横道清孝編著	『自治体改革 第1巻 地方制度改革』	ぎょうせい	99
2004/02	間島正秀	「新しい「住民自治組織」――近隣自治政府の設計」	神野直彦・澤井安勇編	『ソーシャル・ガバナンス』	東洋経済新報社	100
2004/02	山田光矢			『パリッシューイングランドの地域自治組織(準自治体)の歴史と実態―』	北樹出版	101
2004/02	富野暉一郎	「第27地制調と地域住民活動―地域自治組織と選択的自治をめぐって」		『信州自治研』(No. 144)	長野県地方自治研究センター	102
2004/03	前山総一郎			『アメリカのコミュニティ自治』	南窓社	103
2004/03	日本都市センター			『英・独・仏における「近隣政府」と日本の近隣自治』	日本都市センター	104
2004/03	日本都市センター			『近隣自治のしくみと近隣政府―多様で主体的なコミュニティの形成をめざして―』	日本都市センター	105
2004/03	岡崎昌之	「平成市町村合併への歴史的経緯と小さい自治の試み」		『現代福祉研究』(『法政大学現代福祉学部紀要』第4号)	法政大学現代福祉学部	106
2004/03	辻駒健二	「市町村合併と自律型コミュニティ~広島県高宮町は、なぜ「地域自治組織」に成功したか~」		『地域経済』(第23集)	岐阜経済大学地域経済研究所	107
2004/03	高原稔	「地域自治の改革と分権に係わる参加型ベンチマークの展望」		『中京大学社会学部紀要』(第18巻第1号)	中京大学社会学部	108
2004/03	大澤正治・平澤和人	「飯田市「地域自治政府構想」に関する諸検討(特集「三遠南信学」の可能性)」		『年報・中部の経済と社会 2003年版』	愛知大学中部地方産業研究所	109
2004/03	伊藤正次	「自治体・地域におけるガバナンス改革の構想と設計」	自治体学会編	『年報自治体学』(第17号)	第一法規	110
2004/03	岡崎昌之	「コミュニティ・ガバナンスと地域経済振興の新しい視点」	自治体学会編	『年報自治体学』(第17号)	第一法規	111
2004/03	前山総一郎	「アメリカのコミュニティ自治とコミュニティ・プランニング」	八戸大学研究委員会編	『八戸大学紀要』(第28号)	八戸大学	112
2004/03	檜槇貢	「近隣自治における「コミュニティ支援機能」の研究―生活重視の市民的地域政策形成に向けて―」			(2003年度法政大学大学院博士学位論文:人間社会研究科)	113

都市内分権関連文献〈年表〉

発行年月	著者名	論文名	編者名	書誌名	発行者名	番号
2004/04	植原朋哉	「都市内分権型都市構造と行政区のあり方—川崎市を例に」		『日本都市学会年報』(2003)	日本都市学会	114
2004/05	寄本勝美	「近隣自治と近隣政府」		『2003年度活動報告集—シンポジウム・研究会—』	日本自治学会事務局	115
2004/05	山崎重孝	「基礎的自治体における地域自治組織」		『2003年度活動報告集—シンポジウム・研究会—』	日本自治学会事務局	116
2004/05	安藤裕	「CASE STUDY2 市民生活に身近な市政をめざし、区役所への分権を推進——川崎市」		『ガバナンス』(No.37)	ぎょうせい	117
2004/05	江藤俊昭	「住民との協働の最前線としての「地域自治機関」へ」(特集 住民自治を支える「地域機関」へ)		『ガバナンス』(No.37)	ぎょうせい	118
2004/05	大森彌	「「地域自治機関」の導入とその職員(特集 住民自治を支える「地域機関」へ)		『ガバナンス』(No.37)	ぎょうせい	119
2004/05	田嶋義介	「CASE STUDY3 地域自治組織第1号自治区長新設で合意 地域振興予算編成権限も—島根県浜田・那賀地域（特集 住民自治を支える「地域機関」へ）」		『ガバナンス』(No.37)	ぎょうせい	120
2004/05	浮谷次郎	「CASE STUDY4 自治会活動を基盤としてネットワーク型のまちづくり協議会を全地域に設立——兵庫県宝塚市」		『ガバナンス』(No.37)	ぎょうせい	121
2004/05	沼田良	「もうひとつの政府の層——近隣自治における立案と決定」		『自治総研』(Vol.30-No.6)	地方自治総合研究所	122
2004/05	自治体国際化協会			『諸外国の地域自治組織』	自治体国際化協会	123
2004/06	竹下譲	「イギリスの近隣政府（第4章第2節）」	西尾隆編著	『自治体改革 第9巻 住民・コミュニティとの協働』	ぎょうせい	124
2004/06	名和田是彦	「都市内分権・近隣政府の今日的課題(第4章第1節)」	西尾隆編著	『自治体改革 第9巻 住民・コミュニティとの協働』	ぎょうせい	125
2004/07	平澤和人	「焦点 地域自治組織をどう組み立て活用するか」		『月刊自治研』（第539号）	自治研中央推進委員会	126
2004/07	杉本達治・吉川浩民・岡本誠司	「合併関連三法（合併新法、改正現行合併特例法、改正地方自治法）について（上）」	地方自治制度研究会編	『地方自治』（第680号）	ぎょうせい	127
2004/08	井上繁	「地域自治組織のアイデンティティ（特集 市町村合併の行方）」	全国町村議会議長会編	『地方議会人』（第35巻第3号）	中央文化社	128
2004/08	貝原俊民	「第27次地方制度調査会の概要と今後の町村（特集 市町村合併の行方）」	全国町村議会議長会編	『地方議会人』（第35巻第3号）	中央文化社	129
2004/08	成田頼明	「いわゆる合併三法について（特集 市町村合併の行方）」	全国町村議会議長会編	『地方議会人』（第35巻第3号）	中央文化社	130
2004/08	杉本達治・吉川浩民・岡本誠司	「合併関連三法（合併新法、改正現行合併特例法、改正地方自治法）について（中）」	地方自治制度研究会編	『地方自治』（第681号）	ぎょうせい	131
2004/08	名和田是彦	「自治体内分権と地域社会（第4章）」	白藤博行・山田公平・加茂利男編	『地方自治制度改革論—自治体再編と自治権保障』	自治体研究社	132
2004/09	芦谷英夫	「［事例］新しい地域自治区・住民自治制度の提案—浜田那賀方式自治区について（特集 地域自治組織と住民自治）」	自治研修協会編	『月刊自治フォーラム』（第540号）	第一法規	133
2004/09	寄本勝美	「［解説］近隣自治と近隣政府（特集 地域自治組織と住民自治）」	自治研修協会編	『月刊自治フォーラム』（第540号）	第一法規	134
2004/09	吉川浩民・岡本誠司	「［解説］市町村の合併の特例等に関する法律（合併新法）及び地域自治区・合併特例区について（特集 地域自治組織と住民自治）」	自治研修協会編	『月刊自治フォーラム』（第540号）	第一法規	135
2004/09	小早川光郎	「［視点］これからの基礎自治体と住民自治のあり方（特集 地域自治組織と住民自治）」	自治研修協会編	『月刊自治フォーラム』（第540号）	第一法規	136
2004/09	小谷敦	「［事例］合併後の旧町村の自立的運営の保障システム（兵庫県）（特集 地域自治組織と住民自治）」	自治研修協会編	『月刊自治フォーラム』（第540号）	第一法規	137
2004/09	小田忠	「［事例］小さな自治システムの展開—広島県安芸高田市の取組（安芸高田市）（特集 地域自治組織と住民自治）」	自治研修協会編	『月刊自治フォーラム』（第540号）	第一法規	138

都市内分権関連文献〈年表〉

発行年月	著者名	論文名	編者名	書誌名	発行者名	番号
2004/09	小島和幸	「[事例]「日本一の田舎づくり」3年—京都府美山町の振興会制度(美山町)(特集 地域自治組織と住民自治)」	自治研修協会編	『月刊自治フォーラム』(第540号)	第一法規	139
2004/09	名和田是彦	「[解説]協働型社会における「地域自治区」制度の課題(特集 地域自治組織と住民自治)」	自治研修協会編	『月刊自治フォーラム』(第540号)	第一法規	140
2004/09	望月達史	「合併新法と地域自治区・合併特例区」		『市政』(Vol.53-9)	全国市長会	141
2004/09	杉本達治・吉川浩民・岡本誠司	「合併関連三法(合併新法、改正現行合併特例法、改正地方自治法)について(下)」	地方自治制度研究会編	『地方自治』(第682号)	ぎょうせい	142
2004/09	福嶋康博	「市町村合併時代の地域自治を考える(特集 平成の大合併と地域自治)」		『調査研究情報誌ECPR』(Vol.14-No.3)	えひめ地域政策研究センター	143
2004/09	北原鉄也	「「平成の大合併」:何が変わるか(特集 平成の大合併と地域自治)」		『調査研究情報誌ECPR』(Vol.14-No.3)	えひめ地域政策研究センター	144
2004/09	名和田是彦	「ドイツの市町村連携と自治の重層構造を考える(特集 平成の大合併と地域自治)」		『調査研究情報誌ECPR』(Vol.14-No.3)	えひめ地域政策研究センター	145
2004/12	自治体国際化協会			『オーストラリアとニュージーランドの地方自治』	自治体国際化協会	146
2004/12	井川博	「論壇 地域自治組織と狭域自治の充実」		『住民行政の窓』(第272号)	日本加除出版	147
2004/12	伊â和良	「スウェーデンの地区委員会:住民自治の拡充をめざして(特集 合併時代の近隣政府)」		『生活経済政策』(No.95)	生活経済政策研究所	148
2004/12	横山純一	「近隣自治と住民自治(特集 合併時代の近隣政府)」		『生活経済政策』(No.95)	生活経済政策研究所	149
2004/12	山田光矢	「イングランドのパリッシュに学ぶ日本の市町村合併のあり方(特集 合併時代の近隣政府)」		『生活経済政策』(No.95)	生活経済政策研究所	150
2004/12	武岡明子	「多様で主体的なコミュニティ形成のための一考察(特集 合併時代の近隣政府)」		『生活経済政策』(No.95)	生活経済政策研究所	151
2004/12	吉川浩民	「地域自治区及び合併特例区」		『地域政策研究』(第29号)	地方自治研究機構	152
2004/12	辻琢也	「変貌する地域社会における地域課題と住民協働(特集 地域内分権)」		『地域政策研究』(第29号)	地方自治研究機構	153
2005/01	葉上太郎	「検証!市町村合併の現場を歩く—再編は自治になにをもたらしたのか(6)上越方式の地域自治区が導入した「第三の民意」(上)」		『ガバナンス』(No.54)	ぎょうせい	154
2005/01	西尾勝	「(第4章第6節)新しい「地域自治組織」制度の創設」	西尾勝編著	『自治体改革 第5巻 自治体デモクラシー改革—住民・首長・議会—』	ぎょうせい	155
2005/01	上仮屋尚	「「住所」における地域自治区・合併特例区の名称の取扱いについて」		『住民行政の窓』(第273号)	日本加除出版	156
2005/01	池田清	「長野市版都市内分権 その実像と虚像—真の住民自治を求めて」		『信州自治研』(No.155)	長野県地方自治研究センター	157
2005/03	高坂晶子	「Studies わが国における地域自治組織の在り方」	重吉博右編	『Japan research review』(Vol.15-No.4)	日本総合研究所	158
2005/03	名和田是彦・東京都立大学			『いわゆる近隣政府ないし都市内分権制度と基礎地域組織との関係に関する法社会学的研究(文部科学省科学研究費補助金(研究基盤(B))研究成果報告書)』	研究代表者名和田是彦(東京都立大学法学部法律学科教授)	159
2005/03	日本都市センター			『基礎自治体の構造と再編—欧米の経験と日本の展望—』	日本都市センター	160

268 資料

都市内分権関連文献〈年表〉

発行年月	著者名	論文名	編者名	書誌名	発行者名	番号
2005/03	山崎仁朗	「オスナブリュック市における近隣自治機構の再編」		『岐阜大学地域科学部研究報告』（第16号）	岐阜大学地域科学部	161
2005/03	菊池美代志	「都市のコミュニティ活動のモノグラフ―地域自治、その現実とシステムの設計―」		『帝京社会学』（第18号）	帝京大学文学部社会学科	162
2005/03	菅沼栄一郎	「住民が表舞台に　平成合併を追う（［特集2］市町村合併の中間決算）」		『都市問題』（第96巻第3号）	東京市政調査会	163
2005/03	鈴木輝隆	「住民と行政の協働　「平成の市町村合併」における住民自治組織（［特集2］市町村合併の中間決算）」		『都市問題』（第96巻第3号）	東京市政調査会	164
2005/04	中橋一誠	「コミュニティ組織を活かし合併後の地域自治を推進――広島県安芸高田市（特集　指定管理者制度活用への自治体戦略）――（取材リポート/指定管理者を活かした地域づくり1）」		『ガバナンス』（No. 48）	ぎょうせい	165
2005/04	平澤和人	「地域自治組織と住民自治」		『信州自治研』（No. 158）	長野県地方自治研究センター	166
2005/05	西啓一郎	「行政の広域化と狭域自治」		『2004年度活動報告集―シンポジウム・	日本自治学会事務局	167
2005/05	風早正毅	「岡山市における合併特例区の設置について」	地方自治制度研究会編	『地方自治』（第690号）	ぎょうせい	168
2005/06	河北裕喜	「地縁的組織が地域内分権の担い手となる可能性とそのための課題」		『地域問題研究』（No. 69）	地域問題研究所	169
2005/06	髙橋克尚	「上越市における地域自治区について」	地方自治制度研究会編	『地方自治』（第691号）	ぎょうせい	170
2005/07	市町村自治研究会		市町村自治研究会編	『見開き対照　平成の市町村合併早わかりMAP』	ぎょうせい	171
2005/07	江藤俊昭	「都市デモクラシーと地方議会―ローカル・ガバナンスにおける議会の積極的な役割―」		『市政研究』（No. 148）	大阪市政調査会	172
2005/07	中川幾郎	「自治基本条例とローカルデモクラシー―三重県伊賀地区の住民自治システムの事例から―」		『市政研究』（No. 148）	大阪市政調査会	173
2005/07	澤井勝	「都市内分権とデモクラシー」		『市政研究』（No. 148）	大阪市政調査会	174
2005/07	今川晃	「地域自治の論点（特集　分権の宿題）」		『地方自治職員研修』（第38巻7号）	公職研	175
2005/11	葉上太郎	「検証！市町村合併の現場を歩く―再編は自治になにをもたらしたのか(7)上越方式の地域自治区が導入した「第三の民意」（中）」		『ガバナンス』（No. 55）	ぎょうせい	176
2005/11	市町村自治研究会		市町村自治研究会編	『全国市町村要覧（平成17年版）』	第一法規	177
2005/11	高橋剛	「地域自治組織を『住民自治』の組織に」	自治体問題研究所編	『住民と自治』（511号）	自治体研究社	178
2005/11	石崎誠也	「地域自治区の可能性と課題」	自治体問題研究所編	『住民と自治』（511号）	自治体研究社	179
2005/12	葉上太郎	「検証！市町村合併の現場を歩く―再編は自治になにをもたらしたのか(8)上越方式の地域自治区が導入した「第三の民意」（下）」		『ガバナンス』（No. 56）	ぎょうせい	180
2005/12	成田円裕	「事例　せたな町における合併特例区の設置について―新たな地域づくりを目指して―北海道せたな町（特集　市町村合併後の市町村のあり方）」	自治研修協会編	『月刊自治フォーラム』（第555号）	第一法規	181
2005/12	田村与平次	「事例　松本市における合併特例による地域自治区の設置について―松本市（特集　市町村合併後の市町村のあり方）」	自治研修協会編	『月刊自治フォーラム』（第555号）	第一法規	182
2005/12	名和田是彦	「市町村合併における地域自治組織とコミュニティ政策（特集　市町村合併後の市町村のあり方）」	自治研修協会編	『月刊自治フォーラム』（第555号）	第一法規	183

都市内分権関連文献〈年表〉

発行年月	著者名	論文名	編者名	書誌名	発行者名	番号
2006/01	葉上太郎	「検証！市町村合併の現場を歩く――再編は自治になにをもたらしたのか(第9回)飲み込まれる村の軟着陸／地域自治区・青森県八戸市の場合」		『ガバナンス』(No. 57)	ぎょうせい	184
2006/01	佐藤忠治	「地域自治区と住民自治の行方(特集 地方の再生は可能か)」		『現代の理論』(第9号)	言論NPO・現代の理論	185
2006/01	岩崎恭典	「住民自治協議会の現状と課題―伊賀流住民自治その後―(特集 「小さな自治」再考)」		『市政研究』(No. 153)	大阪市政調査会	186
2006/01	後房雄	「多様化する市民活動と自治体の再設計―地域自治組織における決定と実施の混合―(特集 「小さな自治」再考)」		『市政研究』(No. 153)	大阪市政調査会	187
2006/01	松本誠	「神戸における「小さな自治」の展開―阪神・淡路大震災10年を越えて―(特集 「小さな自治」再考)」		『市政研究』(No. 153)	大阪市政調査会	188
2006/01	竹中英紀	「泉北ニュータウンにおける地域自治と市民活動(特集 「小さな自治」再考)」		『市政研究』(No. 153)	大阪市政調査会	189
2006/01	木原勝彬	「住民自治の強化に結びつく地域自治システムの構築を(特集 「小さな自治」再考)」		『市政研究』(No. 153)	大阪市政調査会	190
2006/01	木谷晋市	「近隣政府制度化の課題(特集 「小さな自治」再考)」		『市政研究』(No. 153)	大阪市政調査会	191
2006/02	葉上太郎	「検証！市町村合併の現場を歩く――再編は自治になにをもたらしたのか(第10回)名を取れば、実も取れるか／地域自治区・兵庫県香美町の場合」		『ガバナンス』(No. 58)	ぎょうせい	192
2006/03	葉上太郎	「検証！市町村合併の現場を歩く――再編は自治になにをもたらしたのか(第11回)"村"は対立を超え試金石になれるか／地域自治区・長野県松本市の場合」		『ガバナンス』(No. 59)	ぎょうせい	193
2006/03	地方自治研究機構			『地域自治区・合併特例区制度の現状と課題』	地方自治研究機構	194
2006/03	寄本勝美	「近隣自治と近隣政府」	寄本勝美・辻隆夫・縣公一郎編	『行政の未来 片岡寛光先生古稀祝賀』	成文堂	195
2006/03	前山総一郎	「世界の公共意思形成と協働のシステムからみた「地域協議会」の可能性-上越市のアマチュア議員方式(〔八戸大学総合〕研究所研究報告(共通テーマ「地域と協働」))」		『産業文化研究』(第15号(2006))	八戸大学総合研究所	196
2006/03	金井利之	「基礎的自治体の将来像 上越市市役所総務部総務課法務室における法務管理を事例として～国・県・コミュニティーとの関係において～(特集 都市自治の確立と住民参加―新しいかたちとコミュニティーを考える―)」		『市政』(Vol.55-3)	全国市長会	197
2006/03	野澤朗	「新しいまちづくり-進展する市町村合併住民自治の充実を目指して―上越市の地域協議会の取組」	地方財政制度研究会編集協力	『地方財政』(2006年2月号)	地方財務協会	198
2006/03	青山弘和・竹和代・三浦哲司・水野美里・望月洋平	「自主研究グループからの発信 地域自治区の挑戦―豊田市足助地区を事例として(1)」		『地方自治職員研修』(第39巻第3号)	公職研	199
2006/03	小木曽洋司	「自治体内分権論の町内会評価とコミュニティ」		『中京大学社会学部紀要』(第20巻第1・2合併号)	中京大学社会学部	200
2006/03	宮入興一	「「平成の大合併」と地域内分権・自治への模索-上越市における「準公選制」の地域協議会と地域自治組織の再構築の試み(特集「平成の大合併」と残された諸課題)」		『年報・中部の経済と社会 2005年版』	愛知大学中部地方産業研究所	201
2006/03	宮入興一	「「平成の大合併」と残された諸課題―地域内分権化と地域住民自治の展開を中心に(特集「平成の大合併」と残された諸課題)」		『年報・中部の経済と社会 2005年版』	愛知大学中部地方産業研究所	202

都市内分権関連文献〈年表〉

発行年月	著者名	論文名	編者名	書誌名	発行者名	番号
2006/03	佐藤正之	「浜松における地域自治組織—地域協議会の設置例（特集「平成の大合併」と残された諸課題）」		『年報・中部の経済と社会 2005年版』	愛知大学中部地方産業研究所	203
2006/03	樋口義治	「島根県浜田市における合併—浜田那賀方式による自治区の創設（特集「平成の大合併」と残された諸課題）」		『年報・中部の経済と社会 2005年版』	愛知大学中部地方産業研究所	204
2006/03	元木博	「地域内分権に向けた市町村出先機関の役割と課題—支所・出張所等から地域発信機関へ—」			(2005年度法政大学大学院修士学位論文：政策科学研究科)	6
2006/04	葉上太郎	「検証！市町村合併の現場を歩く——再編は自治になにをもたらしたのか(第12回)がんじがらめの自治と安心／合併特例区・岡山市の場合」		『ガバナンス』(No. 60)	ぎょうせい	206
2006/04	上越市企画・地域振興部企画政策課	「自治体のデザイン力をアップする 第1回 「行政デザイン」の考え方とそのイメージ」		『行政経営の現場』(No. 15)	官公庁通信社	207
2006/04	青山弘和・竺和代・三浦哲司・水野美里・望月洋平	「自主研究グループからの発信 地域自治区の挑戦—豊田市足助地区を事例として(2)」		『地方自治職員研修』(第39巻第4号)	公職研	208
2006/05	葉上太郎	「検証！市町村合併の現場を歩く——再編は自治になにをもたらしたのか(第13回)全廃か全市拡大かの執行猶予／合併特例区・福島県喜多方市の場合」		『ガバナンス』(No. 61)	ぎょうせい	209
2006/05	総務省自治大学校第一部課程第105期政策課題研究第一班	「解説 住民自治を強化し、住民との協働を進めるための地域自治区のあり方について」		『住民行政の窓』(第292号)	日本加除出版	210
2006/05	荒木田岳	「「地域自治組織」の本来的性格と合併後の課題（特集 自治のかたち・それぞれの選択）」		『地方自治職員研修』(第39巻4号)	公職研	211
2006/06	石平春彦	「住民主権に基づく都市内分権の新たな展開と制度改革の課題—上越市における地域協議会委員の選任投票制度を例として（特集 自治体における代表制）」	自治体学会編	『年報自治体学』(第13号)	第一法規	212
2006/06	石平春彦	「全国初の地域自治区制度の導入と地域協議会の実際」		『2005年度活動報告集—シンポジウム・研究会—』	日本自治学会事務局	213
2006/06	葉上太郎	「検証！市町村合併の現場を歩く——再編は自治になにをもたらしたのか(第14回)仕組みは「自治」を覚醒させられるか／合併特例区と地域自治区・宮崎市の場合」		『ガバナンス』(No. 62)	ぎょうせい	214
2006/06	上越市企画・地域振興部企画政策課	「自治体のデザイン力をアップする 第2回 地域コミュニティの活性化に向けた取り組み」		『行政経営の現場』(No. 16)	官公庁通信社	215
2006/07	前山総一郎	「深化するコミュニティ政策 アメリカにおける「ネイバーフッドカウンシル」の構築—市民の公共参加をめざす新しいコミュニティ自治組織」	コミュニティ政策学会編集委員会編	『コミュニティ政策4』	東信堂	216
2006/07	名和田是彦	「深化するコミュニティ政策 日本型都市内分権の特徴とコミュニティ政策の新たな課題」	コミュニティ政策学会編集委員会編	『コミュニティ政策4』	東信堂	217
2006/07	ぎょうせい			『全国自治体データブック2006』	ぎょうせい	218
2006/08	松本克夫	「自治の原点を求めて／列島に紡がれた地域の記憶(第16回)コミュニティをつくり直す」		『ガバナンス』(No. 64)	ぎょうせい	219

都市内分権関連文献〈年表〉

発行年月	著者名	論文名	編者名	書誌名	発行者名	番号
2006/08	上越市企画・地域振興部企画政策課	「自治体のデザイン力をアップする 第3回 地域自治区と自主自立に向けた新たな取り組み」		『行政経営の現場』(No.17)	官公庁通信社	220
2006/08	岩崎恭典・小林慶太郎	「地域自治組織と町内会(特集 分権時代の住民自治)」		『都市問題研究』(第58巻第8号)	都市問題研究会	221
2006/08	今川晃	「都市内分権の論理と住民自治(特集 分権時代の住民自治)」		『都市問題研究』(第58巻第8号)	都市問題研究会	222
2006/09	山崎榮一			『フランスの憲法改正と地方分権 ジロンダンの復権』	日本評論社	223
2006/09	岡田知弘・石崎誠也編著			『地域自治組織と住民自治』(『地域と自治体』(第31集)	自治体研究社	224
2006/11	前山総一郎	「公共性のためのデバイスとしてのコミュニティ自治組織の可能性に関する一考察」		『ヘスティアとクリオ』(No.4)	コミュニティ・自治・歴史研究会	225
2006/12	春日修	「地域自治体としてのパリッシュカウンシル—その制度と実態」		『愛知大学法学部経論集』(第172号)	愛知大学法学会	226
2006/12	野澤朗	「地域自治組織づくりと当面する課題(特集 地域自治組織の可能性)」	自治体問題研究所編	『住民と自治』(524号)	自治体研究社	227
2007/01	上越市における都市内分権及び住民自治に関する研究会			『上越市における都市内分権及び住民自治に関する調査研究報告書』	上越市における都市内分権及び住民自治に関する研究会	228
2007/02	坂野喜隆	「都市内分権におけるコミュニティ・ガバナンス—住民自治拡充のための制度設計—」		『政治学研究論集』(第25号)	明治大学大学院	229
2007/02	野澤朗	「現地報告3 新潟県上越市 住民自治の充実を目指して〜上越市の都市内分権へ向けての取組み〜(特集 検証/市町村合併その後)」	全国市議会議長会・全国町村議会議長会編	『地方議会人』(第37巻第9号)	中央文化社	230
2007/03	山崎丈夫	「〈資料と解説〉「豊田市の地域自治区・地域会議」— 豊田市まちづくり基本条例、豊田市地域自治区条例 」		『コミュニティ政策研究9』	愛知学泉大学コミュニティ政策学部	231
2007/03	後藤紀一	「合併後の「地域自治組織」の活動—地域住民の声を届ける(特集 くらしと地方自治)」		『女性&運動』(144号(通巻295号)	新日本婦人の会	232
2007/03	野澤朗	「新しい住民自治とまちづくりについて—新潟県上越市の取組(特集論文 多様な担い手による地域づくり)」		『新都市』(第61巻第3号)	都市計画協会	234
2007/03	中田實	「地域自治組織とコミュニティ—住民自治のあり方を考える」		『ヘスティアとクリオ』(No.5)	コミュニティ・自治・歴史研究会	234
2007/03	菅原純子	「地域組織改革と住民意識—愛知県豊田市の地域会議運営と住民意識変化への可能性—」	現代社会学部論集編集委員会編	『愛知淑徳大学論集 現代社会学部・現代社会研究科篇』(12号)	愛知淑徳大学	235
2007/03	市原正隆	「まちづくりと地域内分権—特定非営利活動法人まちづくり山岡の実践をとおして」	岐阜医療科学大学紀要編集委員会編	『岐阜医療科学大学紀要』(第1号)	岐阜医療科学大学	236
2007/03	新潟県上越市		新潟県上越市企画・地域振興部企画政策課編	『新しい自治体づくりへの挑戦—共生都市上越 合併の記録』	新潟県上越市	237
2007/03	地域活性化センター			『地方自治法上の地域自治区を活用した取り組みについて 調査研究報告書』	地域活性化センター	238

都市内分権関連文献〈年表〉

発行年月	著者名	論文名	編者名	書誌名	発行者名	番号
2007/03	市橋亮	「地域自治区制度が自治体の行政運営に果たしうる役割とその課題―住民自治の充実と地域の公共サービス確保という観点から―」			（2006年度法政大学大学院修士学位論文：政策科学研究科）	239
2007/04	杉本敏宏・後藤紀一	「新潟県・上越市 大型合併自治体での住民自治の拡充をめざして（特集 生きる権利(4)キラッと輝く自治体）」		『人権と部落問題』（第59巻第5号）	部落問題研究所	240
2007/05	木下巨一	「飯田市の地域自治組織と公民館の再編」	「月刊社会教育」編集委員会編	『月刊社会教育』（第51巻第5号）	国土社	241
2007/06	菅谷昭	「松本市における地域自治区（特例）の設置について（特集 いま、問われる地域力）」		『市政』（Vol.56-6）	全国市長会	242
2007/06	津村重光	「地域自治区（一般）を中心とした宮崎市における住民自治（特集 いま、問われる地域力）」		『市政』（Vol.56-6）	全国市長会	243
2007/06	名和田是彦	「世界の地方自治 地域コミュニティの国際的潮流編 ドイツにおける地域コミュニティの国際的潮流」		『市政』（Vol.56-6）	全国市長会	244
2007/07	山崎丈夫	「コミュニティ施策検証の視点と論点（特集論考 自治省モデル・コミュニティ施策の検証―コミュニティ政策の到達点と課題）」	コミュニティ政策学会編集委員会編	『コミュニティ政策5』	東信堂	245
2007/07	新川達郎	「第5回大会基調講演 分権時代における市民自治型自治体」	コミュニティ政策学会編集委員会編	『コミュニティ政策5』	東信堂	246
2007/07	中田実・山田公平	「コミュニティ政策の到達点と課題（特集論考 自治省モデル・コミュニティ施策の検証―コミュニティ政策の到達点と課題）」	コミュニティ政策学会編集委員会編	『コミュニティ政策5』	東信堂	247
2007/07	田中逸郎	「NPOと自治会等地縁型団体の協働による地域コミュニティ再構築の諸要件」	コミュニティ政策学会編集委員会編	『コミュニティ政策5』	東信堂	248
2007/07	牧田実・山崎仁朗	「コミュニティ施策の展開（特集論考 自治省モデル・コミュニティ施策の検証―コミュニティ政策の到達点と課題）」	コミュニティ政策学会編集委員会編	『コミュニティ政策5』	東信堂	249
2007/07	木原勝彬	「巻頭言 市民主権型自治体への道――住民自治力・市民社会力の強化による地域再生――」	コミュニティ政策学会編集委員会編	『コミュニティ政策5』	東信堂	250
2007/07	坂口優二	「新しい地図(5)真の「自立」を目指した地域自治組織づくり―長野県飯田市」		『月刊自治研』（第574号）	自治研中央推進委員会	251
2007/07	小滝敏之			『市民社会と近隣自治 小さな自治から大きな未来へ』	公人社	252
2007/07	後房雄編著			『地域自治組織から近隣政府へ～地域自治区、町内会、NPO』	市民フォーラム21・NPOセンター	253
2007/07	西尾勝			『地方分権改革』（西尾勝編『行政学叢書5』）	東京大学出版会	254
2007/08	原田将徳・三橋伸夫・金俊豪	「6085選抜梗概 市町村合併に伴って設置された地域自治区の実態と課題―住民自治の観点から―」		『学術講演梗概集』（2007年8月）	日本建築学会	255
2007/08	久邇良子	「フランスの大都市における準自治体 パリ市の地域自治組織―（特集 準自治体・考）」		『月刊自治研』（第575号）	自治研中央推進委員会	256

都市内分権関連文献〈年表〉

発行年月	著者名	論文名	編者名	書誌名	発行者名	番号
2007/08	穴見明	「スウェーデンの"準自治体" (特集 準自治体・考)」		『月刊自治研』(第575号)	自治研中央推進委員会	257
2007/08	原忠彦	「区長・会長公選制による自治 長野県岡谷市一(特集 準自治体・考)」		『月刊自治研』(第575号)	自治研中央推進委員会	258
2007/08	小池治	「アメリカのネイバーフッド・カウンシル (特集 準自治体・考)」		『月刊自治研』(第575号)	自治研中央推進委員会	259
2007/08	中村茂	「大都市における行政区の今 神奈川県川崎市一(特集 準自治体・考)」		『月刊自治研』(第575号)	自治研中央推進委員会	260
2007/08	長野基	「分析 地域自治区・合併特例区の現状 (特集 準自治体・考)」		『月刊自治研』(第575号)	自治研中央推進委員会	261
2007/08	武岡明子	「イングランドにおける"準自治体" パリッシュの機能と役割 (特集 準自治体・考)」		『月刊自治研』(第575号)	自治研中央推進委員会	262
2007/08	矢野学・須田春海	「合併後の旧自治体は今 "市民自治体"をめざす安塚——(特集 準自治体・考—インタビュー)」		『月刊自治研』(第575号)	自治研中央推進委員会	263
2007/09	葉上太郎	「検証! 市町村合併の現場を歩く——再編は自治になにをもたらしたのか(第29回) "ふるさと創生5億円"の行方/岐阜県恵那市、自治区は自治を得られるか」		『ガバナンス』(No. 77)	ぎょうせい	264
2007/11	宇野隆俊	「コトラー「近隣住区政府論」に関する覚書」		『滋賀大学経済学部研究年報』(第14号)	滋賀大学経済学部	265
2008/02	名和田是彦 ほか			『協働型社会構想における都市内分権ないしコミュニティ政策の法社会学的国際比較研究 (平成17年度から平成19年度科学研究費補助金(基盤研究(B))研究成果報告書)』	研究代表者 名和田是彦 法政大学法学部教授	266
2008/02	生沼裕	「合併特例区の現状と課題(一)—主として岡山市・宮崎市の事例を参考に—」		『地域政策研究』(第10巻第3号)	高崎経済大学地域政策学会	267
2008/03	高坂晶子	「自治体内分権の可能性—イギリスの事例を参考に (特集 地方分権を考える)」	原田裕司編	『Business & economic review』(Vol.18-No.4)	日本総合研究所	268
2008/03	木下聖	「地域福祉計画の進行管理システム構築へ向けた課題と実践〜恵那市地域福祉計画における地区別構想検討の事例から〜」		『中部学院大・中部学院短期大学部 研究紀要』(第9号)	中部学院大学総合研究センター	269
2008/03	春日修	「イギリスの地区委員会と自治体内分権化」		『愛知大学法学部法経論集』(第176号)	愛知大学法学会	270
2008/03	荻原宗	「基礎的自治体が取り組むべき住民自治について—山梨県甲州市の合併と地域自治区の実際からの考察([2007(平成19)年度 関東都市学会]秋季大会シンポジウム 合併後のコミュニティ施策)」	関東都市学会編集委員会編	『関東都市学会年報』(第10号)	関東都市学会事務局	271
2008/03	外川伸一	「国家ガバナンス論のローカル・ガバナンス分析への適用可能性に関する考察—ネットワーク型ガバナンス論と修正タイプの新制度論的ガバナンス論 ([2007(平成19)年度 関東都市学会]秋季大会シンポジウム 合併後のコミュニティ施策)」	関東都市学会編集委員会編	『関東都市学会年報』(第10号)	関東都市学会事務局	272
2008/03	大内田鶴子	「都市近隣組織と伝統的統治感覚 ([2007(平成19)年度 関東都市学会]秋季大会シンポジウム 合併後のコミュニティ施策)」	関東都市学会編集委員会編	『関東都市学会年報』(第10号)	関東都市学会事務局	273
2008/03	中井道夫	「市町村合併後のコミュニティ施策の変化 ([2007(平成19)年度 関東都市学会]秋季大会シンポジウム 合併後のコミュニティ施策)」	関東都市学会編集委員会編	『関東都市学会年報』(第10号)	関東都市学会事務局	274
2008/03	有里典三・黄國光	「市民参加の『質』指標についての理論的考察 ([2007(平成19)年度 関東都市学会]秋季大会シンポジウム 合併後のコミュニティ施策)」	関東都市学会編集委員会編	『関東都市学会年報』(第10号)	関東都市学会事務局	275

都市内分権関連文献〈年表〉

発行年月	著者名	論文名	編者名	書誌名	発行者名	番号
2008/03	市原正隆	「まちづくりと地域協議会―特定非営利活動法人まちづくり山岡の実践をとおして―」	岐阜医療科学大学紀要編集委員会編	『岐阜医療科学大学紀要』（第2号）	岐阜医療科学大学	276
2008/03	武岡明子	「平成の大合併と地域自治組織 ― 北海道内の合併市町村に関する調査報告―」		『札幌法政研究』（第1号）	札幌大学附属法務・自治行政研究所	277
2008/03	生沼裕	「合併特例区の現状と課題（二）―主として岡山市・宮崎市の事例を参考に―」		『地域政策研究』（第10巻第4号）	高崎経済大学地域政策学会	278
2008/03	佐々木和夫	「大崎の自治を育む―地域自治組織活性事業交付金（特集 地域をめぐるカネ）」		『地方自治職員研修』（第41巻3号）	公職研	279
2008/03	小沢健吾	「都市内分権に向けた住民自治組織のあり方～コミュニティ単位での住民合意の仕組みとして～」			（2007年度法政大学大学院修士学位論文：政策科学研究科）	280
2008/04	今井照			『「平成大合併」の政治学』	公人社	281
2008/07	宮入興一	「「平成大合併」における「地域自治組織」の導入の特徴と意義―宮崎市合併を素材として」		『愛知大学経済論集』（第177号）	愛知大学経済学会	282
2008/07	熊坂義裕	「持続可能な自治体を目指して（宮古市）（合併自治体の生きる道―"光と影"の現実と地域生き残り戦略）―（合併を選んだ理由と展望）」		『地方自治職員研修』（第41巻臨時増刊88号）	公職研	283
2008/07	中川幾郎	「三重県伊賀地区〔（新〕伊賀市、名張市）の住民自治システム（合併自治体の生きる道―"光と影"の現実と地域生き残り戦略）―（地域づくり・コミュニティ）」		『地方自治職員研修』（第41巻臨時増刊88号）	公職研	284
2008/07	今川晃	「「都市と農山村との共生」と「都市内分権」思想とのハーモニー―豊田市の場合（合併自治体の生きる道―"光と影"の現実と地域生き残り戦略）―（地域づくり・コミュニティ）」		『地方自治職員研修』（第41巻臨時増刊88号）	公職研	285
2008/07	宗野隆俊	「上越市の地域協議会（合併自治体の生きる道―"光と影"の現実と地域生き残り戦略）―（地域づくり・コミュニティ）」		『地方自治職員研修』（第41巻臨時増刊88号）	公職研	286
2008/07	沼田良	「大合併による「民主主義の赤字」を解消できるか―新しい地域自治と都市デモクラシーの試み（合併自治体の生きる道―"光と影"の現実と地域生き残り戦略）―（平成大合併の検証）」		『地方自治職員研修』（第41巻臨時増刊88号）	公職研	287
2008/08	岩崎恭典	「「基礎自治体」と自治体内分権（特集「基礎自治体」の姿）」		『ガバナンス』（No. 88）	ぎょうせい	288
2008/08	新川達郎	「「基礎自治体」におけるこれからの議会（特集「基礎自治体」の姿）」		『ガバナンス』（No. 88）	ぎょうせい	289
2008/08	日高昭夫	「「基礎自治体」と地縁組織――自治会・町内会の「協働」関係の行方（特集「基礎自治体」の姿）」		『ガバナンス』（No. 88）	ぎょうせい	290
2008/09	吉田利宏	「条例づくり支援ノート第11回 いまどきの自治基本条例(1)――都市内分権」		『自治実務セミナー』（47巻9号）	第一法規	291
2008/12	石平春彦			『「自治体憲法」創出の地平と課題―上越市における自治基本条例の制定事例を中心に―』	公人の友社	293
2008/12	安藤裕	「住民による自主3原則を基本に、コミュニティづくりを推進／東京都武蔵野市（特集 地域コミュニティ再生と自治体）―（取材リポート 地域コミュニティ再生に挑む!)」		『ガバナンス』（No. 92）	ぎょうせい	293

都市内分権関連文献〈年表〉

発行年月	著者名	論文名	編者名	書誌名	発行者名	番号
2008/12	江藤俊昭	「「身近な自治」に議会はどう変わるか――地域コミュニティ再生と議会の役割(特集 地域コミュニティ再生と自治体)」		『ガバナンス』(No.92)	ぎょうせい	294
2008/12	浮谷次郎	「地域内分権の推進に地域コミュニティ税を導入／宮崎市(特集 地域コミュニティ再生と自治体)――(取材リポート 地域コミュニティ再生に挑む!)」		『ガバナンス』(No.92)	ぎょうせい	295
2008/12	名和田是彦	「今求められる地域コミュニティの再生(特集 地域コミュニティ再生と自治体)」		『ガバナンス』(No.92)	ぎょうせい	296
2008/12	木原勝彬	「NPOによる支援システムの確立を――住民自治力の強化に結びつく地域コミュニティ再生(特集 地域コミュニティ再生と自治体)」		『ガバナンス』(No.92)	ぎょうせい	297
2008/12	山崎丈夫	「地域自治組織の到達段階とコミュニティ政策―地域分権論序説」		『愛知学泉大学コミュニティ政策学部紀要』(第11号)	愛知学泉大学コミュニティ政策学部	298
2008/12	宮入興一	「平成大合併における都市内分権と地域住民自治の重層的展開―宮崎市1市3町合併を中心として」		『愛知大学経済論集』(第178号)	愛知大学経済学会	299
2008/12	野元優子	「政策法務研究室 狭域自治の担い手としての自治会と都市内分権～神奈川県厚木市を例として～」		『自治体法務navi』(Vol.26)	第一法規	300
2008/12	イマジン自治情報センター	「発想 conception 地域分権の推進と地域コミュニティの活性化へ―町内会・自治会と地域自治区制度―住民による地域づくりと地域自治組織の役割」		『実践自治』(通巻36号)	イマジン出版	301
2008/12	岡庭一雄・大石真紀子	「自治体内分権と地域計画―ソヨルマー論文を受けて」		『信州自治研』(No.202)	長野県地方自治研究センター	302
2009/01	山崎丈夫			『地域コミュニティ論3訂版――地域分権への協働の構図』(筆者注：初版は2003/04)	自治体研究社	303
2009/01	宮入興一編著			『平成大合併における都市内分権化と地域自治組織・住民自治組織の重層的展開―宮崎市の市町村合併を中心に――』(『愛大中産研研究報告』第63号)	愛知大学中部地方産業研究所	304
2009/03	片田興	「地方政府の最適規模と戦略に関する分析」		『山梨学院大学 法学論集』(第63号)	山梨学院大学法学研究会	305
2009/03	幸田雅治	「シリーズ都市内分権(10)ハンブルク市の市議会と区議会について(1)――その仕組と特徴」		『自治研究』(第85巻第3号)	第一法規	306
2009/03	有馬晋作・川越麻里絵	「地域コミュニティ税成立の経緯と意義―宮崎市の取り組み―」		『商経論叢』(第59号)	鹿児島県立短期大学	307
2009/03	牛山久仁彦	「市町村合併と地域自治―地域自治区制度の現状と課題―」		『政経論叢(2008年)』(第77巻3・4号)	明治大学政治経済研究所	308
2009/03	永田祐	「市町村合併における小地域の「自治」と地域福祉計画―三重県松阪市と宮崎県都城市の事例から（特集 コミュニティ福祉の創造と地域自治)」	「地域福祉研究」編集委員会編	『地域福祉研究』(No.37)	日本生命済生会	309
2009/04	幸田雅治	「シリーズ都市内分権(11)ハンブルク市の市議会と区議会について(2)――その仕組みと特徴」		『自治研究』(第85巻第4号)	第一法規	310
2009/05	岩崎恭典	「新たな大都市像と地域自治(特集 大都市、中核都市／分権時代のデザイン)」		『ガバナンス』(No.97)	ぎょうせい	311

都市内分権関連文献〈年表〉

発行年月	著者名	論文名	編者名	書誌名	発行者名	番号
2009/05	池田克樹	「97の地域コミュニティ協議会が自治を支える分権型協働都市――新潟市(特集 大都市、中核都市／分権時代のデザイン)―(取材REPORT1 分権型"中核都市"への模索)」		『ガバナンス』(No. 97)	ぎょうせい	312
2009/05	幸田雅治	「シリーズ都市内分権(12)ハンブルク市の市議会と区議会について(3)――その仕組みと特徴」		『自治研究』(第85巻第5号)	第一法規	313
2009/06	桜井久江・岡庭一雄	「さらば清内路、そして新しい阿智村へ(その1)」		『信州自治研』(No. 208)	長野県地方自治研究センター	314
2009/06	第29次地方制度調査会			『今後の基礎自治体及び監査・議会制度のあり方に関する答申』	第29次地方制度調査会	315
2009/06	幸田雅治	「シリーズ都市内分権(13)ハンブルク市の市議会と区議会について(4・完)――その仕組みと特徴」		『自治研究』(第85巻第6号)	第一法規	316
2009/06	今川晃	「地域自治組織と一人ひとりの市民、NPO、行政―地域自治をどうデザインするか(特集 コミュニティの力)」		『地方自治職員研修』(第42巻第7号)	公職研	317
2009/06	椎木隆	「地域自治区と地域コミュニティ税―宮崎市(特集 コミュニティの力)」		『地方自治職員研修』(第42巻第7号)	公職研	318
2009/07	寺井克之	「オハイオ州デイトン市の組織的な市民参加システムの構造(序説)――プライオリティ・ボードの仕組み(特集論文「日米地域分権フォーラム」について(3))」	コミュニティ政策学会編集委員会編	『コミュニティ政策7』	東信堂	319
2009/07	前山総一郎	「アメリカのコミュニティ自治の経緯と解説～「新たな地方公共機構」構築への試み～(特集論文「日米地域分権フォーラム」について(1))」	コミュニティ政策学会編集委員会編	『コミュニティ政策7』	東信堂	320
2009/07	大内田鶴子	「市民社会と創造的コミュニティ～エルトン・ゲートウッド基調講演における市民社会論～(特集論文「日米地域分権フォーラム」について(2))」	コミュニティ政策学会編集委員会編	『コミュニティ政策7』	東信堂	321
2009/07	木原勝彬	「コミュニティ政策学会第4プロジェクト研究会中間報告「「地域自治の仕組みづくり」にかかわるアンケート調査」報告」	コミュニティ政策学会編集委員会編	『コミュニティ政策7』	東信堂	322
2009/07	岡庭一雄・池内武久	「小規模自治体の合併と地域自治―さらば清内路、そして新しい阿智村へ(その2)」		『信州自治研』(No. 209)	長野県地方自治研究センター	323
2009/08	阿部孝夫	「大都市における都市内分権～住民自治の拡充に向けて」		『2008年度活動報告集―シンポジウム・研究会―』	日本自治学会事務局	324
2009/08	椎木隆	「地域コミュニティの再生を目指して～地域自治区と地域コミュニティ税」		『2008年度活動報告集―シンポジウム・研究会―』	日本自治学会事務局	325
2009/08	横道清孝	「寄稿3 合併の推進から多様な選択肢へ(特集 第29次地方制度調査会答申のポイント)」		『市政』(Vol.58-8)	全国市長会	326
2009/08	久喜喜造	「寄稿2 「今後の基礎自治体及び監査・議会制度のあり方に関する答申」について(特集 第29次地方制度調査会答申のポイント)」		『市政』(Vol.58-8)	全国市長会	327
2009/08	中西晴史	「寄稿4 小さな自治の充実こそ今後の課題(特集 第29次地方制度調査会答申のポイント)」		『市政』(Vol.58-8)	全国市長会	328
2009/08	林宜嗣	「寄稿1 分権時代にふさわしい地方制度の模索(特集 第29次地方制度調査会答申のポイント)」		『市政』(Vol.58-8)	全国市長会	329
2009/08	山崎丈夫	「地域自治と共同を考える―人権保障の社会的条件として(特集 地域自治と共同の「拠り所」)」	自治体問題研究所編	『住民と自治』(556号)	自治体研究社	330
2009/08	今村都南雄	「第29次地方制度調査会答申をめぐって(特集 第29次地方制度調査会最終答申)」	全国市議会議長会・全国町村会議長会編	『地方議会人』(第40巻第3号)	中央文化社	331

都市内分権関連文献〈年表〉

発行年月	著者名	論文名	編者名	書誌名	発行者名	番号
2009/08	林宜嗣	「総括・第29次地方制度調査会 最終答申（特集 第29次地方制度調査会最終答申）」	全国市議会議長会・全国町村議会議長会編	『地方議会人』（第40巻第3号）	中央文化社	332
2009/08	青山彰久	「市町村のかたちを考える―地方制度調査会の答申からみえるもの（特集 第29次地方制度調査会最終答申）」	全国市議会議長会・全国町村議会議長会編	『地方議会人』（第40巻第3号）	中央文化社	333
2009/08	大森彌	「第29次地方制度調査会の答申を検証する（特集 第29次地方制度調査会最終答申）」	全国市議会議長会・全国町村議会議長会編	『地方議会人』（第40巻第3号）	中央文化社	334
2009/08	市町村行政研究会	「今後の基礎自治体のあり方について―第29次地方制度調査会答申（基礎自治体関係）を読む」		『地方財務』（第662号）	ぎょうせい	335
2009/09	名和田是彦	「第29次地方制度調査会を振り返って（特集 基礎自治体・広域自治体・国のあり方）」		『都市とガバナンス』（第12号）	日本都市センター	336
2009/09	瀬脇一・下仲宏卓・湯山壮一郎・上仮屋尚・松永智史	「一般地方財政編 第29次地方制度調査会『今後の基礎自治体及び監査・議会制度のあり方に関する答申』について（上）」	地方財政制度研究会編集協力	『地方財政』（2009年9月号）	地方財務協会	337
2009/10	中村祐司	「合併サポーターからのメッセージ（31）市町村合併後の地域自治のあり方―『宇都宮市河内自治会議』の取組を通じて」	市町村自治研究会編集協力	『住民行政の窓』（第340号）	日本加除出版	338
2009/10	瀬脇一・下仲宏卓・湯山壮一郎・上仮屋尚・松永智史	「一般地方財政編 第30次地方制度調査会『今後の基礎自治体及び監査・議会制度のあり方に関する答申』について（下）」	地方財政制度研究会編集協力	『地方財政』（2009年10月号）	地方財務協会	339
2009/11	江藤俊昭	「トピックス 地方自治制度改革のゆくえ―第29次地方制度調査会答申を読む―」	地方自治研究機構編	『自治体法務研究2009年 冬』（No. 19）	ぎょうせい	340
2009/12	三浦哲司	「自治体内分権のしくみを導入する際の留意点―甲州市の地域自治区制度廃止を事例として―」	同志社大学大学院総合政策科学編集委員会	『同志社政策科学研究』（第11巻第2号）	同志社大学大学院総合政策科学会	341
2009/12	山崎丈夫・三好聡・谷口功[他]	「中山間地域再生の方向と住民自治―豊田市の中山間地域事例に」		『愛知学泉大学コミュニティ政策学部紀要』（第12号）	愛知学泉大学コミュニティ政策学部	342
2009/12	中塚雅也・川口友子・星野敏	「小学校区における地域自治組織の再編プロセス―『場』の生成の視点から（特集 農村振興の新たな課題）」		『農村計画学会誌』（Vol. 28, No. 3）	農村計画学会	343
2010/01	安藤裕	「新しい地域自治の仕組みづくりに『地域協議会』発足【横浜市泉区】（政策を作る 第6回―『地方政府』の職員力）」		『ガバナンス』（No. 105）	ぎょうせい	344
2010/01	片木淳	「『地域主権国家』と地域コミュニティ（特集 日本を再生する―国と地方のストラテジー）」		『ガバナンス』（No. 105）	ぎょうせい	345
2010/01	日高昭夫	「本番！ 地域自治 地域協働体制の課題（特集市民の情熱、息づく地域に 私のまちの"情熱大陸"）」		『地方自治職員研修』（第43巻1号）	公職研	346
2010/02	葉上太郎	「検証！市町村自治の現場を歩く――再編は自治になにをもたらしたのか（第58回）『小さな自治』の期限切れ／地域自治区が消える・鹿児島県鹿屋市の場合」		『ガバナンス』（No. 106）	ぎょうせい	347
2010/03	牧田実	「地域自治と『公共性』：地域住民組織と制度的保障の視点から」		『茨城大学政経学会雑誌』（第80号）	茨城大学政経学会	348
2010/03	葉上太郎	「検証！市町村自治の現場を歩く――再編は自治になにをもたらしたのか（第59回）『協働』への着地点はいまだ見えず／地域自治区が消える・岩手県一関市の場合」		『ガバナンス』（No. 107）	ぎょうせい	349

都市内分権関連文献〈年表〉

発行年月	著者名	論文名	編者名	書誌名	発行者名	番号
2010/03	松田武雄	「自治体内分権と社会教育・生涯学習―豊田市の事例を通して」		『生涯学習・キャリア教育研究』（6）	名古屋大学大学院教育発達科学研究科附属生涯学習・キャリア教育研究センター	350
2010/03	羽貝正美	「「分権型社会」の基盤としての地域自治―住民自治に根ざした団体自治強化の可能性―（自治を育てる 自治体をつくる）」		『まちと暮らし研究』（No.8）	地域生活研究所	351
2010/03	秋山三枝子	「地域自治区をつくる―新潟県上越市の試み NPOの視点から（自治を育てる 自治体をつくる）」		『まちと暮らし研究』（No.8）	地域生活研究所	352
2010/03	池田浩	「身近な地域からはじめるまちづくり―上越市の地域自治区制度（上越市）（特集 今後の地域社会を考える）」	自治研修協会編	『月刊自治フォーラム』（第606号）	第一法規	353
2010/03	大宅宏幸	「地域自治組織の実証研究～その課題と展望～」			（2009年度宇都宮大学大学院修士学位論文：国際学研究科）	354
2010/03	武岡明子	「パリッシュ―イングランドの近隣政府（自治を育てる 自治体をつくる）」		『まちと暮らし研究』（No.8）	地域生活研究所	355
2010/03	沼尾波子	「地域コミュニティの役割と住民参加（特集 今後の地域社会を考える）」		『月刊自治フォーラム』（第606号）	第一法規	356
2010/03	今川晃・三浦哲司	「地域力再生の条件：自治体行政としての条件整備を中心に」	同志社大学政策学会『同志社政策研究』編集委員会編	『同志社政策研究』（第4号）	同志社大学政策学会	357
2010/03	総務省自治行政局合併推進課			『『平成の合併』について』	総務省	356
2010/03	杉山佐保子	「中山間地域における地域自治組織と住民参加の実態―川根振興協議会（広島県安芸高田市）を事例として」		『日本地域政策研究』（第8号）	日本地域政策学会	360
2010/03	吉田直史・中塚雅也	「地域自治組織の規約の類型と活動展開」		『農村計画学会誌』（Vol.28,No.4））	農村計画学会	360
2010/04	葉上太郎	「検証！市町村合併の現場を歩く――再編は山中になにをもたらしたのか(第60回)「今度こそ」。5年目の再挑戦／地域自治区が消える・秋田県横手市の場合」		『ガバナンス』（No.108）	ぎょうせい	360
2010/04	有馬晋作	「巻頭論文 地域コミュニティ税の明暗～住民自治と税」		『税』（第65巻第4号）	ぎょうせい	362
2010/04	中川幾郎	「地域における政策課題解決と自治体コミュニティ政策」		『地方自治職員研修』（第43巻5号）	公職研	363
2010/04	谷本有美子	「「地域協働」の」展開と"住民"の自治への警鐘」		『地方自治職員研修』（第43巻5号）	公職研	364
2010/04	中川純一郎	「校区ボランティアで地域が豊かに」		『地方自治職員研修』（第43巻5号）	公職研	365

*これまでの蓄積に加え、NDL-OPAC国立国会図書館蔵書検索・申込システム、及びCiNii国立情報学研究所論文情報ナビゲータを主に活用し、文献入手・内容確認の上で掲載。　　　＜調査・作成：石平春彦＞

資料2

地域自治組織の設置に関する法律（合併関連三・抄）

1 地方自治法（抄）

(昭和22年4月17日法律第67号)
制度創設改正：平成16年5月26日法律第57号
最終改正：平成22年3月31日法律第19号

第二編　普通地方公共団体／第七章　執行機関／第4節　地域自治区

（地域自治区の設置）

<u>第202条の4　市町村は、市町村長の権限に属する事務を分掌させ、及び地域の住民の意見を反映させつつこれを処理させるため、条例で、その区域を分けて定める区域ごとに地域自治区を設けることができる。</u>

2　地域自治区に事務所を置くものとし、事務所の位置、名称及び所管区域は、条例で定める。

3　地域自治区の事務所の長は、当該普通地方公共団体の長の補助機関である職員をもって充てる。

4　第4条第2項の規定は第2項の地域自治区の事務所の位置及び所管区域について、第175条第2項の規定は前項の事務所の長について準用する。

（地域協議会の設置及び構成員）

<u>第202条の5　地域自治区に、地域協議会を置く。</u>

<u>2　地域協議会の構成員は、地域自治区の区域内に住所を有する者のうちから、市町村長が選任する。</u>

<u>3　市町村長は、前項の規定による地域協議会の構成員の選任に当たつては、地域協議会の構成員の構成が、地域自治区の区域内に住所を有する者の多様な意見が適切に反映されるものとなるよう配慮しなければならない。</u>

4　地域協議会の構成員の任期は、4年以内において条例で定める期間とする。

<u>5　第203条の2第1項の規定にかかわらず、地域協議会の構成員には報酬を支給しないこととすることができる。</u>

（地域協議会の会長及び副会長）

第202条の6　地域協議会に、会長及び副会長を置く。

2　地域協議会の会長及び副会長の選任及び解任の方法は、条例で定める。

3　地域協議会の会長及び副会長の任期は、地域協議会の構成員の任期による。

4　地域協議会の会長は、地域協議会の事務を掌理し、地域協議会を代表する。

5　地域協議会の副会長は、地域協議会の会長に事故があるとき又は地域協議会の会長が欠けたときは、その職務を代理する。

（地域協議会の権限）

第202条の7　地域協議会は、次に掲げる事項のうち、市町村長その他の市町村の機関により諮問されたもの又は必要と認めるものについて、審議し、市町村長その他の市町村の機関に意見を述べることができる。
① 　地域自治区の事務所が所掌する事務に関する事項
② 　前号に掲げるもののほか、市町村が処理する地域自治区の区域に係る事務に関する事項
③ 　市町村の事務処理に当たつての地域自治区の区域内に住所を有する者との連携の強化に関する事項
2　市町村長は、条例で定める市町村の施策に関する重要事項であつて地域自治区の区域に係るものを決定し、又は変更しようとする場合においては、あらかじめ、地域協議会の意見を聴かなければならない。
3　市町村長その他の市町村の機関は、前2項の意見を勘案し、必要があると認めるときは、適切な措置を講じなければならない。
（地域協議会の組織及び運営）
第202条の8　この法律に定めるもののほか、地域協議会の構成員の定数その他の地域協議会の組織及び運営に関し必要な事項は、条例で定める。
（政令への委任）
第202条の9　この法律に規定するものを除くほか、地域自治区に関し必要な事項は、政令で定める。

2　市町村の合併の特例に関する法律（抄）（旧法）

(昭和40年3月29日法律第6号)
制度創設改正：平成16年5月26日法律第58号
平成17年3月31日失効

（地域自治区の設置手続等の特例）
第5条の5　市町村の合併に際しては、地方自治法第202条の4第1項の規定にかかわらず、合併関係市町村の協議で定める期間に限り、合併市町村の区域の一部の区域に、1又は2以上の合併関係市町村の区域であつた区域をその区域とする同項に規定する地域自治区（以下「合併関係市町村の区域による地域自治区」という。）を設けることができる。
2　市町村の合併に際し、合併市町村の区域の全部又は一部の区域に、合併関係市町村の区域による地域自治区を設ける場合においては、地方自治法第202条の4から第202条の8までの規定により条例で定めるものとされている事項については、合併関係市町村の協議により定めるものとする。
3　前2項の協議については、合併関係市町村の議会の議決を経るものとし、その協議が成立したときは、合併関係市町村は、直ちにその内容を告示しなければならない。
4　合併市町村は、第1項及び第2項の協議により定められた事項を変更しようとするときは、条例でこれを定めなければならない。
（地域自治区の区長）**第5条の6**（略）
（住居表示に関する特例）**第5条の7**（略）

（合併特例区）
第5条の8 合併市町村において市町村の合併後の一定期間、合併関係市町村の区域であつた地域の住民の意見を反映しつつその地域を単位として一定の事務を処理することにより、当該事務の効果的な処理又は当該地域の住民の生活の利便性の向上等が図られ、もつて合併市町村の一体性の円滑な確立に資すると認めるときは、合併関係市町村の協議により、期間を定めて、合併市町村の区域の全部又は一部の区域に、1又は2以上の合併関係市町村の区域であつた区域をその区域として、合併特例区を設けることができる。

2 前項の協議については、合併関係市町村の議会の議決を経なければならない。

第5条の9 合併特例区は、地方自治法第1条の3第1項の特別地方公共団体とする。

（合併特例区の設置）**第5条の10**（略）

（合併特例区の設置に伴う権利の承継）**第5条の11**（略）

（合併特例区の権能）**第5条の12**（略）

（合併特例区の規約）**第5条の13**（略）

（合併特例区の規約の変更）**第5条の14**（略）

（合併特例区の長）**第5条の15**（略）

（合併特例区の長の権限）**第5条の16**（略）

（合併特例区規則の公布）**第5条の17**（略）

（合併特例区協議会の設置及び構成員）

第5条の18 合併特例区に、合併特例区協議会を置く。

2 合併特例区協議会の構成員は、合併特例区の区域内に住所を有する者で合併市町村の議会の議員の被選挙権を有するもののうちから、規約で定める方法により合併市町村の長が選任する。

3 前項の方法は、合併特例区協議会の構成員の構成が、合併特例区の区域内に住所を有する者の多様な意見が適切に反映されるものとなるように配慮して定めなければならない。

4 合併特例区協議会の構成員の任期は、2年以内において規約で定める期間とする。

5 合併特例区協議会の構成員が当該合併特例区の区域内に住所を有しない者であるとき、合併市町村の議会の議員の被選挙権を有しない者であるとき又は第七項において準用する地方自治法第92条の2の規定に該当するときは、その職を失う。

6 合併特例区協議会の構成員には、次項において準用する地方自治法203条第1項の規定にかかわらず、報酬を支給しないこととすることができる。

7 地方自治法92条の2、第203条第1項から第3項まで及び第5項並びに第204条の2の規定は、合併特例区協議会の構成員について準用する。この場合において、同法第92条の2中「普通地方公共団体」とあるのは「合併特例区」と、「議会の議員」とあるのは「合併特例区協議会（市町村の合併の特例に関する法律第5条の18第1項に規定する合併特例区協議会をいう。以下同じ。）の構成員」と、同法第203条第1項中「普通地方公共団体」とあるのは「合併特例区」と、同条第2項及び第5項中「条例」とあるのは「合併特例区規則」と、同法第204条の2中「普通地方公共団体」とあるのは「合併特例区」と、「条例」とあるのは「合併特例区規則」と読み替えるものとする。

（合併特例区協議会の会長及び副会長）**第 5 条の 19**（略）
（合併特例区協議会の権限）
第 5 条の 20　合併特例区協議会は、この法律の規定によりその権限に属させられた事項を処理するほか、合併特例区が処理する事務及び地域振興等に関する施策の実施その他の合併市町村が処理する事務であつて当該合併特例区の区域に係るものに関し、合併市町村の長その他の機関若しくは合併特例区の長により諮問された事項又は必要と認める事項について、審議し、合併市町村の長その他の機関又は合併特例区の長に意見を述べることができる。
2　合併市町村の長は、規約で定める合併市町村の施策に関する重要事項であつて合併特例区の区域に係るものを決定し、又は変更しようとする場合においては、あらかじめ、合併特例区協議会の意見を聴かなければならない。
3　合併市町村の長その他の機関又は合併特例区の長は、前 2 項の意見を勘案し、必要があると認めるときは、適切な措置を講じなければならない。
4　この法律又はこれに基づく政令に定めるものを除くほか、合併特例区は、合併特例区の長と合併特例区協議会との協議により、合併特例区に関する事項につき合併特例区協議会の同意を要するものを定めることができる。
（合併特例区協議会の組織及び運営）
第 5 条の 21　この法律に定めるもののほか、合併特例区協議会の構成員の定数その他の合併特例区協議会の組織及び運営に関し必要な事項は、規約で定める。
（以下略）

3　市町村の合併の特例に関する法律（抄）（現行法）

（注：最終改正で、それまでの名称の「〜特例等」の「等」が削除され、旧法と同名になった。）

（平成 16 年 6 月 26 日法律第 59 号）

最終改正：平成 22 年 3 月 31 日法律第 10 号

第 2 章　地方自治法の特例等

（地域自治区の設置手続等の特例）**第 23 条**（略、旧法第 5 条の 5 と同様）
（地域自治区の区長）**第 24 条**（略、旧法第 5 条の 6 と同様）
（住居表示に関する特例）**第 25 条**（略、旧法第 5 条の 7 と同様）

第 3 章　合併特例区

（合併特例区）**第 26 条**（略、旧法第 5 条の 8 と同様）
第 27 条（略、旧法第 5 条の 9 と同様）
（合併特例区の設置）**第 28 条**（略、旧法第 5 条の 10 と同様）
（合併特例区の設置に伴う権利の承継）**第 29 条**（略、旧法第 5 条の 11 の第 3 項削除と同様）
（合併特例区の権能）**第 30 条**（略、旧法第 5 条の 12 と同様）
（合併特例区の規約）**第 31 条**（略、旧法第 5 条の 13 の第 3 項削除と同様）

(合併特例区の規約の変更）**第 32 条**（略、旧法第 5 条の 14 と同様）

(合併特例区の長）**第 33 条**（略、旧法第 5 条の 15 と同様）

(合併特例区の長の権限）**第 34 条**（略、旧法第 5 条の 16 と同様）

(合併特例区規則の公布）**第 35 条**（略、旧法第 5 条の 17 と同様）

(合併特例区協議会の設置及び構成員）**第 36 条**　（略、旧法第 5 条の 18 と同様）

(合併特例区協議会の会長及び副会長）**第 37 条**　（略、旧法第 5 条の 19 と同様）

(合併特例区協議会の権限）**第 38 条**（略、旧法第 5 条の 20 と同様）

(合併特例区協議会の組織及び運営）**第 39 条**　（略、旧法第 5 条の 21 と同様）

(以下略）

2010.4.15 法政大学大学院政策創造研究科・石平春彦（地域自治区（一般制度）に関する実態調査　調査票）**資料3**

地域自治区（一般制度）に関する実態調査　調査票

　この調査は、平成19年10月1日現在において、地方自治法（一般制度（合併特例によらないもの））に基づき地域自治区を設置している全ての市町村を対象としています。
　以下の設問について、該当個所に〇を付けるか、必要事項を記入してください。

０．市町村名等

都道府県	合併後の市町村名	本調査の回答担当部課及び担当者名
		（　　　　　　）
連絡先	Tel: Fax :	E-mail :

１．人口及び面積

基準日	人　口	面　積
平成19年10月1日		
平成22年4月1日		

２．制度の変更等

２－１－１．平成19年10月1日から平成22年4月1日までに地域自治区の設置について制度の変更がありましたか。（該当に〇）

| ① 変更があった　　→　２－１－２へ |
| ② 変更はなかった　→　２－２－１へ |

２－１－２．変更があれば、その実施期日、内容（該当に〇）及び理由等をお書きください。
　　　　　③～⑤については、その具体的な内容も「理由等」の欄にお書きください。

実施期日		
変更内容	① 満期終了 ② 当初期限を改正し途中で廃止 ③ 地域自治区を追加 ④ 別制度に移行 ⑤ その他（　　　　　　）	① 満期終了 ② 当初期限を改正し途中で廃止 ③ 地域自治区を追加 ④ 別制度に移行 ⑤ その他（　　　　　　）

2010.4.15 法政大学大学院政策創造研究科・石平春彦（地域自治区（一般制度）に関する実態調査　調査票）

理由等	

→ 2－2－1へ

2－2－1．平成22年4月1日以降に地域自治区の設置期限がありますか。（該当に○）

① ある　――→　2－2－2へ
② ない　――→　2－3－1へ

2－2－2．平成22年4月1日以降に地域自治区の設置期限のある団体にお聞きします。期限後（あるいは今後）の予定について、現時点での方向性は出ていますか。（該当に○）。その理由もあわせてお書きください。②～⑤については、理由以外にその具体的な内容も「理由等」の欄にお書きください。

当初設置期限日	
期限後等の予定	① 満期終了以外に特に考えていない ② 当初期限を短縮し廃止 ③ 当初期限を改正し無期限 ④ 別制度に移行 ⑤ その他（　　　　　　　　　　　　　　　　）
理由等	

→ 3へ

286　資料

2010.4.15 法政大学大学院政策創造研究科・石平春彦（地域自治区（一般制度）に関する実態調査　調査票）

２－３－１．地域自治区の設置期限がない団体にお聞きします。現時点において制度の存廃等の見直しの予定はありますか。（該当に○）

| ① ある | → ２－３－２へ |
| ② ない | → ３へ |

２－３－２．制度の存廃等の見直しの予定がある団体にお聞きします。見直しの内容はどのようなものですか。（該当に○）。その理由もあわせてお書きください。また、②、③については、その具体的な内容（いつ、どのような）も「理由等」の欄にお書きください。

見直しの内容	① 期限を付けて廃止（期限：　　　　　　　　　　　　　） ② 別制度に移行 ③ その他（　　　　　　　　　　　　　　　　　　　　）
理由等	

→ ３へ

３．地域協議会の意見数等

　まず、「３」における設問の趣旨を説明します。総務省の調査では、地方自治法の規定条文によって区分けしています。すなわち、①「第202条の7第2項」と、②「第202条の7第1項」の2つに分けて、それぞれ設問「3-3-2」、「3-4-2」で聞いています。しかし、①の条項の中身は、市町村長が地域協議会の意見を聞かなければならない（つまり諮問する）事項（①-1）のみとなっていますが、②の条項は、市町村長等により地域協議会に諮問された事項（②-1）と地域協議会が必要と認めた事項（②-2）に分かれています。

　したがって、②を一括した区分けでは、地域協議会の実質的な活動の中身が見えにくくなっているといえます。そこで、地域協議会が諮問に応じて審議し答申したもの（①-1、②-1）と地域協議会が必要と認めて自主的に審議し意見書を提出したもの（②-2）とに分けて設問することが肝要と考えたものです。

　以上を、図示すると下記のようになります。ご理解の上、以下の設問にお答えください。

総務省調査	「設問3-3-2」①第202条7第2項	「設問3-4-2」②第202条7第1項	
	諮問⇒答申（①-1）	諮問⇒答申（②-1）	自主審議⇒意見（②-2）
本調査	「設問3-1，3-2の表中＊1」諮問⇒答申	「表中＊2」自主審議⇒意見	

3－1．地域協議会ごとの答申数（回）、意見数（回）等について、設置日から平成19年10月1日までの累計を、それぞれ記入してください。**少なくとも＊2の欄は必ずご記入願います。**

地域協議会の名称	（設置日から）平成19年10月1日までの累計		
	地域協議会の答申数（回）＊1	自主的審議の意見数（回）＊2	意見の反映数（回）（一部反映含む）
計			

＊1：市町村長等の諮問に応じて審議し答申したものの数。総務省の「地域自治区（一般制度）実態調査」における、「設問3-3-2.重要事項(自治法202条の7第2項)についての答申数(回)」、及び「設問3-4-2.意見具申（自治法第202条の7第1項）数（回）」のうちの「市町村長等により諮問されたもの」(すなわち「地域協議会が必要と認めるもの」を除いたもの)の 合計数（回）と同一 になる。

＊2：地域協議会が自主的に審議し市町村長等に提出した意見書の数。総務省の「地域自治区（一般制度）実態調査」における、「設問3-4-2.意見具申（自治法第202条の7第1項）数（回）」のうちの「地域協議会が必要と認めるもの」（すなわち「市町村長等により諮問されたもの」を除いたもの）の 数（回）と同一 になる。

◎本調査「＊1」数＋「＊2」数＝総務省調査「設問3-3-2」数＋「設問3-4-2」数

2010.4.15 法政大学大学院政策創造研究科・石平春彦（地域自治区（一般制度）に関する実態調査　調査票）

３－２．可能でしたら、地域協議会ごとの答申数（回）、意見数（回）等について、設置日から平成22年4月1日までの累計を、それぞれ記入してください。

地域協議会の名称	（設置日から）平成22年4月1日までの累計		
	地域協議会の答申数（回）　＊1	自主的審議の意見数（回）　＊2	意見の反映数（回）（一部反映含む）
計			

＊1：市町村長等の諮問に応じて審議し答申したものの数。地方自治法202条の7第2項、及び地方自治法第202条の7第1項のうちの「市町村長等により諮問されたもの」（すなわち「地域協議会が必要と認めるもの」を除いたもの）の答申の合計数（回）と同一のもの。

＊2：地域協議会が自主的に審議し市町村長等に提出した意見書の数。地方自治法第202条の7第1項のうちの「地域協議会が必要と認めるもの」（すなわち「市町村長等により諮問されたもの」を除いたもの）の意見書数（回）と同一のもの。

4．地域協議会の委員の選出方法

4－1．地域協議会の委員は、市町村長が選任することとなっていますが、そこに至る過程での選出方法については、どのような仕組みを採用していますか。標準的なケースでお答えください。(該当に全て○を付け、②以下につき右欄にその割合等を記入)

選任前の選出方法	① 公募公選制（準公選制、区住民の投票）	(標準数、若しくは%)
	② 各種団体からの推薦	(　　　　　　)
	③ 市町村長（庁内）による有識者等の指名	(　　　　　　)
	④ 公募	(　　　　　　)
	⑤ その他（　　　　　　　　　）	(　　　　　　)
	⑥ その他（　　　　　　　　　）	(　　　　　　)

4－2．委員の推薦の方法として、被推薦人の当該団体だけではなく、住民参加による第三者的な推薦会を設けるなどの特色ある事例が見られますが、そのような仕組みを採用していれば具体的にお書きください。

特色ある推薦方法	組織の名称：
	構成員や推薦方法などの具体的内容：

4－3．委員の選考方法として、市町村長や幹部職員だけの庁内対応ではなく、外部の有識者等を加えた選考会を設けるなどの特色ある事例が見られますが、そのような仕組みを採用していれば具体的にお書きください。

特色ある選考方法	組織の名称：
	構成員や選考方法などの具体的内容：

2010.4.15 法政大学大学院政策創造研究科・石平春彦（地域自治区（一般制度）に関する実態調査　調査票）

５．地域自治区に対する支援事業等

５－１．地域自治区における自治の推進や活性化を目的に、地域自治区の裁量を重視した地域活動の支援事業（交付金等）等を行っている特色ある事例が見られますが、そのような仕組みを採用していれば、具体的にお書きください。

特色ある地域自治区支援事業	事業の名称：　　　　　　　　　　　　　　（略称：　　　　　　　　　　）
	事業開始年度：
	期限：
	地域自治区の裁量に関する事項ほか具体的内容：
	事業の名称：　　　　　　　　　　　　　　（略称：　　　　　　　　　　）
	事業開始年度：
	期限：
	地域自治区の裁量に関する事項ほか具体的内容：

６．総務省調査（集計表）の訂正等

６－１．総務省調査（集計表）を今後の研究に活用する予定にしていますが、齟齬のないようにしたいと思いますので、もし誤記や訂正等で気付かれた点があれば、お書きください。

頁	設問番号	誤（訂正前）	正（訂正後）

設問は以上です。ご協力、誠にありがとうございました。

資料4

表9-2 国内の都市内分権制度（地域自治組織）の動態表（都道府県別・合併日順）

都道府県別・合併日順団体番号	都道府県	市町村名	市町村ふりがな	合併日	合併形態	構成市町村数	地域自治組織の設置日（網掛けは満期終了／廃止日）	地域自治組織の設置区域（旧市町村）と区数	地域自治区（一般）	地域自治区（特例）	合併特例区
1	北海道	士別市	しべつし	2005/9/1	新設	1市1町	2006/3/31	1町1区		①	
2.1	北海道	せたな町	せたなちょう	2005/9/1	新設	3町	2005/9/1	3町3区			③
2.2	北海道	せたな町	せたなちょう	2005/9/1	新設	3町	2010/3/31	3町3区、満期終了（一般制度へ移行）			❸
2.3	北海道	せたな町	せたなちょう	2005/9/1	新設	3町	2010/4/1	旧3町3区	③		
3	北海道	石狩市	いしかりし	2005/10/1	編入	1市2村	2005/10/1	2村2区		②	
4	北海道	伊達市	だてし	2006/3/1	編入	1市1村	2006/3/1	1村1区		①	
5	北海道	枝幸町	えさしちょう	2006/3/20	新設	2町	2006/3/20	1町1区		①	
6	北海道	名寄市	なよろし	2006/3/27	新設	1市1町	2006/3/27	1町1区			①
7	北海道	むかわ町	むかわちょう	2006/3/27	新設	2町	2006/3/27	1町2区	②		
8	北海道	新ひだか町	しんひだかちょう	2006/3/31	新設	2町	2006/3/31	1町1区		①	
9	青森県	青森市	あおもりし	2005/4/1	新設	1市1町	2005/4/1	1町1区		①	
10	青森県	八戸市	はちのへし	2005/3/31	編入	1市1町	2005/3/31	1町1区		①	
11.1	岩手県	宮古市	みやこし	2005/6/6	新設	1市1町1村	2005/9/1	3市町村3区	③		
11.2	岩手県	宮古市	みやこし	2010/1/1	編入	1市1町	2010/1/1	1町1区	①		
12.1	岩手県	一関市	いちのせきし	2005/9/20	新設	1市4町2村	2005/9/20	6町村6区		⑥	
12.2	岩手県	一関市	いちのせきし	2005/9/20	新設	1市4町2村	2008/3/31	旧6町村6区、満期終了		❻	
13	岩手県	花巻市	はなまきし	2006/1/1	新設	1市3町	2006/1/1	3町3区	③		
14	岩手県	盛岡市	もりおかし	2006/1/10	編入	1市1村	2006/1/10	1村1区		①	
15	岩手県	奥州市	おうしゅうし	2006/2/20	新設	2市2町1村	2006/2/20	5市町村5区		⑤	
16.1	宮城県	気仙沼市	けせんぬまし	2006/3/31	編入	1市1町	2006/3/31	1町1区	①		
16.2	宮城県	気仙沼市	けせんぬまし	2009/9/1	編入	1市1町	2009/9/1	1町1区	①		
17	秋田県	由利本荘市	ゆりほんじょうし	2005/3/22	新設	1市7町	2005/3/22	8市町8区	⑧		
18	秋田県	大仙市	だいせんし	2005/3/22	新設	1市6町1村	2005/3/22	8市町8区	⑧		
19.1	秋田県	横手市	よこてし	2005/10/1	新設	1市5町2村	2005/10/1	1町1区	①		
19.2	秋田県	横手市	よこてし	2005/10/1	新設	1市5町2村	2005/10/1	7町村7区		⑦	
19.3	秋田県	横手市	よこてし	2005/10/1	新設	1市5町2村	2010/3/31	旧市1区、満期終了	❶		
19.4	秋田県	横手市	よこてし	2005/10/1	新設	1市5町2村	2010/3/31	旧7町村7区、満期終了		❼	
20	秋田県	能代市	のしろし	2006/3/21	新設	1市1町	2006/3/21	1町1区		①	
21	福島県	白河市	しらかわし	2005/11/7	新設	1市3町	2005/11/7	3村3区		③	
22	福島県	南相馬市	みなみそうまし	2006/1/1	新設	1市1町	2006/1/1	1町1区		①	
23	福島県	喜多方市	きたかたし	2006/1/4	新設	1市2町2村	2006/1/4	4町村4区			④
24	福島県	南会津町	みなみあいづまち	2006/3/20	新設	1町3村	2006/3/20	4町村4区	④		
25	栃木県	栃木市	とちぎし	2010/3/29	新設	1市3町	2010/3/29	3町3区	③		
26	群馬県	沼田市	ぬまたし	2005/2/13	編入	1市2村	2005/2/13	2村2区		②	
27	千葉県	香取市	かとりし	2006/3/27	新設	1市3町	2006/3/27	4市町4区	④		
28.1	神奈川県	相模原市	さがみはらし	2006/3/20	編入	1市2町	2006/3/20	2町2区		②	
28.2	神奈川県	相模原市	さがみはらし	2007/3/11	編入	1市1町	2007/3/11	1町1区		②	
28.3	神奈川県	相模原市	さがみはらし	2006/3/20・2007/3/11	編入	1市4町	2010/3/31	4町4区、政令市移行に伴い廃止		❹	
29.1	新潟県	上越市	じょうえつし	2005/1/1	編入	1市6町7村	2005/1/1	13町村13区		⑬	
29.2	新潟県	上越市	じょうえつし	2005/1/1	編入	1市6町7村	2008/3/31	旧13町村13区、一般制度移行に伴い終了		⓭	
29.3	新潟県	上越市	じょうえつし	2005/1/1	編入	1市6町7村	2008/4/1	旧13町村13区、特例制度から移行	⑬		
29.4	新潟県	上越市	じょうえつし	2005/1/1	編入	1市6町7村	2009/10/1	旧市15区追加	⑮		
30	新潟県	柏崎市	かしわざきし	2005/5/1	編入	1市2町	2005/5/1	2町2区		②	
31	石川県	加賀市	かがし	2005/10/1	新設	1市1町	2005/10/1	1町1区		①	
32	福井県	坂井市	さかいし	2006/3/20	新設	4町	2006/3/20	4町4区		④	
33.1	山梨県	甲州市	こうしゅうし	2005/11/1	新設	1市1町1村	2005/11/1	3市町村3区	③		
33.2	山梨県	甲州市	こうしゅうし	2005/11/1	新設	1市1町1村	2008/3/31	旧3市町村3区、廃止	❸		
34.1	長野県	松本市	まつもとし	2005/4/1	編入	1市4村	2005/4/1	3村3区(他に1村1地域審議会)	③		
34.2	長野県	松本市	まつもとし	2010/3/31	編入	1市1町	2010/3/31	1町1区	①		
35.1	長野県	飯田市	いいだし	2005/10/1	編入	1市2村	2005/10/1	2村2区	②		
35.2	長野県	飯田市	いいだし	2005/10/1	編入	1市2村	2007/4/1	旧市18区	⑱		

都道府県別・合併日順団体番号	都道府県	市町村名	市町村ふりがな	合併日	合併形態	構成市町村数	地域自治組織の設置日（網掛けは満期終了／廃止日）	地域自治組織の設置区域（旧市町村）と区数	地域自治組織の類型（数字は区数）地域自治区（一般）	地域自治区（特例）	合併特例区
36.1	長野県	伊那市	いなし	2006/3/31	新設	1市1町1村		市町村2区	②		
36.2	長野県	伊那市	いなし	2006/3/31	新設	1市1町1村	2006/10/1	旧市7区	⑦		
37.1	岐阜県	恵那市	えなし	2004/10/25	新設	1市4町1村	2005/1/25	6市町村6区	⑥		
37.2	岐阜県	恵那市	えなし	2004/10/25	新設	1市4町1村	2007/3/31	旧市の細分化に伴い終了	❶		
37.3	岐阜県	恵那市	えなし	2004/10/25	新設	1市4町1村	2007/4/1	旧市を8区に細分化	⑧		
38	岐阜県	岐阜市	ぎふし	2006/1/1	編入	1市1町	2006/1/1	1市1区		①	
39	岐阜県	大垣市	おおがきし	2006/3/27	編入	1市2町	2006/3/27	2町2区		②	
40.1	静岡県	浜松市	はままつし	2005/7/1	編入	3市8町1村	2005/7/1	12市町村12区	⑫		
40.2	静岡県	浜松市	はままつし	2005/7/1	編入	3市8町1村	2007/4/1	旧2市2区、廃止	❷		
40.3	静岡県	浜松市	はままつし	2005/7/1	編入	3市8町1村	2007/4/1	旧浜松市の一部地区2区	②		
41.1	愛知県	豊田市	とよたし	2005/4/1	編入	1市4町2村	2005/10/1	6市町6区	⑥		
41.2	愛知県	豊田市	とよたし	2005/4/1	編入	1市4町2村	2006/4/1	6市町6区	⑥		
42	三重県	紀北町	きほくちょう	2005/10/11	新設	2町	2005/10/11	2町2区		②	
43	滋賀県	近江八幡市	おうみはちまんし	2010/3/21	新設	1市1町	2010/3/21	1市1区		①	
44	兵庫県	香美町	かみちょう	2005/4/1	新設	3町	2005/4/1	3町3区		③	
45	兵庫県	多可町	たかちょう	2005/11/1	新設	3町	2005/11/1	3町3区		③	
46	奈良県	宇陀市	うだし	2006/1/1	新設	3町1村	2006/1/1	市町村4区		④	
47	島根県	出雲市	いずもし	2005/3/22	新設	2市4町	2005/4/1	6市町6区	⑥		
48	島根県	吉賀町	よしかちょう	2005/10/1	新設	1市1村	2005/10/1	1村1区		①	
49.1	岡山県	岡山市	おかやま	2005/3/22	編入	1市2町	2005/3/22	2町2区			②
49.2	岡山県	岡山市	おかやまし	2007/1/22	編入	1市2町	2007/1/22	2町2区			②
49.3	岡山県	岡山市	おかやまし	2005/3/22	編入	1市2町	2010/3/21	2町2区、満期終了			❷
50	長崎県	平戸市	ひらどし	2005/10/1	新設	1市2町1村	2005/10/1	3市村3区		③	
51.1	熊本県	熊本市	くまもとし	2008/10/6	編入	1市1町	2008/10/6	1町1区			①
51.2	熊本県	熊本市	くまもとし	2010/3/23	編入	1市2町	2010/3/23	2町2区			②
52	熊本県	玉名市	たまなし	2005/10/3	編入	1市3町	2005/10/3	4市町4区	④		
53.1	宮崎県	宮崎市	みやざきし	2006/1/1	編入	1市3町	2006/1/1	1市15区	⑮		
53.2	宮崎県	宮崎市	みやざきし	2006/1/1	編入	1市3町	2006/1/1	3町3区			③
53.3	宮崎県	宮崎市	みやざきし	2010/3/23	編入	1市3町	2010/3/23	1町1区			①
54	宮崎県	都城市	みやこのじょうし	2006/1/1	編入	1市4町	2006/1/1	4町4区	④		
55.1	宮崎県	美郷町	みさとちょう	2006/1/1	新設	3村	2006/1/1	3村3区		③	
55.2	宮崎県	美郷町	みさとちょう	2006/1/1	新設	3村	2009/12/31	3村3区、一般制度移行に伴い廃止		❸	
55.3	宮崎県	美郷町	みさとちょう	2006/1/1	新設	3村	2010/1/1	3村3区、特例制度から移行	③		
56.1	宮崎県	延岡市	のべおかし	2006/2/20	編入	1市2町	2006/2/20	2町2区		②	
56.2	宮崎県	延岡市	のべおかし	2007/3/31	編入	1市1町	2007/3/31	1町1区		①	
57	宮崎県	日向市	ひゅうがし	2006/2/25	編入	1市1町	2006/2/25	1町1区		①	
58.1	宮崎県	小林市	こばやしし	2006/3/20	新設	1市1村	2006/3/20	1村1区		①	
58.2	宮崎県	小林市	こばやしし	2010/3/23	編入	1市1町	2010/3/23	1町1区		①	
59.1	鹿児島県	鹿屋市	かのやし	2006/1/1	新設	1市3町	2006/1/1	3町3区		③	
59.2	鹿児島県	鹿屋市	かのやし	2006/1/1	新設	1市3町	2009/12/31	旧3町3区、満期終了		❸	
60	鹿児島県	奄美市	あまみし	2006/3/20	新設	1市1町1村	2006/3/20	3市町村3区	③		
小計									154	75	15
合計	26	55							244		

[注1] 網掛けは満期終了あるいは廃止のところ。
[注2] 2007年10月1日現在の総務省調査のデータ、及びその後については筆者の独自調査による。

<2010年4月1日現在。調査・作成：石平春彦>

294 資料

資料5

表9－3　国内の都市内分権制度（地域自治組織）の動態表（類型別・施行日順）

種類別・施行日順	都道府県	市町村名	市町ふりがな	合併日	合併形態	構成市町村数	地域自治組織の設置日（網掛けは満期終了／廃止日）	地域自治組織の設置区域（旧市町村）と区数	地域自治区（一般）	地域自治区（特例）	合併特例区
1	岐阜県	恵那市	えなし	2004/10/25	新設	1市4町1村	2005/1/25	6市町村6区	⑥		
2	秋田県	由利本荘市	ゆりほんじょうし	2005/3/22	新設	1市7町	2005/3/22	8市町8区	⑧		
3	秋田県	大仙市	だいせんし	2005/3/22	新設	1市6町1村	2005/3/22	8市町村8区	⑧		
4	島根県	出雲市	いずもし	2005/3/22	編入	2市4町	2005/4/1	6市町村6区	⑥		
5	静岡県	浜松市	はままつし	2005/7/1	編入	3市8町村	2005/7/1	12市町村12区	⑫		
6	岩手県	宮古市	みやこし	2005/6/6	新設	1市2町1村	2005/9/1	3市町村3区	③		
7	秋田県	横手市	よこてし	2005/10/1	新設	1市5町2村	2005/10/1	1市1区	①		
8	愛知県	豊田市	とよたし	2005/4/1	編入	1市4町1村	2005/4/1	6町6区	⑥		
9	熊本県	玉名市	たまなし	2005/10/3	新設	1市3町	2005/10/3	4市町4区	④		
10	山梨県	甲州市	こうしゅうし	2005/11/1	新設	1市1町1村	2005/11/1	3市町村3区	③		
11	岩手県	花巻市	はなまきし	2006/1/1	新設	1市3町	2006/1/1	3市2区	③		
12	宮崎県	宮崎市	みやざきし	2006/1/1	編入	1市3町	2006/1/1	1市15区	⑮		
13	福島県	南会津町	みなみあいづまち	2006/3/20	新設	1町3村	2006/3/20	4町4区	④		
14	北海道	むかわ町	むかわちょう	2006/3/27	新設	2町	2006/3/27	2町2区	②		
15	千葉県	香取市	かとりし	2006/3/27	新設	1市3町	2006/3/27	4市町4区	④		
16	愛知県	豊田市	とよたし	2005/4/1	編入	1市4町1村	2006/4/1	旧市6区	⑥		
17	長野県	伊那市	いなし	2006/3/31	新設	1市1町1村	2006/10/1	旧市7区	⑦		
18	岐阜県	恵那市	えなし	2004/10/25	新設	1市4町1村	2007/3/31	旧市の細分化に伴い終了	❶		
19	岐阜県	恵那市	えなし	2004/10/25	新設	1市4町1村	2007/4/1	旧市を8区に細分化	⑧		
20	長野県	飯田市	いいだし	2005/10/1	編入	1市2村	2007/4/1	旧市18区	⑱		
21	静岡県	浜松市	はままつし	2005/7/1	編入	3市8町1村	2007/4/1	旧2市2区、廃止	❷		
22	静岡県	浜松市	はままつし	2005/7/1	編入	3市8町1村	2007/4/1	旧浜松市の一部地区2区	②		
23	山梨県	甲州市	こうしゅうし	2005/11/1	新設	1市1町1村	2008/3/31	旧3市町村3区、廃止	❸		
24	新潟県	上越市	じょうえつし	2005/1/1	編入	1市6町7村	2008/4/1	旧13町村13区、特例制度から移行	⑬		
25	新潟県	上越市	じょうえつし	2005/1/1	編入	1市6町7村	2009/10/1	旧市15区追加	⑮		
26	岩手県	宮古市	みやこし	2010/1/1	編入	1市1町	2010/1/1	1市1区	①		
27	宮崎県	美郷町	みさとちょう	2006/1/1	新設	3村	2010/1/1	3村3区、特例制度から移行	③		
28	秋田県	横手市	よこてし	2005/10/1	新設	1市5町2村	2010/3/31	旧1市1区、満期終了	❶		
29	北海道	せたな町	せたなちょう	2005/9/1	新設	3町	2010/4/1	3町3区	③		
1	新潟県	上越市	じょうえつし	2005/1/1	編入	1市6町7村	2005/1/1	13町村13区		⑬	
2	群馬県	沼田市	ぬまたし	2005/2/13	編入	1市2村	2005/2/13	2村2区		②	
3	青森県	八戸市	はちのへし	2005/3/31	編入	1市1町	2005/3/31	1町1区		①	
4	青森県	青森市	あおもりし	2005/4/1	新設	1市1町	2005/4/1	1町1区		①	
5	長野県	松本市	まつもとし	2005/4/1	編入	1市4村	2005/4/1	3村3区（他に1村1地域審議会）		③	
6	兵庫県	香美町	かみちょう	2005/4/1	新設	3町	2005/4/1	3町3区		③	
7	新潟県	柏崎市	かしわざきし	2005/5/1	編入	1市2町	2005/5/1	2町2区		②	
8	岩手県	一関市	いちのせきし	2005/9/20	新設	1市4町2村	2005/9/20	6町村6区		⑥	
9	北海道	石狩市	いしかりし	2005/10/1	編入	1市2町	2005/10/1	2町2区		②	
10	秋田県	横手市	よこてし	2005/10/1	新設	1市5町2村	2005/10/1	7町村7区		⑦	
11	石川県	加賀市	かがし	2005/10/1	新設	1市1町	2005/10/1	1町1区		①	
12	長野県	飯田市	いいだし	2005/10/1	編入	1市2村	2005/10/1	2村2区		②	
13	島根県	吉賀町	よしかちょう	2005/10/1	新設	1町1村	2005/10/1	1町1区		①	
14	長崎県	平戸市	ひらどし	2005/10/1	新設	1市2町1村	2005/10/1	3町3区		③	
15	三重県	紀北町	きほくちょう	2005/10/11	新設	2町	2005/10/11	2町2区		②	
16	兵庫県	多可町	たかちょう	2005/11/1	新設	3町	2005/11/1	3町3区		③	
17	福島県	白河市	しらかわし	2005/11/7	新設	1市3町	2005/11/7	3町3区		③	
18	福島県	南相馬市	みなみそうまし	2006/1/1	新設	1市2町	2006/1/1	3市町3区		③	
19	岐阜県	岐阜市	ぎふし	2006/1/1	編入	1市1町	2006/1/1	1町1区		①	
20	奈良県	宇陀市	うだし	2006/1/1	新設	3町1村	2006/1/1	4町村4区		④	
21	宮崎県	都城市	みやこのじょうし	2006/1/1	新設	1市4町	2006/1/1	4町4区		④	
22	宮崎県	美郷町	みさとちょう	2006/1/1	新設	3村	2006/1/1	3村3区		③	
23	鹿児島県	鹿屋市	かのやし	2006/1/1	新設	1市3町	2006/1/1	3町3区		③	
24	岩手県	盛岡市	もりおかし	2006/1/10	編入	1市1町	2006/1/10	1町1区		①	
25	岩手県	奥州市	おうしゅうし	2006/2/20	新設	2市2町1村	2006/2/20	5市町村5区		⑤	
26	宮崎県	延岡市	のべおかし	2006/2/20	編入	1市2町	2006/2/20	2町2区		②	

種類別・施行日順	都道府県	市町村名	市町ふりがな	合併日	合併形態	構成市町村数	地域自治組織の設置日（網掛けは満期終了/廃止日）	地域自治組織の設置区域（旧市町村）と区数	地域自治区（一般）	地域自治区（特例）	合併特例区
27	宮崎県	日向市	ひゅうがし	2006/2/25	編入	1市1町	2006/2/25	1町1区		①	
28	北海道	伊達市	だてし	2006/3/1	編入	1市1村	2006/3/1	1村1区		①	
29	北海道	枝幸町	えさしちょう	2006/3/20	新設	2町	2006/3/20	1町1区		①	
30	神奈川県	相模原市	さがみはらし	2006/3/20	編入	1市2町	2006/3/20	2町2区		②	
31	福井県	坂井市	さかいし	2006/3/20	新設	4町	2006/3/20	4町4区		④	
32	宮崎県	小林市	こばやしし	2006/3/20	編入	1市1村	2006/3/20	1村1区		①	
33	鹿児島県	奄美市	あまみし	2006/3/20	新設	1市1町1村	2006/3/20	3市町村3区		③	
34	秋田県	能代市	のしろし	2006/3/21	編入	1市1町	2006/3/21	1町1区		①	
35	岐阜県	大垣市	おおがきし	2006/3/27	編入	1市2町	2006/3/27	2町2区		②	
36	北海道	新ひだか町	しんひだかちょう	2006/3/31	新設	2町	2006/3/31	1町1区		①	
37	宮城県	気仙沼市	けせんぬまし	2006/3/31	編入	1市1町	2006/3/31	1町1区		①	
38	長野県	伊那市	いなし	2006/3/31	新設	1市1町1村	2006/3/31	2町村2区		②	
39	神奈川県	相模原市	さがみはらし	2007/3/11	編入	1市2町	2007/3/11	2町2区		②	
40	宮崎県	延岡市	のべおかし	2007/3/31	編入	1市1町	2007/3/31	1町1区		①	
41	岩手県	一関市	いちのせきし	2005/9/20	新設	1市4町2村	2008/3/31	旧6町村6区、満期終了		⑥	
42	新潟県	上越市	じょうえつし	2005/1/1	編入	1市6町7村	2008/3/31	旧13町村13区、一般制度移行に伴い終了		⑬	
43	宮城県	気仙沼市	けせんぬまし	2009/9/1	編入	1市1町	2009/9/1	1町1区		①	
44	宮崎県	美郷町	みさとちょう	2006/1/1	新設	3村	2009/12/31	3村3区、一般制度移行に伴い廃止		③	
45	鹿児島県	鹿屋市	かのやし	2006/1/1	新設	1市3町	2009/12/31	旧3町3区、満期終了		③	
46	滋賀県	近江八幡市	おうみはちまんし	2010/3/21	新設	1市1町	2010/3/21	1町1区		①	
47	宮崎県	小林市	こばやしし	2010/3/23	編入	1市1町	2010/3/23	1町1区		①	
48	栃木県	栃木市	とちぎし	2010/3/29	新設	1市3町	2010/3/29	3町3区		③	
49	秋田県	横手市	よこてし	2005/10/1	新設	1市5町2村	2010/3/31	旧7町村7区、満期終了		⑦	
50	神奈川県	相模原市	さがみはらし	2006/3/20・2007/3/11	編入	1市4町	2010/3/31	4町4区、政令市移行に伴い廃止		④	
51	長野県	松本市	まつもとし	2010/3/31	編入	1市1町	2010/3/31	1町1区		①	
1	岡山県	岡山市	おかやまし	2005/3/22	編入	1市2町	2005/3/22	2町2区			②
2	北海道	せたな町	せたなちょう	2005/9/1	新設	3町	2005/9/1	3町3区			③
3	宮崎県	宮崎市	みやざきし	2006/1/1	編入	1市3町	2006/1/1	3町3区			③
4	福島県	喜多方市	きたかたし	2006/1/4	新設	1市2町2村	2006/1/4	4町村4区			④
5	北海道	名寄市	なよろし	2006/3/27	新設	1市1町	2006/3/27	1町1区			①
6	北海道	士別市	しべつし	2005/9/1	新設	1市1町	2005/9/1	1町1区			①
7	岡山県	岡山市	おかやまし	2007/1/22	編入	1市2町	2007/1/22	2町2区			②
8	熊本県	熊本市	くまもとし	2008/10/6	編入	1市1町	2008/10/6	1町1区			①
9	岡山県	岡山市	おかやまし	2005/3/22	編入	1市2町	2010/3/21	2町2区、満期終了			❷
10	熊本県	熊本市	くまもとし	2010/3/23	編入	1市2町	2010/3/23	2町2区			②
11	宮崎県	宮崎市	みやざきし	2010/3/23	編入	1市1町	2010/3/23	1町1区			①
12	北海道	せたな町	せたなちょう	2005/9/1	新設	3町	2010/3/31	3町3区、満期終了（一般制度へ移行）			❸
小計									154	75	15
合計	26	55								244	

[注1] 網掛けは満期終了あるいは廃止のところ。
[注2] 2007年10月1日現在の総務省調査のデータ、及びその後については筆者の独自調査による。

＜2010年4月1日現在. 調査・作成：石平春彦＞

資料6

地域自治区の設置に関する協議書

　安塚町、浦川原村、大島村、牧村、柿崎町、大潟町、頸城村、吉川町、中郷村、板倉町、清里村、三和村及び名立町を廃し、その区域を上越市に編入するに際して市町村の合併の特例に関する法律（昭和４０年法律第６号。以下「法」という。）第５条の５第１項に規定する合併関係市町村の区域による地域自治区を設けることについて、同条第２項の規定に基づき、下記のとおり定めるものとする。

記

（地域自治区の設置）
第１条　市長の権限に属する事務を分掌させ、及び地域の住民の意見を反映させつつこれを処理させるため、法第５条の５第１項に規定する合併関係市町村の区域による地域自治区（以下「地域自治区」という。）を設ける。
（地域自治区の設置期間）
第２条　地域自治区の設置期間は、平成１７年１月１日から平成２１年１２月３１日までの間とする。
（地域自治区の区域及び名称）
第３条　地域自治区の区域及び名称は、次のとおりとする。

区域	名称
上越市に編入前の安塚町の区域	安塚区
上越市に編入前の浦川原村の区域	浦川原区
上越市に編入前の大島村の区域	大島区
上越市に編入前の牧村の区域	牧区
上越市に編入前の柿崎町の区域	柿崎区
上越市に編入前の大潟町の区域	大潟区
上越市に編入前の頸城村の区域	頸城区
上越市に編入前の吉川町の区域	吉川区

上越市に編入前の中郷村の区域	中郷区
上越市に編入前の板倉町の区域	板倉区
上越市に編入前の清里村の区域	清里区
上越市に編入前の三和村の区域	三和区
上越市に編入前の名立町の区域	名立区

（地域自治区の事務所）

第4条　地域自治区に置く事務所の位置、名称及び所管区域は、次のとおりとする。

地域自治区	位置	名称	所管区域
安塚区	上越市安塚区安塚７２２番地３	安塚区総合事務所	安塚区の区域
浦川原区	上越市浦川原区釜淵５番地	浦川原区総合事務所	浦川原区の区域
大島区	上越市大島区上達２３３０番地	大島区総合事務所	大島区の区域
牧区	上越市牧区柳島５２２番地	牧区総合事務所	牧区の区域
柿崎区	上越市柿崎区柿崎６４０５番地	柿崎区総合事務所	柿崎区の区域
大潟区	上越市大潟区土底浜１０８１番地１	大潟区総合事務所	大潟区の区域
頸城区	上越市頸城区百間町６３６番地	頸城区総合事務所	頸城区の区域
吉川区	上越市吉川区下町１１２６番地	吉川区総合事務所	吉川区の区域
中郷区	上越市中郷区藤沢９８６番地１	中郷区総合事務所	中郷区の区域
板倉区	上越市板倉区針７２２番地１	板倉区総合事務所	板倉区の区域
清里区	上越市清里区荒牧１８番地	清里区総合事務所	清里区の区域
三和区	上越市三和区井ノ口４４４番地	三和区総合事務所	三和区の区域
名立区	上越市名立区名立大町３６５番地１	名立区総合事務所	名立区の区域

（地域協議会の名称）

第5条　地域自治区に置く地域協議会の名称は、次のとおりとする。

地域自治区	名称
安塚区	安塚区地域協議会
浦川原区	浦川原区地域協議会
大島区	大島区地域協議会
牧区	牧区地域協議会
柿崎区	柿崎区地域協議会
大潟区	大潟区地域協議会
頸城区	頸城区地域協議会

吉川区	吉川区地域協議会
中郷区	中郷区地域協議会
板倉区	板倉区地域協議会
清里区	清里区地域協議会
三和区	三和区地域協議会
名立区	名立区地域協議会

（地域協議会委員）

第6条　地域協議会の構成員は、地域協議会委員（以下「委員」という。）と称する。

2　委員の定数は、次のとおりとする。

地域協議会	委員の定数
安塚区地域協議会	１２人
浦川原区地域協議会	１２人
大島区地域協議会	１２人
牧区地域協議会	１４人
柿崎区地域協議会	１８人
大潟区地域協議会	１８人
頸城区地域協議会	１８人
吉川区地域協議会	１６人
中郷区地域協議会	１４人
板倉区地域協議会	１６人
清里区地域協議会	１２人
三和区地域協議会	１６人
名立区地域協議会	１４人

3　委員の選任の手続等は、別に条例で定める。

4　委員の任期は、4年とし、再任を妨げない。ただし、委員が欠けた場合の補欠委員の任期は、前任者の残任期間とする。

5　委員には、報酬を支給しない。

（地域協議会の会長及び副会長の選任及び解任の方法）

第7条　地域協議会の会長及び副会長は、それぞれの地域協議会の会議（以下「会議」という。）において、委員のうちから選任し、又は解任する。

（地域協議会の権限）

第8条　地域協議会は、次に掲げる事項のうち、市長その他の市の機関により諮問されたも

の又は必要と認めるものについて、審議し、市長その他の市の機関に意見を述べることができる。
 (1) 地域自治区の事務所が所掌する事務に関する事項
 (2) 前号に掲げるもののほか、市が処理する地域自治区の区域に係る事務に関する事項
 (3) 市の事務処理に当たっての地域自治区の区域内に住所を有する者との連携の強化に関する事項
2 市長は、上越地域合併協議会が作成した新市建設計画を変更しようとする場合及び市の施策に関する重要事項のうち次に掲げる事項を決定し、又は変更しようとする場合においては、あらかじめ、地域協議会の意見を聴かなければならない。
 (1) 地域自治区の区域内の重要な公の施設の設置及び廃止に関する事項
 (2) 地域自治区の区域内の重要な公の施設の管理の在り方に関する事項
 (3) 市が策定する基本構想等のうち、地域自治区の区域に係る重要事項
　（会議）
第９条　会議は、次に掲げる場合に会長が招集し、会長が議長となる。ただし、会長が選任されていない場合にあっては、市長が招集する。
 (1) 会長が必要と認める場合
 (2) それぞれの地域協議会が定める数以上の委員から請求があった場合
2 会議は、委員の半数以上の出席がなければ開くことができない。
3 会議の議事は、出席した委員の過半数でこれを決し、可否同数のときは、議長の決するところによる。
4 前３項に定めるもののほか、地域協議会の運営に関し必要な事項は、それぞれの地域協議会が定める。
　（その他）
第１０条　この協議に定めるもののほか必要な事項は、市長が別に定める。
　　　附　則
　（施行期日）
1 この協議は、平成１７年１月１日から施行する。
　（委員の任期の特例）
2 第６条第４項の規定にかかわらず、地域自治区の設置の日以後最初に選任される委員の任期は、選任の日から平成２０年４月２８日までの間とする。

平成16年12月17日

上越市長	木浦 正幸
安塚町長	矢野 学
浦川原村長	原 恒博
大島村長	岩野 虎治
牧村長	中川 耕平
柿崎町長	楡井 辰雄
大潟町長	新保 啓吉
頸城村長	関田 武雄
吉川町長	角張 保
中郷村長	吉田 侃
板倉町長	瀧澤 純一
清里村長	梅澤 正直
三和村長	髙倉 英雄
名立町長	塚田 隆敏

※大島区総合事務所の位置は、市町村合併後の移転により条例で「大島区岡3320番地3」に変更されている。

資料7

上越市地域協議会委員の選任に関する条例

平成１６年１２月２１日
条　例　第　３　０　号

（目的）
第１条　この条例は、上越市自治基本条例（平成２０年上越市条例第３号）第３２条第４項の規定に基づき、地域協議会の構成員（以下「委員」という。）の選任の手続等を明らかにすることにより、委員の選任をより一層、公明で、かつ、地域自治区の区域内に住所を有する者の多様な意見が適切に反映されるものとすることを目的とする。

（委員資格者）
第２条　市長が委員に選任することができる者（以下「委員資格者」という。）は、次の各号に掲げる要件のいずれにも該当する者とする。
⑴　委員を選任しようとする地域協議会が置かれている地域自治区の区域内に住所を有する者であること。
⑵　公職選挙法（昭和２５年法律第１００号）に基づき本市の議会の議員の候補者となることができる者（次条の規定による公募を開始した日から委員が選任される日までの間に同法第３条に規定する公職（以下「公職」という。）の候補者となった者を除く。）であること。

（委員の選任の方法）
第３条　市長は、委員を選任しようとするときは、委員資格者のうちから委員に選任されようとする者を公募し、当該公募に応じた者（以下「委員候補者」という。）について投票を行い、当該投票の結果を尊重し、委員を選任しなければならない。

（委員の選任の方法の特例）
第４条　市長は、前条の規定にかかわらず、委員候補者の数が上越市地域自治区の設置に関する条例（平成２０年上越市条例第１号。以下「設置条例」という。）第５条第２項に規定する委員の定数（以下「定数」という。）を超えないときは、前条の規定による委員候補者についての投票（以下「選任投票」という。）を行わず、委員候補者のうちから委員を選任することができる。
２　市長は、前項の規定により委員を選任しても、なお委員が定数に達しない場合は、委員が定数に達するまで委員資格者のうちから委員を選任することができる。
３　市長は、前条の規定にかかわらず、委員に欠員が生じた場合は、委員が定数に達するまで委員資格者のうちから補欠委員を選任することができる。

（公募の開始の期日等）

第5条　第3条の規定による公募（以下「公募」という。）の開始の期日は、次のとおりとする。
　⑴　委員の任期満了による公募　任期が終わる日の前50日以内の日
　⑵　地域協議会の設置による公募　設置の日から30日以内の日
2　公募の期間は、少なくとも10日間とする。
3　公募の開始の期日及び期間は、公募開始の日前に告示しなければならない。
　（選任投票の執行）
第6条　選任投票は、市長が執行する。
2　市長は、地方自治法（昭和22年法律第67号）第180条の2の規定に基づき、協議により、選任投票の管理及び執行に関する事務を選挙管理委員会に委任するものとする。
　（選任投票の期日）
第7条　選任投票の期日は、次のとおりとする。
　⑴　委員の任期満了による選任投票　任期が終わる日の前30日以内の日
　⑵　地域協議会の設置による選任投票　設置の日から50日以内の日
2　選任投票の期日は、少なくとも7日前に告示しなければならない。
　（投票資格者）
第8条　選任投票において投票を行うことができる者（以下「投票資格者」という。）は、委員を選任しようとする地域協議会が置かれている地域自治区の区域内に住所を有する者で、かつ、選任投票を公職選挙法に基づく本市の議会の議員の選挙とみなした場合において、その選挙権を有する者とする。
　（投票資格者名簿）
第9条　選挙管理委員会は、投票資格者について、公職選挙法に基づく選挙人名簿に準じて、投票資格者名簿を調製しなければならない。
　（公報の発行）
第10条　選挙管理委員会は、選任投票を行うに当たっては、委員候補者の氏名、年齢、経歴、応募動機等を記載した公報を発行しなければならない。
　（投票運動）
第11条　選任投票に関する運動（以下「投票運動」という。）は、投票資格者の自由な意思を確保するため、公明かつ適正に行わなければならない。
2　投票運動については、公職選挙法第13章（第141条第8項、第142条第5項、第143条第4項及び第15項、第144条の2から第144条の5まで、第147条後段、第161条第3項及び第4項、第172条の2、第175条（党派別の掲示に関する部分

に限る。）並びに第１７７条を除く。）の規定中地方公共団体の議会の議員の選挙に関する規定（本市の議会の議員の選挙に適用されるものに限る。）を準用する。

3　市長は、第３条の規定にかかわらず、前２項の規定に反する投票運動（以下「違反投票運動」という。）を委員候補者が自ら行ったと認められる場合又は委員候補者がその支援者に行わせたと認められる場合は、当該委員候補者を委員に選任しないことができる。

　（投票及び開票）

第１２条　選任投票の投票及び開票については、公職選挙法に基づく本市の議会の議員の選挙の例により行うものとする。

　（投票結果及び委員選任の告示）

第１３条　市長は、選任投票の結果が確定したときはその結果を、委員を選任したときはその住所及び氏名をそれぞれ速やかに告示しなければならない。

　（委員の解任）

第１４条　市長は、委員がその在任中に次の各号のいずれかに該当するに至ったときは、当該委員を解任しなければならない。

　⑴　公職の候補者となったとき。
　⑵　委員資格者でなくなったとき。

2　市長は、委員が次の各号のいずれかに該当するときは、当該委員を解任することができる。

　⑴　心身の故障のため職務の遂行に堪えないと認めるとき。
　⑵　委員候補者であったときに違反投票運動を自ら行ったと認められるとき。
　⑶　委員候補者であったときに違反投票運動をその支援者に行わせたと認められるとき。
　⑷　前２号に定めるもののほか、委員としてふさわしくない行為があったと認められるとき。

3　委員は、前２項の規定による場合を除くほか、その意に反して解任されることがない。

　（委任）

第１５条　この条例の施行に関し必要な事項は、規則で定める。

　　　　附　　則

　（施行期日）

1　この条例は、平成１７年１月１日から施行する。

　（設置条例の一部改正に伴う手続の特例）

2　第５条第１項第２号の規定にかかわらず、上越市地域自治区の設置に関する条例の一部を改正する条例（平成２１年上越市条例第１４号。以下「改正条例」という。）の規定に

よる改正後の設置条例第4条の規定により置かれる高田区地域協議会、新道区地域協議会、金谷区地域協議会、春日区地域協議会、諏訪区地域協議会、津有区地域協議会、三郷区地域協議会、和田区地域協議会、高士区地域協議会、直江津区地域協議会、有田区地域協議会、八千浦区地域協議会、保倉区地域協議会、北諏訪区地域協議会及び谷浜・桑取区地域協議会の委員の公募その他選任に必要な手続は、改正条例の施行の日前においても行うことができる。この場合において、第2条第1号中「置かれている」とあるのは、「置かれる」と読み替えるものとする。

　　　附　則（平成20年条例第2号）

この条例は、次の各号に掲げる区分に応じ、当該各号に定める日から施行する。

(1) 第1条の規定　公布の日
(2) 第2条の規定　平成20年4月1日

　　　附　則（平成21年条例第12号）抄

（施行期日）

1　この条例は、公布の日から施行する。

　　　附　則（平成21年条例第14号）抄

（施行期日）

1　この条例は、平成21年10月1日から施行する。ただし、附則第3項の規定は、公布の日から施行する。

資料8

上越市地域自治区の設置に関する条例

平成20年2月6日
条　例　第　1　号

(趣旨)
第1条　この条例は、地方自治法(昭和22年法律第67号)第202条の4第1項の規定に基づく地域自治区の設置に関し必要な事項を定めるものとする。

(地域自治区の設置)
第2条　市は、次の表の左欄に掲げる区域ごとに、同表の右欄に掲げる名称の地域自治区を設ける。

区域	名称
平成17年1月1日の市町村合併前の安塚町の区域	安塚区
平成17年1月1日の市町村合併前の浦川原村の区域	浦川原区
平成17年1月1日の市町村合併前の大島村の区域	大島区
平成17年1月1日の市町村合併前の牧村の区域	牧区
平成17年1月1日の市町村合併前の柿崎町の区域	柿崎区
平成17年1月1日の市町村合併前の大潟町の区域	大潟区
平成17年1月1日の市町村合併前の頸城村の区域	頸城区
平成17年1月1日の市町村合併前の吉川町の区域	吉川区
平成17年1月1日の市町村合併前の中郷村の区域	中郷区
平成17年1月1日の市町村合併前の板倉町の区域	板倉区
平成17年1月1日の市町村合併前の清里村の区域	清里区
平成17年1月1日の市町村合併前の三和村の区域	三和区
平成17年1月1日の市町村合併前の名立町の区域	名立区

(地域自治区の事務所)
第3条　地域自治区に置く事務所の位置、名称及び所管区域は、次の表のとおりとする。

地域自治区	位置	名称	所管区域
安塚区	上越市安塚区安塚722番地3	安塚区総合事務所	安塚区の区域
浦川原区	上越市浦川原区釜淵5番地	浦川原区総合事務所	浦川原区の区域
大島区	上越市大島区岡3320番地3	大島区総合事務所	大島区の区域
牧区	上越市牧区柳島522番地	牧区総合事務所	牧区の区域
柿崎区	上越市柿崎区柿崎6405番地	柿崎区総合事務所	柿崎区の区域

大潟区	上越市大潟区土底浜１０８１番地１	大潟区総合事務所	大潟区の区域
頸城区	上越市頸城区百間町６３６番地	頸城区総合事務所	頸城区の区域
吉川区	上越市吉川区下町１１２６番地	吉川区総合事務所	吉川区の区域
中郷区	上越市中郷区藤沢９８６番地１	中郷区総合事務所	中郷区の区域
板倉区	上越市板倉区針７２２番地１	板倉区総合事務所	板倉区の区域
清里区	上越市清里区荒牧１８番地	清里区総合事務所	清里区の区域
三和区	上越市三和区井ノ口４４４番地	三和区総合事務所	三和区の区域
名立区	上越市名立区名立大町３６５番地１	名立区総合事務所	名立区の区域

（地域協議会の名称）

第４条　地域自治区に置く地域協議会の名称は、次の表のとおりとする。

地域自治区	名称
安塚区	安塚区地域協議会
浦川原区	浦川原区地域協議会
大島区	大島区地域協議会
牧区	牧区地域協議会
柿崎区	柿崎区地域協議会
大潟区	大潟区地域協議会
頸城区	頸城区地域協議会
吉川区	吉川区地域協議会
中郷区	中郷区地域協議会
板倉区	板倉区地域協議会
清里区	清里区地域協議会
三和区	三和区地域協議会
名立区	名立区地域協議会

（地域協議会委員）

第５条　地域協議会の構成員は、地域協議会委員（以下「委員」という。）と称する。

２　委員の定数は、次の表のとおりとする。

地域協議会	委員の定数
安塚区地域協議会	１２人
浦川原区地域協議会	１２人
大島区地域協議会	１２人

牧区地域協議会	１４人
柿崎区地域協議会	１８人
大潟区地域協議会	１８人
頸城区地域協議会	１８人
吉川区地域協議会	１６人
中郷区地域協議会	１４人
板倉区地域協議会	１６人
清里区地域協議会	１２人
三和区地域協議会	１６人
名立区地域協議会	１４人

3　委員は、市長が選任する。

4　前項の規定による委員の選任の手続等は、別に条例で定める。

5　委員の任期は、４年とし、再任を妨げない。ただし、委員が欠けた場合の補欠委員の任期は、前任者の残任期間とする。

6　委員には、報酬を支給しない。

（地域協議会の会長及び副会長の選任及び解任の方法）

第６条　地域協議会の会長及び副会長は、それぞれの地域協議会の会議（以下「会議」という。）において、委員のうちから選任し、又は解任する。

（地域協議会の権限）

第７条　地域協議会は、次に掲げる事項のうち、市長その他の市の機関により諮問されたもの又は必要と認めるものについて、審議し、市長その他の市の機関に意見を述べることができる。

⑴　地域自治区の事務所が所掌する事務に関する事項

⑵　前号に掲げるもののほか、市が処理する地域自治区の区域に係る事務に関する事項

⑶　市の事務処理に当たっての地域自治区の区域内に住所を有する者との連携の強化に関する事項

2　市長は、上越地域合併協議会が作成した新市建設計画を変更しようとする場合及び市の施策に関する重要事項のうち次に掲げる事項を決定し、又は変更しようとする場合においては、あらかじめ、地域協議会の意見を聴かなければならない。

⑴　地域自治区の区域内の重要な公の施設の設置及び廃止に関する事項

⑵　地域自治区の区域内の重要な公の施設の管理の在り方に関する事項

⑶　市が策定する基本構想等のうち、地域自治区の区域に係る重要事項

（会議）
第8条　会議は、次に掲げる場合に会長が招集し、会長が議長となる。ただし、会長及び副会長が選任されていない場合で市長が必要と認めるときは、市長が招集し、市長が指名する者が議長となる。
　(1)　会長が必要と認める場合
　(2)　それぞれの地域協議会が定める数以上の委員から請求があった場合
2　会議は、委員の半数以上の出席がなければ開くことができない。
3　会議の議事は、出席した委員の過半数でこれを決し、可否同数のときは、議長の決するところによる。
4　前3項に定めるもののほか、会議に関し必要な事項は、それぞれの地域協議会が定める。
　（委任）
第9条　この条例に定めるもののほか必要な事項は、市長が別に定める。
　　　附　　則
（施行期日）
1　この条例は、平成20年4月1日から施行する。ただし、附則第4項、第8項及び第9項の規定は、公布の日から施行する。
（旧地域協議会の特例）
2　地域自治区の設置に関する協議（平成16年12月17日上越市告示第326号）により定められた協議書（以下「協議書」という。）の規定により置かれた地域協議会（以下「旧地域協議会」という。）は、この条例の規定により置かれた相当の地域協議会とみなす。
（委員の選任の特例）
3　附則第9項の規定による改正後の地域自治区の設置に関する協議により定められた事項を変更する条例（平成17年上越市条例第39号）第2条の規定による変更後の協議書に基づく地域自治区の設置期間（以下「旧地域自治区の設置期間」という。）の終了の際現に旧地域協議会の構成員（以下「旧委員」という。）である者は、附則第1項本文に規定する日に、この条例の規定により置かれた相当の地域協議会の委員として選任されたものとみなす。
4　市長は、附則第1項本文に規定する日前においても委員を選任することができる。
（委員の任期の特例）
5　第5条第5項の規定にかかわらず、附則第3項の規定により選任されたものとみなされる委員の任期は、附則第1項本文に規定する日から平成20年4月28日までとする。

6　第5条第5項の規定にかかわらず、附則第1項本文に規定する日前に旧委員が欠けた場合で当該旧委員の補欠委員に相当する委員を同日以後に選任する場合の当該委員の任期は、当該委員の選任の日から平成20年4月28日までとする。

（旧地域協議会の会長及び副会長の選任の特例）

7　第6条の規定にかかわらず、旧地域自治区の設置期間の終了の際現に旧地域協議会の会長又は副会長である旧委員は、附則第1項本文に規定する日に、この条例の規定により置かれた相当の地域協議会の会長又は副会長として選任されたものとみなす。

（市の全域における地域自治区の設置）

8　市は、市の全域において地域自治区を設置するため、速やかに、第2条の表に掲げる区域以外の区域に設ける地域自治区について検討を加え、必要な改正を行うものとする。

（地域自治区の設置に関する協議により定められた事項を変更する条例の一部改正）

9　地域自治区の設置に関する協議により定められた事項を変更する条例の一部を次のように改正する。

　　第2条を第3条とし、第1条の次に次の1条を加える。

　　（地域自治区の設置期間の変更）

第2条　協議により定められた協議書第2条中「平成21年12月31日まで」を「平成20年3月31日まで」に変更する。

資料9

上越市地域自治区の設置に関する条例の一部を改正する条例

平成２１年３月２７日
条例第１４号

上越市地域自治区の設置に関する条例（平成２０年上越市条例第１号）の一部を次のように改正する。

第２条の表平成１７年１月１日の市町村合併前の安塚町の区域の項の前に次のように加える。

区域	区名
南本町一丁目から三丁目まで、東城町一丁目から三丁目まで、南城町一丁目から四丁目まで、大手町、本城町、南新町、南高田町、本町一丁目から七丁目まで、北本町一丁目から四丁目まで、仲町一丁目から六丁目まで、寺町一丁目の一部、寺町二丁目、寺町三丁目、大町一丁目から五丁目まで、西城町一丁目から四丁目まで、北城町一丁目から四丁目まで、東本町一丁目から五丁目まで、幸町、栄町、新町、高土町一丁目から三丁目まで、高土町受地、大字大貫の一部、大字京田、大字土橋の一部、大字島田下新田の一部、大字丸山新田の一部、大字高田新田、大和三丁目の一部及び大和四丁目の一部の区域	高田区
大字樋場、大字子安、子安、子安新田、鴨島一丁目から三丁目まで、鴨島、稲田一丁目から四丁目まで、大字上稲田、大字下稲田、大字寺、大字大日、大字中田新田、大字上島、大字中々村新田、大字平岡、大字南屋新田、大字北屋新田、大字大道福田、大字富岡、富岡、大字藤野新田、藤野新田、大字大日（旧大日新田）、大字子安新田、大字上島（旧大日古川新田）、大字大道新田、大字赤塚新田、新南町及び大字戸野目古新田の一部の区域	新道区
大字上門前、大字小滝、大字下馬場、大字朝日、大字黒田、大字灰塚、大字地頭方、大字青木、大字上中田、中通町、大字向橋、大字中ири原、大字塩荷谷、大字儀明、大字上湯谷、大字後谷、大字大貫の一部、大字飯の一部、御殿山町、上昭和町、昭和町一丁目、昭和町二丁目、大字滝寺、大字下正善寺、大字中正善寺、大字上正善寺、大字宇津尾、大字上綱子、大字中ノ俣、大字下中田、寺町一丁目の一部、大字藤新田の一部、大字岩木の一部及び大字塚田新田の区域	金谷区
大字土橋の一部、大字藤巻、藤巻、大字木田新田、木田新田一丁目、木田新田二丁目、大字藤新田の一部、藤新田一丁目、藤新田二丁目、大字木田、木田一丁目から三丁目まで、大字岩木の一部、山屋敷町、大字中屋敷、大字大豆、大豆一丁目、大豆二丁目、大字春日、大字中門前、中門前一丁目から三丁目まで、大字宮野尾、春日山町一丁目から三丁目まで、春日野一丁目、春日野二丁目、新光町一丁目、新光町二丁目の一部、新光町三丁目の一部、大学前、大字薄袋、大字寺分、大字牛池新田及び大字飯の一部の区域	春日区
大字上真砂、大字杉野袋、大字北新保、大字南新保、大字高森、大字諏訪、大字東原、大字鶴町、大字北田中、大字米岡及び大字四辻町の一部の区域	諏訪区

311

区域	区名
大字四ケ所、大字西市野口、大字戸野目古新田の一部、大字門田新田、大字戸野目、大字市野江、大字桐原、大字本道、大字荒屋、大字虫川、大字下野田、大字長面、大字上野田、大字四辻町の一部、大字下池部、大字上池部、大字吉岡、大字東市野口、大字剱、大字茨沢、大字藤塚、大字新保古新田、大字本新保、大字上雲寺、大字下新町、大字上新町、大字池、大字下富川、大字上富川、大字熊塚、大字野尻、大字稲、平成町及び大字鴨島の区域	津有区
大字下四ツ屋、大字西松野木、大字長者町、大字天野原新田、大字本長者原、大字今池、大字藪野、大字辰尾新田、大字東稲塚新田、大字下稲塚、桜町及び大字新長者原の区域	三郷区
大字木島、大字島田上新田、大字島田、大字島田下新田の一部、大字上箱井、大字中箱井、大字岡原、大字下箱井、大字五ケ所新田、大字丸山新田の一部、大字下新田、大字西田中、大字寺町、大字石沢、大字七ケ所新田、大字今泉、大字稲荷、大和一丁目、大和二丁目、大和三丁目の一部、大和四丁目の一部、大和五丁目、大和六丁目、大字土合、大字脇野田及び大字荒町の区域	和田区
大字稲谷、大字上曽根、大字下曽根、大字高和町、大字元屋敷、大字高津、大字飯田、大字妙油、大字下木、大字十二ノ木、大字北方、大字南方、大字大口、大字東京田及び大字松塚の区域	高士区
西本町一丁目から四丁目まで、中央一丁目から五丁目まで、住吉町、港町一丁目、港町二丁目、大字高崎新田、東雲町一丁目、東雲町二丁目、栄町一丁目、栄町二丁目、東町、大字塩屋、大字直江津、大字八幡、大字轟木、五智一丁目から六丁目まで、五智新町、大字虫生岩戸、国府一丁目から四丁目まで、加賀町、石橋、石橋一丁目、石橋二丁目、大字五智国分、大字三交、大字大場、大字愛宕国分、大字毘沙門国分寺、大字居多、新光町二丁目の一部、新光町三丁目の一部及び大字黒井の一部の区域	直江津区
大字小猿屋、大字小猿屋新田、大字三田、大字三田新田、大字三ツ橋新田、大字三ツ橋、三ツ橋、田園、大字福田、佐内町、三ツ屋町、大字安江、安江一丁目から三丁目まで、大字上源入、上源入、大字下源入、下源入、大字松村新田、大字下門前、下門前、大字塩屋新田、大字春日新田、春日新田一丁目から五丁目まで、川原町、福田町、大字三ツ屋及び大字佐内の区域	有田区
大字黒井の一部、大字上荒浜、大字下荒浜、大字遊光寺浜、大字夷浜、大字西ケ窪浜、大字石橋新田、大字夷浜新田及び八千浦の区域	八千浦区
大字下百々、大字駒林、大字小泉、大字長岡、大字長岡新田、大字上名柄、大字五野井、大字石川、大字青野、大字上吉野、大字下吉野、大字上五貫野、大字下五貫野、大字下名柄、大字田沢新田、大字岡崎新田、大字福岡新田、大字岡沢及び大字上千原の一部の区域	保倉区
大字飯塚、大字中真砂、大字川端、大字東中島、大字上千原の一部、大字福橋、大字横曽根、大字下真砂、大字上吉新田及び大字下吉新田の区域	北諏訪区
大字西横山、大字小池、大字西山寺、大字下綱子、大字高住、大字中桑取、大字丹原、大字鍋ケ浦、大字吉浦、大字茶屋ケ原、大字有間川、大字長浜、大字小池新田、大字西鳥越、大字諏訪分、大字三伝、大字花立、大字西戸野、大字鍛治免分、大字中桑取新田、大字下宇山、大字上宇山、大字横畑、大字皆口、大字西谷内、大字北谷、大字土口、大字増沢、大字大渕、大字東吉尾及び大字西吉尾の区域	谷浜・桑取区

第3条の表安塚区の項の前に次のように加える。

高田区	上越市大手町5番41号	南部まちづくりセンター	高田区の区域
新道区	上越市木田一丁目1番3号	中部まちづくりセンター	新道区の区域
金谷区	上越市大手町5番41号	南部まちづくりセンター	金谷区の区域
春日区	上越市木田一丁目1番3号	中部まちづくりセンター	春日区の区域
諏訪区	上越市木田一丁目1番3号	中部まちづくりセンター	諏訪区の区域
津有区	上越市木田一丁目1番3号	中部まちづくりセンター	津有区の区域
三郷区	上越市大手町5番41号	南部まちづくりセンター	三郷区の区域
和田区	上越市大手町5番41号	南部まちづくりセンター	和田区の区域
高士区	上越市木田一丁目1番3号	中部まちづくりセンター	高士区の区域
直江津区	上越市中央一丁目16番1号	北部まちづくりセンター	直江津区の区域
有田区	上越市中央一丁目16番1号	北部まちづくりセンター	有田区の区域
八千浦区	上越市中央一丁目16番1号	北部まちづくりセンター	八千浦区の区域
保倉区	上越市中央一丁目16番1号	北部まちづくりセンター	保倉区の区域
北諏訪区	上越市中央一丁目16番1号	北部まちづくりセンター	北諏訪区の区域
谷浜・桑取区	上越市中央一丁目16番1号	北部まちづくりセンター	谷浜・桑取区の区域

第4条の表安塚区の項の前に次のように加える。

高田区	高田区地域協議会
新道区	新道区地域協議会
金谷区	金谷区地域協議会
春日区	春日区地域協議会
諏訪区	諏訪区地域協議会
津有区	津有区地域協議会
三郷区	三郷区地域協議会
和田区	和田区地域協議会
高士区	高士区地域協議会
直江津区	直江津区地域協議会

有田区	有田区地域協議会
八千浦区	八千浦区地域協議会
保倉区	保倉区地域協議会
北諏訪区	北諏訪区地域協議会
谷浜・桑取区	谷浜・桑取区地域協議会

第5条第2項の表安塚区地域協議会の項の前に次のように加える。

高田区地域協議会	20人
新道区地域協議会	16人
金谷区地域協議会	18人
春日区地域協議会	18人
諏訪区地域協議会	12人
津有区地域協議会	16人
三郷区地域協議会	12人
和田区地域協議会	16人
高士区地域協議会	12人
直江津区地域協議会	18人
有田区地域協議会	18人
八千浦区地域協議会	12人
保倉区地域協議会	12人
北諏訪区地域協議会	12人
谷浜・桑取区地域協議会	12人

附則第8項中「第2条」を「上越市地域自治区の設置に関する条例の一部を改正する条例（平成21年上越市条例第　号）の規定による改正前の第2条」に改める。

　　　附　則

（施行期日）

1　この条例は、平成21年10月1日から施行する。ただし、附則第3項の規定は、公布の日から施行する。

（委員の任期の特例）

2　第5条第5項の規定にかかわらず、この条例の施行の日以後最初に選任される高田区地域協議会、新道区地域協議会、金谷区地域協議会、春日区地域協議会、諏訪区地域協議会、津有区地域協議会、三郷区地域協議会、和田区地域協議会、高士区地域協議会、直江津区地域協議会、有田区地域協議会、八千浦区地域協議会、保倉区地域協議会、北

諏訪区地域協議会及び谷浜・桑取区地域協議会の委員の任期は、選任の日から平成24年4月28日までとする。

　（上越市地域協議会委員の選任に関する条例の一部改正）

3　上越市地域協議会委員の選任に関する条例（平成16年上越市条例第30号）の一部を次のように改正する。

　　第4条第1項中「平成20年上越市条例第1号」の次に「。以下「設置条例」という。」を加える。

　　附則を附則第1項とし、同項に見出しとして「（施行期日）」を付し、附則に次の1項を加える。

　　（設置条例の一部改正に伴う手続の特例）

2　第5条第1項第2号の規定にかかわらず、上越市地域自治区の設置に関する条例の一部を改正する条例（平成21年上越市条例第　号。以下「改正条例」という。）の規定による改正後の設置条例第4条の規定により置かれる高田区地域協議会、新道区地域協議会、金谷区地域協議会、春日区地域協議会、諏訪区地域協議会、津有区地域協議会、三郷区地域協議会、和田区地域協議会、高士区地域協議会、直江津区地域協議会、有田区地域協議会、八千浦区地域協議会、保倉区地域協議会、北諏訪区地域協議会及び谷浜・桑取区地域協議会の委員の公募その他選任に必要な手続は、改正条例の施行の日前においても行うことができる。この場合において、第2条第1号中「置かれている」とあるのは、「置かれる」と読み替えるものとする。

　（上越市災害救助条例の一部改正）

4　上越市災害救助条例（昭和46年上越市条例第4号）の一部を次のように改正する。

　　第2条第1項中「本市の区域のうち地域自治区の置かれていない区域及び各地域自治区」を「平成17年1月1日の市町村合併前の上越市の区域、安塚区、浦川原区、大島区、牧区、柿崎区、大潟区、頸城区、吉川区、中郷区、板倉区、清里区、三和区及び名立区」に改める。

　（上越市農業委員会の選挙による委員の選挙区の設定に関する条例の一部改正）

5　上越市農業委員会の選挙による委員の選挙区の設定に関する条例（昭和46年上越市条例第122号）の一部を次のように改正する。

　　別表1の項から3の項までを次のように改める。

1	高田区、金谷区、春日区、三郷区、和田区	5
2	新道区、諏訪区、津有区、高士区	4
3	直江津区、有田区、八千浦区、保倉区、北諏訪区、谷浜・桑取区	4

別表備考を削る。
　（上越市火力発電所立地関連地域振興基金条例の一部改正）
6　上越市火力発電所立地関連地域振興基金条例（平成15年上越市条例第32号）の一部を次のように改正する。
　　第1条中「地域自治区の置かれていない」を「平成17年1月1日の市町村合併前の上越市の」に改める。
　（市町村合併に伴う上越市国民健康保険税条例の適用の特例に関する条例の一部改正）
7　市町村合併に伴う上越市国民健康保険税条例の適用の特例に関する条例（平成16年上越市条例第180号）の一部を次のように改正する。
　　第1条中「町村」を「旧町村」に、「地域自治区」を「旧町村の区域であった区域に設けられた地域自治区（以下「旧町村地域自治区」という。）」に改める。
　　第2条中「地域自治区」を「旧町村地域自治区」に、「町村」を「旧町村」に改める。
　（上越市農業委員会の部会の設置及び委員定数条例の一部改正）
8　上越市農業委員会の部会の設置及び委員定数条例（平成16年上越市条例第184号）の一部を次のように改正する。
　　第2条第2項の表上越名立地区農地部会の項中「本市の区域のうち地域自治区の置かれていない」を「平成17年1月1日の市町村合併前の上越市の」に改める。
　（上越市地域振興基金条例の一部改正）
9　上越市地域振興基金条例（平成18年上越市条例第2号）の一部を次のように改正する。
　　第1条中「本市の区域のうち地域自治区の置かれていない区域及び各地域自治区の区域におけるそれぞれの」を「各地域自治区における」に改める。

資料10

上越市自治基本条例

平成20年3月28日
条例第3号

目次

前文

第1章　総則（第1条－第4条）

第2章　市民の権利及び責務（第5条・第6条）

第3章　市議会の権限及び責務等（第7条－第9条）

第4章　市長等の権限及び責務等（第10条－第14条）

第5章　市政運営（第15条－第30条）

第6章　都市内分権（第31条・第32条）

第7章　市民参画、協働等（第33条－第37条）

第8章　市民投票（第38条）

第9章　国、県及び他の自治体等との関係（第39条－第41条）

第10章　最高規範性（第42条）

第11章　見直し等（第43条・第44条）

附則

　上越地域は、日本海と頸城の山々や大地がもたらす四季折々の恵みを受け、細やかな人の心と文化をはぐくみながら、多様な歴史を刻み、栄えてきました。

　こうした中、少子化・高齢化の急速な進展や地方分権時代の到来などは、私たちに最も身近な自治体と、そこでの自治の在り方を今一度考えさせる契機となりました。

　私たちは、地方分権時代の幕開けを地域が新たに飛躍する機会ととらえて、「豊かさ、安らぎ、快適な生活を市民が支えあう自主自立のまちづくり」という基本理念の下、平成17年1月1日、新しい上越市を出発させました。

　新しい上越市のまちづくりにおいて、私たちは、この地域の人々が築き上げてきた歴史や文化、海・山・大地の恵まれた自然などの多様な地域資源を大切にし、「共生」の考え方により人と人、地域と地域が互いに支えあいながら、自らの手でまちをつくり上げ、次の世代に引き継いでいかなければなりません。

　そのためには、私たち一人ひとりが、人と郷土を愛する心をより一層はぐくんでいくとともに、まちづくりの主体として、身近なところから市政運営に参画し、協働によるまちづくりを進めていくことが何よりも必要となります。

　私たちは、今ここに、自治の主体としての権利と責務を改めて認識し、自主自立のまちづ

くりに取り組むことを決意して、自治の最高規範となるこの条例を制定します。

　　　第1章　総則
　（目的）
第1条　この条例は、市における自治の基本的な理念及び仕組みを定めることにより、市民による自治の一層の推進を図り、もって自主自立のまちを実現することを目的とする。
　（定義）
第2条　この条例において、次の各号に掲げる用語の意義は、当該各号に定めるところによる。
　⑴　市　基礎自治体としての上越市をいう。
　⑵　市民　次に掲げるもの及びこれに準ずると認められるものをいう。
　　ア　市の区域内に居住する個人
　　イ　市の区域内に事務所又は事業所を有する個人及び法人その他の団体
　　ウ　市の区域内に存する事務所又は事業所に勤務する個人
　　エ　市の区域内に存する学校に在学する個人
　⑶　市長等　市長、教育委員会、選挙管理委員会、公平委員会、監査委員、農業委員会及び固定資産評価審査委員会をいう。
　⑷　市民参画　市民が自発的かつ主体的に市の政策の立案、実施、評価及び見直しの各段階における意思形成にかかわることをいう。
　⑸　協働　市民、市議会及び市長等が相互の果たすべき責務を認識し、それぞれの立場及び特性を対等なものとして尊重する考えの下、公共的な目的を果たすため、協力して共に働くことをいう。

　（自治の基本理念）
第3条　市における自治の基本理念は、次のとおりとする。
　⑴　市民主権　市民が自治の主体として自ら自治体を統治することは、地方自治の根幹であり、主権者である市民の信託により置かれた市議会及び市長等は、公正で開かれた市民主体の市政運営を行うこと。
　⑵　人権の尊重　出身、障害の有無、性別、年齢、国籍等にかかわらず、市民一人ひとりの人権が尊重されること。
　⑶　非核平和への寄与　世界の人々との友好のきずなを強めながら、人類共通の願いである非核平和の実現に向けたまちづくりを行うこと。
　⑷　地球環境の保全　健全で恵み豊かな環境を将来の世代に継承するため、地球全体の環境に配慮したまちづくりを行うこと。

⑸ 地域特性の尊重　地域の歴史及び文化的な特性を尊重したまちづくりを行うこと。
⑹ 地方分権の推進及び自主自立の市政運営　基礎自治体としての権限の拡充に取り組むとともに、自主的かつ自立的に市政運営を行うこと。

（自治の基本原則）

第4条　市民、市議会及び市長等は、前条に定める自治の基本理念（以下「自治の基本理念」という。）に基づき、次に掲げる事項を原則として自治を推進するものとする。
⑴ 情報共有の原則　市民と市議会及び市長等が相互に市政運営に関する情報を共有すること。
⑵ 市民参画の原則　市民参画を基本として市政運営を行うこと。
⑶ 協働の原則　協働を基本として公共的課題の解決に当たること。
⑷ 多様性尊重の原則　市民の出身、障害の有無、性別、年齢、国籍その他それぞれの置かれた状況を尊重し、市民一人ひとりが個性及び能力を十分に発揮することができるようにするとともに、地域の歴史、文化及び価値観を尊重すること。

第2章　市民の権利及び責務

（市民の権利）

第5条　市民は、自治の主体として、地方自治法（昭和22年法律第67号）に定めるところにより、市民の代表を選ぶ権利、条例の制定、改正又は廃止等の直接請求を行う権利その他の権利を有し、これを行使することができる。

2　市民は、前項に規定するもののほか、自治の主体として、次に掲げる権利を有し、これを行使することができる。
⑴ 市政運営に関する情報を知る権利
⑵ 市民参画をする権利
⑶ 協働をする権利

3　市民は、市が提供するサービスを享受することができる。

（市民の責務）

第6条　市民は、自治の主体として、市政運営に関心を持ち、市政運営に対する意識を高めるように努めなければならない。

2　市民は、市民参画、協働その他の権利の行使に当たっては、自らの発言、決定及び行動に責任を持たなければならない。

3　市民は、市が提供するサービスの享受に当たっては、応分の負担を負わなければならない。

第3章　市議会の権限及び責務等

（市議会の権限）

第７条　市議会は、市民の信託を受けた議事機関として、市民の意思を市政運営に適正に反映させるため、地方自治法に定めるところにより、市政運営を監視するとともに、条例の制定、改正及び廃止、予算の決定、決算の認定その他市政運営の基本的な事項を議決し、市の意思を決定する。

（市議会の責務）

第８条　市議会は、市民の代表として、全市的な視点及び市を健全な状態で次世代に引き継ぐための視点に立って、次に掲げる機能を果たさなければならない。

(1)　市の意思決定機能

(2)　市政運営の監視機能

(3)　政策立案機能

(4)　立法機能

2　市議会は、次に掲げる事項を基本として運営されなければならない。

(1)　市議会の審議その他の活動の透明性を確保すること。

(2)　市民への説明責任を果たし、市民との信頼関係を確保すること。

(3)　広く市民の意見を聴き、その意見を市議会の運営及び前項各号に掲げる機能の発揮に適切に反映させること。

3　市議会は、その権限の行使に当たっては、自治の基本理念及び第４条に定める自治の基本原則（以下「自治の基本原則」という。）にのっとり、常に市民の権利を保障することを基本としなければならない。

（市議会議員の責務）

第９条　市議会議員は、市民の代表として、自己の研さんに努めるとともに、普遍的な利益のために活動しなければならない。

2　市議会議員は、高い倫理観の下、誠実にその職務を行い、自らの発言、決定及び行動に責任を持たなければならない。

3　市議会議員は、次に掲げる事項について、市民への説明責任を果たし、市民との信頼関係を確保しなければならない。

(1)　自らの議会活動

(2)　市政運営に関する自らの考え

第４章　市長等の権限及び責務等

（市長の権限）

第１０条　市長は、市民の信託を受けた執行機関として、地方自治法に定めるところにより、

市を統轄し、市を代表する。
2　市長は、地方自治法に定めるところにより、市議会への議案の提出、予算の調製、市税の賦課徴収等の市の事務を管理し、これを執行する。
　（市長の責務）
第11条　市長は、市民の代表として、広く市民の意見を聴くとともに、自らの発言、決定及び行動に責任を持って市政運営に当たり、前条に規定する権限を公正かつ誠実に執行しなければならない。
2　市長は、その権限の行使に当たっては、自治の基本理念及び自治の基本原則にのっとり、常に市民の権利を保障することを基本としなければならない。
3　市長は、毎年度、市政運営の方針を定め、これを市民及び市議会に説明するとともに、その達成状況を報告しなければならない。
　（市長以外の執行機関の権限）
第12条　市長以外の執行機関は、地方自治法その他の法令に定める権限に属する事務を管理し、これを執行する。
　（市長以外の執行機関の責務）
第13条　市長以外の執行機関は、広く市民の意見を聴くとともに、前条に規定する権限に属する事務を公正かつ誠実に管理し、執行しなければならない。
2　市長以外の執行機関は、その権限に基づく事務に係る基本的な事項について、市民及び市議会への説明責任を果たさなければならない。
　（市の職員の責務）
第14条　市の職員は、全体の奉仕者として、法令を遵守し、公正かつ誠実に全力を挙げて職務を遂行しなければならない。
2　市の職員は、職務の遂行に必要な能力の開発及び自己啓発に努めなければならない。
　　　第5章　市政運営
　（市政運営の基本原則）
第15条　市議会及び市長等は、自治の基本理念及び自治の基本原則にのっとった公正で透明性の高い市政運営を推進し、公共の福祉の増進に努めなければならない。
2　市議会及び市長等は、持続的に発展することが可能な地域社会の実現に向け、市内の資源を最大限に活用し、施策を戦略的に展開するとともに、その実施に当たっては、施策相互の連携を図り、最少の経費で最大の効果を上げるよう努めなければならない。
　（総合計画）
第16条　市長は、自治の基本理念、自治の基本原則及び前条に定める市政運営の基本原則

にのっとった市政運営の総合的な指針として総合計画を策定し、計画的な市政運営を行わなければならない。

（財政運営）

第17条　市議会及び市長は、中長期的な視点から、健全な財政運営を行わなければならない。

2　市長は、財政状況に関する情報を市民に分かりやすく、かつ、市民が理解することができるようにして公表しなければならない。

（情報共有及び説明責任）

第18条　市議会及び市長等は、市政運営に関する情報を市民に積極的に提供するとともに、市民の意見の把握に努め、市民との情報の共有を図らなければならない。

2　市長等は、政策の立案、実施、評価及び見直しに至るまでの過程及び内容を市民に分かりやすく説明しなければならない。

（情報公開）

第19条　市議会及び市長等は、市政運営に関する市民の知る権利を保障することにより、市民参画をより一層推進するとともに、公正な市政運営を確保するため、市議会及び市長等の保有する情報を、市民の求めに応じ、原則として公開しなければならない。

2　前項の市議会及び市長等の保有する情報の公開の手続等については、別に条例で定める。

（個人情報保護）

第20条　市議会及び市長等は、市民の基本的人権である個人の尊厳を確保するため、市議会及び市長等の保有する情報に含まれる個人情報を適切に保護するとともに、市民の自己に係る個人情報の開示請求等の権利を保障しなければならない。

2　前項の個人情報の適切な保護及び市民の自己に係る個人情報の開示請求等の手続等については、別に条例で定める。

（審議会等）

第21条　市議会及び市長等は、審議会等の構成員（以下「委員等」という。）の選任に当たっては、公平性に配慮し、選任の手続について透明性を確保するよう努めなければならない。

2　市議会及び市長等は、男女共同参画の本旨にのっとり、委員等の選任に当たっては、男女の構成比に配慮しなければならない。

3　市議会及び市長等は、市民から公募し、選任した人を委員等に含めるものとする。

4　市議会及び市長等は、市民との情報共有を図るため、別に条例で定めるところにより、審議会等の会議の公開等を行うものとする。

（パブリックコメント）

第22条　市長等は、市の基本的な計画、重要な条例等を市議会に提案し、又は決定しようとするときは、当該計画、条例等の案を公表し、広く市民の意見を聴く手続をとらなければならない。

2　市長等は、前項の手続により提出された市民の意見を尊重し、意思決定を行うとともに、提出された意見に対する市長等の考え方を公表しなければならない。

3　第1項の手続及び前項の規定による公表については、別に条例で定める。

（苦情処理等）

第23条　市議会及び市長等は、市政運営に関する苦情等があったときは、速やかにその内容及び原因を調査分析し、改善を要すると判断したものについては、再発防止等のための適切な措置を講じなければならない。

2　市長等は、市民主権の理念に基づき、公正な立場で、市政運営に関する苦情を適切かつ迅速に処理し、及び市政運営を監視することにより、市民の権利利益の擁護を図り、もって開かれた市政運営の一層の進展及び市政運営に対する信頼の確保に資するため、別に条例で定めるところにより、オンブズパーソンを設置する。

（行政手続）

第24条　市長等は、市民の権利利益の保護に資するため、市長等が行う許認可の申請等の手続について、その基本的な事項を定め、公正の確保及び透明性の向上を図らなければならない。

2　行政手続法（平成5年法律第88号）等に定めるもののほか、前項の基本的な事項については、別に条例で定める。

（評価）

第25条　市長等は、効果的かつ効率的な市政運営を図るため、行政評価を行い、その結果を施策の改善及び見直しに速やかに反映させるよう努めるとともに、当該評価の結果並びに改善及び見直しの内容を分かりやすく市民に公表しなければならない。

2　市長等は、前項の行政評価について、市民が参加することができる評価の手法及び第三者による評価の手法をとり入れるよう努めなければならない。

（外部監査）

第26条　市民、市議会及び市長は、適正で、効果的かつ効率的な市政運営を確保するため、地方自治法に定めるところにより、外部機関による監査の実施を求めることができる。

2　前項の外部機関による監査の実施に関する手続については、別に条例で定める。

（政策法務）

第27条　市議会及び市長等は、自主的かつ自立的な市政運営を行うため、条例、規則等を制定する権限を十分に活用するとともに、法令の自主的な解釈及び運用に努めなければならない。

（法令遵守）

第28条　市議会及び市長等は、法令の遵守及び倫理の保持のための体制整備を図り、常に適法かつ公正な市政運営に努めなければならない。

（公益通報）

第29条　市長等は、適法な市政運営を確保するため、市政運営に係る違法な行為について、市の職員等から行われる通報を受ける体制を整備するとともに、通報者が当該通報を行うことにより不利益を受けないよう適切な措置を講じなければならない。

（危機管理）

第30条　市長等は、安全で安心な市民生活を確保するため、常に不測の事態に備え、市民の生命、身体又は財産に重大な被害が生じ、又は生じるおそれがある事態（以下「災害等」という。）に的確に対応するための体制を整備しなければならない。

2　市長等は、災害等の発生時には、市民及び関係機関等と連携し、速やかに状況を把握するとともに、対策を講じなければならない。

3　市民は、災害等の発生時に自らの安全確保を図るとともに、自らが果たすべき役割を認識し、相互に協力して災害等に対処しなければならない。

　　　第6章　都市内分権

（都市内分権）

第31条　市長等は、市民が身近な地域の課題を主体的にとらえ、自ら考え、その解決に向けた地域の意見を決定し、これを市政運営に反映するための仕組みを整え、都市内分権を推進するものとする。

（地域自治区）

第32条　市は、前条の仕組みとして、市民にとって身近な地域を区域とする地域自治区を設置する。

2　市は、地域自治区に地域協議会及び事務所を置く。

3　市長は、地域協議会の構成員の選任を、公明で、かつ、地域自治区の区域に住所を有する市民の多様な意見が適切に反映されるものとするため、市民による投票を主体とした選任手続を採用するものとする。

4　前3項に定めるもののほか、地域自治区の設置に関し必要な事項及び地域協議会の構成員の選任の手続等については、別に条例で定める。

第7章　市民参画、協働等
（市民参画）
第33条　市議会及び市長等は、市民参画を推進するため、市民参画の機会を保障しなければならない。
2　市議会及び市長等は、市民参画に関する制度を整備し、市民が市民参画に関する権利を容易に行使することができるようにしなければならない。
3　市議会及び市長等は、市民参画に関する制度の周知を図り、市民参画に関する市民の意識を高めるよう努めなければならない。
（協働）
第34条　市民、市議会及び市長等は、公共的課題の解決に当たり、協働を推進するものとする。
2　市議会及び市長等は、市民との協働に当たっては、協働の考え方及び相互の役割分担をあらかじめ明らかにし、相互理解及び信頼関係の構築に努めなければならない。
（コミュニティ）
第35条　市民は、コミュニティ（多様な人と人とのつながりを基礎として、共通の目的を持ち、地域にかかわりながら活動をする市民の団体をいう。以下同じ。）への参加を通じて、共助の精神をはぐくみ、地域の課題の解決に向けて行動するよう努めるものとする。
2　市議会及び市長等は、自発的なコミュニティの形成及び自立的なコミュニティ活動を尊重するよう努めなければならない。
（人材育成）
第36条　市長等は、市民と協働し、自治及びコミュニティ活動の発展を支える人材を育成するための機会を提供するとともに、体系的な育成に努めなければならない。
（多文化共生）
第37条　市民、市議会及び市長等は、世界の人々と相互理解を深め、多様な文化が共生し、かつ、人々が平和に共存することができるまちづくりに取り組まなければならない。
2　市議会及び市長等は、市民が多様な文化及び価値観を互いに理解し、尊重することにより、あらゆる人が地域社会の一員として受け入れられる環境の整備に努めなければならない。
第8章　市民投票
第38条　市長は、市政運営に係る重要事項について、広く市民の意見を確認し、その意見に沿った決定をなすため、市民投票を実施することができる。
2　年齢満18歳以上の市民で別に条例で定める資格を有するもの（以下「請求権者」とい

う。)は、市政運営に係る重要事項について、請求権者の総数の５０分の１以上の者の連署をもって、その代表者から市長に対して市民投票の実施を請求することができる。

3　市長は、前項の規定による請求があったときは、直ちに請求の要旨を公表するとともに、２０日以内に意見を付けて、これを市議会に付議しなければならない。

4　市議会議員は、市政運営に係る重要事項について、その定数の１２分の１以上の者の賛成を得て、市民投票の実施の議案を市議会に提出することができる。

5　市議会に置かれた常任委員会は、その部門に属する市政運営に係る重要事項について、市民投票の実施の議案を市議会に提出することができる。

6　市長は、第２項の規定による請求及び前２項の規定により提出された議案について市議会の議決があったときは、速やかに市民投票を実施しなければならない。

7　市長は、第２項の規定による請求が請求権者の総数の４分の１以上の者の連署をもってなされたときは、第３項及び前項の規定にかかわらず、速やかに市民投票を実施しなければならない。

8　市民投票の投票資格者は、年齢満１８歳以上の市民で別に条例で定める資格を有するものとする。

9　前各項に定めるもののほか、市民投票に関し必要な事項については、別に条例で定める。

10　市民、市議会及び市長等は、市民投票が実施されたときは、その結果を尊重しなければならない。

第９章　国、県及び他の自治体等との関係

（国、県等との関係）

第３９条　市は、市民に最も身近な地方政府として、国、新潟県等とそれぞれ適切な役割分担の下、対等な関係を確立するものとする。

（他の自治体等との連携）

第４０条　市は、広域的な課題の解決を図るため、他の自治体等との連携及び協力をするよう努めなければならない。

（海外の自治体等との連携及び国際交流の推進）

第４１条　市は、非核平和の実現及び地球規模の諸課題の解決を図るため、海外の自治体等との連携、交流等を積極的に推進するよう努めなければならない。

第１０章　最高規範性

第４２条　この条例は、市における自治についての最高規範であり、市民、市議会及び市長等は、この条例を遵守しなければならない。

2　市議会及び市長等は、他の条例、規則等の制定、改正及び廃止並びに法令の解釈及び運

用に当たっては、この条例の趣旨を尊重し、この条例との整合を図らなければならない。

　　　第11章　見直し等

（見直し）

第43条　市長は、5年ごとに、この条例の内容を社会経済情勢の変化に照らして、定期的な見直しを行わなければならない。

2　市長は、前項の見直しのほか、必要に応じてこの条例の見直しを行うことができる。

3　市長は、前2項の見直しに当たっては、市民の意見を聴くために必要な措置を講じなければならない。

4　市長は、第1項及び第2項の見直しを行ったときは、その結果を公表しなければならない。

（改正手続）

第44条　市長は、この条例の改正を提案しようとする場合（地方自治法第74条の規定に基づく付議である場合を除く。）は、この条例の趣旨を踏まえ、あらかじめ広く市民の意見を聴くために必要な措置を講じなければならない。

　　　附　　則

この条例は、平成20年4月1日から施行する。

資料11　住民組織の概要一覧

平成22年5月31日現在

名称 (所在地等)	NPO雪のふるさと安塚 (安塚区：安塚コミュニティプラザ内)	NPO夢あふれるまち浦川原 (浦川原区：浦川原コミュニティプラザ内)	大島まちづくり振興会 (大島区：大島コミュニティプラザ内)	牧振興会 (牧区：牧地区公民館内)
設立年月日	平成16年8月29日 (定款上の設立は：平成16年12月1日)	平成16年12月19日 (定款上の設立は：平成17年5月12日)	平成17年5月29日	平成16年12月5日
形態	特定非営利活動法人 (NPO法人)	特定非営利活動法人 (NPO法人)	任意団体	任意団体
事務局体制	事務局員数6人 (うち、臨時雇用1人)	事務局員数3人 (うち、臨時雇用2人)	事務局員数2人 (うち、臨時雇用0人)	事務局員数2人 (うち、臨時雇用1人)
構成員数	正会員902人、賛助会員181人、企業会員32社	1,222人、賛助会員20団体	670世帯、賛助会員20団体	1号会員 799人、2号会員 10人 3号会員 28人、4号会員 2人 計839人
会費(年間)	正会員：一口 2,000円 企業会員：一口 10,000円 賛助会員：一口 1,000円	正会員：1,000円 賛助会員：個人一口 1,000円 　　　　　団体・一口 10,000円 　　　　　企業 一口 10,000円	正会員：1,000円/世帯 賛助会員：3,000円/法人・事業所	1号会員：2,000円/世帯 2号会員：10,000円/企業・団体 3号会員：2,000円/区外個人 4号会員：10,000円/区外法人・団体
設立目的	安塚の個性あるまちづくりを継続・発展させ、行政との協働を図りながら、活力あふれるコミュニティの住民が自ら進めるまちづくり組織として設立。	地域の特色ある風土と文化の中で、人々の絆を創り、育て、守り助け合いながら、人々が活き活きと暮らせる地域社会を目指すため、浦川原区の住民がその基ある意思に基づき主体的に解決し、連携しながら好きな地域の多様な課題を創出し、夢と活力のあるまちづくりに寄与することを目的とする。	地域の活性化を主眼とした活動を区内全域で展開し、住民の意志に基づきつつ、より良い地域社会の形成を目指すことを目的とする。	牧区住民を主体とする活動を行う団体等の連携と自主交流を図り、身近な課題は住民の意志に基づきつつ、より良い地域社会の形成を目指すことを目的とする。
平成22年度の主な事業	■自主事業 ・地域づくり事業 (講演会・ワークショップなど) ・有償ボランティア事業 (通年) ・地域活動への支援事業 (通年) ・ホームニュース「ゆきだるま」の発行 (随時) ・交流イベント「安塚カレンダー」等の作成 (随時) ・ふれあい食堂PR事業 (6月) ・棚田百選体験事業 (9月) ・救急救命救命講習会 (10月) ・料理講習会・体験講習会 (各2回) ■市の委託事業 ・市の委託事業 ・総合事務所所当直業務 (通年) ・総合事務所所休日管理業務 (通年) ・安塚区、安塚キュータバス運行業務 (通年) ・街路灯維持管理業務 (通年) ・出雲崎灯油実施業務 (8月) ・大杉の里収蔵庫実施業務 (通年) ・桜坂矢氏による地域づくり講演会 (4月) ・料理講習会・そばうち体験 (6月) ・設立5周年記念式典 (7月) ・普通救命救急講習会 (8月) ・介護予防講習会 (5月) ・親子のつどい (11月) ・wayonoお楽しみ会 (12月) ・会員交流楽しみ会 ・交流イベント「安塚カレンダー・ロードマップ・ふるさとだより等」の作成発行・配布など	■自主事業 ・テレビ共同受信組合業務 (通年) ・まちづくり事業 (8月) ・おおしま夏まつり (8月) ・浦川原区通バス運営業務 (通年) ・越後中里区体験事業 (通年) ・浦川原区議会議務局 (通年) ・青少年育成区議会務局 (通年) ■市の委託事業 ・大島コミュニティプラザ清掃業務 (通年) ・大島区公民館施設管理業務 (通年) ・保育所前公園管理業務 (5月～9月) ・板倉町と観中間山住居管理業務 (5月～翌年3月) ・うらがわら夏まつり (10月) ・おおしま夏まつり ・1000人のラジオ体操 (8月) ・越後中里区体験 (10月) ・越後中里・大島雪はたロード (2月)	■自主事業 ・牧振興会だより発行 (4回) ・まちづくり活動事業 (3回) ・牧区民まつり (8月) ・環境フェスティバル (10月) ・くびき牛肉大焼きフェアー (10月) ・牧の三秋まつり (11月) ・ジャンボリー (12月) ・新年祝賀会 (1月) ・牧の雪まつり (2月) ・健康講演会 ■市の委託事業 ・総合事務所当直業務 (通年) ・牧地区公民館施設管理業務 (通年) ・牧区民前施設管理業務 (通年) ・高齢者福祉センター施設管理業務 (12月～9月) ・軟式野球大会実施業務 (7月)	■自主事業 ・牧振興会だより発行 (4回) ・ボランティア活動 (春～秋) ・牧体育祭 (8月) ・環境フェスティバル (10月) ・くびき牛肉大焼きフェアー (10月) ・牧の三秋まつり (11月) ・ジャンボリー (12月) ・新年祝賀会 (1月) ・牧の雪まつり (2月) ・健康講演会
合併関係町村による財政支援の状況	安塚町が平成16年12月に寄付金として 80,000千円を交付。 住民活動と協力し、行政と協働して自立的な地域づくりに取り組む団体への支援として実施。	旧浦川原村が平成16年12月に寄付金として 20,000千円を交付。 事務所設置のために必要な機器類等の整備費及び (仮称) 設立準備会から10年間の運営費の支援として実施。	旧大島村が平成16年12月に寄付金として当組織の前身である大島区振興協議会 (仮称) 設立準備会に 10,000千円を交付。 住民組織が自立するまでの概ね5年間の事務的経費への支援として実施。	牧振興会が平成16年12月に寄付金として、20,000千円の交付を受け。 当分の間の各種活動のための準備資金及び振興基金の造成として支援として実施。

上越市提供

住民組織の概要一覧

平成22年5月31日現在

名称（所在地等）	柏崎まちづくり振興会（柏崎区、柏崎区総合事務所内）	まちづくり大潟（大潟区、大潟区総合事務所内）	くびき振興会（頸城区、頸城区総合事務所内）	まちづくり吉川（吉川区、吉川コミュニティプラザ内）
設立年月日	平成18年5月27日	平成16年11月28日	平成16年9月19日	平成16年3月2日
形態	任意団体	任意団体	任意団体	任意団体
事務局体制	事務局員数3人（うち、臨時雇用2人）	事務局員数3人（うち、臨時雇用1人）	事務局員数5人（うち、臨時雇用0人）	※現在、総合事務所内に事務局を設置
構成員数	正会員 2599世帯 賛助会員 個人64人 企業・団体69	3,098世帯（大潟区内全世帯） ※委員数 137人	区の全住民（55の町内会及び26の法人・団体）	区内7地域づくり会議（地域づくりの構成員は全世帯） 100世帯
会費（年間）	正会員：世帯又は個人（一口）1,000円 賛助会員：個人（一口）1,000円 企業及び団体（一口）5,000円	・会費 世帯又は個人：2,000円 ・賛助会費 法人（団体）：5,000円	500円／世帯	
設立目的	住民と行政との協働によるまちづくりを基本理念として、住民自らが参加する自立したまちづくりを推進するため、地域住民参加によるなお一層の地域活性化を目指し、地域住民参加による地域活性化を目指すまちづくり組織（住民組織）を設立。	大潟区において、地域の中で育まれた生活文化を継承し、将来に向けてより豊かな地域づくりを目指す。住民と行政の協働により、住民が自らが行動するまちづくりを行う。住民自らが積極的に活動することを目指す。	「人と緑が輝き、活気あるくびき」を目指し、地方分権、行政の地域の活性化という時代の要請の中で、住民自らが自らの地域社会を組織的に解決していくため、住民と行政の協働しながら、まちづくり、地域づくりを推進することを目的として組織された。公益性の高い旧頸城村の協議会として、調整能力の向上を目指す。	地方自治の自立自助と地方分権、行政の地域の活性化という時代の要請の中で、住民自らが自らの地域社会を組織的に解決していくため、住民と行政の協働しながら、まちづくり、地域づくりを推進することを目的とし、吉川区のまちづくりを推進する。
平成22年度の主な事業	■市の委託事業 ・指定管理業務（柏崎総合体育館等）（通年） ・通院バス運行業務（通年） ・国保保育等車両運行業務（5月） ・東京柏崎会総合交流事業（9月） など ■自主事業 ・花いっぱい運動（通年） ・市民の歌講習会（通年） ・地域おこし情報収集事業（通年） ・広報活動、機関紙発行（6回） ・みなとさかなまつり、なごり雪ピック（5月） ・民俗芸能の祭典（11月） ・文化講演会（11月） など	■市の委託事業 ・大潟区通園バス運行業務（通年） ・国保保育等車両運行業務（通年） ・軟式実施業務（9月） など ■自主事業 ・機関紙等広報広告活動（毎月） ・健康維持事業：いきいきサロン事業支援（通年） ・花壇づくり（3月、5月） ・大潟水と森公園の利活用の推進事業（4、11月） ・クリーン作戦（10月） ・バレコ教室（10月） ・宿坊サポート教室（10月） ・各種スポーツ大会（4、6、7、3月）	■自主事業 ・機関紙発行（毎月） ・まちづくりコミュニティプラザの利用調整（4回） ・くびきスポーツフェスティバル（10月） ・くびき文化祭（生涯学習フェスティバル）（11月） ・高齢者スポーツ大会（7月） ・軟式実施事務（9月）	■自主事業 ・機関紙発行（毎月） ・まちづくり吉川の利用調整（4回） ・吉川区体育祭 ・観桜会 ・越後よしかわやったれ祭り（8月） ・くびきチャレンジ学習フェスティバル（11月） ・くびき少年育成事業（10月） ・まなびin まちづくり吉川（2月） ■市の委託事業 ・なし
合併関係町村による財政支援の状況	旧柏崎町が平成16年12月に組織設立の推進母体となる住民組織（ネットワーク柏崎）に、15,000千円の支援金を交付。 その後、当組織の活動助成金として15,000千円／年の支援を行い、今後3年間の設立に向けて、組織の設立、ネット組織から助成金など（完全自立までの5年間）が、当組織に移管された。	旧大潟町が平成16年12月に組織設立のための当面の財政支援として、まちづくりを進めるための運営費として15,000千円（総額）を助成。	旧頸城村が平成16年11月に組織設立当初の地域団体として、15,000千円の支援金を交付。 その後、当組織及び概ね5年間の活動助成金（地域組織の活動費）及び運営費（地域組織の活動費）への支援として実施。	旧吉川町が平成16年5月（8,500千円）及び11月に組織設立のため、コミュニティ会議に交付。計10,000千円を交付。 当組織及び地域活動資金の中・長期的な組織体制の確立に向け運営費及び町別経費（連合会への活動助成）を概ね3年間の支援金（地域費の助成）への支援として実施。

住民組織の概要一覧

平成22年5月31日現在

名称(所在地等)	中郷区まちづくり振興会 (中郷区:中郷区総合事務所内)	板倉まちづくり振興会 (仮称)(板倉区総合事務所内)	NPO清里まちづくり振興会 (清里区:清里区総合事務所内)	三和区振興会 (三和区:三和区総合事務所内)	名立まちづくり協議会 (名立区:名立区総合事務所内)
設立年月日	平成17年3月24日	平成16年11月29日	平成16年10月6日 (NPO設立日:平成22年4月1日)	平成16年3月23日	平成18年3月29日
形態	任意団体	任意団体	特定非営利活動法人(NPO法人)	任意団体	任意団体
事務局体制	事務局員数2人(うち、臨時雇用1人)	事務局員数3人(うち、臨時雇用0人)	事務局員数3人(うち、臨時雇用3人)	事務局員数2人(うち、臨時雇用1人)	事務局員数2人(うち、臨時雇用0人)
構成員数	1,420世帯(中郷区内全世帯)	2,093世帯(仮称区内全世帯)	正会員945人、賛助会員3団体	1,662世帯(46全町内会で構成)	841世帯(40全町内会・法人・事業所)
会費(年間)	1,000円/世帯 目的に賛同する団体、個人→1口1,000円	1,000円/世帯	会員：500円 賛助会員：3,000円	1,000円/世帯	正会員：2,000円/世帯、賛助会員：2,000円/個人、5,000円/法人・事業所
設立目的	住民と行政の協働によって、地域の歴史や風土を活かしながら発展させ、住み慣れた地域にさらに活力のある、豊かな社会を築いていくことを目的とする。	住民に身近な(住民自身が、地域の特性を生かし、住民の意向に反映できる機能と、意向に反映できる機能を有し、住民と行政の協働により暮らせる豊かなまちづくりを目指す地域のづくりを目指す。	住民に身近な(住民サービス)住民と行政と協働し、地域サービスを行政が処理する機能と、住民の意向に反映できる機能を有し、住民と行政の協働により暮らせる豊かなまちづくりを目指す。	住民に身近な(住民サービス)住民サービスを処理する機能と、住民の意向に反映させる機能を持たせ、住民が主体的に取り組む地域づくりを目標に、住民と行政が協力して安全で安心して豊かに暮らせる豊かなまちづくりを目指す。	地域づくりや地域の課題解決を行政と協働する機能と、住民の意向を反映する機能を有し、地域の形成及び地域の発展を目指す。
平成22年度の主な事業	■自主事業 ・春、秋ニコヤオータ(4、10月) ・中郷文化らまつり(4月) ・さわやかトレッキング(6月) ・まちなか花まつり(7月) ・なかごう夏まつり(8月) ・中郷体育祭(8月) ・松ヶ峯トライアスロン大会(10月) ・12時間耐久スポーツ大会(10月) ※共催 ・新年賀会(1月) ・中郷面談議会(2月) ・中郷歩くスキーとクロスカントリースキー大会(2月)	■自主事業 ・イベント用品の貸出(通年) ・宮古島、東京板倉会との交流(随時) ・振興会だより発行(4回) ・板倉まちづくりフォーラム(5月) ・なかよしふれあいまつり(11月) ・新年門松カードの配布(12月) ・板倉区新年祝賀会(1月)	■自主事業 ・振興会だより発行(通年) ・板倉まちづくり発行(4回) ・清里夏まつり(8月)※共催 ・清里区生涯学習フェスティバル(10月) ・振興会だより発行(1月)	■自主事業 ・振興会だより発行(4回) ・まちなか夏まつり(6月) ・さんわ体育祭(7月) ・生涯学習フェスティバル(10~11月) ・さんわ駅伝大会(10月) ・文化祭演会(11月) ・新年祝賀会(1月)	■地域振興まちづくり等推進事業(通年) ・交通安全協会各支部事業(通年) ・国体等観光業務(通年) ・広報紙「まち協だより」発行(通年) ・まちづくり研修会(随時) ・名立まつり(8月)
平成21年度主な自主事業実績	■自主事業 ・イベント用品の貸出(通年) ・宮古島、東京板倉会との交流(随時) ・振興会だより発行(4回) ・板倉まちづくりフォーラム(5月) ・なかよしふれあいまつり(11月) ・新年門松カードの配布(12月) ・板倉区新年祝賀会(1月)	■市の委託事業 ・板倉区通園バス運行業務(通年) ・国体等保育等車両運行業務(通年) ・コミュニティプラザ管理業務(通年) ・軟弱実施業務(9月)	■市の委託事業 ・清里区通園バス運行業務(通年) ・清里区館育車両運行業務(半年) ・まちづくりコミュニティプラザ管理業務(通年) ・国体等保育車両運行業務(半年) ・軟弱実施業務(9月)	■市の委託事業 ・三和区通園バス運行業務(通年) ・三和区保育車両運行業務(通年) ・まちづくり住民相談窓口業務(5~10月) ・生活広域機維持管理業務(6~10月) ・軟弱実施業務(8月)	■地域振興まちづくり等推進事業(通年) ・健康づくり活動(通年) ・交通安全協会各支部事業(通年) ・広報紙「まち協だより」発行(通年) ・まちづくり研修会(随時) ・名立体育協会経営(通年) ・名立体育祭(9月~)
合併関係町村による財政支援の状況	なし	旧板倉町が平成16年12月に助成金として20,000千円を交付し、当該組織の活動の助成な10年間の経営支援への支援として実施。	旧清里村が平成16年10月(10,000千円)及び12月(10,000千円)に助成金として、計20,000千円を交付。NPOに引き継ぐ。住民活動の実施概ね10年間の支援として、活動の経営助成の一部助成を実施。	旧三和村が平成16年12月に助成金として、当該組織の前身に乗じる三和地区振興会に30,000千円を交付。住民団体経営概ね10年間の活動費への支援として一部助成を行う。	なし

資料12

2006年（平成18年）12月25日付『朝日新聞』

地域に生きて 合併の後

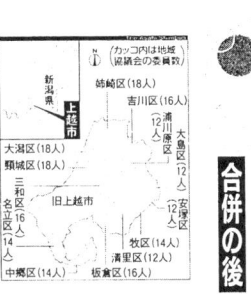

民意の集約、手探り
新潟・上越 市民委員が無報酬で

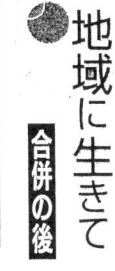

石油会社に勤める佐藤忠治さん(58)は、05年1月に新潟県上越市と合併した13町村の一つ、旧大潟町にできた大潟区地域協議会の委員だ。

地域協議会は旧町村ごとに設置され、選挙を経て選ばれた会社員やNPO代表、元議員ら19人２人が、地域の課題を話し合う市民組織。無報酬で、議決権はないが、新市の首長に意見を聞くために設置された例が多い。議会のような義務はないが、上越市の協議会は約2年の実績を重ね、無視し得ない存在感を形成しつつある。

佐藤さんは、平均月1回ほど開かれる協議会でこの2年間、海岸浸食や水道の負担金などのテーマを国から23約4ぐらり食い下がった。最大の課題は国から約4千万円出る電源立地交付金の使い道だった。議論は11時間を費やした。

05年4月、新市発足まもない交付金を活用する計画建設協議会が、最終的に4事業を採り、納得する形となったという。

協議会は現地調査も行い、最終的に4事業を採択。うちソフト事業費1300万円には、委員から「もっと」...

地域協議会 平成の合併で、旧町村などに作られた、地域の課題を解決するための協議機関。合併すると、旧町村の意見が軽視されかねないとの住民の不安に配慮して、新市の首長に意見を聞くために設置された例が多い。議会のような義務はないが、上越市の協議会は約2年の実績を重ね、無視し得ない存在感を形成しつつある。

小さな自治、充実の試み

平成の合併は、旧町村単位で地域の課題を話し合う自治組織が、各地にできた。合併で自治体の範囲が広くなるため、「小さな自治」を充実しようという試みである。

政府は地域の意思を尊重する立場から、地域自治組織の設計図を詳細に規定しなかった。このため、協議会の決定を強制したりする立法例とは異なる、ゆるやかな拘束力を持つ組織形態ができた。

一般

住民からの意見書を検討しい」と市長に意見書を提出。訴えは認められ、白紙の状態から検討し直すこととなった。

「協議会が民意を反映して今年5月、合併について、04年5月、合併について、意見の意見を聴取するなど手始めに、4事業を実施する。

今は「内容の充実」を
...
（豊岡栄一郎）

◆地域合併はしばらく休載し、1月15日に再開します。

文・写真 伊沢友之

［利用承認番号：2771］

資料13

2008年（平成20年）8月17日付『朝日新聞』

芽吹く住民自治組織

列島波発！ 平成大合併のいま （中）

「市議会よりも存在感」

新潟県上越市

新潟県上越市（05年に14市町村が合併）の東頸城にある人口1000人余りの大島区（旧大島村）。7月下旬、今年度4回目の地域協議会が、コミュニティ施設で開かれた。協議会は自治区ごとに設置され、定数12の委員は選挙（選任投票）で住民から選ばれる仕組みだ。

この日は市長からの生涯学習センターの廃止などについて協議。「代替施設はあるのか」「経費縮減効果は」。廃止をとりやめるよう、独自提案を含めた6件の意見書を市に提出した結果、3日余りで市長から回答が。54件のうち、隘路難視対策をめぐるものなど、テレビでケーブル導入が決まっていたが、委員たちは基礎から勉強し、情報技術の専門家の意見も聴いて、コストや耐久性からもファイバーの方が優れていると指摘。この意見書を受けて市は方針を転換した。独自の意見書で「議員提案条例」がゼロの市議会よりも存在感がある」という市議もいる。

市中心部から最も離れ、人口1万人以下の大島区町村に地域自治区を設置した。

鹿児島県薩摩川内市

校区単位で活動活発

「ちくり会」と発案。デイサービスや健康増進施設、公園の管理などを商工会の大馬越地区の協議会は休耕田を自らで借り受けて。「何十年も自信を深めている。「何十年も自分たちで築めた」とジュースにして販売、業者を通じてお年寄りたちで、「おしゃべりしながら楽しむ」と話している。

「地域自治区」を設置した自治体
（合併特例によるものは除く）

- むかわ町（北海道）
- 大仙市（秋田県）
- 由利本荘市（秋田県）
- 横手市（秋田県）
- 上越市（新潟県）
- 宮古市（岩手県）
- 花巻市（岩手県）
- 南会津町（福島県）
- 香取市（千葉県）
- 伊那市（長野県）
- 恵那市（岐阜県）
- 出雲市（島根県）
- 甲州市（山梨県）08年3月に廃止
- 飯田市（長野県）
- 浜松市（静岡県）
- 豊田市（愛知県）
- 宮崎市（宮崎県）
- 玉名市（熊本県）

生涯学習センターの廃止問題などを話し合った7月の大島区地域協議会＝新潟県上越市大島区の大島コミュニティプラザ

機能せず廃止の例も

ただ、住民にとっては初めての経験。上越市のように行政が積極的に支えても、運営が難しいケースもある。

05年の合併で旧3市町村が誕生した山梨県甲州市では、地域自治区がいずれも今年3月で廃止された。旧勝沼町の地域協議会長だった内田定男・元町議は「市長から諮問もあっても、ただ報告だけ、という自治区設置は合併の条件だったが、市は「そのうちせないのは、それもなくなっても、という思いが行政には強かった」と残念がる。

協議会長の徳田勝康さん（70）は自信を深めている。「何十年もやってきた。制度にしばられても、できないことはないでは、制度にしばられなくてもやっていける」と、自分たちが動けば、できるはずと確信している。

の少ない大島区では、合併特例で一定期に対していく市議選でゼロになりかねないという周辺部の住民の不安を取り除くため、合併特例法によって市議選で一定の自治区でも投票する。「そうしたら地域協議会にしかいないから、自治体として生き残るためには、合併特例で恒久的な自治法改正で可能になった。まで地方自治法改正で恒久的に制度改正が可能になった。これまで地方自治法に基づく地域自治区は18市町、合併特例を含めると60市町以下で設けられた。

では、昭和の大合併の苦い記憶がある。中心部以外は行政の目が全くなく、急速に崩壊していった。「平成の大合併でも同じことが起きるのではないか」と意義をこう語る。

役、石塚隆雄さん（86）は制度創設が組織は地域協議会などに関わるのは地域協議会などに関わるのは期間限定では自治は育たない」との声が上がり、地方自治法改正で恒久的に制度改正が可能になった。これまで地方自治法に基づく地域自治区は18市町、合併特例を含めると60市町以下で設けられた。

（菅沼栄一郎、古城博隆）

[利用承認番号：2771]

あとがき

　本書は、法政大学大学院政策創造研究科修士課程の学位論文を基にしている。出版するにあたって、資料の一部を割愛し論題（書名）を簡略化するなどした。原題、すなわち修士論文の論題は、「都市内分権制度における民主的正統性の意義と課題～上越市の地域自治区制度の事例を中心に～」である。

　ところで、本書は本文の中でも述べているように、参加観察を多用したり過程（経過）的な把握を可能とする手法を取り入れたりして、いわゆるストーリー性を持たせていることや政府・民主党を初めとした各種の関係団体へ辛口の注文を付けたりしていることから、「一般的な研究論文とは趣を異」（本書232頁）にしている。それが逆に、独創性を備えた論文として、全国的な実態調査を初めとした多角的な調査・分析と相俟って、修了審査における最高評価をいただけることになったものと思われる。

　そのことは同時に、一般読者にとって、必ずしも「退屈」な力所無しとしないが、それでも「研究論文」の枠を超えた興味深い読み物となっていると思われ、気軽に手に取っていただけるのではないかと期待している。

　修士論文を作成するにあたり、指導教授の武藤博己先生には、行政学や政策過程論をはじめとして、論文の基礎となるさまざまな学術的知見をご教授いただいたほか、研究の方法についても数々の貴重ご指導ご示唆をいただいた。そればかりでなく、授業や研究生活万般に渡り、懇切丁寧なご助言と特段のご配慮をいただいた。遠隔地からの通学の負担を少しでも軽減するためにと、自宅で参加できるパソコンによる遠隔双方向ライブシステムをゼミ等で取り入れていただいたことも、その一例である。後に述べる１年半の早期修了制度の創設にむけてご尽力いただいたのも先生であった。誠に、言葉では言い尽くせないほどの感謝の気持ちで一杯である。

　また、副指導教授の黒田英一先生をはじめ政策創造研究科の諸先生方には、そ

れぞれの専門分野での先端的な知見についてご教授いただいた。さらに、都市内分権については我が国の研究に先駆的役割を果たされた間島正秀先生や名和田是彦先生と親しくお話しできたことも、研究の意欲を高める有意義なものとなった。調査の方法とデータ分析については岩間夏樹先生からご指導をいただくことができた。

　授業・研究以外では、昨秋開催された当研究科主催の「議員のための政策創造講座」で、「自治基本条例」の講師を仰せつかった際、同じく「議会基本条例」の講師を務められた廣瀬克哉先生と親しくお話しする機会を得た。先生は、現在、法政大学教授としての活動のかたわら議会改革の先陣を切って活躍しておられるが、私にとっては、自治体学会編『年報自治体学』で本書に結びつく初期の拙論［2006年］を査読・採用いただいた方である。今回の出会いを契機に、その後、『議会改革白書2010年版』で上越市議会の活動紹介の機会をいただいたり議会会派研修への講師をお引き受けいただいたりすることができた。

　同じく、昨秋の法政大学大学院主催の「まちづくり都市政策セミナー」の際には、講師を務められた、政治学の大家で私にとっては雲の上の存在である法政大学名誉教授の松下圭一先生に、控室にてお会いすることができた。開会前の短い時間ではあったが、武藤先生に紹介いただき、励ましの言葉をいただいたことは、生涯忘れ得ぬ思い出となり、今後の活動意欲の大きな糧となった。

　その他、政策過程研究会（武藤ゼミ）をはじめ本研究科の多くの皆さん、さらには事務室や図書館の職員の皆さんにも大変お世話になった。

　以上のすべての方々のご厚情に対し、改めてここに衷心より感謝の意を表する次第である。

　さて、私は、現役の市議会議員である。日本海に面した、新潟県は南西部の地方都市、上越市で活動を始めて久しい。そんな日本海側の地方議員が、本州のど真ん中を横断し、片道4時間近くもかけて泊まりがけで、なぜ東京の大学院（社会人のための夜間制独立大学院）なのか。東京近県の在住ならいざ知らず、そもそも「通学」などということが実際に可能なのか、と疑問に思われる読者も多いのではなかろうか。事実、「（通信教育の）スクーリングですか」と、

よく誤解されたものである。

　しかも修了要件である本研究科の修得単位は、他の研究科より10単位も多い40単位（あるいは論文の種類によっては44単位）以上で、人一倍の努力が求められた。私自身、よくもまあこんな無謀な決心をしたものだ、と当時を振り返って思う。しかし、そのような一念が天に通じたのか、幸いにも優れた業績の特例による早期修了の第1号という栄誉までいただいて、この9月に無事修了することができた。

　このような決心をするに至った経緯と動機には、語りつくせないほどのものがあるが、本書の内容にも関わることなので、いくつかの点を挙げてみたい。私は、議員歴6期23年目だが、2期目以降の10数年間というもの、議員活動のかたわら、政策法務アドバイザーのような役回りで市行政に深く関わってきた。おそらく全国の地方議員の中でも極めて特異な部類に属するであろう。

　振り返れば、水道水源保護条例に始まり、情報公開条例、環境基本条例、人権条例（略称）、人にやさしいまちづくり条例、食糧・農業・農村基本条例、男女共同参画基本条例、オンブズパーソン条例、地域協議会委員の選任に関する条例、食育推進条例、みんなで防犯安全安心まちづくり条例、子どもの権利に関する条例などの数々の政策条例、さらには非核平和、地球環境、人権などの各都市宣言、そして各政策条例に基づく総合計画、基本計画、推進計画など、主要なものだけでも40を超える制度設計を直接手掛けてきた。

　もちろん、時代の流れの中で現在では、市の政策形成過程への市民参画（参加）が主流になっている。審議会、検討委員会、市民会議等の審議・協議やパブリックコメントなどを経て担当セクション（原課と法務担当）で案文が作成され、その後、幹部職員で構成する例規審査委員会などのいわゆる「最高経営会議」での審査や確認を経て市長の決裁となった最終案が議会に上程・報告される。このような過程を考えれば、それに関わる人々の総合力が制度政策を決定しているということができよう。時代を遡れば遡るほど、市民参画の度合いは低くなるが、いずれにしても、制度設計にはいくつかの関係者の総合力が発揮されているのである。

　しかし、そのことを認めた上でもなお私の取組（役割）は、決して議会活動

のように表にあらわれるものではないが、「制度設計を直接手掛けてきた」と言えるだけの内実を伴っていた。すなわち、議会における表舞台での制度政策提言や論戦とは別に、舞台裏としての行政内での検討開始から最終案が「最高経営会議」にかかるまでの全行程で、担当セクションや、時にはトップ、サブとの双方向関係の中で主導的役割を果たしたのである。

　その一連の取組は拙著［2008］の中でも簡単に触れているが、取組の集大成とも言える２つの基幹的制度設計を2008年度末までに一応完成させることができた。その１つは、本書で展開している日本で唯一の民主的正統性に基づく都市内分権制度＝地域自治区（地域協議会）制度であり、その仕組みを包含し「新しい自治体づくりへの挑戦」と位置付けた全国最多14市町村の大合併による新上越市の創立である。

　もう１つは、市民主権に基づく自治体の存立基盤や基礎的条件を明らかにした、文字通り「自治体憲法」にふさわしい自治基本条例の創出（制定）である。これらについては、いくつかの不十分性があるものの、総じて日本の地方自治史における画期性、先駆性を有していると言えるものである。

　以上のような制度設計の集大成を成し遂げた状況とたまたま時期を同じくして、行政内部のトップマネージメントに変化が見られるようになった。その契機は、特例市移行とともに行われた１人助役制から２人副市長制への機構改革である。その後の行政運営の変容の中で、政策法務アドバイザーとしての私の役割が必要とされなくなったことを感じ取るとともに、私自身もまた、未来志向で上越市に貢献する新たなステップを踏む必要性を感じたのであった。

　そのようなわけで、それまで、議員活動と二分するほどの時間とエネルギーを政策法務アドバイザーとして費やしてきたことからすれば、この部分の時間とエネルギーを他に振り向けることによって、新たに相当のことに挑戦できるのではないかと思いついたことが、この一大決心に至らせた直接の動機である。

　そこで、考えたことの１つは、上記の集大成である基幹的制度設計を、さらに理論的実証的に深めることによって、久しく封印してきた願望、すなわち自らを学問的にもっと高めたいとする願望が、あるいは果たせるかもしれないという思いとともに、その研究の成果として、「日本の地方自治」に何がしかの貢

献ができるかもしれない、さらには、このような「都市の品格」を持つ上越市を全国にアピールできるのではないか、ということであった。

2つには、上越市という地方都市から一歩も出たことのない私自身が、一度外から上越市を見つめ直すことによって、新たな発見と視点でさらなる貢献への発想を掴むことができるのではないか、ということであった。

3つには、前2者と重複するところもあるが、東京の大学という「場」と「人脈」をフルに活用することにより、全国に上越市を情報発信するとともに、今後の上越市における産学公連携による地域活性化の取組に寄与できるのではないか、ということであった。

そして4つには、全くの私的な動機ではあるが、実はこれが一番切実であった。それは、子育て初期の一時期を除いて、これまでの、家庭を省みない仕事（活動）中心の人生への後悔から、この歳になって誠に身勝手なことながら、届かぬ娘たちとの絆を深めたいと熱望したことであった。

そのような欲張った目的意識で比較熟考した結果、交通の至便な都心に位置し、都市内分権の研究における先駆性など自治体学関連の有為な教授陣を擁するとともに、「地域再生（活性化）システム論」を軸とした全国大学ネットワークの中心的役割を果たしている法政大学に狙いを定め、その社会人大学院である当研究科を受験することとしたのである。

晴れて入学後、私は早速、法政大学のweb（授業支援システム）上に、次のような自己紹介を記した。「無謀な一念発起。地元で多忙な議員活動を続けながら、日本海から太平洋へ、日本列島の中央を横断し、片道300kmの道のりを3時間半かけて通う。（中略）久しく『裏日本』と卑下されてきた一地方人の中央への挑戦でもある。上越市の情報発信になれば、とも考えている。」と。

そして、一心不乱、めまぐるしく、あっという間に通り過ぎた1年半であったが、研究の推進を初めとして情報の発信や人脈の形成など多くの実のある成果をあげることができた。親子の絆の部分については心もとないが、たくさんの語らいの場を持つことができたことは有意義なことであったと思う。

いずれにしても今後は、法政大学大学院の比較行政文化研究所に籍を置き、議員活動と両立させながら、さらなる研究に邁進したいと考えている。

この一念発起の中間成果としての本書が、地方自治、地域自治、住民自治等に関わる方々の目に触れ、何らかの形で役立つことがあるとすれば、これにすぐる幸せはない。また、研究及び実践分野における先輩の方々からの忌憚のないご批判ご助言を切にお願いする次第である。

　本書の出版にあたっては、前作に続いて、公人の友社の武内英晴社長に大変お世話になった。本書は結論として、地域主権改革を標榜する民主党政権に、その重要課題であるにもかかわらず全く見過ごされている「小さな自治」における制度改革を強く迫るものとなっている。そのため、早急に世に問いたいという私の願いに深い理解をいただき、修士課程の修了決定を待たずに本書の編集作業に入っていただいた。修士論文の出版という採算性リスクを伴う行為にもかかわらず、即断即決、極めてスピーディーに事を運んでいただいたのである。「自治」に対する深い造詣と高い志を秘めた氏でなければ、このようなことは到底かなわなかったことである。心から敬意を表するとともに感謝を申し上げる。

　最後に私事で恐縮だが、日本海・上越での議員活動のかたわら東京の大学院での研究活動を行うという非常なる一念を成就させ、ひいては本書の出版に向かうことができたのは、ひとえに家族の理解と協力と励ましのお蔭であった。今、改めて、そのことを深く思う。最大の理解者にして人生の伴侶である妻・悦子と米寿を迎えてますます盛んな父、そしていろいろな意味で生きづらい半生の中にある在京の娘たちへ。ここに感謝の意を込めて本書を捧げたい。

　　2010年10月

　　　　　　　　　　　　　　　　　　　　　　　　石　平　春　彦

[著者略歴]

石平　春彦（いしだいら・はるひこ）

法政大学大学院比較行政文化研究所　特任研究員
上越市議会議員
1954 年　新潟県生まれ
人権擁護のボランティア活動に長年従事
上越市議会議員 6 期目（議長 2 期歴任）
法政大学大学院政策創造研究科修士課程修了
主な研究活動：自治体学会、日本自治学会、日本公共政策学会、日本 NPO 学会、地域活性学会

主な著書・論文：『いのちの水を守る』（編著、上越市の水道水源を保護する会、1995 年）、『部落問題・人権事典』（共著、解放出版社、2001 年）、「住民主権に基づく都市内分権の新たな展開と制度改革の課題」（『年報 自治体学 第 19 号』第一法規、2006 年）、『「自治体憲法」創出の地平と課題』（公人の友社、2008 年）、『議会改革白書 2010 年版』（共著、生活社、2010 年）

都市内分権の動態と展望
～民主的正統性の視点から～

2010 年 11 月 15 日　第 1 版第 1 刷発行
著　者　石平　春彦
発行者　武内　英晴
発行所　株式会社　公人の友社
　　　　〒 112-0002 東京都文京区小石川 5-26-8
　　　　電話　03-3811-5701　FAX 03-3811-5795
　　　　メールアドレス　koujin@alpha.ocn.ne.jp
印刷所　倉敷印刷株式会社
装　幀　有賀　強